U0925910
iHuman
新民説
—成为更好的人—
年轮/003

ZHANG SHENGCAI: AN ORAL HISTORY

张圣才口述实录

张圣才/口述　泓　莹/整理

GUANGXI NORMAL UNIVERSITY PRESS
广西师范大学出版社
·桂林·

图书在版编目（CIP）数据

张圣才口述实录 / 张圣才口述；泓莹整理．—桂林：广西师范大学出版社，2016.5

ISBN 978-7-5495-7272-4

Ⅰ．①张… Ⅱ．①张…②泓… Ⅲ．①张圣才（1903～2002）—自传 Ⅳ．①K827=6

中国版本图书馆 CIP 数据核字（2015）第 238321 号

广西师范大学出版社出版发行

（广西桂林市中华路 22 号 邮政编码：541001
网址：http://www.bbtpress.com）

出版人：何林夏

全国新华书店经销

广西民族印刷包装集团有限公司印刷

（南宁市高新区高新三路 1 号 邮政编码：530007）

开本：845 mm × 1 340 mm 1/32

印张：16.375 字数：430 千字

2016 年 5 月第 1 版 2016 年 5 月第 1 次印刷

印数：0 001~6 000 册 定价：58.00 元

引 言 /

/ 黄　献 //

《张圣才口述实录》的出版是一件很有意义的事，一件很值得庆幸的事。

中国的公共知识分子，从出现之日起，就是在各种政治势力的夹缝中求生存，因为他们没有属于自己的经济社会平台，也就是毛泽东所说的，“他们是毛，不管愿意不愿意，总要附在这张或那张皮上”。毛泽东所没有说的是，他们并不认命，而是在不断寻找适合于自己的舞台。

因此，在每一个社会大变动的时期，就会有来自各方面的人集合在改变现状的旗帜下，结成一种松散的联盟，掀起一次社会运动的高潮。而在一起走过一段路程之后，由于各自的出发点、目的、进行的路线、方法不同，就开始分化了：有的坚决走下去；有的不走了；有的转向以至叛变了；还有一些人，他们同样感受到改革的冲动，但对路要怎么走产生困惑，或者，一再受到挫折，就会想要先找一个立足之地再来探索和谋求发展，他们的生活道路会是非常曲折、坎坷的，但在大浪淘沙之中，还会有某些人始终护持着自己的追求，并在艰难的处境中做出了这样那样的贡献，自己也被时代的潮流推着向前走。辛亥革命是这样，“五四”新文化运动是这样，还有以后一些大的社会运动的历史也是这样。

张圣才先生的陷入爱与暴力革命的巨大困惑与痛苦，是有着大革命的时代背景的。他出生于中国早期的基督教家庭。这种家庭，在中国传统的宗法社会解体过程中，自愿或被迫从破产的农村游离出来，带着寻求一种改变自己生存空间的愿望，到城市的边缘求生存。基督教“自由、平等、博爱”的教义带给他们一种更加开阔、温馨的生活的希望，成为他们不能割舍的信仰。张圣才从小在教会学校读书。当时，在协和大学中他碰到了反对基督教和收回教育权的运动，这种带有强制性的运动与随之而来的狂风暴雨的大革命和他的信仰是矛盾的。但是，他又和一般传统的基督教徒相信可以通过改变人来改变社会有所不同，他认为要先改变社会才能改变人，这就使他不由自主地要去寻找一种社会力量，依靠一种社会力量来实现自己的理想。

困惑和痛苦就来自这种艰难的探索。他一直到20世纪30年代初还和共产党在鼓浪屿彩屏巷的一个地下支部有来往。此后，他和江公怀、张文理等在上海组织了“中国生产革命党”，而后“闽变”时又参加了“中国生产人民党”。这生产党主张“生产革命论”，想通过发展生产力来改变社会。用张先生自己的话说，是“修正共产党，不修正共产主义”。“闽变”失败，他因为郭荫棠的安排和救国会的活动有了牵连，并因此被捕。出狱之后他回到厦门，仍然活跃于抗日救亡和社会救济的活动中。随着中央军入闽，奉行军事独裁政治体制的国民党直接控制了福建，厦门也从闽系海军传统的势力范围，变成国民党各个派系争夺的地盘。在这种复杂的政治环境中，他一再被捕。后来，按照只参加对日的情报工作、不介入国内国共斗争的条件，他参加了军统，此后主要就在菲律宾进行对日情报活动，并做出了一定的贡献。“抗日”在这段时间实际上成为他政治上的避风港。

张圣才先生的政治活动，带有明显的地方性，甚至可以说，带有一种地方主义的色彩。在抗战发生前后，他去菲律宾之前，就和福建的一些军统人员发动了一次反对陈仪的行动，还到香港去争取一些福建华侨参与。陈仪在福建主政时是浙系人员包揽一切的，包括军统，也要以浙江人为主，这就和一些福建籍的军统人员有了矛盾。但张圣才的反陈仪，有一个更大的目的，是发展福建的地方势力，直至建立闽军。这根源要从辛亥革命说起，辛亥革命各省都有自己的军队，就是福建没有。中华革命党时代，许春草、林祖密分别被孙中山任命为“闽南讨贼军”总指挥和总司令，但两人对建军路线的意见不同：许想以自己掌握的厦门建筑总工会的建筑工人为基础和骨干，但人员和武器都不足；林主张收编“民军”，陈国辉就是由林招来的；许则认为，“民军”靠不住，以后也很难处理。后林祖密被暗杀，这事也就没有做成了。

从十九路军时代起，福建这些民军、民团就被地方政府逐步收编了，在闽北的卢兴邦、刘和鼎两个师和钱玉光一个旅，虽然被编入中央军系列，抗战一发生，就被调去前线了。闽南大大小小的民军，更早被省保安司令部收编为八个保安团，在抗战前就被逐步淘汰了。张圣才他们出于要有一个属于自己的政治平台的企图，就想假军统的名义来组建一些地方武装，抗战初期，还设想以李良荣的十三补训处为基础来建立闽南人的军队，“反陈仪”也就是为了这个目的。

从菲律宾回来之后，张圣才有了军统局给他的一个少将的头衔，但用他自己的话说，他就只有这张虎皮，旁(别)的都没有了。他拒绝了戴笠要他去日本和台湾地区工作的安排，说要回家服侍年老的母亲。实际上，他在福建还是有所活动的。在抗战胜利前夕，他们一些人对时局有所估计，认为国民党已经不可能消灭共产党，但共产党要推翻国民党也可能还要一二十年的时间，因而他就联合福建一些地方政界人士，如“CC”派（英文“Central Club”，“中央俱乐部”的简称，是由陈氏兄弟陈果夫和陈立夫领导的一个政治派系）中的朱家骅等人，计划通过办企业，来打下经济基础；并着重吸收一批大学生作为开展社会活动的骨干，通过中华文化基金发放助学金，来团结年轻知识分子，甚至有“一个大学生就是一份力量”的口号，其用意同样是要在地方政治舞台上形成一种力量。

1946—1947 年间，他们在福建组织企业集团、开银行、开办实业公司，在上海办杂志，在厦门开书店，借鼓浪屿观海别墅接办“海疆资料馆”，还组织“厦门友真社”来联络上层人士，一时俨然自成一个局面。但内战全面爆发，时局急转直下，到了1947年底，要在中国形成一种可以和国共分庭抗礼的第三势力已经是不可能了，这些公开的活动也就逐步收敛了。张圣才曾引用李济深的话和周围的人说：“现在用我们的全部力量，最多只能装备两个师，现在只能帮助共产党成功了。”李济深他们当时就把原来由十九路军将领张炎在广东南路组织的武装交给了共产党领导。正是这种思路影响了张圣才，于是他就和在“闽变”时代认识的潘汉年建立了工作联系。

在这段时间还有一个插曲，就是1948年李良荣出任国民党福建省主席时，张圣才参与了农村复兴委员会的工作，帮助李良荣联系在福建的英美人士，争取国际救济组织在福建投资发展工业和交通。自己的部下和外国政治势力直接发生联系，这正是蒋介石最忌讳的。很快，李良荣的省主席就做不下去了，张圣才也开始引起了蒋介石的注意。

1949年，蒋介石设想要在西南建立新的反共基地，同时想控制台湾和福建来保持对外通道。他先后派石有德、毛森到厦门来加强特务工作。张圣才的一些活动引起了他们的警惕，后由蒋介石指名，要张圣才到台湾去报到。张圣才知道这事凶多吉少，因此在解放军解放了闽南地区，兵临厦门岛之时，就通过闽中地下党的关系，转移到岛外，参加解放厦门的工作了。

新中国成立后，张圣才有一段时间参加了对台工作，但他是希望到学校工作的，后他被安排为福建省博物馆副馆长。这段时期他看起来开始对政治斗争厌倦了，但他不仅要为自己取得一个立命安身的地方，还要为过去和他合作过的人，特别是已经被界定为反面人物的人寻找一种归宿，因此，他也并不是完全退出政治生活的。特定的历史条件使他受到潘汉年事件的牵连，从新政权的“座上客”变成了“阶下囚”，虽然没有被定什么罪，但仍然过着被流放和被看管的生活超过20年。他的妻儿也一起被下放到农村生活，直到1975年他才恢复政治和生活待遇，回到鼓浪屿安度晚年。

这时候，他看起来好像是一个不问世事的老人了，他也曾经应朋友、学生的邀约，到北京、上海等地去游览，生活显得很闲散，直到100岁去世。但是直到他生命的最后日子，他仍然希望自己还能有益于社会进步。

他一生没有追求过物质生活的享受，一家人始终过着自食其力的生活，这正是一个关心国家民族和人类社会的命运超过关心自己和家人的公共知识分子的生活状态。就中国而言，像他这种人是应该在历史上有他们的一定地位的，就张圣才先生本人而言，至少在福建的历史上是应该有他自己的地位的。

我生长在厦门，上的第一所学校是双十中学的“附小”，而张先生当时正是双十中学的副校长。在双十中学，他也吸引了一批老师和学生参加他的政治活动，他的被捕就曾经在学校引起骚动和不安。1938年厦门沦陷前，双十中学一部分已经迁移到平和县小溪，还有一部分在鼓浪屿上课。我也就是在这时候第一次听到他的演说。他视察了小溪学校，回来对我们说：“看形势，我们这一部分留在鼓浪屿的人也可能很快就要搬到小溪去，而当地的条件是艰苦落后的。”他希望我们这些学生不但能在艰苦的条件下锻炼自己，而且能够推动当地社会的进步。我当时才是初中一年级的学生，他这种热切推动社会进步的愿望与对青年人的期待，显然和某些老师只要学生安分守己、埋头读书不同，因而给我留下了深刻的印象。抗战中我上英华中学的时候，又和他的几位外甥是很接近的同学，对他在菲律宾的活动也有些了解。太平洋战事发生后，我从鼓浪屿流亡到漳州一带，有一段时期还和许春草先生同住在石码的基督教礼拜堂里。

抗战胜利后张先生回到福建，许春草先生就介绍我去见他。1947—1948年间，我还有机会参加他的一些活动，如1948年元旦前后，他在鼓浪屿策划成立“中国现代化促进会”时，总纲就是由我起草的。现在，我也即将九十岁了，作为一个共产党人对中国若干历史现象的反思，我把对张圣才先生的理解，如实地写成这段引言，我希望今后有人能把张先生1945年回国以后的经历更加全面地整理出来，让张先生在历史上的形象更加丰满。

2014年8月29日

张圣才口述历史材料来源、参与人员及背景交代 /

口述者:张圣才(闽南语录音由张圣才子女提供)

参与口述者:

黄　猷(福建省社科院原副院长)

王明爱(国务院侨办离休干部)

邱继善(福建教育学院教授、离休干部)

林嘉禾(厦门市台办离休干部)

张石生(张圣才长子)

张丹伦(张圣才次子)

张倍灵(张圣才三子)

张晓歌(张圣才外孙女)

地点:	时间:
1.厦门市社会科学界联合会	2010 年 7—11 月
2.厦门黄猷先生家	2010 年—2014 年
3.鼓浪屿张石生家	2010 年 11 月
4.北京团结湖王明爱家	2011 年 1 月 1—2 日
5.福建教育学院邱继善家	2011 年 2 月 25—26 日
6.厦门鹭风酒家	2012 年 11 月 12 日

录音整理、材料统筹及相关链接写作:泓莹

百岁老人张圣才(张圣才家人提供)

目 录

第十章　在上海的情报工作

第十一章　从重庆到香港

第十二章　珍珠港事件

第十三章　在菲律宾的地下谍报工作

第十四章　战事结束

附　录

第一章

/ 淡水鱼游入咸水港 /

独立的意志、社会担当精神以及文化的教养使老人一生具有宽厚的爱心、悲悯的情怀、人性的良知和承担的勇气。可那极富尊严和荣誉感、光明磊落的一生却导致个人及家庭半个多世纪遭遇无尽的不公。但老人对曾追求的道德理想仍始终如一,直面笑对,傲然走过了自己惊涛骇浪的百年。感谢天父!

——张圣才外孙女张晓歌在泓莹博客上的留言

一、我出生在被乡民歧视的基督教家庭

相关链接

早在三四百年前,就有不少西方人(主要是葡萄牙人)到漳州月港做生意,也从浯屿到鼓浪屿落脚。在这些洋人眼里,厦门不过是漳州湾的一部分。按十七世纪荷兰人记载,早年鼓浪屿有一些"海商"的豪宅,却被上岸的荷兰人一把火轻易就烧掉了。这些富裕的海商和郑芝龙一样,都是海上武装集团,他们多半与"红毛番"做生意,是否也如郑芝龙一样懂葡萄牙语、信奉天主教则不得而知。

厦门的历史文化积淀无法与千年古城泉州、漳州相比,但它在近代却是一扇颇为新潮、开放的窗口。晚清中国老大羸弱,作为五口通商的天然良港之一,厦门迅速崛起为现代商埠和国际性港口。十九世纪末二十世纪初是厦门发展的黄金时期,西风东渐,以基督教主要是新教为代表的西方文明沿着南洋—台湾—厦门一线直至闽南内地,逐渐浸润闽南语文化圈。两百年来,厦门闪现着中西文化碰撞的火花,在阵痛中渐渐走向现代化。

早期基督徒多半是中下层的贫苦农民,他们受到中国传统文化及释道儒巫杂糅的闽南地域文化的强烈排斥,因为在传统中,

厦门鼓浪屿全景(林耸提供)

不拜祖宗便是大逆不道。按张圣才先生的描述,他的姐夫许春草,早年在厦门以反洋教著称,一般民众则轻蔑地称基督徒为"吃教的"。

就这样,有一大批乡村基督徒举家迁入厦门或鼓浪屿。

* * *

1903年,我出生在同安县板桥乡后垵社。我父亲是一个农民,因为家穷,到33岁才结婚,我的母亲结婚时18岁,他们生了7个孩子,其中3个早年得鼠疫,死了,只剩下大姐,大哥,二哥和我。大姐大我20岁,大哥大我16岁,二哥大我3岁,我是最小的,因此在家里享有优渥的待遇。

爷爷留下的,大概只有两三亩旱地,没有水田。靠着这些旱地种些花生地瓜之类的东西,实在不够糊口。父亲只好"出担"。所谓出担,就是挑着担子贩一些杂物来做小买卖。父亲既"做食"(闽南话,这里指种地),也做小买卖。父亲出担,生意还好,积累了一点资本,就在村里开了小店卖杂货,这就是我们生活的主要来源。

美国归正教会在闽南乡间传教(叶克豪、白克瑞提供)

因为是基督徒家庭,与厦门的教会有密切关系。我的大姐就到鼓浪屿读毓德小学,哥哥张学习也在鼓浪屿养元小学读书,生活上也都还蛮顺利的。

但当时家在乡里,有一些无法避免的问题。

这个问题就是宗教问题,因为我们信基督教,不能全部遵循村里的风俗习惯,比如烧香、佛生日、普度等,基督教家庭是不能跟的,乡里人很歧视我们,说是我们是"吃番仔教"的。与他们不一样,引起了很大的麻烦,他们很看不起我们。其二是强弱房问题,强房的人常常欺负弱房。我父亲属于弱房,常常受到强房人欺负。店里生意是母亲掌管的,母亲是个真正好客的人,对来做买卖的人很热情,她很好商量,买卖公道,所以我家小店生意颇为热闹红火。

强房的人也开了店，服务态度不好，有时偷斤短两，他们的生意没法与母亲的经营相比，我们因为生意好，引起他们妒忌，常常受他们欺负。他们用各种方法来刁难父亲，最严重是打与砸。据说我未出生前，这样的浩劫就发生了两次，店里所有的东西都被抢光了，亏损很严重。那时教会的人看到我们受欺负，建议我们利用外国人的势力到官厅告强房，但父亲绝对不愿意做这等事儿，无奈，只好搬到厦门来。

这就是我们从乡下移居到厦门的主要原因。

乡下这六年生活，痕迹很重，对我的一生影响颇大：其一是家庭基督教氛围较浓厚，所以我从小就信上帝，虽然那时了解不是很深刻，泛泛地就有了这些观念；其二是乡下强房欺凌弱房问题严重，不单我们受欺负，别人也一样，这种不公平的事，令我害怕而且愤怒。我很小的时候，就觉得社会不平等，有了反抗强房的思想。

后来，父亲变卖了家产，带一点小钱到厦门。原本的小康之家，搬迁之后，生意不能做，一下子就穷了，只租了月租 8 角钱的房子，那是在溪岸。当时那地方叫溪沙，我们租的是别人的护厝，两房一厅。生活很困难，父亲在厦门很狼狈，没有生意可做，也无田地可耕种，经济上一筹莫展。

我哥哥张学习那时 22 岁，脑子活络，也有些社会关系，他比较有办法，但我们没资本啊，只能用各种方法来赚钱。哥哥贩鲜鱼来卖，也做“走街仔仙”（民间游医），他当时跟了一个不太出名的医生，帮人家挑药担挣点钱，也做印字工人……

哥哥做来做去，都不怎么挣钱。

后来，我们决定养水牛，这是姐夫许春草的建议，他说养水牛卖奶可赚钱。因此我们就用剩下的一点钱买了两头水牛来养，在山边租了小屋做牛棚来养水牛。那时没人养水牛，牛养起来之后，就有人喝奶，没人竞争，总算有了一点赚头。

我们家的牛奶场做得不错，渐渐发展起来，成了家庭生活的主要来源。

困难也很多，偶然发生的事多半没法应付，比如病痛和其他困难，开销都很大，很难应付。为了补贴家用，心灵手巧的嫂嫂就替人做衣服，还做些袜子和帽子拿出去卖。我母亲管家，做饭什么的全包了，让嫂嫂腾出手来做针黹。总的来说生活还是困难的，虽然有姐姐与姐夫全力帮助。当然我最小，食饭钵中，我是享受特权的人，大家都很疼我，无微不至地照顾我。所以我感觉不到什么艰难。

读过鼓浪屿毓德学校的大姐，很年轻就嫁到厦门了。她很孝顺，天天都要过来看父亲。我姐夫许春草和姐姐感情很好，所以对我们全家也很关心，很常来，许多事情都得到他们的帮助。

父亲常常说，他来厦门是个陌生人，“我像一尾淡水鱼流进咸水港，恐怕是无法生存了”。他常常叹气，在乡下能下田种地、能“出担”做生意、能下海抓鱼，到了厦门，却什么都做不了，待在家里寂寞无比。那时我 6 岁，他 60 岁，父亲 56(可能是 54 之误)岁才生我。他那时身体不错，还能做事，但环境不允许，他也不能适应环境，很郁闷。

父亲是正直的人，也是真正让我钦佩的人。

那时在乡下，我还是个小孩子，不懂事。有一朋友从南洋回来，未住旅馆之前就去后垵见我父亲，将行李搁到我家，说还要去厦门买礼物，带回安溪给亲堂朋友。但这个人很久没有回来，父亲到处打听他的行踪，但没人知道，好几个月下落不明，大家都以为他失踪，或许是死了。父亲就将他留下来的两只箱子送到安溪，那是百多里路啊。父亲是去寻找那个朋友的家属，将箱子还给他们，从头到尾没打开箱子……

乡里人都说我父亲真正清白，事实上也是清白的，他永远不占别人的便宜，倒常常允许自己被别人占一点小便宜。所以，父亲真正是守纪安分的人。在教会里也有人缘(这里指讲信用),8 毛钱的房租总是按时交,有时不得已赊来的柴米油盐,总是按时还,别人有困难找他,他总是量力支援别人,尽管自己并不富裕。

他在家里闲坐,后来就去管牛奶场,挤奶、送牛奶、放牛上山等。

母亲是慈爱的人,任何事情都从好处想,从未想过别人的坏处。在乡下她做生意一视同仁,任何人来都很好说话。大家都认为她是很有爱心的人。在乡下这样,到了厦门还是这样,她总是同情照顾穷苦人,而且从不记恨。

我们到厦门几年后,乡里曾经欺负过我们的强房人,有一次跑到厦门赌博,赌输了,输得一干二净,连衣服都剥得精光。他在厦门没有熟人,跑到溪沙,跪在我父亲面前哭诉,说他没有衣服穿。父亲原本就对他有意见,脸色不好看;母亲却赶快扶他起来,做饭给他吃,拿衣服给他穿。这是乡里真正的恶棍,是当时欺负我们的人之一。但母亲却仍然接待他,待他好。母亲是充满爱心的人,不失为一个真正的基督徒,她对人从来无仇无恨,对子女非常关爱。

总而言之,母亲是很好的母亲。

哥哥张学习,搬厦门时已经 22 岁,已经结婚,嫂子小他 2 岁,20 岁。因为他曾经在鼓浪屿读书,在教会结识了许多朋友,得到许多朋友帮助。他赚钱养家比较有门路,但他没本钱,只能做临时生意,有时赚一点,有时折本。他挑担卖鲜鱼,分发过牛奶,还当过“走街仔仙”,替人治病,做印字工人……赚不到太多的钱。那时由他来当家,确实还是有困难。哥哥经常早出晚归,常常没有吃饭,但他是乐观的人,虽然艰难,仍然爱父母亲,爱兄弟姐妹。

哥哥完全是穷人孩子早当家,困难很大,但他从不抱怨。我嫂子和他一样,竭尽全力支撑这个家庭,做手工所得的钱全部补贴家用。她真正有孝心,也很痛惜孩子。我那时在乡下很小,几乎都是嫂子带大的，她抱我，喂我吃饭。到厦门后，嫂嫂仍然非常关爱我。

我6岁的时候，犯了一个大错误：

我到姐姐那里玩，那时他们住在溪岸边。那是端午节，草兄买了一支（把）很漂亮扇子给我。那时我6岁，边玩边走到溪边，在石岸上玩，结果摔了一下，爬起来之后满脸流血，就一直哭。草兄听到声音就蹿了出来，急急地问："怎么啦？怎么啦？"这时我说了假话，我白贼（闽南话，撒谎的意思）啊，我不敢说是我自己摔的，旁边有一个孩子比我大，14岁，我就说是他推的。

草兄就追问这孩子，但并没打他，只是说你怎么抢他的扇子，等等。

孩子母亲是远近闻名的悍妇，那是一个完全没教养的、有点流氓习气的家庭。结果她跑出来破口大骂，她指责我的姐夫许春草："你打了他？"草兄说："我没打啊，只是拉了他一下。"她说："你要保证他没事儿，我这孩子要有个三长两短就唯你是问。"草兄说："我没打他，他也应该不会有个三长两短。"

于是他们就一人走一路了。

真没想到，这孩子过了一周就得鼠疫死了。他的母亲认为草兄要负责任。啊，那几天，他们发动了几十个角头流氓，将病孩子的遗体要抬到草兄家里。事情闹大了，鼠疫传染性很强啊，扛到屋里又怎样才能让他出去？好在那时教会的兄弟姐妹也都来了，有的看门，有的跟他们谈判，后来怎么解决我就不知道了，总之因为我说假话惹起的轩然大波总算是压下去了。

这事情发生之后，我心里痛恨自己。我说了一句假话，就引起这么大的事儿，所以经过这事，我对说假话一事非常慎重。做人，经过这么多年，有时不得不说假话，但每次说话之前，我都要慎重考虑后果，会不会害了别人，会不会影响到什么大问题？总之，这件事对我教育极大。

附录一

张圣才《许春草传》节录

许春草

许春草(1874—1960),祖籍安溪,出生于厦门。6岁那年,父亲被人贩子贩作奴工出洋,一去不返。全家留下一个年轻的寡母,一个小妹妹和一千个铜钱。

为了生活,母亲为人做衣服,纳鞋底,许春草自己九岁便去一家鞋铺子当童工。封建时代童工的滋味,他都尝遍。

在他八十六岁的生命中,为社会,为国家,做了不少有效的贡献,享有一定的声誉,留下了值得纪念的若干事迹。

他不是什么太上大德的人,但是他立德、立功、立言。他的品德,在他的那个时代,是无可非议的;在政治上,他参加过辛亥革命、讨伐袁世凯、讨伐陈炯明、抗日等近代史上重要的斗争；他立言，最突出而给人们记忆常新的几句话，可以放之四海而皆准：

一曰：人民反对暴政不必向政府备案；二曰：有公愤无私仇；三曰：不与魔鬼结盟，不与罪恶击掌；四曰：对付外国侵略，有钱出钱，有力出力，无钱无力出命，“我出命”。

他未受洗皈依基督之前，是一个没有受过任何正式教育的社会青年，连当时的私塾都没有进过。除家中母亲的训诲之外，唯一接受到的教育，就是在东岳庙前的一处说书摊。那里的说书人，讲的是《三国演义》《水浒传》《西游记》《封神榜》等。他的一点历史知识就是从这里学来的。

他启蒙期的社会伦理观念，也是从这里成形的。在东岳庙前的说书摊，他也多少学习到孔孟之道，一知半解认识孝悌忠信礼义廉耻的人生观，这构成他的忠君爱国思想雏形。虽然他有了这一些孔孟之道，以及武松、宋江、齐天大圣的豪侠气概，但他却不知怎样去发挥他的理想。

他和他的拜把兄弟群，只知“替天行道”为人民打抱不平，几乎天天处在和地方恶棍、流氓和虐待童工婢女的富户豪绅对立的地位，却不知如何进一步铲除这种不平的道理，直到他认识了耶稣基督。

他父亲被洋人骗卖一去不返，把他的家庭推入艰苦的深渊，他对洋人洋教，痛恨入骨。从青少年时期起，他便自发地视洋人如寇仇。当时，洋人在厦门最为突出的形象，是英美传教士，而为这些人在社会上活动的是基督教徒。因此，他对帝国主义斗争的第一对象，便是“洋教”和“为虎作伥”的教徒。

十六七岁的时候，他便以“桃园三结义”方式，结拜了几十个兄弟，工余之暇，四处打抱不平，为弱小者出气，碰到街上有洋人和教徒举行布道会，他们便冲进人群中，跟他们辩论，甚至打架，成为厦门基督教教会的一个大阻力。

许春草信仰基督教是他一生历史的大转折点。

他以后自己对人说:“我信仰基督教,不是吃教,更不是信洋人,我是降汉不降曹,我是投降基督耶稣,不是和那些洋人妥协。”他还说:“洋人有好有坏,和我们中国人一样,好人我们不反对,好事我赞成。信仰基督是好事,传福音的人是好人。”

从这一觉悟出发,他把洋人一分为二,有的他就跟他们做朋友,有的他就彻底和他们对抗。对个别坏洋人,他有时情绪很激烈。鼓浪屿英华书院的主理(董事长)兼鼓浪屿工部局董事长英国人洪显礼,在一个建筑工地,屡次和他为难,他忍无可忍。一个早上,他和工人在工地时,洪显礼手执手杖,疾步而来,破口大骂许春草,说他闯进他“准备要卖”的那一块小墓地,挥起手杖,像要打人。许春草预先告诉在场工友:“今天不应再饶他,我喊打,你们就打。”

等到那个洪显礼走近,继续骂人时,许春草大喝一声:“给我打,打死了我赔命!”十几个工友,一时锄头扁担,迎头而上,把洪显礼吓得逃进附近的人家去。

还有一次,鼓浪屿工部局长(另一个英国人)在鼓浪屿向四面八方敲诈勒索,中国人无处申诉。许春草串联三十多位受害者,向当时“会审公堂”堂长朱兆莘(这个人很正派,不怕洋人,后任北洋政府驻英公使)申诉。

朱兆莘召集鼓浪屿各国领事,陪审工部局长,告发书接连递上十几份,许春草代表受害者控告,弄得工部局长及陪审的各国领事,如坐针毡。最后朱兆莘当着陪审团痛斥工部局长一顿,说你是英国人,也应该顾惜你们英国人的体面,并指令他退赃。

第二日,该工部局长自杀而死,这只是许春草不与罪恶妥协的又一事例。而一位美国牧师,可以说是他的好朋友,他从这位牧师得到当时没有地方听到的世界知识，有好几位闻名的美国人，如华盛顿、林肯都成为他为人处世学习的典范。尤其是林肯的事迹，对他的帮助更大。

他非常欣赏林肯的诚实与仁慈。他说："林肯为解放黑奴，挽救联邦（政府）免于分裂，发生内战，实在出于不得已。但是他在内战中，能够做到对个人全无仇恨，对人民满怀热爱，对真理彻底坚持，是极不容易的。"他认为林肯对政治道德的示范，功劳远远大于其他政治家。

孙中山先生提出建立一个"民有、民治、民享"的人民政权，百倍加强他一生追随孙先生的热情，而这个人民政权的精神，是林肯所概括的。

在礼拜堂中，他从一些外国传教士口中，第一次听到孙中山的名字。听到孙中山被清政府列为四大寇之首，及清政府在全国范围内通缉孙中山的事情与原因。他又听到孙中山是个基督徒，和孙中山齐名的三个大寇杨鹤龄、陈少白、尤列也都是基督徒，他联想到洪秀全的"太平天国"，开始思索为什么这些人都是基督徒。

回忆到早些时候听过华盛顿、林肯的故事，得到了一个启示，上帝是仁慈的，又是公正的，上帝不能容忍人吃人、人压人的事情。所以当仁慈不足以感化暴政，人民都有责任起来反抗暴政，伸张上帝的公义，拯救被压迫的百姓。他受洗皈依基督教以前，和他的拜把兄弟，要替天行道，为社会打抱不平而不知如何发挥作用，信了耶稣之后，他学到了。他从基督教的会堂里，得到革命的启蒙。

这一点的知识和信念，支配了他一生的为人。

二、二哥明哲之死

相关链接

早年福建闽南和广东潮汕均有溺婴恶习，溺婴即杀女婴。

在旧时代，有25%的女婴一出生便被溺杀。除了重男轻女，主要还是贫困，女婴出生被认为是累赘，再加上“女子无才便是德”的旧观念，女孩儿当然没有受教育的权利，厦门小学堂一色是男生。

鼓浪屿是最早兴办怜儿堂和女子学校的。作为比较开放的基督教家庭，圣才先生的姐姐、许春草的夫人张舜华有幸进入鼓浪屿毓德女子学校读书，却因贫穷没有毕业。他乖巧伶俐的二哥

厦门男子小学堂学生(叶克豪、白克瑞提供)

鼓浪屿毓德女子学校女生代表福建队参加排球比赛(叶克豪、白克瑞提供)

也因为贫穷只能去放牛。

当年农民进城的困境可见一斑。

在鼓浪屿,有许多这样的穷人家庭,后来竟成世家,或教育世家,或文化名流,发大财自然很少,但都很有教养,比如鼓浪屿毓德学校校长邵庆元一家,竟出了十一个校长;再比如著名植物学家李来荣、圣才先生提到的洪得胜先生,很多！其早年进城,家境都很贫困,有的在市场卖菜,有的给洋人打工,其子女却能出色如斯,这的确很耐人寻味。

十九世纪末二十世纪初,日籍台湾浪人在厦门是比鼠疫更麻烦的"瘟疫"。这些浪人是日本人故意放到中国大陆来的无业游民,台湾人叫"罗汉腿","他们到了厦门,便在日本领事馆的庇护下,占据角头,走私贩毒,开设赌场妓寮,经营典当,放高利贷,抢劫绑票，杀人越货，无恶不作，形成厦门社会的黑势力”（厦门市《政法志》编委会编：《厦门政法史实（晚清民国部分）》，第20页）。这些台湾浪人和一些厦门本土的仰洋人鼻息的“外籍华人”，比如圣才先生写到的英国籍民，几乎无恶不作。

当年的闽南人，一说到“台湾浪人”就头痛。

* * *

我家的重要生活来源就是养水牛，卖牛奶有赚头，牛发展到七头，一天要分放二三百瓶的牛奶，日子渐渐就好过了。父亲和大哥在掌握，也雇了两个人，一个割草，一个发牛奶。此外，二哥明哲也打杂，主要是放水牛吃草，早上挤完奶，他就赶牛上山，中午不回来，两点才赶回来挤奶，然后再赶上山去食草，他常常很迟才回来。

这是二哥明哲的日常生活。

明哲做事认真，牛看顾得很好，但不幸的是，在他14岁的时候，厦门发生大瘟疫。他在山上看牛，有人将死尸掩埋，他在其间穿来穿去，结果就染了鼠疫死了。明哲之死，在我的一生中，可以说是最大的打击，因为二哥总是带着我看戏，替我赶狗。其实啊，他什么都帮我，让着我，从不对我说一声重话。

他得病的时候，我们仍然住在那8毛钱租来的房子里，家里非常乱。

明哲那天到山上看牛，是周六，我不读书，和他一起去。

在山上，我看他很累，浑身发热，眼睛通红。我说：“你身体不好，我们还是将牛赶回去吧。”他说：“牛要让它们食饱，我没有什么大事儿。”他躺在一个墓场上，滚来滚去，实在是很痛苦。一直到晚上，他仍然做着他的事，把牛一头一头入栏，绑好，我们一起回家来。

回到家里，他对母亲说："阿娘，我头壳很痛。"我母亲已经有3个孩子在乡下得鼠疫而死，一看到这情况知道不好，真怕，赶快去买一贯散啊蜂蜜什么的让他食，他就这样躺下去，再没醒过来。

事情发生，天已经是暗蒙蒙了。

第二天早上，通知大姐和草兄说明哲生病。草兄赶快叫医生过来，医生说是鼠疫，那时无药可治，只能随他去了……草兄通知姐姐来帮助，来看病人，因为我是家中最宝贝的人，怕被传染了，不肯让我近身。他们让我搬到姐姐家里去住。

大姐和草兄都在明哲那儿守着。从这事可以看出草兄和大姐的爱心。草兄是有常识的人，知道鼠疫是很可怕的。姐姐肚里还有孩子，这就是尚未出生的许摩西（牧世），是他们最早的男孩子。姐姐那时已经生了两个女儿，很想要一个男的。这个男胎再过一个月就要出生了，姐姐却无法顾及自己，过来照看，他们一直看护到明哲死去。

明哲一死，家里是真正凄惨。舍不得啊，母亲痛苦得去食鸦片烟膏要自杀，天父恩典，没有中毒反而是吐了出来，吐了许多；我更惨啊，二哥一死，天塌了似的，人家一说他的名字我就哭，说14岁我也哭，因为他死的时候才14岁啊，甚至后来有人说14，我就觉得这是不祥的数字。至少有20年我不敢说明哲的名字。痛心啊……

那时我11岁，那种痛苦的心情无法形容，那是一生的痛。

父亲的伤心又是另一种表现，父亲向来是内敛的，明哲死后他一句话都不说，一直喝酒。我呢一直哭，他倒不哭，一直喝酒，有时就吐（叹）气，明哲死后我们搬离这8毛钱一个月的屋子，住到豆仔尾的一个灰窑，灰窑有楼有砖埕（院子）。

全家都搬去了。

全家都很伤心。这天下午，我正在哭泣，父亲说："不要哭，不必哭啦，这事儿——人死就算啦！"他安慰我。我还是哭个不停，牵着他的衣襟，他走出我跟出，他走入我跟入，他一直想要摆脱我，好去安静一下，可是我总黏着他，对着他哭诉不已，好像要他将明哲再还我。

这时，他突然控制不住，放声大哭起来。

那时已经是黄昏，栖在屋顶的乌鸦听到这可怕的哭声，惊得全飞光了！我一时呆住了，大吃一惊，我从未见过父亲哭，他从未流过眼泪，这样的惨痛的哭声让我害怕。我赶快跟他说："阿爹，我不敢了，我不敢了。"他兀自痛苦地哭，头一声就是："天父啊，我怎么这样惨啊！"

这句话，几十年之后还在我耳边回响。

明哲死的这年，还发生了另一件不幸的事儿，我们那时有水牛 7 只，放到山上吃草，这事本来是明哲做的。明哲死后，我们雇了个工人来放牛。那天，有 7 个"台湾人"——所谓台湾人，就是日本人"放"到厦门来捣乱的台湾浪人，他们到山上玩，居然把我们的 7 只牛都牵走了。看牛的人被捆绑起来，嘴里被塞布条，然后用一块墓碑压着，他们将牛牵到屠宰场去杀了，没多少时间，牛已经全部被杀掉了。等我们知道，又找了许久，才看到那被墓碑压着的孩子，将他解开才知道究竟。

我哥为这事可跑死了，大家都不知道牛哪去了。

后来有人报信，说牛在牛灶，头家叫陈跃昆。我哥和一些朋友就追过去了，到陈跃昆屠宰场，看到 7 个牛头挂着。牛我们养很久了，都是认得的，我就记得有一只矮的，一只扁担的，还有一只……都是认得的啊。

牛灶的主人是英国籍民，这可麻烦了，完全没法度！偷牛的是台湾浪人，杀牛的是英国籍人，我们找谁交涉啊？那个时候，台湾人打死人都拿他们没办法，何况是牛？一些英国籍民本来就无恶不作，卖鸦片什么的，再说他向人买牛来杀，也不算犯法啊。

就这样，全然的损失，我们又一次破产了。

附录一

张圣才《许春草传》节录

信心生爱心，爱心就是我国的“仁”。古人说：“仁者无畏！”许春草由于信主，确实达到“无畏”的地步。

鼠疫是不治之症，在十九世纪末二十世纪初，更是这样。就在这样时期，厦门曾经有两三年，每年必发生一次严重的疫情。疫情可怕的程度，使得居民出门必须把自己的名字地址，写牌挂到自己身上，以防途中患疫倒毙，无人收殓。

许春草信主之后，从教会里学到一点卫生常识，知道鼠疫传染的厉害。他在教会发起组织一个七人的防疫小组，自己带头，碰到教会会友家患鼠疫，这个防疫组立即驰到病家，先将无病成员迁移到隔离场所，病人即由防疫七人轮流照顾，直至收殓埋葬，不让无病亲人插手，以防感染。这是一种如果没有信心和爱心的人做不出来的差事。连接两三年，每逢鼠疫流行季节，这个七人的防疫小组，便主动为病家服务。在神的照顾下，这个七人小组，没有一人感染鼠疫和死于鼠疫。

三、奇妙的猪母尿药方

相关链接

张圣才的姐夫许春草，是闽南有名的辛亥革命元老，他很早就定居鼓浪屿。鼓浪屿是中国现代教育、医疗、音乐和足球运动的摇篮之一，也是辛亥革命前夕许多革命党人秘密聚集点。鼓浪屿阅书报社，当年就聚集了许多来自南洋、台湾和闽南各地的同盟会员，教会学校的教员也有很多同盟会员，替圣才先生母亲治病的叶青眼先生就是其一。

泉州的读书人叶青眼原名拱，又名耀垣，字文星。由马来西亚华侨陈新政介绍参加同盟会后，自改名“青眼”。“青眼”之典故，想必来自南北朝我行我素的怪诞文人阮籍的“青白眼”，这位叶青眼想必是一位幽默入骨的先生。

1914年，孙中山在日本成立中华革命党，叶青眼在香港由廖仲恺介绍给孙中山，孙中山委托他为中华革命党福建支部长。这位厦门同盟会元老早年在厦门和许春草一样都是风云人物，但他似乎更愿意教书。他会“号脉”，教弟子张圣才用猪母尿为母亲治病，更像一位有趣的“半仙”。喝童便治伤，是闽南常见的偏方，猪母尿治肺炎真没听说过。饱读诗书的叶青眼肯定比街头游逛的半仙们有学问，也许来自某中医世家的偏方也不一定。

叶青眼晚年皈依佛教，并与弘一法师有些往来。

* * *

到厦门前6年，住在8毛钱一个月的屋里，说困难吧，家庭经济也还过得去。我哥虽然年轻，却是十分乐观的人，难得叹气也难得叫苦，一天到晚痴痴地想着要如何赚钱养家。那时正是辛亥革命前夕，我的姐夫草兄，加入过同盟会，也介绍我哥参加了，他们正准备着推翻清朝的事儿，这是大革命运动，是民族的革命行动，一时间，发展了许多人。

哥哥白天做活，晚上就在家里谈论革命情况：孙中山在哪儿啦，做啥事儿啦，黄兴又怎样啦，宋教仁如何啦，黄花岗七十二烈士又怎么啦，等等。革命的事儿和英雄人物，就像讲故事一样讲给我们听，我做孩子的时候，最爱听这些了。

前面说过，我在乡下的时候，对强房欺负弱房是很反感的，清政府压迫汉人，和强房压弱房是一样的，我很爱听，觉得饶有兴趣，我学了

许春草与《圣经》(许春草家人提供)

接受了一些爱国思想,对政治问题很感兴趣。父亲是比较保守的,对辛亥革命虽然同情但没有参加,他对教会活动更热心,他很认真地教我读《圣经》和《圣诗》。

这是我的家庭宗教教育和政治教育的情况。

水牛被贼拉走之后,我们没有能力恢复牛奶场了。明哲死后,我们搬到灰窑住。灰窑的头家是爱赌的,灰窑生意爱做不做的。后来,经人介绍,我们用几百元买过来了,哥哥来经营,也就是说牛奶场破产后,我们主要的生活来源就靠灰窑了。

我就不再去溪岸教会小学读书了,哥哥和草兄主张让我到鼓浪屿养元小学读书。那时厦门这边的教会小学不如鼓浪屿的养元小学办得好。当时养元小学可能是办得最好的教会学校了,哥哥小时候就是在那里读书的。可是鼓浪屿离家远啊，我要从现在的豆仔尾到鼓浪屿读书，母亲非常舍不得我离开，说到我要去鼓浪屿读书就直落泪。明哲死后，母亲已经非常寂寞了，我要再去鼓浪屿读书，她可怎么办啊？

但是没办法，多数人都认为我应该去鼓浪屿养元小学读书。我也不想离开家啊，我舍不得放下她在家眼巴巴地想念，但没办法。这也是我此生最痛苦的一段。在鼓浪屿学校里读书，总惦着母亲，学校规定每周回家一次，周六回家，周日回校，回来的时候高兴，去的时候母亲哭，我也哭，非常不快乐。

但形势所迫，一定要去鼓浪屿读书。这时，家里又发生了一件事儿，我的母亲得了急性肺炎。

那天，我按规矩周六回家，母亲已经病倒了，发高烧，吐红沫，有点不省人事了。她很疼我，见我回家抚摸不已，但人已经是半昏迷了。我没有经验，没想到这个病有那么严重。周日母亲还是那样，周一早上可能更重了，我却又要渡海去读书了。不是说我很爱读这个书，也不是说我不重视与母亲做伴，不知学校是怎么弄的，反正迫得我周一非去上课不可。

这个周一，我还是去养元上课了。

课没上多久，突然哥哥叫人去学校叫我，说母亲生病，叫我回家。我赶快回家，见母亲很严重了，大家都在看护。请了一个中医叫火仙的，这个医生来看了看，说这病难治，不肯派（下）药了。

我们一直看护到晚上，全家都在。我的父亲，哥哥嫂嫂和姐姐，我，都在母亲病床前坐着。哥哥突然想到我年纪小更需要睡眠，叫我上楼睡去。那时，我家楼下一间房，楼上也有一间房。看着情况严重，我不想走，但大家一致叫我去睡，那时已经是晚上十二点了。

我从母亲房间出来，自己一人上楼，天已经很迟了。楼上空无一人，冷冷清清，心情非常不好，一进房就放声大哭，然后跪着祈祷。我是这样说的：天父啊，我才十二岁，不能没有母亲！说完又哭，哭过之后非常疲倦，就去睡了。睡到天亮，下楼看母亲，母亲的热度（体温）依然很高，不省人事，吐出的口沫仍然是红色的。

通（全）家的人一夜未眠，面面相觑，静静地没人说话，认为大灾难就要来了。

忽然听到外面一个声音："圣才、圣才。"

我赶快出去了，原来是鼓浪屿养元小学教我国文的叶青眼先生。叶青眼先生是我哥哥的朋友，但从未到这个地方来找我们。他忽然来了，究竟是什么原因呢？我说："先生，有什么事儿吗？"他说："你怎么没去读书呢？"我说："我去了，是哥哥叫我回来，母亲病重。"他说："什么病？"我说："吐红沫。"他说："让我看看。"他就跟我进屋，为母亲把脉，把得相当久，至少十几分钟吧。

他说："圣才圣才，你到后尾海边接一些猪母尿来。"

我去了，看到一只母猪正撑开双腿撒尿，我赶快接了一钵头回来。叶青眼先生说："赶快让你母亲喝。"我们当时已经没办法了，也只能这样试试了。嫂嫂赶快去取了汤勺，一汤勺一汤勺浇下去，母亲喝完之后，叶先生回去了。

上午母亲的热度就退了一点点，到下午就全退了，红沫也不吐了，痰变成白色，精神也好了。于是我们就又去接一些猪母尿来给她喝。第二天母亲的热度全然退去，人清醒了，这个病居然就好了。

这事，我想来想去，很奇妙啊！叶青眼先生从未到过我家，平时在学校，他虽然疼我，却也不十分注意我在场与否，他怎么忽然就来了呢？这么远，这不是偶然的，我们不知道他懂医术，他却自告奋勇来把脉，开了猪母尿这一方药，真是出奇的事儿，这猪母尿居然能治母亲的病……

我想一定是我昨天痛哭流涕并祈祷的结果，到今天我还是这么想的。

第二章

/ 在爱与暴力革命中徘徊 /

一、参加中华革命党

相关链接

非常耐人寻味的是，闽南辛亥革命元老们在厦门的活动据点基本上在教会或教会学校，要不就是华侨创办的同文书院或一些与华侨有关的有限公司，更有意思的是厦门或鼓浪屿的“革命党”，有相当一部分就是基督徒。

这可能与教会学校的人文启蒙有关。

上个世纪初，弹丸之地鼓浪屿正处于发展的“黄金时代”，这里荟萃着全厦门最好的学校，其中包括美国归正教会主办的、张圣才和林语堂的母校养元小学和寻源中学。后来搬到漳州的寻源中学英文原意是“打马字纪念堂”，纪念献身传教事业的打马字伉俪。这个学校早期为英国长老会和美国归正教会合办的“寻源堂”（“寻源”之寓意为“寻真理之奥，启智慧之源”），即以培养传教士为目的的神学校，后来却发展为办学质量相当好的“完中”，寻源中学教学质量与鼓浪屿著名的英华中学不相上下。异常集中的教育资源，令鼓浪屿呈现一种与众不同的人文景观。

半路出家却虔诚一世的基督徒许春草，在“二次革命”后处理闽南民军的问题上就显示出他与众不同的思路：若不加以引导约束，乌合之众的“民军”可能成为地方上的祸患。

果不其然，他一语成谶。

二十世纪初，闽南各县土匪横行，民不聊生。大部分欲回国“光宗耀祖”或实业救国的闽南华侨，比如南安籍印尼巨贾黄奕住，不得不将豪宅筑在相对安全的弹丸之地鼓浪屿，再加上十九世纪末不愿意入日籍的台湾富商如林尔嘉、林祖密等，纷纷“入

打马字伉俪(叶克豪、白克瑞提供)

住"鼓浪屿,客观上促进鼓浪屿经济繁荣并形成相对的政治力量。鼓浪屿工部局终于有了"华董",还有前面提过的,许春草、叶青眼等"革命党"活动。

笔者认为当年鼓浪屿并非一般"租界",而是综合多方力量的多元社会。

* * *

我12岁到鼓浪屿养元读的是高(小)一,13岁读高二,14岁读高三,然后就毕业了。这年正是孙中山先生的中华革命党发展成员的时

1895 年新建的寻源书院(叶克豪、白克瑞提供)

候,也正是讨伐袁世凯的时候,厦门过去那些老同盟会员,这时纷纷又加入中华革命党,主要目的是讨伐袁世凯。

我 14 岁由姐夫介绍参加中华革命党,做他们的交通员。

在鼓浪屿,有四五个地方,由我负责交通,有一个地方是王子爱的房子,就在养元小学隔壁,一些文件常常要送到那儿,他们常开会;还有一个是林桂元的屋子,在现在的福建路,他是汕头人,有钱,有自己的房,那也是一个点;还有五个牌陈金芳的家,陈金芳是闽南中华革命党闽南支部的财务主任,我常常到他那里取钱;我的姐夫许春草是党务主任,他要做许多事,他家就是我读书住的地方,这也是一个点。

……

这四个地方我常常联络,那时,中华革命党的头头我都认识,当然

寻源中学校体育运动队(叶克豪、白克瑞提供)

他们不一定认识我,我还是个孩子啊。这些人,比如许春草,比如宋渊源、叶青眼、邱廑兢、陈金芳、许卓然、周俊烈、张贞,都是同盟会的元老。还有许多人,(比如)许崇智也来过厦门,他来了解情况,布置工作,我虽然是孩子,做交通员,却也自命不凡,认为自己是革命党的人了。

14岁小学毕业,我到寻源中学读书。

寻源中学也是教会学校,与养元小学有连带关系,所以我很习惯。当时寻源中学校舍离养元小学只有两百米,校长是卢铸英牧师,与我哥哥和姐夫都很熟,所以我一切都顺利,那时还很小吧,在学校也是孩子,不甚出色。不过,在这个学校也碰到一些事儿,比如我们学校学生与日本人打架的事件:

那是元旦,厦门的日本人有一个大宴会,宴会之后是下午,有十几个日本人，喝得醉醺醺的，穿着很漂亮的和服，窜入寻源中学操场。我们正在玩足球，他们也就一起踢了，把我们的球弄墙外去，然后取笑我们，学生们纷纷抗议，他们就用很长的竹竿打我们。学生们一看是日本人，有点害怕不敢动手，我们的校长在楼上实在看不下去了，非常愤怒，他说，给我打，明笃，打他们，明笃出手！

明笃年纪比较大，是学过拳头（术）的，他出手不凡，我们大家也一齐涌上，日本人漂亮的和服被我们撕得粉碎。他们跑了，有三个人被我们抓了进来，我们将他们关了起来。这一架，打得真带劲，那时学生们真高兴。

事情发生后，日本领事馆就向美国领事馆抗议，因为寻源中学是美国人办的教会学校。美国领事馆就说，咱先放人吧！我们就把人放了，堂而皇之地将他们押出去。那时我参加这个活动，真高兴，（笑）觉得这真是伟大的事儿。后来这事儿不了了之，不知美国领事馆是怎么和日本领事馆交涉的。反正学校也没啥事儿（没受到压力），所以学生们都觉得这是一次胜利。

1915年张圣才就读的鼓浪屿寻源中学师生（叶克豪、白克瑞提供）

附录一

张圣才《许春草传》节录

1907年,许春草于孙中山倡立同盟会的第三年,在厦门由黄乃裳先生介绍参加该会,为厦门同盟会最早会员之一。黄乃裳,福建福清县人,清末举人,信奉基督教,早年出洋从商,追随孙中山先生,从事革命活动,是厦门大学第二任校长林文庆的岳父。林文庆原籍厦门,曾在新加坡行医,与黄乃裳结亲之后,也参加同盟会。

1907年,许春草由林文庆介绍认识黄乃裳,从同道而参加同盟,成为同志。许春草第一次听到孙中山伦敦蒙难的情况,深受感动。因为在孙中山被清廷驻伦敦使馆特务绑票,准备偷运回国报功的极危险时刻,孙中山竭诚恳切祈求上帝给予拯救,结果得到各方面的声援而脱险,其中经历处处见到神的照顾。孙中山的这个故事,加强了许春草

師範本科課程表

科目 \ 學年 \ 程度	第一年	每週時數	第二年	每週時數	第三年	每週時數	第四年	每週時數
修身	摘講摩西五經 真籍問答一至六十五問	一 一	摘讀約書亞至撒母耳 真籍問答六十六問至終	一 一	摘讀列王至以士帖 哥林多至加拉太經義	一 一	摘讀詩篇箴言 羅馬以弗所 腓立比哥羅西經義	一 一
教育	兒童自力研究之引導法 論理學大要	四	普通心理學 教育理論 教授法	六	哲學發凡 保育法 近世教育史	四	教育制度 學校管理 學校衛生 教授實習 二 五	七
國文	講讀最近世文 文字源流 時文 作文 國語	三一一二二	講讀近世文 文法要畧 時文 作文	三一一二	講讀中世文 文學史 美文 作文	三一一二	講讀上世文 文學史 美文 作文	四一一二
習字	楷書 小篆	一	楷書 行書 黑板寫法 教授方法	一	楷書 行書 教授方法	一	行書 草書	一
歷史	本國史 上古 中古 近古	二	本國史 近世 現代	二	外國史 東亞各國史 西洋古代史 教授方法	二	外國史 西洋近世史 西洋現世史	二
地理	地理概論 本國地理	二	本國地理 外國地理	二	外國地理 教授方法	二	自然地理概論 人文地理概論 商業地理	三
數學	商業珠算 商業簿記 代數	五	代數	五	平面幾何 教授方法	四	平面幾何 立體幾何	三
博物	生理及衛生 動物學	四	動物學 植物學 礦物學 教授方法	四				
物理化學					物理 物性學 熱學 磁學 電學 音學 光學 力學	六	化學 無機化學 有機化學	三
法制經濟							法制大要 經濟大要	二
圖畫	自在畫 臨畫 寫生畫	一	自在畫 黑板畫練習	一	意匠畫 幾何畫 教授方法	一	同前學年	一
手工	竹工 細工 木工	二	粘土 石膏細工 木工	二	小學校各種手工 教授方法	二	粘土 石膏 紙工 金工	二
樂歌	樂譜唱法 單音唱歌	一	樂典 單複音唱歌 樂器練習	一	同前學年	一	同前學年	一
體操	普通體操 兵式訓練 遊戲	三	同前學年	三	普通體操 兵式訓練 教授方法	三	同前學年	三

寻源中学师范本科课程表(叶克豪、白克瑞提供)

参加革命的决心,使他在爱神与爱人的道理上,获得进一步的统一。

1907年,许春草已经是厦门基督教会的一位“长老”,在教会中有一定的信誉,社会上,也可算为一个知名人士。参加同盟会后,他发挥他的社会影响,介绍了数以百计的教会会友及社会人士参加同盟会。为避免清廷的破坏,他利用厦门和鼓浪屿几个礼拜堂和教会学校为据点,宣传革命,组织活动及举行秘密会议。这些场所中,最为重要的,是厦门溪岸街的礼拜堂和鼓浪屿寻源中学及英华书院。当时的基督教神学院“廻澜书院”,也是一个联络站。多数年轻一代学生,都是从这里被吸收为同盟会会员,参加辛亥年厦门光复革命的。

辛亥年,作者只是一个9岁的小娃娃,根本没有参加革命的资格。虽然从哥哥那里听到一些革命人物的英勇事迹及各地起义的消息,对革命很感兴趣,但到底是个孩子,对当时厦门同盟会的组织是谁领导,我不知道。直到今天,传说纷纭,莫衷一是。

第七章 編制

本校學科分為三部(一)英文科 讀滿四年課程者中學畢業可接福建協和大學第一年級讀滿六年課程者大學預科畢業程度視協和大學第二年級(二)普通科 讀滿四年課程者中學正科畢業讀滿六年課程者大學預科畢業程度均同部章(三)師範科 讀畢二年課程者初級師範畢業讀滿四年課程者師範本科畢業程度照部章規定

英文科課程表 教程除修身國文本國史外課本概用英文

科目	第一年	每週時數	第二年	每週時數	第三年	每週時數	第四年	每週時數
修身	摘講摩西五經 真編問答一至六十五問	一 一	摘講約書亞至撒母耳 真編問答六十六問至終	一 一	摘讀列王至以士帖 哥林多至加拉太釋義	一 一	[illegible]	一 一
國文	講讀最近世文 時文 作文 國語 習字	三一二一	講讀近世文 文字源流 時文 作文 習字	三一一二	講讀中世文 文法要略 美文 作文 習字	三一一二	講讀上世文 文學史 美文 作文 習字	三一一二
外國語	讀課 文法 作文	五三一	讀課 文法 作文 會話默寫	四三一一	讀課 文法 作文 會話默寫	三三一一	讀課 文法 作文 會話默寫	三三一一
歷史	本國史 上古 中古 近古	二	本國史 近世 現代	二	外國史 上古 希臘 羅馬	四	外國史 中古 近世	四
地理	中國地理	二	世界地理	二	亞洲地理	二	亞洲地理	二
數學	代數	五	代數 平面幾何	五	平面幾何 立體幾何	四	三角	四
博物	摘讀英文格致讀本 一二冊	四	摘讀英文格致讀本 三四冊	四	摘讀格致讀本 四五冊	四		
化學							化學	四
圖畫	臨畫 寫生畫	一	同前學年	一	自在畫 幾何畫	一	意匠畫 幾何畫	一
樂歌	樂譜 唱法 單音唱歌	一	樂典 單複音唱歌 樂器練習	一	同前學年	一	同前學年	一
體操	普通體操 兵式訓練	三	同前學年	三	同前學年	三	同前學年	三

寻源中学英文课程表(叶克豪、白克瑞提供)

但有一事，我是亲睹的，就是光复厦门那天早上，我同二哥张明哲，抬着一块甜粿（即年糕）去五崎顶培文齐印刷店送给我的舅父许文岩时，路过石路街，看见许春草骑在一头红色马上，手持红旗，率领数百上千名的部队（士兵），进攻厦门清廷的政权中心“提督衙”，部队没有遇到抵抗。

我和二哥见此情况，心怦怦跳，惊喜参半，抬着年糕，疾步而过。当时，在我这小孩子的思想中，存着一种光荣感：“我的姐夫许春草是革命军的头头！”直到今天，这个印象还极明确（深刻）。然而不论如何，许春草是厦门同盟会的一个比较活跃的成员，是无可争议的。

紧接着窃国大盗袁世凯称帝，孙中山先生在日本组织“中华革命党”，声讨袁世凯。许春草和在厦门的为孙先生所认识的同盟会同志许卓然、叶青眼、陈金芳、宋渊源等被委任为中华革命党的领导。许春草当中华革命党闽南党务主任，陈金芳当财务主任。许春草在党务主任期间，协助其他同志组织武装。第一次准备光复厦门，因北洋军阀刘冠雄突然率领一支舰队入驻厦门，敌我力量悬殊，没有发动。第二次以灌口的天柱山、山狗庙为基地，集合同安、安溪、南安、永春、德化的民军，组成一支武装部队进攻同安地区，因口令错误，入城两路部队，互相射击，以致失败。

厦门中华革命党进攻同安城失败后，同志们并不气馁。他们退回天柱山重整旗鼓，准备继续斗争。1915 年（袁世凯死亡时间为 1916 年 6 月 6 日，此处张圣才记忆有误——泓莹注），袁世凯在北京死去，倒袁的革命告一段落。孙中山先生鉴于当时中华革命党内部复杂，有加以整顿的必要，宣告取消中华革命党，停止武装斗争，但在如何处理武装部队的问题上，许春草同当时领导武装部队的同志发生争执。他们认为这些武装的骨干都是闽南各县占有一定势力的民军首领，这些部队不该解散，应该予以保存并加以扩充，作为再次革命的本钱。

许春草却说："这些武装部队，成员复杂，它的领导人物多数是乌合之众，以革命为升官发财的阶梯，事实上对革命的意义，毫无所知。在孙先生领导下，我们是有理想有政策，加以教育领导，固然可以为革命效力；但是如今孙先生通知解散中华革命党，解散武装部队，无人教育，保留这些武装，他们失掉党的领导，各行其是，势必危害地方，危害人民。"许春草这一主张，没有得到多数同志的赞同，他便同他们脱离政治上的关系。

附录二

黄猷口述

中国民主革命，特别是孙中山的民主革命，当时是靠华侨靠会党的。为什么华侨是革命之母呢？华侨人不多，出的钱也不算最多，但最积极的是资产阶级和小资产阶级，这就是华侨。当时欧美的基督教会是支持孙中山的。但他们对中国估计有个错误，他们认定中国革命的骨干力量是商人和中农，但实际上最先起来的正是像许春草先生这样从破产的农村出来、游离于城乡之间、不愿意屈服于恶势力、最后打出局面来的人。

这些人是同盟会最早的成员。

这就是张圣才先生思想发展的背景。许春草"中国工党"的纲领不叫三民主义而叫"四民主义"：民仁、民治、民权、民生。他的理由是清政府倒了，民族问题已经解决，但民权、民生还得谈，而且用什么来统一，仁还有智。我相信这四民主义，不单单是许春草的观点，很可能就是张圣才的思想。

二、番仔教我学英文

相关链接

福建协和大学英文名是福建基督教大学，学校性质与著名的燕京大学相同。

张圣才当年被破格录取，充分展示了教会学校因材录用、有教无类的特点。番仔“先生娘”教张圣才英文的细节亦充分展示了教会学校因材施教的优势，“先生娘”是闽南人对有地位人家太太的尊称，与此相类似的还有“医生娘”。

圣才先生说的这位先生娘，想必与寻源中学的毕牧师娘一样。林语堂先生是这样写的——她是“温静如闺秀之美国旧式妇女”，在另一段文字中又说“她是一位端庄淑雅的英国女士，她说话的声音温柔悦耳抑扬顿挫，我两耳听来，不啻音乐之美。传教士女士们的女高音合唱，在我这个中国人的耳朵听来，真是印象深刻，毕生难忘”。

大师有时记忆有误，毕牧师娘是哪里人无关紧要，关键是令人“毕生难忘”。十九世纪末到二十世纪初到中国传教的“番仔”，尤其是有教养的女性，比比皆是，不可否认她们为中国现代教育做出的贡献。

黄嘉惠是厦门人。据黄嘉惠的亲戚茫眼先生提供的资料，他出生于厦门一个颇有文化教养的家族，兄弟几个均非常出色，其中黄嘉德是上个世纪三十年代著名的作家和翻译家。黄嘉惠是家族中最早去上海发展的成员，当时地位颇高。若不是早逝，估计在现代史上有一定分量。黄嘉惠在上海担任“中华国民拒毒会总干事”，圣才先生任副总干事。关于“中华国民拒毒会”，可参见第八章第二节《在上海的“逃亡”生活》。

鼓浪屿寻源中学堂主理毕腓力和毕腓力牧师娘(叶克豪、白克瑞提供)

* * *

1920 年我从鼓浪屿寻源中学毕业。我毕业时是夏天,这年秋季就去福州协和大学读书了。福州协和大学是七个外国公会联合办的,所以叫协和。这个学校的性质,与北京协和大学一样,后来,北京协和大学改成燕京大学,福州这个学校就叫福建协和大学。

我到学校去的时候,多数老师是外国人,英美都有,多数是美国人。福建协和当时只有一百三十多个学生,是比较小的高等学校,1913 年创立。到我去读书的时候,只有 7 个学年,我算是第七学年的学生。

读大学要考试,我在寻源中学读的是汉文班,英文不懂,考得很差,不及格。学校不录取,我就准备回去了。我记得那天下船时哥哥说的话,他说:“你是读汉文班的,协和大学听说都是外国人,英文要求很高，你不一定能考及格，考不及格就回来，就当去福州玩一趟吧！”哥哥是担心我考不上，心情不好，好意安慰我，所以我也就很平静，收拾了行李准备回家。

那个时候有个“老学生”，是厦门人，叫林世泽，毕业后继续读研究生，他是学生头。教务长对林世泽说：“圣才的确考不及格，不过，我们看起来，他的眼睛很亮，看起来是聪明学生，年纪又是最小的，我们就试试，把他留下来读读看。”

他让林世泽跟我说了这个意思，我就留下来了。

那时学校的规矩，学生一周要读 18 学分，因为我不及格，他们允许我只读 10 学分，其余时间布置人来教我英文。有一个先生娘，是外国人，给我补习英文，她人很好，我一周三次去她家，每次都有鸡蛋糕、咖啡茶，还用留声机放音乐给我听，总之招待得很好，她怕我不爱读，学不好。但我仍然还是不通：不爱读，读不好。林世泽很生气，说不要跟着番仔婆读吧，跟我读好了。他也是一周三次来帮我补习。

无论如何，那时我觉得学校很温暖，虽然我很笨，但他们都对我很好，我对外国人番仔人也没有恶感，他们实在对我很好。

第一学期在协和大学读书，无声无息，很少介入什么事。不过，第二学期就有机会出了个小风头，在学校起了一点重要作用了。学校举办国语演讲辩论会，由学生组团来辩论。那时我是与一位厦门学生黄嘉惠同组，另一组是两个福州学生，由学生自己来听来评，我被评为头名，黄嘉惠第二名，我们赢了，另一组没名（次）！我是低年级学生，黄嘉惠是毕业班学生，他二名我头名，黄嘉惠也非常高兴。那时学校就知道有这么个学生，国语比赛头名，我得了一个奖章。

三、请杜威博士营救学生领袖，参与组织学生军

相关链接

受无政府主义即所谓“安那其主义”(Anarchism)影响，自辛亥革命起，暗杀成为中国政坛各种政治力量角逐的颇为“正当”的做法，有学者称这个时期为“暗杀时代”。当年的汪精卫便是这样成了大英雄。当然，也有不赞成暗杀行为的革命党人，比如胡汉民等。中国近代史上，最具争议性的人物当属三十年代的“斧头帮”帮主，令蒋介石咬牙切齿的抗日杀手王亚樵。后来，蒋介石亲自操控的“复兴社”“蓝衣社”乃至军统的政治性暗杀甚至是滥杀无辜，显然是将这款政治手段发挥到极致！上个世纪三十年代初，黄埔军校一些热血青年谈论现在已经臭名昭著的“法西斯”精神甚至是一种时髦。

早在“五四”期间，激进的学生因反日暗杀奸商，似乎也就成为“正义”的事业。当年，正在福州英华中学读书的福州人林寿昌和福州学联调查科成员刘友贤、林梅生、林子炎、江秀清等10人结拜为兄弟，组织“铁血团”，肃清日货，闹得风生水起。1924年，林寿昌还曾主谋暗杀孙传芳，但他们却炸错车辆，孙传芳命大逃过一劫，呼风唤雨的林寿昌得到“福州唯一大哥”的地位。

因为林寿昌是“大哥”，民间称之“寿昌派”。根据福州地情网有关资料叙述，林寿昌等带“铁血团”刺杀包销日货的奸商陈鸣歧，并以“锄奸团”的名义公布陈的罪状。林寿昌等人逃往上海，林梅生在福州被捕。

历史上的林寿昌等人是非常复杂的江湖人物，他1934年2月被陈仪所杀。

非暴力倾向的基督徒张圣才，显然对这种随意性很大的暗杀行为不以为然，从他冷静的叙述可以看出。但这些"学生会头头"，显然是不可忽视的政治力量。初出茅庐的张圣才深谙这一点，后来就利用他们，协助福建讨逆军总指挥许春草组织了福建讨逆军中的学生军。

杜威是美国著名的实证主义哲学家、教育家，当时在中国作了两年研究并与中国名士有深入交往，他的教育思想影响了胡适、陶行知等一大批中国学者。黄其华、张圣才后来在厦门管理双十中学，很显然受到杜威、陶行知教育思想的深刻影响。

* * *

美国著名实证主义哲学家、教育家杜威

"五四"运动期间，福州学生会运动轰轰烈烈，尤其是抵制日货方面，因为抵制日货的活动很激烈，学生们又暗杀了两个奸商，引起了李厚基督军的注意和反对，所以学生会开会的地方主要是在协和大学。

本来在城里有个会所，因为他们与政府对立，所以城里的会所基本不用了，学生会的活动中心移到协和大学。当时学生会会长是黄嘉惠，我虽然不是学生会的人，但他们都请我去参加，甚至他们抵制日货、打人、组织暗杀团，我统统知道。

学校也知道福州学生会中心已经转到协和大学了。学校洋人们认为这是爱国运动，并不干涉，当然也不鼓励。

这时我做了一些事：一是学生会中心转到协和大学的时候，我常常参加活动，认识了当时许多学生会头头。最出名的自然是黄嘉惠，还有林寿昌、林梅生、江秀清、刘开明等，我都很熟悉，所以后来做一些事情就有发展的余地（比较顺利）。第二是学生会头头之一林梅生被捕事件，当局说他是锄奸团的人，是暗杀奸商的罪犯，事实上也是他们去暗杀的。

事态发展相当严重，林梅生很可能会被李厚基当局枪毙。

这时恰好杜威博士来中国，我跟黄嘉惠商量，利用杜威博士来中国这一点来营救林梅生吧——杜威博士是全世界有名的教育家，在中国也很多人知道，托杜威博士向李厚基说说，也许能放行了。朱才伟校长听了我们的建议，果然和杜威先生说，我的学生林梅生被李督军抓去了，他是一个爱国运动的学生头头，出于对爱国运动的支持，政府不应该抓他，请杜威博士给李厚基督军说一下，放回这位学生。

杜威博士答应了，在第二天李厚基请他吃饭时就将这个意思说了，李厚基立即答应放这个学生。校长得到杜威博士的答复，就通知学生会，学生会发动几千个学生到督军府迎接林梅生。

这事儿果然成功了。

1922年孙中山先生就任非常大总统，叫我的姐夫许春草到广州去。这次，中山先生让许春草回福建设一个发展国民党党员的机关。许春草就在鼓浪屿住家开始登记，招人参加国民党。

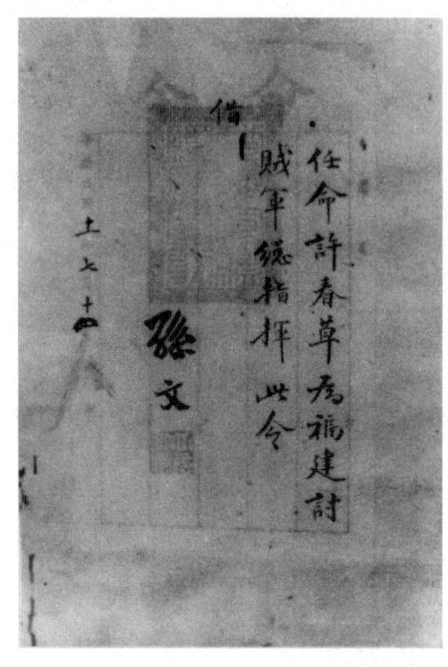
任命許春草為福建討
賊軍總指揮 此令
孫文
十一 七 十四

孙中山给许春草的委任状(许春草家人提供)

我那时在协和大学读书,他就叫我在福州招人参加国民党,我得到黄嘉惠的支持,他当时是福州学生会的会长。我们争取了林梅生、林寿昌、江秀清等学生会头头的支持,介绍了学生会五六百人签名入党。

不久,是 6 月吧,陈炯明背叛孙中山,炮击总统府,孙中山在广州珠江白鹅潭永丰舰上组织反攻,那时孙中山委派我的姐夫许春草做福建讨贼军的总指挥,许春草叫我参加这个组织。我在福州争取学生会的人,由林梅生、林寿昌、江秀清带头组织福建讨贼军,指挥第二路,这里成员多数是福州学生会学生,所以又另叫学生军。

许崇智反攻广东不成功。许崇智入闽,福州学生军起了(一定的)作用。他到水口的时候,学生军先在福州城内占领乌山、于山、屏山,对督军衙门开始攻击，李厚基逃亡到台湾。学生们占领了福州城，我们到洪山桥领钱，北伐军顺利入城。

这是我所知道、也有关系的一件事。

附录一

张圣才《许春草传》节录

1921年，许春草应孙中山先生之召，前往广州。中山先生叫他在厦门设立国民党联络站，发展党员，并准备发展武装，以备北伐。许回厦后，在鼓浪屿笔山路某号秘密发展国民党员，还派同志多人到福州发展党员及活动地方民军武装起义。经过半年以上的努力，他在厦门登记一千多名党员，在福州也登记党员近千名。厦门的党员以建筑工友和学生占多数，福州所发展的几乎全是学生。又通过他的关系，争取到福州五虎口长门炮台台长和厦门三个炮台台长加入国民党。福州督军衙门卫队团团长辛桂芳，厦门侦缉队队长陈尚志也都宣誓入党，准备起义。

1922年6月，陈炯明受北洋军阀收买，炮击孙中山先生的总统府，孙先生暂时避难于白鹅潭的永丰舰。那时候，孙先生和许春草的联络同志郑螺生先生，正在鼓浪屿商谈问题，接到电报，立即起程驰赴白鹅潭的永丰舰向孙先生请示。郑螺生是福建同安灌口人，旅居马来西亚吉隆坡，早年参加同盟会。那位刺杀清廷将军李准的温生才烈士，就是郑的关系，所以他甚得孙先生的信任。当时他任非常大总统府事务司长，以节约俭朴为同志们所称道。孙先生派他和许春草联系，以品德言，两人相得益彰。

郑螺生要奔赴白鹅潭的永丰舰见孙先生之时，许春草请他转告孙先生：鉴于白鹅潭的永丰舰在陈炯明炮火射程之内，孙先生处境十分危险。许春草建议孙先生到厦门暂避。这个建议，孙先生没有明确认可，但他指示郑螺生立即返回厦门，让许春草尽快夺取厦门，并发下委任状，委任许春草为福建讨贼军总指挥。

这个攻占厦门的计划，准备约两星期，勉强可以发动。但发动那天晚上，海上忽然刮起大风，内地人马直到午夜，还无信息，这样实力就减少一半。许春草只好提前宣告延期发动。第二天，才知道惠安一支武装，在围头苦战狂风巨浪，不能前进。同安、安溪、南安诸路人马，亦因风浪盖天，无法飞渡。攻占厦门的计划，遂即告吹。在这期间，孙先生已安全撤离白鹅潭，前往上海。

福建讨贼军的活动并未因厦门的挫折而中止。相反地，为从闽西南夹攻陈炯明东江据点，许春草仍一往直前，在福建各地进行组军工作。一共成立九路讨贼军，厦门是以建筑工人为基础，成立第一路军，福州以学生军为基础，成立第二路军。其他闽南、闽西分别成立讨贼军，各得一定番号。隶属福建讨贼军总指挥部的武装，总计达二万人左右。因驻地分散，一时不能成军，对包抄陈炯明后方，仍无法发挥作用。

1922 年 11 月间，北伐军许崇智由湖南回师反击陈炯明没有成功，转道入闽。福建讨贼第二路军，即福州的学生军，起而响应。当许崇智部队到达水口时，学生军在福州城内发动起义，迅速占领北洋军阀李厚基的军事制高点于山、乌石山、屏山（即所谓福州的三山），并进攻督军衙门，搜捕督军李厚基未获——李提前逃入台湾银行福州分行，托庇于日本人。

学生军派队出洪山桥迎接许崇智。当时北伐军可以兵不血刃克复福州，对学生军赞扬备至，但之后未经许春草同意，却命学生军解散。许春草以福建讨贼军总指挥名义提出抗议，许崇智派参谋长罗翼群、旅长张明达来厦门解释，因双方意见出入太大，许春草立即上报孙中山，请求解散福建讨贼军，辞去总指挥职务。许春草辞职后，讨贼军在闽南数县尚有上千武装，没有全部解散。鉴于讨袁之役遗下来一些武装，失去革命的正确领导，流为散匪，如陈国辉、叶定国、杨汉烈之流，为害地方，污辱革命声誉，许春草为处理这些部队的善后，费尽苦心。最后他说服一些华侨同志，筹足几万元现金，将这些部队分别遣散回乡生产，杜绝后患。

四、我在爱与暴力革命的矛盾中过日子

相关链接

福建协和大学主要以美国教育方式为主，学生会叫“共和国”，会长叫“共和国总统”，用张圣才先生的话说，旨在让学生学习民主政治的做法。从张圣才在福州协助林寿昌等人组织讨贼军的经历看，他的确具备政治才能，正是青春年少，却内敛、理性、睿智。

圣才先生在学生会当“总统”时，就擅长冷静的、顾全大局的斡旋。

直到从菲律宾回来，他仍然采用这种得体的方式来化解校长与闹学潮的激进学生之间的矛盾。据黄猷先生回忆，当年福建协和大学校长林景润在美国病逝，学校组织了校委会，委托杨充栋代校长，杨充栋以“各科不及格”的方法开除进步学生，后来学生就罢课赶杨充栋。校方就去请杨充栋的同学张圣才来调解，圣才先生的调解一贯为学生着想，这源于他浓厚的民本思想、他的大悲悯情怀……

虔诚而博爱的基督徒张圣才，在历史大潮流中接触了无政府主义（即安那其主义）、马克思主义等“新思潮”，于是，他的理想“在爱与暴力革命中徘徊”，他在“爱与暴力革命的矛盾中过日子”，“要耶稣也要马列主义”。一贯崇尚和平解决问题的圣才先生，内心其实更愿意从事“正常时期的革命”，即教育工作。

当然，一旦面临民族与国家需要，他别无选择。

* * *

在福建协和大学我逐渐得到学生们的拥护，所以我的活动较多，那时协和大学有一个缺点，就是教员二十多人是外国人，中国人只有两个，是汉文教员，都是旧时的举人进士之类，他们不会说普通话，用福州话教书。

我因英文差，选国文课较多，我觉得这样十分不合理。于是我建议学校请会说普通话的教员来做老师，不能用福州话教学，因为学校

福建协和大学旧址之一（泓莹摄）

受外国人影响大，多半使用英文过日子，学生会说英文的多，只有少数会说普通话，我认为这不符合民族精神，因此我在学校发动一次说普通话的小运动。我指责学校重视英文不重视普通话的错误，学生也多半支持我的主张。自此，协和大学的学生多数以普通话交谈，福州其他学校的学生也一样。

1924年，我当选学生会会长。那时我们不叫学生会，叫福建协和大学学生共和国，意思是仿美国政治体制，旨在让学生学习民主政治的做法。共和国前三年就成立了，有过两任总统了，我是第三任总统，实际上做的就是学生会的工作，我任期内有一件值得一提的事。

那一年，全省运动会在福州举行，全省足球队都要来比赛，一般都认为协和大学的足球队是最好的，因为我们吸收了鼓浪屿英华中学、泉州培元中学、福州三一中学优秀的足球队成员。当时在福建，这些都是出挑（出色）的足球队，所以协大足球队被认为是最应该争取冠军的球队。

这事儿由“共和国”体育部管理，为了保证胜利，体育部组织大家抓紧练习，学生们也很热心。我们有第一队、第二队，经常争取时间锻炼，有时不对阵也练习，上课有时也练习，下课也练习……

结果有一位美国教员有意见，他认为不该在课堂里谈足球，他的话说得比较难听，结果足球队的同学就“罢工”不练习了。

全省运动会还有一个月就要举行了，足球队坚持不肯参加比赛，弄得很僵，学校领导认为这是大问题，学生们却坚持不练习足球。这时，我就出来斡旋，争取让犯错误的教员在全体学生大会中检讨，向学生赔礼道歉，然后足球队就恢复了训练。

福州英华中学有一个教员是美国人，对学生不礼貌，与学生吵架，英华中学学生全体罢课，罢课得到三一中学学生的支持。双方弄得很僵。

英华中学和协和大学都是教会学校，彼此的关系相当密切，所以协和大学校长找我，请我出来调解这个问题。我就去找三一中学的学生会领袖江秀清，请他们提出条件，江秀清他们坚持提出驱逐这教员出境，这位教员不但不能待在学校，甚至也不能待在福州。这个条件是学校不能接受的，后来经学校调解，决定让这位教员先对学生会道歉、检讨，然后等到学期结束再让他回美国，而不是驱逐出境。

在我的经历中类似这样的矛盾后来又解决过一次。那是 1948 年，福建协和大学发生风潮，学潮闹得很大，学生会方面要求将校长撤职，校董会对此事没法解决，学生们仍然坚持自己的意见，双方闹得很不好看，很久都不能解决问题。

后来学生方面知道我是协大学生，在学校有一些朋友关系，所以请我出来调解，我就应学生方面要求出来调解这事儿。当时学校的校长姓杨，叫杨充栋，他是和我同时毕业的协大学生，后来他去美国留学，回来后，做了协大校长。

我首先找杨充栋，说："这问题你要让步，自(主)动辞职，你自动辞职才能和平解决这个问题。"因为是同学的关系我可以说这个话，学校董事会说不了这样的话，我对充栋这样说，他也同意了。我将情况告诉学生，学生们很高兴，说若充栋辞职，他们就复课。即日充栋果然辞职，第二天从学校搬了出去，学生即日复课。

我对学生罢课问题，一般都是这样和平处理的。

现在谈谈我的思想情况。在学校，我受的是基督教教育，本身也深信基督教，因此那时的思想是爱心第一重要，一切行为以爱心为标准，凡与爱心一致的，都是好事，反之就是坏事。但在学校读书的时候，有另一个思想潮流冲击了我，就是《向导》周刊的思想体系。《向导》是宣传共产主义的刊物，由陈独秀主编，学生很欢迎，那时我也买来看。

既然是马克思主义思想，就提倡用暴力（革命）解决社会问题（这里是张圣才对马克思主义的理解，把“革命”与“暴力”对等，与经典的表述有偏差——泓莹注）。因此我的思想上就发生了爱与暴力的矛盾，经常在实际活动中不断出现这个矛盾，事实上在现实中许多社会问题的确没法用爱来直接解决，比如军阀的问题，如帝国主义侵略的问题。为了达到目的，我在那时经常迁就现实，思想上认为，什么情况需要武力就用武力，什么情况允许用爱，就用爱，用爱的手段来解决问题。我在爱与暴力的矛盾中过日子。要耶稣也要马列主义，非常矛盾。我在两个意识形态中徘徊，但我不是无所作为。

那时我的思想是：可以用教育争取改变社会，也可以用革命的手段来改变社会，思想上就这么简单；革命是非常时期的教育，教育是正常时期的革命。社会情况容许教育的时候，我们就用教育的方式来提高人民的认识，来发动人民的革命精神，改变社会面貌。如果客观条件不允许，只好用暴力来完成任务。所以我说革命是非常时期的教育方式。

我的政治思想是反专制、反专政、反压迫的，通过革命手段实现民主，建立民有、民仁、民治、民生的政权。应该让一切政治活动在爱的大前提下进行，但暴力的作用不能抹杀。要将暴力放在爱的指挥下，只有爱才能肯定暴力的作用；暴力要服从爱，服从爱才有价值，离开爱；暴力就失去它的积极意义，成为罪行；失去爱心，一切善行都是虚伪的。当时我崇尚民主精神，博爱平等是我向往的政治目标。

我就是带着这样的思想体系离开福建协和大学的。

附录一

黄猷口述

许春草虽然与张圣才是同辈，其实是早了半辈，那个时代不一样，许春草没受过什么教育，早年并不信仰基督教，后来信了，又参加辛亥革命，但他没受过西方教育，所以（他的组织）实际上与旧时手工业者帮会是有一些性质相近之处的。许春草就是手工业行会的老大，借基督教，借这种兄弟般的感情扩大起来到民族（高度），参加了辛亥革命，应该说许春草的思想底色还是中国式的，没有跳出手工业行业的思维。

张圣才则正式接受了西方教育，他当时比较小，中国旧思想不太深。

过去的民主与基督教没有太多矛盾，到上个世纪二三十年代，社会主义思潮来了，所以，他受到新思潮冲击，非常矛盾。他的思想过程是经过许多矛盾和曲折的，所以要理解他不是很容易的。但这两代人是结合在一起的，以张圣才的口述为主，穿插许春草的经历，就可以完整地看出那个时代的特点，特别是在基督教影响之下，两代人的相同与不同……

圣才先生的观点三十年代初有一个转变，生产革命党之后还有个转变，最后他是什么思想呢？当年我和蔡大燮有个讨论，我们认为圣才先生的思想最后基本上与欧洲基督教民主党的理念差不多（即自由、平等与博爱，强调任何健康有序的社会基础是对人的尊重）。

这个很自然，因为他是基督教家庭出身的。

第三章

/ 走向社会，办报办学 /

一、真假坟头之争

相关链接

初出茅庐的张圣才，经历了相当严酷的考验。

上个世纪二十年代，李厚基被驱逐之后，颇具实力的原清末武官臧致平曾自任闽军总司令，一度常驻厦门。他为了解决经费问题，将前清官家坟地卖给商人，这样的土地，迷信鬼神的闽南"世俗"商人绝对不敢沾惹，买主是一群不怕鬼的、信仰基督教的新式商人，结果，小小厦门岛惹起轩然大波。"世俗人"与"吃教的"发生激烈的舆论冲突，这种冲突，说到底是新旧思想，或者说是中西文化碰撞的火花。

中国现代化过程就是多层面的文化冲击与融合。

继陈嘉庚之后任全国侨联主席的庄希泉先生，当年可能相当"信风水"，他的态度非常激愤。庄希泉先生几十年后写文章回顾这段历史，对兴兴公司仍然是这样定义的："这一组织是集帝国主义、封建势力、汉奸、走狗、洋奴、买办的大成，还吸收一些社会知名人士作为点缀……"（庄希泉：《兴兴公司与林仲馥的死》）按庄先生的提法，圣才先生和哥哥张学习，就是"社会知名人士"？这档子事，公说公有理，婆说婆有理，很有趣。

《思明日报》1920 年由张学习创办，同年他还创办《信报》，此时厦门报刊如雨后春笋，《思明日报》维持了较长时间，也是有影响的一份报纸。1904 年出生的闽南才子陈伯达，此时从集美学校毕业，在上海作过《厦声报》记者，后回到厦门教小学。据江文新先生《第三党创始人江董琴一生的政治活动》（见永定新闻网 2008 年 12 月 26 日）一文，当时叫陈尚久的陈伯达和许春草、庄希泉，都是“厦门国民党福建临时党部”的“执行委员”。后来，陈伯达还当过“闽南王”张贞的“师长秘书”。

圣才先生提到的那些层层叠叠的假坟头非常耐人寻味，这样的造假与营私舞弊古来有之，可见中国旧时代藏污纳垢到什么地步！

至于黄世金是不是汉奸，恐怕还须商榷。2010 年 1 月笔者在北京团结湖采访王明爱先生，明爱先生谈到黄世金在菲律宾的别墅，当时是逃难华人的重要聚居地。近来厦门本土的一些回忆录，也逐渐揭示黄世金的多重性格，我们只能说，黄世金是闽南著名的复杂人物，也是个能人吧。当年，因为日舰提供自来水，黄世金被国民党 157 师草草审判后被当作汉奸处死。几十年后，含山等先生曾写一文，辨析之后，认定“黄世金案”基本是冤案。具体可参阅含山、史曲、任方合写的《黄世金对厦门的积极贡献(《闽南文化论丛》，文化艺术出版社 2006 版，第 662 页)。

* * *

回厦门后，我想通过教育改造社会，首先接受厦门《思明日报》的聘请，做《思明日报》的总编辑。其二是与黄其华先生一起办双十中学，那时几乎就是想以和平手段改变社会面貌，但客观形势似乎不容许我这样做。

1925 年孙中山先生的死，与当年的五卅惨案，让我觉得以和平手段与军阀妥协、与帝国主义妥协都是不可取的，也是不可能的。因此，我很想与共产党接近，那时在厦门活动的许多共产党员我是认识的，但那时他们可能歧视我是基督徒，因为社会派别问题，将我排除在活动范围外，我没法与他们合作。

全家福。后排右一为许春草,右二为初出茅庐的张圣才(张圣才家人提供)

1923年,厦门处于臧致平统治之下。他为了宽绰经费,决定将官产土地拍卖给生意人,一片是镇南关下的墓地,一片是虎头山与蚝壳石之间的坟地,还有一片是先锋营的茔地,埋的都是清朝以来在厦门死亡的士兵。

这些坟事实上已经叠了三四层,第一层是埋死人,第二层以上是修坟的人叠上去的,主要是要报销修坟的经费。这是官府的营私舞弊,每十年修一次就叠一层空坟,好报销经费。事实上有骨头的都是百年前或几十年前的,浮在上面这些坟都是假的。

臧致平拍卖这三片坟地,出了告示招商来投标。一般世俗生意人不敢要,主要是怕鬼,但厦门一批基督教生意人因为信仰基督教,不怕

黄世金

鬼，价格又便宜，赢利的空间大，就组织了兴兴公司来竞拍这三片土地。

土地买来之后就开始清理，清理时引起当地人的反对。不少人说那是风水，埋着死人，不应挖掘。兴兴公司掘坟地，引起很大的风波。发动反对活动的人有两个，一是庄希泉先生，那时他是厦南女学的校长，虎头山下蚝壳石被兴兴买走，吃到他的家门口。此外他一贯反对基督教，知道这兴兴公司是教会的人组织的，所以以反对基督教思想来反对公司掘坟。当时那个地方是草仔垵的地界，是恶角头，多数流氓服从一个人的领导，就是恶霸黄世金。

黄世金当过商会会长，是电灯公司、自来水公司的董事长，是亲日派，与日本人关系很深，在草仔垵这里做头头。蚝壳石是他的风水石，动了风水石，他很生气，发动角头流氓来反对。

就是说，当时有两个力量反对兴兴公司，他们护风水，反宗教。

兴兴公司这些挖坟的人挨打，两方都动员报馆互相指责，打笔仗。

那时厦门社会势力分成两派，一是兴兴公司，二是反对兴兴的。事情发生时我在福州读书，本来与我没关系，但我哥哥是其中一员，他参加了兴兴公司，因此我到厦门时，就被圈定了，理所当然是兴兴的人。

我是基督徒，我刚写评论就引起了对方报馆的反对，引发两三个多月的笔战。与我对垒的有《民钟报》《江声报》《厦生报》，多半是庄希泉领导的，所以我当时是庄先生的反对派。事实上我们无冤仇，主要是兴兴公司问题引起的对立。

因为这个问题，我几乎没法参加厦门的社会活动。所以我在1925年，除了写文章，帮黄其华先生办学校，帮助姐夫许春草健全建筑总工会的组织以外，我没法参加任何社会活动。

“五卅”惨案，厦门也轰轰烈烈组织活动，因为我被孤立，任何组织都没法参加，只能用报纸来宣传反英运动。不过，经历这个社会风波对我也有好的影响，全厦门的报纸都和我对立，天天互相指责。因此，我揭发了许多社会上的问题，自己也成为对方的攻击对象，社会上的人也就认识了我，这对日后我在厦门做抗战救国会活动是有帮助的。

王明爱先生(2011年元旦，泓莹摄于北京)

附录一

王明爱口述

张圣才1924年大学毕业，毕业后回来就很活跃。我记得当时读过思明区的文史资料，说当时鼓浪屿变成万国租界后，晚清政府也好，国民政府也好，都认为小岛变成洋人的土地了。老百姓有意见，所以要求再签个和约什么的，我记得那时就有张圣才和陈伯达的活动。陈伯达那时叫陈尚久吧，总之我知道张圣才毕业不久就很活跃了。他那个姐夫许春草的建筑总工会，他就是秘书长了。那时我们已经搬到鼓浪屿。

因为父亲办《民钟报》，就和他有了接触。

（2011年1月，北京团结湖）

二、厦门双十中学创办始末

相关链接

双十中学是厦门最好也是最具特色的中学之一。

作为著名侨乡，厦门侨资办学很早。1898年，有些政治话语权的厦门商会就创办了同文书院。侨居越南的富商邱振祥是第一任董事长。但当时的商人们并不知如何办新学，就请洋人来当校长，据说当年同文书院的校舍也是请鼓浪屿救世医院创办人、双学位的荷兰籍美国人郁约翰设计的。文史资料上不少文章认为同文书院是洋人办的，其实不然。

双十中学比同文书院晚办了二十多年，这时，中国已经出现大批有理想、有头脑、有作为的知识分子，他们办报办学，以启蒙、教育国人为己任。黄其华和张圣才正是这样的人。这样的学校有点像同人办学，他们因陋就简不拘一格，吸纳了不少人才。张圣才先生做情报实属历史误会，所谓“教育是正常时期的革命”，他特别渴望在“正常时期”实行他“教育救国”的理想。

双十的前身是马侨儒先生创办的商校，规模比较小。

双十中学创办有一段颇有趣的故事。原籍厦门前埔的菲律宾富商林云梯，在故乡办了个“云梯小学”。长子林珠光从菲律宾回国，这位风流俊秀、曾经对厦门文教和南洋体育做出非凡贡献的“花花公子”，从当时的厦门市区回前埔，总是骑着高头大马，颇风光颇招摇。有一天，林珠光遭遇绑架，发财心切的绑匪们将林家大公子软禁在温柔富贵之乡。正当青春年少的林珠光乐不思蜀，却急坏了父亲林云梯。恰好早年在鼓浪屿养元小学教书的马侨儒先生认识这些绑匪，及时出手解救。

林云梯感激之余，约马侨儒共同创办云梯中学。云梯中学因为种种原因未能办成。双十原来也是想办“完中”，可能当时硬件不够未获批准，只好先办职业学校。据黄猷先生回忆，他们学校，也就是双十中学小学部仪仗队的大鼓，就都印着“云梯中学”字样。双十中学 1927 年成为完中。创始人马侨儒先生于 1929 年积劳成疾去世，志同道合的黄其华先生与张圣才先生身体力行，配合默契。1930 年代，双十不但是闽南学生人数最多的学校，同时是最好的完中，并附设小学部。

* * *

1925 年，我主要工作任务是做《思明日报》总编辑，其二是双十中学的教务长，一身两职。事情没做好，《思明日报》在我手里没有发展。1925 年底，我哥（他是社长）决定将报馆卖掉，让我全心做教育工作。

1926 年初，厦门《思明日报》卖给原来做经理的徐吉仁去处理了，我退出。

我离开协和大学时就有这样的见解，认为中国处于一个半封建半殖民军阀猖獗时代，一定要有一个大革命，然后才可能改变社会面貌。这个工作要做两个：一是从事革命，二是从事教育。我认为革命是非常时期的教育行为，通过革命能教育民众，让民众明白过来；教育是正常时期的革命，等于是长期要做阵地战，教育群众，让他们认识现实，认识国际形势，是正常时期的稳定工作。

离开《思明日报》后，我专心从事教育工作，就是参加黄其华先生的双十中学工作。1925 年我接手《思明日报》，黄其华也刚刚接手双十商业学校，他做校长，在他手中改为厦门双十中学。校址在鸿山寺后，前清箭场仔这个地方，就是现在的镇海路。

当时双十只有百来个学生，是个小小的初级商业学校，改做正规中学后，招生多了，按中学体制办学。他做校长，聘我做教务主任，事实上教育工作是他在做，让我抓政治教育，政治问题多数由我掌握。学生对国际形势、国内情况，以及革命的情况是比较了解的，经过我的提倡和教育，学生渐渐形成浓厚的爱国思想，大部分学生有了责任感。

1925 年到 1937 年，我名义上是双十的成员，做了教务长，做了副校长，做代理校长，副董事长，我几乎与双十中学发展同步，但学校的进步发展主要是黄其华的贡献。黄其华先生是陶行知教育学说的实行者。他按照陶先生的理论来办双十中学，学校切合社会的需要，学生越来越多，到 1935 年，中学部有 700 多人，小学部有 400 多人，学校大了，是闽南学生人数最多的学校。

建于 1935 年的双十中学礼堂

附录一

黄其华回忆概要之一

双十是马侨儒先生在 1920 年创办的，当时叫“双十商业学校”，第二年，菲律宾华侨林珠光与石鼎宗、卓全成、林怡山、杨天乞、陈福星、陈清吉、高敬廷等相继被邀为校董。

林珠光首先倡捐 8000 元。

1924 年春改校名为“双十商业中学”，学制四年。1925 年春季，设商中一年级、二年级两班，预科一年级、二年级两班。1927 年 2 月，校董会改行董事长制，由林珠光先生担任第一任董事长，余金隆、石鼎宗、白嘉祥、杨辉煌四先生担任常务董事，常年经费大部分由林董事长捐助。同年秋季改行新学制，分高中、初中两部，各三年毕业，并改校名为“双十中学”。

（黄其华：《厦门私立双十中学简史》，《福建文史资料》第二十辑）

三、双十中学是有爱心的学校

相关链接

圣才先生说，黄其华先生是陶行知教育学说的实行者。

陶行知为杜威的得意门生，笔者认为他的教育思想与杜威民主主义教育学说血脉相连，尽管终生着力于平民教育尤其是改造农村教育的陶行知似乎更平民化一些，毕竟中国国情与美国不一样。陶行知是当时开放的中国吸纳西方文化教育成果并力图在中国实施新式教育的身体力行者。当时中国这样的人很多，民国教育由晚清教会办学开始，兴盛于无数志同道合的中国知识分子的努力。仅仅在厦门就有黄其华、张圣才、邵庆元、沈省愚等，他们有的是同人办学，有的在教会学校供职并独当一面。从前辈们的口述实录看，当时这些优秀学校的一系列举措，仍然令我们深思。

双十中学教学行政主要由黄其华先生主持，张圣才先生主要做政治工作，用现代的话应该说是“德育”，但这个德育与当时国民党的“党化教育”无关。

张圣才初出茅庐，血气方刚，处理事务却能多层面思考并能事事出于公心与爱心：师生摩擦成僵局，不开除弱势学生，却劝才华横溢的教师辞职，这是现在的人很难想象的。尤其当时双十办学经费不那么宽裕，师资力量不那么充足的情况下，洪得胜先生

黄其华(左一)、沈文柄(中)、张圣才(右一)合影(张圣才家人提供)

与学生冲突,负气宣称:若不开除此生,他必定从双十辞职。洪得胜和张圣才先生关系非常好,但圣才先生仍然坚持不开除学生而让好朋友洪得胜辞职。

基督教的"大爱",贯穿着圣才先生的一生。

洪得胜先生是鼓浪屿草根阶层出身,与张圣才先生一样曾经就读于当时位于东山顶的寻源中学,年纪轻轻教学能力就很强,个性很强但是个"从不作假的人"。当年的鼓浪屿,有无数这样从贫民中脱颖而出的"高手",比如由马侨儒先生重点培养的、曾经在全省教会小学会考中夺冠的庄克昌先生。因家贫未能读大学的庄克昌先生是圣才先生在寻源中学的同学,当时在厦门报业和教坛上均颇有名气,抗战爆发后辗转菲律宾,执教于中正中学,留下一部字字珠玑、颇具文史价值的《庄克昌诗文存》。

* * *

我在学校主要做政治工作，所以学生的政治活动跟我很有关系。在国民党背叛革命后，反动政府对学校管制很严，反对学生会这个组织，下令改成学生自治会，不准学生从事政治活动。我在这个学校里，经过黄校长同意，又恢复了学生会这个组织，学生会对国民党的统治采取了对立的态度。学生会会歌是我做的，全部三节，我现在只记得一节，反映了那时学生的思想情况：

> 双十，双十，我双十，滔滔生命之流，飞依独尽不止息。绵绵万古千秋，冲破社会旧壁垒。真理彻底追求，创新人类关系史，保障平等和自由。
>
> 同学，同学，光明路上去吧！热血涌上来了！叫那黑暗魔王，跌下宝座吧！黑暗魔王呀，跌下你的宝座吧！
>
> ……

这个会歌有三节，后两节我忘了。从这里可以看出当时学生的思想意识与革命针对性相当明确，那时我们认为蒋介石背叛革命之后是黑暗魔王，是我们革命的对象。因为这个，国民党下令禁止我们唱会歌，要解散双十中学学生会，虽然没有抓人，却也造成很紧张的情况。

双十中学是有爱心的学校，难得开除学生。

按我的记忆，我是没有开除过学生的。但有一次，一个学生陈承基，他是毕业班学生，比较调皮，在运动场讽刺女运动员，体育教师认为这很没礼貌，向学校教职员会提出开除这个学生的要求。这个体育教师叫洪得胜。

洪得胜先生是双十十几年的老先生，数学教得极好，兼教体育和音乐，是非常优秀的老师，但他对学生有成见，一定要开除陈承基，这个见解与我和黄其华是相悖的。学生初入学校犯错，应该要原谅他，孩子是需要教育才来学校的，有问题应该是教育而不是开除；至于高级学生，已经入学三五年，竟然再犯不可原谅的错误，那就是应该由学校负责，证明我们学校有毛病（没有做好）。

因此洪得胜先生要求开除陈承基的时候，学校开教员会来讨论。

三十多个老师参加。会上老师们辩论很激烈，洪得胜坚持一定开除陈承基，他才愿意在学校待下去，否则他要离职。好几个小时的讨论，这个会从八点开到夜间，天都快亮了，争论得很厉害。我坚持这个学生要留着，原因是国民政府教育部禁止被开除的学生重新入学，陈承基如果被开除，其他学校是不能收的，也就是说一旦开除，他将永远失学。此外，这个学生确实调皮，若在学校，我们可以继续教育，若开除，他就肯定没前途了。陈承基是寡妇的儿子，母亲只有这个儿子，很重视这个孩子，如果开除，家庭就会发生很大的问题。

教员会开到最后，争辩终于成熟。我就做了一个结论，我说为了陈承基这个学生的前途，主张还是不开除他，洪得胜老师如果确定这样他要离开，我们就赞成，原因是陈承基若被开除了，晚景（将来）肯定不妙，就很可悲了。而洪得胜先生是厦门闻名的数学教员，是多面手，他辞职，明天就可以找到工作，甚至可能有大学来请他去做讲师，离职对洪得胜的前途毫无影响。我请大家举手表决，是不是让洪先生离开，保留这个学生。后来，多数人赞成我的主张，洪得胜先生那一刻起就宣布第二天离开学校……

举这个例子说明学校对学生非常关心。

邱继善先生(泓莹摄)

附录一

邱继善口述

洪得胜是我亲舅舅,原来是建筑工人,后来做中学教员,他很会游泳,曾经一连三次“环鼓”都是头名。我就是住在他家读英华的,说他培养也是可以的。舅舅当时是很有名的中学教员,张圣才先生曾经请他去漳州讲课,他们的私人感情很好,舅舅对张先生也很尊重,对我,则像亲儿子。

抗战前舅舅在厦门是很有名的人,他是寻源的学生,他说邵庆元先生说起来是他的同学,毕业后又教他,很有意思。舅舅数学教得很好,古文也不错,当年教我读的,都是一些具有民族气节的篇章。他做过双十和中华的教员,有本事嘛,所以当时经济不错。日本人一来,他就不到学校教书了,不想为日本人做事,就穷喽,后来就去替人补习,有一段时间还去教洋人说中国话。

解放后本来很好,却又碰到“思想改造”,查他和洋人有什么关系,他又不干了,到私人学校去为人补习,教数学和古文。(黄猷先生补充：他补习的一个侨生拿着他写的一条指头宽的证明来给我看，我就批他出国了，因为洪得胜是从不作假的人。我让那个学生回去告诉他，以后写证明要用大一点的纸！）

（2011年2月—6月）

四、一流学校的诞生

相关链接

由中国人创办、中国人管理、中国人教学的私立双十中学能在短短十年间超越诸多老资格的、由外国人创办的教会学校，一跃成为闽南地区学生数最多、教学质量一流的学校，这不能说不是一个奇迹。用过来人黄猷先生的话说，当年双十的学生，更具备担当精神，更有蓬勃朝气。

除了长期捐助大部分办学资金的林珠光先生等实业家在经济上的鼎力支持，双十中学正是因为有了黄其华、张圣才这样胸襟开阔，有学问有见识的管理者，才能一跃成为一流学校。他们"勤俭办学"，目的是"为社会服务"。

当时的双十中学不拘一格，大量聘请有学问有能力的教师，一些优秀教师甚至没什么学历，比如洪得胜、庄克昌、吕建元等名师，大部分是早期寻源中学毕业的优秀生，在地方报业和教育中崭露头角的地方名流。而主管双十小学部的邱廑兢先生，是后来读过漳州中学堂的晚清秀才，厦门辛亥革命的元老级人物。

什么是素质教育？请读黄其华先生当年实行的"生活指导制"。1934年首创并试行的原则，今天读之仍有振聋发聩之功效，这不能不说是莫大的悲哀。70年前我们就有帮助学生在日常生活中注意品德、学业及健康发展的"生活指导制"。如此具体如此健康的“生活指导制”，为什么不能发扬光大？

耐人寻味的，还有黄其华先生在回忆文章中提到的，当时福建省教育厅规定：在私立学校董事会成员中，文教界成员必须占50%以上。于是厦门大学许多有威望的教师被聘为双十的校董，校董不一定与钱却与学问有关，这恐怕也不是我们今天能想象的！中学教员与大学教师相互探讨教学问题，这对提升中学教员水平肯定大有裨益，而当时在双十校园里，每周一次的大学名教授讲座，对启发学生的创造性思维无疑起着四两拨千斤的作用。

德、智、体、群、美五育并进，双十的学生的确非常优秀。

圣才先生在本节说到的双十学生刘领赐，曾经在1926年闽南运动会上获男子标枪第一名，并参加过远东运动会，而郑宗梧则代表福建省参加过全运会。此外，《星光日报》胡资周曾与双十中学合作办新闻班，学员们学习新闻知识，以《星光日报》为实习基地，一边学习，一边实践。著名的马寒冰、耿庸（郑炳中）都是这个班的学生。

* * *

双十中学的学生数从1925年到1935年发展很快，成为闽南学生人数最多的学校。在陶行知的教育思想的原则下，在教职员工的努力下，由不入流的小商业学校，3年后成为第三流学校，5年后成为第二流学校，10年后成为第一流中学。1934年春，双十中学学生参加教育厅第一次，也是最后一次全省中学生会考，成绩优异。此外，1925—1939年这14年中，双十在全市作文、体育、演讲诸多比赛中，成绩都是名列前茅。

1937年双十中学搬到平和小溪镇，抗战八年间在小溪办学，抗战

张圣才在双十中学演讲(张圣才家人提供)

胜利后搬回厦门。那时双十所有在小溪的资产都留给小溪,让他们去另办一个中学,我们空手回厦门后,重新在原址上起家,恢复了学校。

那时需要许多钱来补充设备,修理校舍。学校得到海外的经济支持,经过黄其华苦心经营,学校很快恢复了面貌,直到 1949 年解放。整个过程中,我也有出一份力,黄其华先生是双十董事长,让我做副董事长。

解放后,双十中学继续维持工作。因为海外经费断绝,我们这些校董出力来支持,一直维持到 1955 年。我与教育厅厅长王于畊商量,准备将学校交给政府办。王于畊厅长经过考虑之后答复,说这学校是华侨的学校,以前是好学校,解放后仍然办得很好,眼前,政府没有力量收回接办,叫我们仍然维持下去,以后再打算。

1993年2月张圣才(前排)与陈火甲(后排右一)、韩振东(后排中)合影(张圣才家人提供)

所以这五年,双十中学还是私立的。后来,我和黄其华先生因为潘汉年的冤案,被政府扣押审查,学校校董会没有领导,就散了。1957年由教育厅接办,自此,在共产党的支持下,这个学校蓬勃发展,建筑面积增加了十来倍,学生多了两倍,校教职员多了一两百人,此时已经成为全国重点中学,在本省更是备受重视。

……

双十中学师生的感情非常亲密,总是互相关心。

我举个例来说,1945年6月,我从菲律宾一个军用飞机场(坐飞机),经昆明(回国),夜深了,我要去旅馆。当时昆明好几个旅馆都客满,后来到一个柜台,仍然是客满,没有房间给我住。这时,我很踌躇,因为日头(时间)晚了,却没地方可住,地方又生疏,真是为难。

这时突然听背后有声音大叫，有人说："王经理，这位是我的先生，你怎么能说没有房间给他呢?!"我扭头一看，原来是双十学生，他是航空人员，或是空军，或是航空公司的职员，穿着航空制服。经理与他很熟，就说："房间的确没了，不过，有一个位置是我自己要用的，就拨给你的老师住吧。"

我还没跟他见面呢，他就这样做了，这位学生叫郑宗梧。

1945 年 7 月，我从重庆到福建永安，住在一个旅馆里。有一位学生在房门大声叫我，我抬头一看，是陈火甲，也是双十的学生。他没问我其他，只问："老师，你需要我做什么吗，我就在这里等您吩咐。"我也不客气，说："火甲，你去为我买个藤箧，让我放东西。"他就去了。如此无拘无束，如此亲热的师生关系，在我们双十是常见的，是我们这里才有的，别的地方我看很少。

1948 年底，我从香港回来厦门，带了一箱政治宣传品坐飞机，驾驶员叫刘领赐，也是双十学生。飞机经过广州上空，前飞了十几分钟，忽然拐回来，落在广州飞机场着陆。一出来，二十多个宪兵就包围了我，要到飞机上搜查，我的宣传品危险了。我赶快叫领赐来，我说这些宣传品赶快拿到驾驶室去，领赐急忙收好，宪兵上来一无所获，我直揌心肝，侥幸啊。

后来我责问刘领赐，我说："你干吗要返回机场呢？没有必要啊，害得我差点被他们抓去，真是危险。"

他说："老师，今天真冤枉，要是别人，我就直接走了，就因为您在机上，我才特别慎重地返回来。飞机起飞十几分钟后，我听到声音不正常，就返回查检一下，我怕飞机失事……"这个学生也是极关心老师安全的。在我一生的政治生活中，双十中学的同学对我帮助很大。(录音残缺)

附录一

黄其华回忆概要之二

1931 年 2 月，省教育厅规定，在私立学校董事会的成员中，文教界人士须占二分之一，双十中学于是年改组董事会。我以厦门大学教育学院院长孙贵定、教育系教授朱君毅、中文系教授黄鸿翔、文学院院长周辨明和法学院院长区兆荣在教育界有威望，建议校董会聘为校董。教学问题，亦多向他们请教。同时举办学术演讲会，每周邀请厦大的名教授来校作专题演讲。

我当时主张：要办好学校就须注意三点，一是须有完善的教学设备，二是须有优秀的教师，三是须有用功的学生。这三点以第二点为纲，因为有了优秀的教师，才能培养出优秀的学生；有了认真负责的教师，才能有用功的学生；有了苦干、实干的师生，就能克服一切物质上的困难，为自己创造出必要的物质条件。

（黄其华：《厦门私立双十中学简史》，《福建文史资料》第二十辑）

附录二

黄其华回忆概要之三

双十鉴于当时学校组织及教育方法诸多妨碍学生的全面发展，乃于 1934 年 2 月创行“生活指导制”。实验三载，取得一定成效。兹将“生活指导制”的试行办法及指导原则，简略介绍于下：

1.改革教学、训育、体育分立制度，实行教、训、体合一。依据青少年身心发展之程序，予以积极指导，务使成德、智、体健全之少年。

2.依据“教育即生活”之原则，对学生的自由活动加以指导，要求通过学习与教育的全过程，促进生活，改造生活，使生活更能满足理想的要求。

3.厉行师生共同生活，注重人格感化。

4.矫正教师偏重教书、忽视教人的观念。

5.教师应该注意学生全面的生活，不论专任教师、兼任教师还是职员，都称作“生活指导员”。要求全体生活指导员经常关心学生，接触学生，并须以身作则，做好榜样。

6.各班设生活指导主任（以下简称“生指主任”）一人。组织生活指导委员会（以下简称“生指会”），设主席一人、副主席一人至二人主持会务。原有之教务主任、训育主任、体育主任、舍务主任、教务员、训育员、舍务员等概不设置。

7.生活指导目标：(1)发扬民族精神；(2)锻炼健全体格；(3)陶冶高尚人格；(4)养成纯正思想；(5)注意纪律训练；(6)培养生产技能。

每项大纲之下，均订有具体实施的细目。

（黄其华：《厦门私立双十中学简史》，《福建文史资料》第二十辑）

第四章

/ 厦门建筑总工会、婢女救拔团和厦门抗日救国会 /

一、厦门建筑总工会

相关链接

许春草无疑是厦门近现代史上传奇色彩浓厚并具有“正能量”的人物。

作为厦门市辛亥革命元老级风云人物，他有自己的个性和政治思想。许春草是由黄乃裳和林文庆介绍加入中国同盟会的。据说他早年在槟榔屿就见过孙中山先生，那时孙中山就叫他组织中国工党，因为他代表工人的利益。以至于1945年后，他仍然耿耿于怀，在厦门与一批“进步青年”（实则中共地下党员）要组织他理想中的“中国工党”，并因此与一心要帮助中国共产党成功的圣才先生有了政治上的分歧，此是后话。

许春草一生最敬重孙中山，但据他长子许摩西回忆：“当国民政府执政时代，命令全国学校及团体举行纪念周，向孙中山遗像行鞠躬礼，他发表宣言公开反对。他认为此举等于偶像崇拜，基督徒不可遵行！”

许春草最有意思的是不偏不倚，一辈子坚持自己的政治理想和是非观念。上个世纪二三十年代，许春草的厦门建筑总工会是厦门地区一股颇为强大的政治力量，所以孙中山发委任状，命他为“福建讨贼军”的总指挥，来自台湾的雾峰林家后裔林祖密是“总司令”。后来，闽南讨贼军的总司令林祖密与总指挥许春草因为保留或遣散民军问题意见分歧而分道扬镳。

后来，一心做实业的林祖密和厦门《江声报》的创始人许卓然先生都被“民军”所杀，他们曾经的搭档许春草果然火眼金睛。

许春草在历史上和国民党、共产党都合作过，但拒绝接受任何方式的“收编”。有意思的是他的建筑总工会并不是纯工人组

张圣才(后排左一)与许春草(前排坐者)等合影(张圣才家人提供)

织,而是工头与工人的混合体,他认为若工头与工人分离了,他这个组织就没什么意思了。历史地看,许春草似乎朦朦胧胧在追求一种相对和谐的劳资关系。

据许春草的外孙回忆,在1949年后的各项运动中,建筑工会集中千人学习,并批判许春草,“想不到斗争会场,出奇地平静,很少有人发言;即使有发言者,谈的也都轻描淡写,东拉西扯,不着边际。会议主持人很生气,拍着桌子,喊着说:‘许春草骑在你们头上几十年,你们竟不愤怒?这是什么工人阶级?’一位老工人慢悠悠地回答道:‘被他骑在头上爽爽(闽南语,指正舒服),我们请他办事,递上一杯牛奶,他必在杯下放二角钱,被这样的人统治,我们很快活。’批斗会没有开成,就此散场”。(何其微:《许春草,他用膝盖亲近主》)

* * *

厦门建筑总工会也是我政治生活的重要基地。它是我的姐夫许春草组织的。他在1920年就组织厦门建筑工会,那时是一个师傅头和工友的组织,不是单纯的无产阶级工会,经过一段时间,就改为建筑工人的工会,照样维持这种混合状况,有工头,也有工人。

这个会在许春草的领导下,参加过许多地方上的革命活动,主要表现在许春草得到孙中山先生委任,作为福建讨贼军总指挥的时候,许春草将厦门建筑工会的工友们组织成福建讨贼军第一路,里头多数是建筑工人,为讨伐陈炯明做了许多事儿。本来是准备光复厦门,迎接孙中山先生到厦门避难,这事儿虽没成功,但厦门建筑总工会出了大力,我的姐夫许春草费了很多精神。

厦门建筑总工会,在历次群众运动做了很多事儿,比如反英斗争、反日斗争,他们几乎都是带头的。那时厦门的社会组织没有一个像它有这么大力量的,1923—1924年左右,厦门建筑总工会的工友已达两三千人。

大革命的时候,厦门建筑总工会与国民党密切合作。那时国共合作,共事革命,所以厦门建筑总工会与共产党朋友也是友好的,许多事儿一起做,但(许春草)不愿意归编于总工会。

后来和共产党的矛盾是因为共产党反对基督教,冲入新街礼拜堂捣乱庆祝会,引起许春草极大的反感,所以许春草后来带大家参加了1927年4月9日的清党游行,这也许是建筑总工会在历史上的一个缺陷。但从那时以后,共产党力量受到清洗,国民党被右派分子所领导(把持),为首是李汉青,他也认为应该取消建筑总工会的名称,要求改为建筑工会,归纳在国民党领导的总工会之下,也就是收编吧。

1925 年张圣才与蔡玉瑛结婚照(张圣才家人提供)

许春草仍然反抗。(他)绝对不愿让建筑总工会归国民党(领导),理由好几点,其一是建筑总工会成立于 1920 年,那是在军阀时期,始终就没有登记,政府也始终没有干涉,是一个自由发展起来的工会;第二,厦门建筑总工会是混合性质的,归入国民党的组织下,工友与工头就要分离,这个会就散了,(没什么意思了);其三,许春草认为人民团体不一定要政府来领导,清党之后,国民党非常专制,对人民非常刻薄,政策上有许多错误让许春草不同意(满意),许春草不同意建筑总工会加入市总工会,所以这时又与国民党发生大的矛盾,(总之是)不想被收编。

1927 年下半年,厦门建筑总工会与国民党展开相当险恶的斗争。接着许春草就与国民党脱离了关系,将厦门建筑总工会控制得紧紧的，不愿意与国民党有任何合作。

清党之后，我对国民党右派十分反感，对那时国民党的统治很厌恶，许春草与国民党发生矛盾冲突，在我看来是很好的事情。在他们大斗争的时候，许春草需要文字上的支援，就叫我去帮忙，派我做厦门建筑总工会秘书长，主持宣言传单等的起草。那时，我全心全意卷入与国民党反动派斗争的事儿。因此厦门建筑总工会也可以说是我政治活动的一个基地，可以说是我做革命工作的一个组织吧。

附录一

张圣才《许春草传》节录

许春草信仰耶稣之后，参加过辛亥革命，中华革命党，讨伐袁世凯，参加过讨伐陈炯明，参加历次反对帝国主义侵略的群众运动；带头不顾某些人于“九一八”事件发生时阻止人民反日活动的意图，倡导在厦门成立全国第一个公开挂牌办公的“厦门抗日救国会”，对当时官员和在厦门活跃的数以千计台籍流氓、奸商，作激烈的斗争。他早于1920年组织“厦门建筑总工会”，1931年建立“中国婢女救拔团”。这两个团体在基督教一些属灵派的眼中，都是属世的作为，不是一个虔诚基督徒应做的事。

这两个人民团体，因为许春草拒绝向官员去登记备案，被当时的官员当作反政府团体，不断通令解散。许春草为维持这两个人民组织的独立，天天站在被告的地位，同他们作斗争。这些活动，与许春草的信仰没有发生矛盾，而且许春草认为做这些事，正是在走耶稣基督的道路。他毫不动摇地抵挡教会中属灵派反对，一往无前。

许春草从十二岁由鞋店学徒改行当泥水徒工起，眼见当时建筑工地和他的年龄差不多的一些徒工，受到工头各式各样的虐待，心怀不平，无时或息。到他十四五岁时，他就以桃园三结义的形式，结拜了不少徒工，一人受到不平待遇，全体出面"计较"，互相支援，取得一些成果。从那时以后，他就领会到群众力量的作用。他继续发展拜把兄弟，多至百余名，成为建筑工地一支引人重视的力量，以后就是一支在社会上为人民打抱不平的力量。这支封建式的群众队伍，也就是他历次参加革命活动的群众基础。

厦门建筑总工会，于 1918 年正式挂牌，地址在鼓浪屿龙头街，原名为"厦门建筑公会"，是一个工头与工人的混合体。许春草年轻时期的拜把兄弟，到 1918 年，基本上都当了建筑师傅，有的是包工者，这些人手下，都有数以百计的工人关系。厦门建筑公会，就是通过这种关系创建起来的，在短短两三年内，建筑公会便拥有两千人以上的会员。在社会群众中，有一定的发言权。

1920 年，孙中山先生派了一个代表来厦门找许春草，要他参加中国国民党（中华革命党解散后的新组织），问到他厦门的社会基础，许春草把建筑公会告诉代表。

1921 年，许春草应孙中山电召前往广州汇报厦门情况。提到建筑公会，孙先生当面指示，改名为"厦门建筑总工会"，和广州建筑总工会，同一规格，并修改了章程。当时国共还未合作，孙先生没有强调无产阶级社会团体的单纯性，所以维持原建筑公会的混合性质——工头与工人合作。改名易帜后，建筑公会发展迅速，至 1925 年，已在厦门成立九个分会，正式登记的会友，达到三千余人，非正式会友近五千名，为厦门第一强大的人民团体。

厦门建筑总工会的发展史，并不是一帆风顺。改名易帜后，首先受到地方当局的敌视，被指为某方面的外围组织，千方百计压制，不准开展任何活动。工会成立之后，有几次跟“业主”发生交涉，罢工抗议，更受注目。每逢五一劳动节，举行一次游行示威，碰到国内外发生政治问题，建筑工会的标语传单都不落人后，大量散发。到抗日前近于独裁统治的那些年月，即 1928—1937 年十年间，厦门建筑总工会反抗当权者的斗争，不下十余次，有时很激烈。

鉴于国民党地方政权的腐败，贪污无能，对人民的事务漠不关心，只知利用职权敲诈勒索，许春草拒绝厦门国民党政权对建筑总工会的任何干涉。他坚持不向国民党党部和警察局履行人民团体登记手续，也不接受他们的命令，不参加他们的群众活动。坚持得最彻底的是不向他们登记，不让他们派人“指导”。这一点，扫尽了统治者的威风。他们千方百计，以打倒建筑总工会为他们统治厦门的第一目的。

厦门国民党结合他们的警备司令部，海军陆战队和公安局武装警察，对建筑总工会，软硬兼施。最突出的是另外组织一个所谓“砖瓦工会”包运建筑材料，禁止建筑工会工友起卸砖瓦及其他建筑材料，派军警守卫码头；凡建筑工友起卸建材，一一逮捕，甚至殴打。这种情况延续二十余天，任何交涉都宣告无效。

许春草召开总工会委员会扩大会议，决定动员全会工友，保卫搬运。首先发出大量传单，向社会控诉，并声明订期某月某日，武装保卫工友起卸建材，取得广大群众的同情。

到了特定的日子，许春草带头，动员了近三千多名工友，包围起卸码头，驱逐守卫该码头的军警，保卫工友，起卸砖瓦建材。因为事前宣布那天的行动，厦门国民党党部会同海军陆战队，出动全部武装警察及侦缉队，准备镇压，市上群众四面八方，前来助威或观看热闹。

在这时刻，国民党推出一组社会的知名士绅，前来调解，提出两个条件：1.承认建筑工友以后有搬运砖瓦建材的权利；2.当天要阻止建筑工友搬运。但是许春草明知他们的诡计，坚持在三千多工友保卫下，搬运建材，以示决心。最后在这场有可能引起大冲突以至大流血的事件中获得胜利。在这个斗争中，许春草每过一小时，进入密室祈祷一次，力排众议，不达到搬运示威的目的，绝不收兵。这也可以看到他信心的坚定。

建筑总工会不向国民党政权登记，对厦门国民党的领导，是一项威信问题，他们挖空心思，要来迫使许春草就范。有一次，国民政府主席林森来厦门(是 1932 年)，厦门国民党领导竞相向林森告状，说许春草抗拒党的领导，以致厦门无法发展党务，要求林森采取措施解决问题。

林森原和许春草相识，派一位华侨老国民党同志叫叶独醒去请许春草到他的行馆谈谈，许春草问叶独醒先生："子超(林森)叫我去做什么?"叶老先生说："大概是为了建筑工会的问题，人们向他告状，子超想和你谈谈这个问题，总是希望建筑工会向党部登记，接受党的领导。"许春草回话说："独醒兄，你我无话不谈，你回去转告子超，不抵抗者把整个东北断送给日本，你身居政府主席，没听到你说一声正确的话，如今我许春草办一个民众团体，没有向党部登记，你林子超就和我过不去，我决不去见他。至于登记备案的问题，我的意见是，人民反对暴政，没有必要向政府去登记。孙中山先生反对袁世凯，我就没有听说他去向袁世凯备过案。"

在这里，他实践他那句经常引用的格言："不与魔鬼结盟，不与罪恶击掌。"

附录二

黄猷口述

许春草很有意思,他是反美反苏反国民党反共产党的。他是一个极端的民族主义者,所以他反美也反苏,还反蒋介石,但他还有原始的民主思想,到底是老同盟会的嘛。(他是这样一个人),一听人家有困难,转身回屋,把自己的金牙齿就撸下来了。这时他已经近七十岁了,就是这样一位刚直的人。当时我在旁边看着,很难受,赶快送那个人二十元。当时他做建筑工会,替大家出头,有给一点酬劳,叫会长酬劳金,承包十万,给会长十块钱,钱拿来开工资,后来有人反对,钱他就不拿了。

他是一种社会势力,当时被政府承认,是对抗政府的,所以张圣才

黄猷先生(泓莹摄)

说他三十年代后不参加政治活动，这不是真的。他（实际上）是不登记的国民党员，后来组织了一个中国工党，说是孙中山叫他做的。我后来参加过他的中国工党，没有说这是反动的，也没有说是进步的。

解放后我曾经去看他，他过去是泥水匠，会画画。他那天画了一张画给我看，一座山，半山腰是红色的房子，山顶是绿色的房子。他明确地告诉我，现在是共产党的天下，半山腰。最后一天还是要讲和平，他用绿色的房子来代表和平。1930 年前后，许春草在婢女救拔团创办了的一个杂志，也有一面绿色的旗。

他一直坚持用绿色来代表他的和平信念。

（2010 年—2011 年，黄猷先生家、厦门社科联）

二、中国婢女救拔团

相关链接

几张由许春草后代提供的珍贵图片，再现了婢女们被解救后焕然一新的精神面貌。婢女救拔团居然有统一服装，估计这都是住院生，看上去十有八九还未成年！这些原本不幸的小女孩儿，当时住在原德国领事馆里，食宿及学习费用由许春草负责，最多时收容五六十人。这个收容院一直维系到太平洋战争爆发，然后被移交给国际救援组织鼓浪屿国际难民救济会。这些住院生称许春草为“阿爸”，称张圣才为“小舅”。有趣的是她们成年之后，救拔团还帮助她们结婚成家，程序是将男方照片给女方挑选，女方相中之后方能相互来往，女方出嫁不收聘金，但要求男方用红轿迎新并在教堂举行婚礼。

许春草救助婢女，虽然“面对官僚和富户的双重压力”，却也得到社会上大部分有良心有识见人士的资助，比如被圣才先生表

许春草与婢女救拔团,中为许春草(许春草家人提供)

扬的鼓浪屿著名富商卓全成先生引进织机并包销织物,收入作为收容院的维持费,“减轻了许春草的债务”;比如当时在全国颇有地位的上海中华国民抗(拒)毒会总干事黄嘉惠帮助解决院址问题;福建省最早的西医院之一鼓浪屿救世医院许多医护人员作为婢女救拔团的团员,“不辞劳瘁为收容院院生服务”。即便一开始并不十分支持许春草的鼓浪屿工部局,1935 年之后,每年也补助婢女救拔团数百元经费。这里抄录鼓浪屿工部局 1936 年《局务报告》一段话以飨读者:

本屿有此婢女收容院,堪称全华之先锋,吾人正可额手称庆,但待改善之处尚多,虽本年来对于院生之养育及幸福,均觉大进,然正如以上所提者仍有多端待举。故凡士女慨助现金或贡献意见而成此善举者,该院当局与妹均表十分欢迎及感谢也。

婢女救拔团也属于许春草不去官方登记的组织之一,虽然是

潘自珍(婢女救拔团成员)与蔡文贞结婚纪念照(许春草家人提供)

“非法”组织,但从他们的所作所为看,的确是一切为社会安定和百姓利益着想,的确是“正义的力量”。前面说过,“有公愤而无私仇”的许春草历史上曾经两次解散民军,免得这些流寇习气浓厚的武装流落民间贻害百姓。第一次解散时,还因此与著名的闽南军总司令林祖密先生及其他地方政治人物分道扬镳。这位孙中山任命的“闽南军”的总指挥我行我素,似乎不再介入“政治”,也许这正是更高明的政治。

许春草有激情但不失睿智的各项举措有他个人的思考,但理论基础及幕后推动,可能来自风华正茂的福建协和大学哲学系毕业生张圣才。不知圣才先生“张天师”的绰号,是不是这个时期叫出来的?

* * *

1930 年许春草发起救拔婢女的活动，组织了中国婢女救拔团，宗旨在于解脱婢女的痛苦，废除蓄婢制度。那时全福建，尤其是闽南，有钱人必养丫头，养丫头必虐待，有的致死，有的致残，有的卖去做妓女，有的收做细姨（小老婆），她们的生活非常痛苦。

许春草自年轻就有反对奴婢制度的倾向，此时发起这个运动，就是想废除这个不合理的制度。这个婢女救拔团的基础群众也是建筑总工会，由建筑工人发展出去，变成一个有六七千人的组织。除此之外，社会人士也有几千人来参加，这是一个大会，许春草做主席，我做副主席。

组织起来后就展开斗争。这个斗争也是很激烈的，因为养婢女的家庭多半是有钱人，咱与他们对立起来当然相当困难，当时，国民党党部、海军司令部、警察局、法院，连鼓浪屿工部局也反对。富人们的家属自然也反对，总之矛盾相当尖锐。婢女救拔团的对立面，就是有权有势有钱的人，成立之后，就是与这些人作斗争，我是其中一员。在我写的许春草传中有详细记录，所以我这里不多说了。

附录一

张圣才《许春草传·婢女救拔团》

奴婢制度是中国封建社会最为悠久的恶俗。大户人家把穷人的女儿，从七八岁买进来当牛作马，百般虐待，往往迫害致死。有幸活到一定年龄，不是收留为妾，便是贩卖为娼，婢女命运之惨痛，甚于美国的黑奴。

许春草对婢女的不幸遭遇，从幼年时代，就有强烈的同情。在他八九岁的儿童时期，看见大户人家鞭打、虐待婢女，就为她们流泪。有一天黄昏时刻，看见一个衣衫褴褛的小女孩，提个小箩筐，寒风瑟缩中躲在路旁哀哭。小春草惊问何故？女孩说，她家主人给她三个铜钱要她买酱菜，被人抢去了，没有钱买酱菜，回家会挨打。小春草想一想，记得身上正好有三个压岁钱——这是他唯一的私产，二话没说，解开带子，就把那三枚被他磨玩得金光灿烂的"大康熙"塞进女孩手中，说声"给你"就自个儿走了。虽然从现在看起来，是件小事，可是在那个时候，穷孩子舍得了一个"大康熙"就不是简单的事。

皈依基督教之后，看见人家虐待婢女，许春草总是按捺不下内心的怒火，经常出面干涉。有一次他被婢女的主妇抢白着说："婢女是我用钱买来的，要打要杀你管不着！"这一句话，触动了他的深思："用钱买来的人，便可以打杀自由？"这个理由，对他来说，不是味道。因此，他立下志愿："有朝一日，我有了力量，首先就要解放婢女，如同林肯解放黑奴！"

"中国婢女救拔团"就是在这种志愿下组织起来的。

许春草有个坚强的意志与信心。无论做什么事，经过他深思熟虑，迫切祷告，认为符合上帝旨意，无论碰到多大的阻力和困难，以及受到何种挫折，绝不退却，绝不屈服。

如上面所叙述过的讨袁、讨贼和同教会内的黄植庭的斗争，就是这样取得胜利的。"中国婢女救拔团"的设立，也是同样考虑过而建立起来的。他考虑到：凡是养得起婢女的人家，都是家庭拥有资产的富豪和有权有势的官僚家庭，虐待婢女的，自然也就是这些人。中国婢女救拔团的出现，就站在他们的对立面。面对官僚和富户的双重压力，能撑得住，支持下去吗？

当他考虑到这里，过去在社会上听到的婢女被殴打的皮鞭声，悲惨的哀哭声，重新刺进他的耳朵，他认清这是上帝的呼召，他责无旁贷，决心干下去！

1929 年，许春草在鼓浪屿笔架山观彩石召开一次“群众”大会，倡议成立“中国婢女救拔团”解放婢女。虽然响应号召主动前来参加的不上百人，但许春草严肃而郑重宣布开会。他站在讲台上，慷慨激昂，控诉蓄养婢女的罪恶，谴责一切蓄养婢女的人家。他在举例中，涕泪滂沱，听众同声饮泣。他的最后一句结束语说：“愿有良心的兄弟姐妹们，跟着我来！天父支持我们！”

中国婢女救拔团发表宣言，痛斥蓄婢制度，要求养婢人家立即解放婢女。该团提出几个办法：

1.让婢女进学校读书，以进学校为标准。课余回家，仍可帮理家务；

2.婢女不堪虐待的可以逃来救拔团，由救拔团收容教育，给以衣服膳食，并保证其生命安全，健康成长；

3.受到残酷虐打中的婢女，中国婢女救拔团要以武力抢救，不惜牺牲；

4.中国婢女救拔团设立收容院。婢女进院，改称院生，按年龄程度接受教育，够上中学程度的，保送入中学。达到结婚年龄的任其自由选择配偶，由救拔团主持婚礼。

这份宣言，印发五千张，分发厦门、鼓浪屿各界人士，震撼了统治阶级和蓄婢家庭，这么一来，他们不能再养婢女，不能再随心所欲打骂、糟蹋婢女了。有人说：“许春草又在造反了！”

被触怒的党政军警及司法当局召开紧急会议，党部提出，按法令，中国婢女救拔团没有履行民众团体登记，是不合法的组织，所有军政

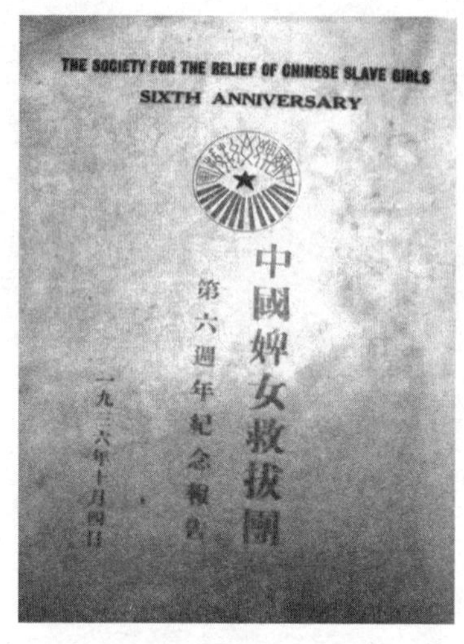

中国婢女救拔团第六周年报告

法机关，有权加以取缔和镇压。由此，社会上就产生各种议论：法院宣布，婢女救拔团及其领导人触犯了刑法的破坏家庭罪，应受法律处分。

厦门海军警备司令部，通过鼓浪屿会审公堂，要鼓浪屿工部局取缔婢女救拔团。拥护救拔团的，大部分是学校学生，普通商人和劳动工人，小商小贩。当时在厦门出版的报纸，都在当权者控制之下，几乎没有一家仗义执言或刊登救拔团的文字。中国婢女救拔团在这种情况下，有如乱石堆中的鸡蛋，随时都有被粉碎的可能，这是许春草早已料到的。对此，他屹然不为所动，沉着应付，他一天有几次为中国婢女救拔团祷告！

政治压力够重的了，但经济压力更加严重。许春草组织婢女救拔团的时候，正是福建讨贼军收场之后，他典尽卖空自己历年积下来的微薄的家当，用来遣散奉孙中山先生命令解散的内地民军，免流落为害地方。

1930年,是他一生经济最穷困的时期之一。

养婢之家,尽是富户,加上政府威胁,没有办法向外募捐。为了打破这个难关,许春草恳切祷告,得到一次属灵的启发,要独力支援救拔团及收容院的经费二年,不得向人募捐。于是他只好借债来维持这项事业。除每年两次演剧义卖剧票外,没有任何方面的捐款。

在这个问题上,我必须顺便表扬一位慈善家——厦门同英布店的东家卓全成先生。他虽然是个资本家,但家里没有养婢,对许春草的救拔婢女行动,极为同情。他主动引进织布机数架捐赠收容院,教导学生学会织布,并代包销,将收入悉数交与许春草,作为收容院的维持费,减轻了许春草的债务。

许春草逝世后,卓全成说,许春草所办事业,他无条件赞成。因为他所作所为,都符合基督的道理。

在表扬卓全成先生的同时,我还得记下一笔鼓浪屿救世医院的贡献。

鼓浪屿救世医院是基督教医院。医生护士多数是热心基督徒。他们对婢女救拔团的宗旨,非常同情。有些医生护士,参加了婢女救拔团为团员,不辞劳瘁为收容院院生服务。

收容院章程,凡婢女不堪虐待,逃进收容院,办理登记之后,负责职员便分头通知许春草和医生,他们通常是先后赶到收容院。由医生检验难女身体,填好受伤表格,并签名负担法律上证人责任。多数难女都是遍体鳞伤,履次使许春草独自伤心,泪下如雨。有重伤难女,许春草立即送往医院治疗,得到医生护士的特殊照顾。医院当局,还酌情优待医药费。在医生护士的大力支持下,七八年间,除了一个重伤难女不治身死外,二百余名院生,没有发生过病情事故。

为了解放婢女,许春草一方面要抵抗地方当政军法的压迫,一方面要同养婢女的豪绅作各种形式的斗争。除了宣传工作外,有时还得碰硬，作武力的斗争。救拔团宣告成立的第三个星期，便有一个厦门海军警备司令部副官王经的婢女，前来请求庇护，许春草照章予以收容。

这就引起了一场风波，一个副官，本来算不得什么，但是这个副官，却是警备司令林国赓的外甥，气焰就比一般豪绅高得多。按照救拔团的章程；婢女前来请求庇护，该团立即发函通知养婢人家，并在报纸上发表新闻，宣告这位婢女已在救拔团受到保护，得到解放。

王经接到通知，又于第二天看见新闻报道，大发雷霆，对许春草大有灭此朝食之势。他首先派人前来交涉，要求发还婢女，许春草告诉来人："我们婢女救拔团没有发还婢女的章程。"拒绝了他们的要求。

王经便申报他的司令舅舅，要派海军陆战队武装来夺人，但许春草对此早有准备，召集会员数百人（那时候签名志愿参加中国婢女救拔团的群众，已四千余人，其中有少壮建筑工人两千人左右）各执棍棒，武力保护婢女收容院，等待抵抗。但是婢女收容院设在鼓浪屿，当时还是租界，海军陆战队未经洋人的许可，不敢进入。只好通过会审公堂照会工部局，控告许春草拐诱王家婢女，囚禁于收容院，要求派巡捕起赃。

许春草在鼓浪屿基督教有一定的信誉，还有几次较量过洋人，所以工部局对会审公堂说："这样的一种问题，你们中国人自己去调解为好。"——等于拒绝厦门的要求。会审公堂出面要求和许春草对话。许春草派了一个团员去见他。会审公堂见劝说无效，威吓救拔团代表：如不把婢女从速送还王副官，许春草就别想再过厦门，一到码头，就要逮捕。

许春草听后一笑置之，既不放还婢女，也不会"不去厦门"。

一波未平，一波又起，而且后浪比前浪更大更凶。厦门台湾流氓头子林滚的婢女逃来请求庇护。1930 年，是"九一八"事件的前一年。

日本帝国主义者，正在千方百计制造事端为口实，借机侵犯我国。林滚立即报告日本驻厦领事馆，要求工部局抢人。日本领事知道许春草不好惹，叫林滚先礼后兵，前来说情。

来人告诉许春草，林滚说你创立中国婢女救拔团是好事，他极赞成，但是现在把他的婢女抓去，又登报宣传这件事，使林滚大失面子。我们知道林滚在厦门也有一定的势力，万一酿成事端，不就是第二个吴台械斗么？如果你肯把婢女送还林滚，给他一点面子，他准备向婢女救拔团捐助一笔经费。许春草告诉那位"公亲"："你们这些话正符合一句俗话，叫作'威胁利诱'。我如果怕威胁，就不敢宣言解放婢女；我如果可以受人收买，我早就是一个百万富翁了。我愿意林滚先生首先动手。"

这一仗舌战，又告胜利，林滚自动收兵。

应付海军警备司令部副官王经和台湾流氓头子林滚等威胁，固然不易，但要应付金钱势力，更加为难。有一位地方首富的婢女逃进收容院，他看到救拔团的通知和报上新闻之时，摆出架势，要和许春草拼个死活。他公开对人家说："我宁可倾家荡产，也要争这口气！"果然，钱能使鬼推磨，他用重金聘请律师向法院控诉，又以重金贿赂法官为他张目。

在三个月中，厦门法院连续签发二十几张传票，传讯许春草。许春草拒不应传。直至接到第二十九张传票，才由救拔团推出一个代表，到庭应讯。事前消息传开，双十中学、大同中学、中华民学学生和建筑工友数百人争先恐后到法院观审。法庭挤满人群，连大门都被塞住。

开庭之时，那个臭名周知的法官欧阳汉，吓得面无人色，语不成章。

为了报答贿赂，宣称"中国婢女救拔团没有向政府登记，是不合法的民众团体，不许活动”。但救拔团代表即以法庭为讲坛，痛斥贪官污吏、土豪劣绅虐待婢女、侵犯人权的罪行。群众高呼口号，法官欧阳汉惊惶退庭。

许春草鉴于法院的腐败，倡议组织厦门清除法院贪污群众大会，成立委员会，号召各界人士揭发法院敲诈勒索、贪污腐化的罪行。厦门地方法院从来就是一潭污水，经不起这一搅拌，在一星期中，被揭发的贪污案件达百余起。清除法院贪污委员会每日以简报形式，加以揭发。法院无地自容，居然放火烧掉整座法院，消灭罪证。

这是许春草反奴隶斗争的又一个回合。

经过以上几个战役的胜利，许春草为中国婢女救拔团树立起威信。人们都知道许春草所领导的救拔团，是不与罪恶妥协的。要么主动解放婢女，要么承担婢女逃入收容院请求庇护的风险，已成为养婢女人家必须考虑的问题。中国婢女救拔团未设立之先，鼓浪屿工部局原设有“济良所”一所，收容被虐待的妇女，但因主持人徇私舞弊，经常将请求庇护的婢女和私娼等发还养婢之家和娼寮，造成不少惨案。以后婢女和其他难女，视“济良所”为“死穴”，再不敢来请求庇护了。

许春草有鉴及此，绝对不许婢主说项求情，连自己的亲戚，有婢女逃进收容院，亦不让索讨，彻底保护她们安全。然而，他因此树敌甚多，不止一次地受到鼓浪屿工部局的警告。

1930 年，日内瓦国际联盟的“反对奴隶制度组织”一个考察团前来远东考察。到上海时，听到中国婢女救拔团的情况，特绕道前来参观，肯定许春草的救拔团符合反对奴隶制度的宗旨，要求鼓浪屿领事团通知工部局，不得干扰，方减少了一些压力。

由上海中华国民抗毒会总干事黄嘉惠支持，救拔团租用原德国在鼓浪屿旗尾山的领事馆旧址为婢女收容院。解决院址问题之后，婢女陆续投奔来院多至二百余人。许春草按照救拔团章程，予以教养及择配。

抗日战争开始，许春草纵身投入抗日活动，离开厦门到内地去。将收容院交予鼓浪屿国际难民救济会维持。到1941年太平洋战争爆发，日本占领鼓浪屿，中国婢女救拔团及它的婢女收容院被日军解散。

中国婢女救拔团自成立至被日军解散前后虽然不到十年，收容婢女不上三百人，活动范围只限于厦门及鼓浪屿，但这一运动，不但在地方上有了重大的影响，即对中国根深蒂固的蓄婢陋俗，也进行了有效的打击。

厦门和鼓浪屿所有蓄婢家庭，纷纷主动解放婢女，让他们进学校读书。没有送去读书的，再也不敢像以前那样爱打就打、爱杀就杀。左右邻居互相告诫说："不要打了，给许春草知道会麻烦的。"因为救拔团曾经十几次动员数以百计的少壮团员，攻进婢女被拷打哀声凄厉的豪绅住宅，抢救正在被严刑酷打中的婢女，将她们护送到收容院。

并且许春草在每年的五一节和双十节举行示威游行，用喊话筒沿途呼召："不堪虐待的婢女，来参加游行队伍，争取自由。"也收到一定的效果。这些活动及其成果，救拔团经常印发简报，分送全国各地，扩大宣传，不断收到群众、个人及团体来信，表示同情并给予支持。

附录二

黄猷口述：关于许春草

许春草生活习惯很有趣，他的早餐，很怪的吃法，大家都笑他。吃什么你知道吗？面线，白水煮一煮，加牛奶。我从来没看别人这样吃过，那时我在石码和他一起住在礼拜堂，天天看他这样吃。他很多生活细节很有意思。三餐自己煮,孩子放假回来才一起吃,太太当时没有去,留在鼓浪屿,后来去了同安。

许春草的太太很可爱。去内地要坐双桨,风浪很大,船夫怕她们乱跑,把她们固定在船板上。她说,我就对他们说啊,不要以为说我们这些老人不重要,我们也很重要,不要把我们钉在这里,赶快把我们放出来哦!

许太太说话很幽默,很有意思的一个人。她还说当年他们住在同安,清朝要来抓同盟会员,她煮了一碗面,许春草刚刚要吃,人家说清兵进村了,许春草说没关系没关系,吃完再说,她说我是吓得要死啊……许春草是有大将风范的人,他是要做大事的。

他的确很笃定,陈炯明炮轰孙中山的时候,许春草想请孙中山到厦门来,所以他们才组织民军。陈国辉就是这样出来的,林祖密却也是让民军杀的,许春草当时就叫林祖密要注意,解散民军。

(抗战后)我和许春草同一天到厦门,我从内地出来,他从重庆回来。他是一九四三年与女儿许碧端一起去重庆的。许碧端到女青年会做干事,当时碧端大学毕业,结婚了。抗战期间他曾经到南洋招了许多华侨子弟回来参加李良荣组织的"军政部南平第十三补训处"的补充团。最早是到处宣传抗日,到漳州浦南办了个农场要做抗日基地,结果这个农场让姓钟的吃掉了。他这个人大概也不会做生意吧。

附录三

邱继善口述

我42年在内地读寻源中学的时候，我们在石码，住在礼拜堂，那时许春草正在这里，他从重庆回来就到了龙海，住在教堂里。许春草那时组织了一个工党，工党的章程第一条就是反对蒋介石，这章程谁写的你知道吗？黄猷，就是他写的。那些人没有那个水平，只有他有，张圣才也没空，许春草和张圣才有时不和，有时和。我们这些人啊，许春草很注意，他想用我们这些人，后来，叫他的儿子许五权来叫我们参加工党。黄猷当时就参加了，我比较古怪，没有参加。不说参加，也不说不参加，只是说以后再说吧。

这个工党早就成立了，要说正式的党员嘛，等于没有，但在厦门力量很大，比如双桨工会，我去给他割过来，你说有多少人？建筑工会两万多，都是许春草的人啊，他说这都是孙中山的，他拿了一张手谕给我看。是孙中山委任的福建(讨贼军)总指挥……

许春草在石码住了一段时间，他对我们这些十六七岁的孩子很感兴趣。我们当时到寻源中学，被国民党"三青团"欺负。我说说他们是怎么欺负的吧，要穿黑衣黑裤，我们没有啊，要升旗就必须穿制服，我们都没有这些东西啊，就没去升旗，三次不升旗要记一次过，记三次过要开除，我们就反起来了。

他们就要来找我们麻烦，我们觉得国民党"三青团"真坏，许春草就和我们一起说，我们就和他在一起了，那时没有组织观念，只是觉得谈得来……

三、厦门抗日救国会

相关链接

鼓浪屿国际难民救济会是厦门沦陷后，由厦门著名中外人士发起的、专门处理难民问题的志愿者组织。1938年5月厦门沦陷之后，许春草将"婢女救拔团"交给他们管理，只身到南洋和内地，为争取多方面的力量抗日而奔忙。而之前与张圣才及各界爱国人士组织的"厦门抗日救国会"，的确是全国首创。

非暴力倾向的虔诚基督者张圣才最愿意用暴力手段去处理的，肯定是中国的抗日战争了。所谓一手拿《圣经》，一手拿枪。"枪"当然是象征性的。百度百科上，张圣才的头像是戎装的，其实这不是张圣才，是早年在马尾船政飞潜学校读书的何启人先生——中国最早的优秀飞行员之一。圣才先生传奇的一生中大概未着过戎装，从头到尾他始终运用他非凡的智慧为抗战做事：

一是宣传，二是谍报。

厦门是温润悠闲的城市，因为面向海洋的缘故，来自南洋及台湾的人潮不绝，各路信息颇为灵通。"九一八"之后，厦门甚至有一些来自东北乃至朝鲜流亡人士。至于台湾义民比比皆是，与日本人唆使过来的"台湾浪人""朝鲜流氓"相比，这些义民文化程度高，有正常职业，有相当的社会公信力。许春草、张圣才利用这样的天时、地利、人和，率先组织"厦门抗日救国会"。

将抗日救亡义举公开合法化，这是许春草政治上的老辣。

迂回于抗日义民与官府之间，这是张圣才运筹帷幄的睿智。

林国赓是闽侯人，他是晚清留学英国的海军武官，时任厦门警备司令，特殊时期的行政长官。林国赓和周醒南为厦门1920

1938 年厦门沦陷时卜显理牧师领导下的鼓浪屿国际救济会成员

(叶克豪、白克瑞提供)

年代的市政建设做了巨大贡献。从他与张圣才有礼有节的对话，可见其城府及深厚教养。

据刘剑学等整理的《厦门大事记》，厦门抗日救国会于 1931 年 11 月 2 日举行成立典礼，常务委员有黄幼恒、张圣才、黄其华、庄国章、庄雪轩、王连元等；1932 年 9 月 1 日，鼓浪屿抗日救国会组织义勇队，以许春草、庄雪轩等七人为筹备委员。(《厦门文史资料》第七辑)

* * *

现在说说“九一八”事变之后，我从事抗日活动的情况。当时全国民情愤激一概要求抗日，但蒋介石反对抗日，甚至镇压抗日，通令全国，不准大家有反日言论，或反日行动，如果有这样的言行，一律当作共产党来处理。日本在中国大肆侵略之后，(政府)几乎不敢抗议，厦门不例外，但在“九一八”事件两三个星期后，厦门突然有成百个中学生出来游行，高呼抗日口号，这是厦门第一次公开的抗日活动。他们是谁发动的呢，我到现在还不清楚，但他们勇敢，他们的热情，是真正鼓舞人心的，那时示威者唱了一首歌，我还记得：

拿起你的枪，快快赴前方，同那恶虎豺狼拼命地战一场：
我们受害已不浅，今日同它算总账。
告诉你母亲，莫悲伤，莫悲伤；
告诉你爱人，莫慌张，莫慌张；
等到我们战胜了，洋洋得意归故乡。
(唱)冲过去，冲过去，炮弹儿飞过来，莫回避；
我们肝脑涂地也愿意，只要报了仇儿，出出这口气！
冲过去，冲过去，
把生命交付给正义，拼了命，争取最后胜利！

学生的游行队伍冲进厦门国民党党部，捣毁了全部东西，然后散队回家。

这事发生之后，许春草先生对我说，“九一八”事变发生后，全国人民不敢公开反对日本帝国主义(许春草先生的说法与当时全国民众抗

1940年3月25日许春草夫人和孩子们，第一排右一为张圣才长子张石生（张圣才家人提供）

日热情高涨的情形不符——泓莹注），街面发现少数标语和传单，多数是秘密做的，可能是（中共）地下党活动。这款活动不公开，反而让国民党有借口来镇压，所以我们的确要想个办法，让抗日运动公开化，决不能让他们把共产党的名义加在抗日人头上。公开化的意思是，将抗日当作群众运动，而不是共产党的活动，蒋介石就没法利用镇压共产党一说来镇压抗日行为了。他说："咱争取公开化的抗日，公开抗日正式挂牌，正式发动群众，不能偷偷摸摸，公开之后，有什么问题就和他斗争，即使流血也不能退缩。"

他叫我请几位朋友一起讨论这事儿。

当时有厦大教授黄幼恒。黄幼恒先生是台湾最后一科举人，日本占领台湾后，他立即移民到厦门，他可以说是台湾义民。此人非常正直，非常爱国，在厦门几次抗日活动中表现非常好，得到民众好评。许春草认为应该请他来商量。此外还有双十中学校长黄其华，中华中学的校长王明元，大同中学总务主任林瑞鼎等。这样，五六人一起在笔架山许春草家讨论如何将抗日公开化的问题，决定要召集群众大会。

过不了几天，突然看到一个消息，说厦门国民党党部要召开一个反日宣传大会，要在党部里召开。我们就认为这是一个让抗日得以公开化的机会。原来啊，国民党经过学生运动的冲击，知道民意所归不可反抗，也要“抗日”了。召集反日宣传大会，也可能是要掩饰他们的投降政策。

那一天，我们组织一些群众参加，主要是双十的学生，中华中学的学生，大同中学的学生，还有建筑总工会的工友。会场很小，只能容纳八百人，我们有三四百人，国民党党部书记王铮民上台宣布说，本来要开会，现在决定不开了，原因是得到警备司令部通知，禁止今天这个会，请大家四散。

这个会是我们突破抗日秘密活动的机会，突然又不开了，当然是紧要关头。

我就上台去，对王铮民说：“您先请站一边，我有几句话要说。”我说：“今天本来要开会，为何突然不行，原因你们不知道，但我知道。昨天晚上日本领事召见警备司令林国赓，对他说，绝对要禁止今天的会，镇压反日活动，街道上的标语一律要洗干净。这是日本领事给林国赓的命令，林国赓就屈服于日本人的淫威之下，才下令叫我们不要开会，显然林国赓投降日本，有汉奸的嫌疑，所以今天这个会一定要开，不能不开。”

全场沸腾，高呼打倒汉奸，打倒卖国贼，打倒投降主义，轰轰烈烈，然后才散会。

紧接着这件事，我、黄其华、林瑞鼎三人，就出面联系各界社会团体、民众团体，征求大家同意，组织一个反日的厦门抗日救国会，要求各界出代表来开会，我们定了日子，什么日子我已经忘记了，地点是在厦门大同中学，在这里举行厦门抗日救国会的筹备会。那天到会的代表，几乎厦门所有的人民团体百分九十都参加了，那百分之十没来的，都是接受了厦门国民党领导的社会团体，主要是码头工会、海员工会、还有几个小的工会。

百分九十的人民团体，在大同中学礼堂开会，料想到政府可能派人来阻止，甚至可能派人来镇压，我们就组织了厦门二三十个的老人，多数是同盟会会员、社会知名人士。这些老人热心爱国，就在学校四周围着，不让警察或海军的武装到里头捣乱，所以我们那天开会秩序井然，选出代表，成立厦门抗日救国会，准备公开挂牌。

在这个时候，发生一个小插曲。厦门海军警备司令林国赓，突然通过我的同学，叫欧阳厥的，来请我去谈话。他是我协和大学同班的同学，那时是厦门《民国日报》的总编，他虽然政治见解与我不一样，但同学感情是不错的，林国赓知道我和他的关系，就托他来请我。

我就去了，林国赓就说："你怎么知道日本领事调我去达成协议？没这事儿，你怎么知道这事！我禁止开会是因为中央来了电报，说不能开会。"他拿电报给我看，他说："我当然就要禁止了。是那天早上才接的电报，早上就禁，昨天我还赞成开会呢，你说的理由是假的。"

我说："的确是假的，我也相信你不至于要这样，但你禁止开会，我认为这是大错误，一定是有这样的压迫，才有这样的禁止，这是我做出的推理。"

我们说着话，都没有恶意。他说："红军入漳的时候，漳州寄了一封信到厦门，说红军到了，啥时到厦门，叫你要组织群众欢迎。这信我没给你，但我知道这是假的，没影儿的事。我很尊重你，知道你不是共产党，是有人假造了信要陷害你。"他表示了他对我的好意："至于厦门的抗日救国的组织，若中央没下令禁止，我也不可能反对，希望大家都温和些。"

这个事儿，林国赓表态却也是合理。我就说："这个抗日救国会是群众组织，我也不知道要如何对你说要如何做，但组织抗日这是不能反对的。"

厦门抗日救国会成立之后，就在厦门建筑总工会的会所挂牌办公。公开挂牌是全国抗日救国会首创，我还没听说有比我们更早的——"九一八"事件之后不到一个月吧，我们就公开挂牌抗日了。这就引起福建尤其是闽南各县抗日群众的注意，他们纷纷到厦门联络，后来成立了闽南22县抗日团体联合会，也是在厦门抗日救国联合会里挂牌。

厦门抗日救国会成立之后，展开一连串抗日活动，首先是抵制日本货，组织纠察队执行任务，扩大反日宣传，发反日传单、标语，引起各方面的重视。不久，东北马占山将军的抗日游击战开始，我们就带头募捐帮助马将军进行抗日斗争。厦门抗日救国会将每天抗日的消息发布壁报，我们设了许多报栏，每天下午将重要的、有关日本侵略者的消息当作新闻公布。

在这个过程中，国民党党部、警备司令部、警察局，不断来干涉，我们不断与他们对抗。除此之外，台湾流氓受日本领事馆指使与我们的纠察队对抗，奸商纠结台湾流氓来捣乱。此外，国民党领导的十多个人民团体，比如码头工会，就常常出面来捣乱，骚扰抗日救国会的活动，这些事不时发生，抗日救国会不得不武装起来，对付这些反对派。总而言之，头一年有许多问题发生。这是艰巨的过程，但团体、群众的力量还是胜过反动派的干扰，每次都能做出有利的反击。

1932年11月到"闽变"这一段时间，我做的事大致有这些：

"淞沪"抗战期间，厦门抗日救国会在每个重要的街头设报栏，每天晚上将当天战讯公开在报栏，让大众知道。有一次，在中山路报栏，中华路的报栏，围了许多。（录音残缺，此内容亦缺失——泓莹注）

附录一

张圣才《许春草传》节录

反对帝国主义侵略，是许春草一生革命活动的重要组成部分。他从幼年时代就反对洋人，成年以后，外国人每次侵略、越权事件，他总是带头发动群众予以痛击。1931年“九一八”事件发生，国民政府通令全国，抑制人民反日活动。人民怒以目，不敢有所作为（有关“九一八”事变后中国民众的反应，张圣才所描述与当时的实际状况有偏差——泓莹注）。街上偶然发现几张反日传单或标语，基本上是中国爱国分子组织的秘密活动。对此，许春草另有他的看法。

他召集一次建筑总工会秘密会议，谴责政府的不抵抗主义。他以为只有动员全国人民，敌忾同仇，团结抗日，才能挽救国家的命运。他主张突破政府的禁令，组织一个公开的抗日团体，来开展厦门的反日活动。

为了抵制政府抑制民情的禁令，许春草从“九一八”事件发生后，便组织反日宣传队，分别到厦门建筑总工会所属七个区会，宣传反日。这个活动，几乎每晚都举行。又组织建筑工人纠察队，负担维持秩序，不听军警干涉。

在同一个时期，厦门几所中学的爱国学生，自发联同百余名同学，整队游行，进入厦门国民党党部，摧毁他们的巢穴。国民党为缓和民愤，决定举行一次民众反日宣传会。

许春草事前组织工友数百名，出席这个官方宣传会。

党部看见群众情绪昂扬，恐怕发生事故，临时宣布取消宣传会，准备散场。这时候建筑工会代表跃登主席台，要求群众暂缓散场，高呼“我们要开会”。群众一时精神振奋，高呼“打倒不抵抗主义！”“打倒日本帝国主义！”“打倒卖国贼！”把官方宣传会改变为人民宣传会，强烈谴责卖国贼。直到大批武装军警到场镇压，才宣告散会。这一次斗争，就是厦门抗日救国会成立的前奏。

许春草决定组织厦门抗日救国会，争取公开活动。他邀请厦门大学教授黄幼恒，双十中学校长黄其华，中华中学校长王连元，大同中学总务林瑞鼎等十数人，同建筑总工会执行委员会举行联席会议，一致赞成公开反日，并分头联络各界民众团体及社会活动分子，于××月××日在大同中学大礼堂举行各界代表大会。当场宣告成立“厦门抗日救国会”，通过“反对日本侵略，反对卖国贼，反对奸商，抵制日货”等决议。选举执行委员会，公开在建筑总工会会址，挂起“厦门抗日救国会”的招牌。

厦门抗日救国会的斗争，牵涉面很广，在头上有政府的压力，在地方有党政军警的干涉，有台湾流氓的对抗，有奸商与汉奸的挑拨等。这个活动，比起中国婢女救拔团更复杂，更艰巨。许春草为保留第二打击力量，自己没有参加抗日救国会委员会，而是另外组织一个“收复东北失地同盟会”，团结一部分青少年讲习各种战术，准备和统治者摊牌。

厦门抗日救国会成立于1931年11月初，距离“九一八”事件不到两个月，是全国第一个公开的群众抗日组织，为抗日地下组织提供了一个公开斗争的机会。这个组织从发起到抗战，都在许春草所领导的厦门建筑总工会大力支持下，它文武各种形式的斗争，都有许春草的血汗。

为了扩大反日活动，许春草又通过厦门抗日救国会联同闽南各地反日同志，组成闽南二十二县抗日团体联合会，设会址于厦门建筑总工会，支持内地各县的抗日活动，互相呼应，大大提高了闽南二十二县人民的抗日情绪。

许春草在抗日战争八年中,没有亲自向敌人开过一炮,也没有亲自驾驶一架飞机轰炸敌人,但是他奔走南洋各地宣传抗日,声嘶力竭,席不暇暖。首先,他接受各界人民团体的委派,代表厦门去菲律宾。

厦门沦陷后,他又以自己的名义,到新加坡马来亚向华侨宣传日敌的暴行和祖国的艰险。所到之处,受到侨胞热烈欢迎。由于他是个忠实基督徒,在教会中有一定的信誉,所以他对华侨的宣传,解除了各地基督徒的精神顾虑,放心参加抗战。这在抗日运动中,可算一种独特的贡献,为一般抗日人士所莫及。南洋沦陷后,许春草返回祖国,祖国大后方各省,亦遍布了他爱国活动的足迹。不论多么危险,即使是在敌机密集轰炸的时刻,他每日清晨必按时刻寻找一个安静地方,或山上,或水边,为祖国祈祷。

第五章

/ 中国生产革命党和“闽变” /

一、中国生产革命党

相关链接

一些资料说，江公怀、张文理等在“闽变”时参加了陈铭枢的“生产人民党”。事实上，江公怀、张文理从未参加“生产人民党”，但陈铭枢仓促中成立的生产人民党的理论基础应该就是江公怀耗尽心血写成的《中国生产革命论》。这里的因果关系被颠倒了。早在1932年，江公怀、张文理、张圣才、高诚学和丘岛人就在上海组织了“中国生产革命党”。虽然圣才先生很低调地说，“这并不是一个已经成立的组织”，但事实上他们已经做了许多事，包括训练了好几批“革命青年”。

从圣才先生叙述看，他们自认为这就是马列主义组织。

江公怀原名江启泰，这位慷慨激昂的才子据说是福建省德化县自科举结束后的第一位大学生，可能是一介偏激书生，当年狷傲放诞的政治青年。据张圣才先生的长子张石生先生回忆，他懂事的时候，江公怀常在鼓浪屿家中吃饭，“喝烧酒”。江公怀是有点神经质的人，是带枪的。他们常常在张圣才家里高谈阔论，研究社会改革问题。当年在鼓浪屿的张家，房子是租来的，财产自然也没多少，吃饭的人倒是川流不息。

关于江公怀的资料很少，但我们仍然可以查到他当时写的发表在胡愈之主编的《东方》上的文章。从我们现在能读到的内容看，江公怀提倡计划经济，观点有点“左”。无论如何，江公怀很可能是中国近代史上系统研读过马克思主义哲学和政治经济学的人，在林林总总的革命家中并不多见。黄猷先生说，人都是复杂的，当年激扬文字的政治青年江公怀后来在香港得花柳病而死，还有一说，说他牺牲在日本人的枪口下。

张文理，福建平和小溪人。才华横溢、思想活跃的张文理曾经就读于北平私立燕京大学政治系，曾任同学会会长，毕业后由学校推荐，获美国哈佛大学研究院研究奖学金，在哈佛大学专攻政治学，后到苏、英、法、比等国考察，并在苏联工作过一段时间，结识了许多留学生，如邹韬奋、胡愈之、蒋经国等人。

应该说，张文理是真正见过世面的人。

1935年，张文理在国民政府主计处统计局办理人口统计工作，此时改名延哲，著有《各国普查制度》《战时物价管制》等书。他后来追随陈仪，有意思的是，当年陈仪在陈铭枢的策动下，有意联合其义子汤恩伯起义，被陈仪派去与共产党联系的正是已经改名为张延哲的张文理。

张文理1947年赴台定居。1973年农历三月十七日因患血癌逝世。

两位获庚子年赔款奖学金的哈佛研究生和张圣才先生在上海一起组织"中国生产革命党"，估计他们早就有了实业救国的理想并深思熟虑过了。至于张文理后来跟随陈仪，黄猷先生说，他曾经问张圣才对这个问题怎么看，圣才先生没有回答。这个问题很难回答，尤其用非此即彼的线性思维简直无法回答。一个年轻时就擅长多层面思维的圣才先生，若要谈这个问题，恐怕得写一本书。

而要研究民国时期党派及青年的思想流向，就不是一本书能解决的问题了。

* * *

1932年，淞沪抗战后不久，我去上海开会，与一个旧同学江公怀（江启泰）见面。

江公怀是我在福建协和大学的同学，大革命时参加北伐，后来在福建省党部宣传部做干事，对国民党十分忠实。他是能写文章的，在宣传部颇受重视。1929年，省党部宣传部由部长康绍周带头，组织了一个闽西剿共宣传队，要去闽西工作。这个宣传队是反共组织，江公怀是这个队的秘书。他和康绍周带队经过厦门，要去龙岩，到厦门时，江公怀来找我，说了他的任务。

那时江公怀忠实于国民党，对共产党全无了解，采取敌对的态度。1927年，蒋介石背叛革命后的清党活动，让我看出这是一个走帝国主义路线的党，对中国的前途有很大的危险（危害）。我在思想上从此与国民党无共同之处，但我当时于病中，不能参加任何工作。

江公怀来找我，多年不见了，我们倾谈国家大事。他当时的思想是反动的立场，是反动的意识形态。我就将我的意见告诉他，我指出蒋介石背叛革命后中国的形势，还有实实在在对中国有利的政治路线。我不是共产党员，但我那时同情共产党，觉得共产党反帝的路线是正确的。江公怀受我影响，就说："我去闽西看看，了解一下闽西的情况再说。"

他就跟着反共的宣传大队去了。一个月后，他回来厦门，他说他已经大彻大悟，国民党是反动的，是帝国主义的工具，没理由再支持他们。他退出国民党省党部宣传部，不当干事，准备再去读书。

江公怀与我见面后又离别，我所知道的是他投考庚子年赔款去美国留学，他在哈佛大学就学。他说在哈佛几乎没有正式上课，大量时

《东方杂志》

间泡在图书馆读书，哈佛大学图书馆马列著作很多，他研究了很久，觉得马克思理论上是完全正确的。

他很认真，天分又好，对马列主义经典著作读得很熟。

“九一八”事变之后，他觉得这是国家民族的大事，不应该留在美国，一定要回来参加革命。他在1931年年底就回上海了，本想争取去江西苏区，但当时没有人引荐，而苏区当时正处于重重包围之中，他没法去参加共产党的队伍。这时，江公怀得到朋友胡愈之的帮助，暂时在上海大夏大学做教授。

胡愈之是商务印书馆《东方杂志》的人，所以把江公怀的一些文章拿去登在《东方杂志》。

江公怀因去不了苏区，在上海就酝酿了一个新的政治组织，叫“中国生产革命党”。这个党的理论基础是马列主义。为何不用共产党呢？因为他知道共产党是已经成立的、有力量的组织，不能再以共产党的名义。按他自己所说的意思是，先做一个党外组织，等到能与共产党见面的时候，就把这个组织归属共产党，甚至可以取消中国生产革命党，也就是说这是一个过渡性的组织，希望将来能融化在共产党的组织里，或接受共产党的指挥。

同意这个组织的，还有一个人，也是发起人吧，张延哲(张文理)。原来也是福建协和大学学生，两年后就去燕京了。他做过燕京学生会会长，后也去了美国，攻读农业经济。1929年3月，呃，是1930年，被苏联当专家请去了，在苏联工作了一年多，遇到"九一八"事变，张文理不愿意待在苏联，就回来了，想抗日。他首先到北京，联系老同学，和同学们一直想组织一个政治团体。知道江公怀在上海，就到上海和公怀说了这个意思，他们达成一致(共识)，发起这个中国生产革命党。

1932年，我去上海遇到江公怀，他说了这个情况，请我参加。

当时这个党并不是一个已经成立的组织，没有具体纲领，也没有组织章程，不过是彼此同意有这个组织而已，先争取同志发展组织，等有规模时再形成纲领细节和组织原则，所以名义上有这个中国生产革命党的团体，事实上很松散，是没什么组织的团体，也没说谁做头头，谁来做手足。

江公怀继续在大夏大学做教授，写文章发表。

除此之外，他用大量时间从事(写作)一本著作——《中国生产革命论》。他很认真地写作这本书，多数是根据马列主义理论来分析、来发挥的。江公怀很有天分，很认真去研究，可以随时拈出对自己有用的词句等，一如基督徒读熟了《圣经》，随时可在某篇某节拎出句子来用。

江公怀写作是多数有马列主义理论根据的。那时有个朋友来帮他写作，叫丘岛人，这是彭湃在海陆丰土改革命时的秘书。此人对马克思共产主义理论所懂得的有限，但倾心信服马列主义。这个人也能写文章。彭湃失败后，由朋友介绍来与公怀合作，替他做抄写与油印。

这本《中国生产革命论》，差不多有一百万字，当然当时没法出版，只是让丘岛人油印了几百本，让同情这个活动的人来读。

丘岛人是胡愈之介绍给江公怀的。

我到上海的时候，与江公怀碰头之后，决意与他们合作，就打电报给张文理，叫他来上海见面。文理也是我的同学，协大读两年又到了燕京，在协和大学我比他高班，大家见面都很亲热。对中国生产革命党这事，他更有理论，大家交流之后，决心去做。总的来说，在还没与共产党合作之前，先成立这个过渡性组织，能合作时，就准备取消这个组织。

有个偶然的情况值得一提，我是基督徒，江公怀的父亲是牧师，张文理也是基督徒，而且我们三人都是教会大学出来的。这时我为何能以基督徒的身份参加马列主义组织，看上去似乎不正常（不可思议），但事实上我们三个都是基督徒，都深知基督教的情况，都了解这个教不一定如一般人所说，是帝国主义走狗。此外，基督教信仰是以爱心来为人民服务的，这也不是像别人所说的，是残酷镇压人民的理论。

我们都看出基督教与共产主义有共同点，就是为受压迫的人民解除痛苦。

这样，三个人的观点就很一致，虽然都是基督徒出身，他们两个已经放弃他们的宗教信仰，但很明确，我声明自己是基督徒，以这样的地位（身份）来参加他们的革命，他们却很欢迎我。我是老大哥，因此他们相当尊重我，一些事儿，我觉得不能做，他们也就不敢去做。

例如江公怀当时有一种过激的主张，要筹一笔经费，从事革命工作。他说，不妨采取抢劫的方式，他说是“强制执行社会财富”。

但我坚持要放弃这种思想，我不赞成，他们也就没有这么做。

我的意思是，要拯救老百姓，但不能先杀害老百姓。如果我们靠抢劫来做政治工作，那我们的政治也不好看（很丑恶），得不到人民的同情。他们接受了我的意见，不敢再有这样的妄想。在中国生产革命党的里头，我不是思想上的领导，但工作上我做得比较进步（好），因为他们没有社会基础，只有学校同学，我至少在厦门有一定的社会基础。这是他们尊重我的原因。

二、“诚学猪”和其他

相关链接

大起大落的高诚学，可能是“中国生产革命党”中最富传奇色彩的悲剧性人物。

高诚学1897年生于福建省平潭县，曾就读于福建协和大学、福建法政专门学校，最后转入燕京大学农学院。这是个“术业有专攻”、热爱科学、注重实验并早年就有相当成就的人。对农村改革和新型农业有深厚感情和兴趣的高诚学，若生于和平年代，可能专心研究他的“诚学猪”，或立志实行晏阳初式的农村改革试验，闽东北可能顺理成章成为他的“新农村”试验基地。

可惜历史没有给他这样的机会，踌躇满志的高级农业专业人才高诚学，最后竟身不由己，悲惨地死于错综复杂的政治漩涡，这其实是近现代中国有志于国家建设的知识分子最大的悲哀。

1932年高诚学在上海认识上海大夏大学教授江公怀，从而与张文理、张圣才及丘岛人等一起筹划组织“中国生产革命党”（按林知渊《政坛浮生录》，当时筹划组织“中国生产革命党”的，还有德化人葛越溪，葛1938年随张圣才到上海工作——泓莹注）。注重实业的高诚学，可能觉得这个党的宗旨颇符合他的个人理想，他的态度非常积极。

高诚学与林荫、陈常琳、张逸舟等最早拥有海上武装可能是在上个世纪二十年代末。据陈常琳的侄儿陈茂邦先生给笔者的信件叙述，高诚学和陈常琳等的武装至少五六百人，以小麦屿和东庠为中心挑战国民政府，所以被当局说成海盗或共产党，事实上陈常琳和他的兄弟们的确是共产党员。

高诚学们的武装当然主要是“劫富济贫”，他们办农会、学校、禁毒，事实上做了许多改变社会落后现状的事。从个人地位来说，高诚学是农业专家，读过金陵大学的陈常琳是回国办学的新加坡归侨，高中毕业的林荫做过学校校长，张逸舟也并非目不识丁。

当时，这是一群家境优渥、高学历、有知识、有理想的人，不可否认他们具有强烈的暴力倾向，但的确不是普通落荒聚众闹事的草莽。

* * *

生产革命党还有一个同志叫高诚学。这个人是燕京大学毕业生，福建平潭人，原先是福建协和神学院学生，后来到燕京大学深造。这个人当初怀有一种农村革命或者叫农村改革的思想，向往晏阳初在定县的农村教育政策，要动员更多的知识青年下农村，所以发起一个“到农村去的运动”。

高诚学有这个志气，也有实践。

他在北京培养了一些猪种，是波兰猪种与中国猪交配的杂种，一年可喂至600斤。他想拿这个猪种到平潭农村教农民喂猪，（这样）可以提高他们的经济生活，并能得到农民的拥护，领导农民革命就容易些。他参加中国生产革命党之后，就决心回去平潭，哦，不对，这个人还没参加“中国生产革命党”的时候，已经自动到平潭发动农民工作，

高诚学在福安当县长时照片
(中为高诚学)

用他的猪种给农民，在农民中提倡识字等许多教育活动，当时也被国民党反动派看作共产党。国民党百般刁难他，迫害他，以至他在平潭几乎无法立足，才跑到上海来。

经过张文理、江公怀的引导，高诚学参加中国生产革命党，高诚学后来做了许多事，他一直都是站在生产革命党这个立场来做的。

江公怀为了扩大宣传，决定在上海组织学习班，训练革命同志。他首先吸收福建人，所以由我介绍第一批十位闽南青年到上海参加学习班，有几位同志在后来的革命工作中很出色。

学习班办了两期，训练了二十多人，这些青年回到福建后，多数到农村去，在农村进行革命活动；第二点就是高诚学在平潭，虽然工作时受到国民党县政府和县党部压迫，说他是共产党，甚至抓他的群众，想办法要破坏他在平潭农村的活动，他不得不抓起武装来，打进平潭县党部，将县长抓出来游街。

因为这样，破裂之后才跑到上海来，但他在平潭社会影响挺好，而且拥有武装，因此，江公怀叫高诚学也调一些干部到上海学习，这也有十几个人，毕业后都回去农村活动了。

这就是中国生产革命党当时的活动情况。

高诚学在平潭站不住脚，就来上海。江公怀通过胡愈之的关系，介绍高诚学和黄炎培、毕新生、邹韬奋等认识。他们这些人是中华职业教育社的同志，对教育加上职业是他们的宗旨，所以利用这个机会让高诚学办一个养猪场。因为高诚学有秘方，猪一年可长 600 斤，黄炎培、毕新生等人觉得很有意思，所以就投资几万元，在上海虹桥设了一个养猪场，让高诚学做“场长”，他就暂居于此。

高诚学养猪不但有技术，还有感情。他照顾猪如同照顾人，猪有病，就隔离在自己的房里，一夜打针或怎么地，很痴迷。在上海，虹桥猪场是得到黄炎培等人支持的，具备相当的社会力量，影响很好。

三、“闽变”与林惠元遇害

相关链接

1933 年张文理与陈铭枢认识，于是“中国生产革命党”的主要人员或多或少卷入“闽变”，积极介入的江公怀、张文理却因为政见不和或谋求高位未果先后拂袖而去，剩下对功名利禄无所求的圣才先生以及高诚学、丘岛人。但江公怀的巨著《中国生产革命论》，早就做成小册子在陈铭枢等人手中流传，“闽变”时的“生产人民党”的提法与宗旨，的确源于无名小卒江公怀的“中国生产革命论”，但在傅柏翠先生后来交出来的签字本，有圣才先生却无江公怀、张文理。江公怀是中国生产革命党的核心人物，所以圣才先生说，他参加“闽变”是以普通老百姓的身份，与中国生产革命党没有关系。

因抗日而享誉中外的十九路军，起先并未给圣才先生带来什么好印象，林语堂之兄林孟温之子林惠元被杀是最为严重的恶性事件之一。黄猷先生说林惠元是与蔡大燮同时期的中共地下党员。林惠元在政治上是活跃分子，早年就参加“震中学社”“非基大联盟”，后来发起组织“群学社”，编印《爝火》刊物。1933年出任龙溪县民众教育馆长，不久被推为龙溪县抗敌后援会主任委员。

在这段时间，张圣才与林惠元常在一起开展抗日救亡工作。

林太乙在《林语堂传》里是这样写的：“林惠元于五月五日严办采购仇货之台籍商人简孟尝医师，游街示众，并没收其共济医院财产，不料调闽‘剿匪’的十九路军特务团长李金波以‘通匪嫌疑’逮捕林惠元，不加审讯，以‘木箱板口’，立即枪决。”

其实年少气盛的林惠元主要是得罪了另一位台湾人——“展南农场”经理李道南。这位李道南与十九路军总部参谋长黄强是好友，十九路军入闽后，李道南常带黄强到漳州圆山附近打猎。李道南一批“天字号”的高丽人参被抗日后援会截获。黄强信心满满要为李道南解围，亲自约林惠元打猎并包200元红包为李道南说情。

谁知“黄口小儿”林惠元竟义正词严地拒绝了红包，并要“参谋长珍惜历史的无价之宝”（指十九路军“一·二八”淞沪抗战英名），黄强恼羞成怒，命部下李金波诱杀了林惠元。

张圣才先生可能不知其里，但好朋友三天之内惨遭诱杀，在龙溪教育馆工作的蔡大燮、胡大机、黄大年以及圣才先生主编的《华侨日报》驻漳记者刘耕民等抗日爱国人士皆在惨案之后四处逃亡，这对一贯提倡非暴力主义的圣才先生可不单单是“很刺激”！连接受蔡廷锴先生之约回国、一度想与十九路军合作建设“新福建”的菲律宾爱国华侨李清泉先生，听到这个噩耗亦断然离去。

这个恶性事件震惊海内外，林语堂电话告知蔡元培、鲁迅、柳亚子等人，第二天相约前往见宋庆龄，后决定由“中国民权保障同盟”名义召开记者会申冤，但最终不了了之。因为十九路军正在酝酿“闽变”，“无暇顾及”。

“闽变”的中心人物是陈铭枢，圣才先生后来的政治生活轨迹，尤其在脱离军统之后，与陈铭枢有千丝万缕的关系。陈铭枢当属于比“第三党”更激进些的国民党“左”派，他大概没想到日后自己竟因直言而成为右派。

* * *

1933年张文理由朋友介绍，认识了陈铭枢，这时，陈铭枢已经有搞“闽变”的动机。1933年7月中旬，陈铭枢来漳州，张文理也来了，那时张文理参加了“闽变”计划。江公怀则将《中国生产革命论》压缩成小册子，大概三四万字，在香港印刷。张文理拿了一本给陈铭枢，陈铭枢读过之后，很感兴趣。“闽变”发动时陈铭枢组织的政党，就叫“中国生产人民党”，生产二字，就是从这里吸收来的。张文理与陈铭枢有关系后，介绍我与陈铭枢认识。

这样，一些事情就联系起来了。

蒋介石将十九路军调到福建。未入闽之前，南洋菲律宾侨领召开了一个福建会议，在香港欢迎他们，向他们提了一些建议(1932年6月初，十九路军入闽。7月7日—11日“福建海内外民众团体救乡联合会”第一次代表大会在香港九龙召开。会后许友超等到广州向蔡廷楷

“闽变”中心人物陈铭枢

等提了一些建议——泓莹注)。在这个会上,我代表厦门,陈碧笙代表福州参加,会后他们就进驻福建了,但那时他们尚未有起义反蒋的意图,所以在福建的一切做法与蒋军在其他地方的做法一样:有一次在福州,独青小学的教员郑维新,带了一群小学生在街上宣传抗日,分传单,结果福州十九路军的警察局长丘兆琛,派人抓了学生,成群的学生跟着去请愿。郑维新是教员,学生是他带出来的,所以他也去了,抗议说,你们在上海抗日,到福州倒不抗日了,学生宣传抗日你倒抓了,这什么道理?丘兆琛非常嚣张,枪拿起来就将郑维新打死,当场打死(郑维新是丘兆琛手下的警察枪杀的——泓莹注)。

这件事非常严重刺激了我。

没多久,漳州抗日救国会抓(截获)了一批日货,一个奸商就去活动。那时做漳州警备司令的叫李金波,奸商叫李金波帮他要那批日货,李金波让人来找林惠元要求放行,林惠元说,这是日货不能放行!李金波就将林惠元抓了,送马肚底枪毙,这事对我亦很刺激。

我当时在厦门《华侨日报》当主编，我发表了社论来攻击和批评这些事儿。

附录一

恒一回忆录节录："闽变"

"闽变"之日——1933年11月20日早上，有科员虞翔（广东人）通知大家去南校场开会，出乎意料，竟是揭橥反蒋抗日之旨，蔡廷锴在台上宣布成立中华人民共和国革命政府（应该是"中华共和国人民革命政府"，此处疑笔误——泓莹注）。人民革命政府成立后，我被调秘书处。秘书麦朝枢，广东人，整天口含大烟斗。从秘书处窗口可望见李济深会客。第一次发工资，不论官阶大小，一律每人10元，又各发一套蓝色制服及蓝色棉大衣（腰围有带），据说是"工农装"。为防蒋介石派飞机轰炸，改晚上办公。

果然某日省府大礼堂落下一颗炸弹，但未爆炸，半截入土，半截外露，屋顶自然开了个洞，碎瓦满地。不久，"闽变"失败，十九路军退走，福州人称之为"两下半亡尽"，乃其旗帜上红下蓝中嵌五角黄星，以闽语谐音出之也。

（恒一：《五任省主席见闻杂记》，《福建文史资料》第十九辑）

四、“闽变”失败与下海游击

相关链接

张圣才先生因张文理的介绍，认识了陈铭枢、徐名鸿等，他这时与陈式锐搭档，又办了一个以抗日为主调的《厦门日报》。徐名鸿以十九路军的名义在经济上和政治上支持《厦门日报》。

圣才先生当然没想到，此时“志同道合”的陈式锐，不久后会出卖朋友。

魏斐德在他的著作《上海警察》一书中谈到，十九路军入闽后，始终放不下心的蒋介石，派戴笠带着沈醉潜入鼓浪屿活动——“他在这里建立起他的指挥部，周旋于来海滩避暑的外交官、商人和传教士中”。戴笠在厦门和鼓浪屿布下许多耳目，估计陈式锐就是戴笠此时埋到圣才先生身边的钉子。

陈式锐(1908—1990)，字心吾，号云吾，同安人，非常典型的闽南才子。

据有限资料介绍，陈式锐1927年毕业于厦门大学，1930年主持国民党厦门的党务。据说陈式锐原来是张圣才先生的同学、同乡、好友，不但在张先生主编的《厦门日报》任主笔，也曾任厦门《华侨日报》总编辑，集美高级商业职业学校校长等职。后来他曾被军统派往缅甸，配合盟军作战。抗战后回同安，任第一届“国大”代表、福建省政府新闻处长。1949年去台湾，在中兴大学、淡江大学任副教授、教授，并担任侨务委员会委员。1973年移居美国。著有《台湾经济》《中国之过去与未来》。

陈式锐夫妻双双都是军统，他的妻子李绮青也是军统闽南站的在册特务。与圣才先生被动加入军统不同，他一开始就是主动

李济深

的。按蔡燕生先生的说法，张圣才先生曾救过陈式锐一命，但在圣才先生的口述中并无蛛丝马迹，大概是被朋友出卖，心中太痛的缘故？据林嘉禾先生说，圣才先生说过，他于陈式锐有恩，陈式锐却恩将仇报，下手极狠。

陈式锐后来为军统闽南站站长，可能急于表功或“工作需要”的缘故，检举张圣才勾结中共，并令康殷才诱骗张圣才，以致其下狱，不止一次受到军统逮捕。戏剧性的是，张圣才第三次出狱后，在戴笠的劝说下，有条件地参加军统情报工作，被派到厦门，起先在闽北站工作。后来厦门沦陷，陈式锐等人溃败潜逃，军统局命张圣才为闽南站站长。

仓促举事的“闽变”失败了，圣才先生却因此结交了陈铭枢与陈公培。陈公培（1901—1968），湖南长沙人，又名吴明、无名，曾就读南京金陵大学，1920 年赴法国勤工俭学。陈公培是最早的中共党员之一，1921年年底赴海南建党，1924年进入黄埔军校第二期学习，1927年参加南昌起义。陈公培与陈铭枢关系极好，在“闽变”中代表十九路军与红军联络，中共方面，则派出潘汉年等到福州驻扎许久。

估计圣才先生与潘汉年此时便相识。但他在口述中并无丝毫披露，倒是在平反后的《我的革命生涯》中提到陈铭枢介绍他参加民联，事实上他长期与陈铭枢等国民党“左”派或“第三党”关系密切。

* * *

十九路军入闽初期，我确实觉得没啥可欢迎的。但到了1933年7月，我的朋友张文理到香港与陈铭枢联系，知道陈铭枢、李济深要策动十九路军反蒋抗日。张文理介绍我给陈铭枢。陈铭枢到漳州时，我与他取得联系，这时，我对十九路军的看法才有所改变。

我当时在厦门又办了一个报馆——《厦门日报》。这是一个大报，起初是我和几位同志筹款办的，以抗日为主调，主笔是陈式锐。当时所有共事的人都是一致反日的。我和陈铭枢认识后，他派来十九路军一位重要干部——闽西办事处的徐名鸿。他表面上是清理闽西土改的办事处主任，实际上他很向往共产党，可能是有共产党背景的人。他决定支持我办报，当时我们经费不够，他拿了些钱来帮忙，所以说后来的《厦门日报》是与十九路军合作办的。就这样，我和十九路军的关系，渐渐密切起来。

说起来，我和十九路军的关系，是由中国生产革命党联系而来。

“闽变”前夕，陈铭枢派两个人与我联系，他当时相当信任我，派两个人到厦门来协助我做民众运动。“闽变”之前一定要做这个工作，主

“中华共和国”国旗

要是要取得民众的支持吧。他们派了两个人，一是朱拔功，我不了解他的来历，但这是一个非常厚道的人，后来到广西大学做教授；还有一个是王思亮，江西吉安人，参加过邓演达的第三党，与陈铭枢、蔡廷锴个人关系都很好，他在厦大做数学讲师。这个人在厦大很活动，那时有十九路军的背景，在厦大很活动(跃)。

陈铭枢让这两人与我一起做厦门的民众工作，“闽变”发动的时候，厦门的民众大会就是我们做的。为什么叫我做厦门群众工作呢？因为当时厦门抗日救国会是有力量的，我们利用厦门抗日救国会来响应十九路军，最好不过了。我们策动人民团体来响应“闽变”，这事儿我们做得不错，“闽变”的时候，我们在中山公园开会，换旗，宣告拥护“中华共和国”，拥护十九路军的起义。

“闽变”的宗旨大家都知道，就不多说了，简单一句，就是反蒋与抗日。这和我的心愿完全一致，所以对于“闽变”，我从头支持到尾，努力

十九路军将领、“闽变”核心人物蔡廷锴(右一)、蒋光鼐(中)、戴戟(左一)合影

替他们工作。当然我只是作为老百姓来参加反蒋抗日的活动,并不代表中国生产革命党,或者说是以中国生产革命党的成员参加。

“闽变”过程中,中国生产革命党和陈铭枢的关系变坏了。

“闽变”前夕,陈铭枢召开一个会议。在讨论宣言的时候,江公怀与胡秋原斗争得很厉害,江公怀偏“左”,胡秋原偏右,这个宣言定稿时发生了许多矛盾,江公怀和胡秋原争吵了起来,陈铭枢拥护(赞成)胡秋原。江公怀很生气,拂袖而去,从此不再与他们合作,跑到鼓浪屿住了下来。

第二次矛盾是“闽变”已经发生,正在分配职位。张文理很热心做官,他想做人民文化委员会委员。那时是陈铭枢做主席,有点像现在的国务院的意思,张文理想做国务委员(人民委员会委员),陈铭枢不同意,原因是他资历不够,就这样,张文理也生气地离开了。

参加“闽变”的中国生产革命党人中,江公怀、张文理是主要人物,其次是我、高诚学和丘岛人。他们俩走了，我们三人就不起什么大作用了。他们在“闽变”失败前就走了，文理去香港，江公怀住到鼓浪屿我家里。总之，“闽变”时他们都不在福州。不过，“闽变”政府成立之后，他们让高诚学做中国农民运动委员会主任，丘岛人做中国工人运动委员会主任，这也算很重要的岗位。

我则没做什么，因为我没有争取，实际上我也做不了那些工作。

十九路军起义不久就失败，很快就失败了，失败的原因历史有记载，我就不用详细说。陈铭枢、蔡廷锴、李济深，这些高层的人都坐飞机到香港。中层人物或者说是二流干部一时无路可走，与组织失散，一时也没船去香港，因此有几十个人（一说一两百人）住在鼓浪屿避难。那时鼓浪屿还是外国人在管理，所以有些保障，虽然历史上没有承认是租界，但外国人设了工部局，俨然就是“租界”。中国政府如果要抓人，没有领事团同意是不行的，十九路军这些失败的人躲在鼓浪屿，总算有了个避难所。

那时比较能帮上忙的就是我。我在鼓浪屿比较熟，花了很大力气来安排他们的住宿与伙食，联系船只让他们去香港。有一个多月时间吧，在鼓浪屿替他们办理后勤事宜。当年由我照顾的，现在还在的有陈碧笙、他的哥哥陈召锐，还有陈公培等。

陈公培是自己跑来的，他在“闽变”时是省长，说起来属于高层。他是一个老共产党员。他在法国留学时就与周总理等人发起一个小组，最初的五个发起人之一吧。他原名吴明，后来就叫陈公培。陈公培在“闽变”时是起了很大的作用的，因为他是老中共党员，所以十九路军请他到江西与红军联系。那时是瞿秋白负责，十九路军和共产党达成一个协议。陈公培还请江西代表到福州协商起义问题，所以说陈公培在“闽变”中是很重要的人物。

在福州撤退的时候，陈公培本来可以和蔡廷锴等高官一起撤退，但因为与陈铭枢不和，就没跟他们一起走。他跑到鼓浪屿来和我在一起，由我来招待，他很高兴，和我一起住了三四个月才去香港。

当时江公怀住在我家，后来也和我一起做善后工作。江公怀也很了解陈公培，他认为在“闽变”这些人中间，陈公培是最正确的，很尊重他。我和陈公培的关系一直很好，我与(中共)华南局的关系也是他和杨东莼介绍的。

但无论如何大家散伙了。

这个时候，江启泰，就是江公怀，提出一个意见，他们跑，我们不要跑，我们要继续做，继续抗日反蒋。他鼓励高诚学上山打游击，高诚学也非常赞成，因此就由我和丘岛人去找陈铭枢，请他们支持我们继续革命，调了两百支驳壳枪让高诚学继续下海搞游击。这事儿陈铭枢也同意，调了很好的枪支来支持高诚学。我们这个计划是以平潭为基地，抗日反蒋。

高诚学去平潭组织武装，丘岛人准备配合高诚学在平潭的活动，可惜他病了，他说要回广东老家，家里有事儿，半个月后回厦门，再准备去平潭工作。谁知竟病了，是破伤风。到鼓浪屿时，我送他到医院，医生看错症，说是感冒，感冒不太要紧吧，就让他住院，第二天早上，医生却说他死了。

我对救世医院院长夏礼文说，你昨日明明对我说他是坐船感冒，他昨天还好好的呢，一夜之间，怎么就不行了？他说是自己失误了，丘岛人的脚后跟有伤，引破伤风病毒(杆菌)进去了，所以不治身亡。

丘岛人之死对我们这个生产革命党打击很大，这个人意志坚强，办法很多，对朋友热心(情)，能团结人……真是可惜啊。我们将他埋在鼓浪屿燕尾山，就是四枞松再过去一点点，江公怀替他写了一个墓碑，这个墓碑是这样题的：

无产阶级的战士：丘岛人之墓 龙浔江公怀题。

龙浔是德化的别名，是江公怀的故乡。因为这个人过世，我们都很伤心，他没法去平潭，高诚学就失去了帮助。但当时我还得做高诚学的后勤，他那时下海到平潭打游击，有许多事要厦门支援。我就在厦门组织了一个小组，有翁佛涵，这个人后来被当作烈士啦，张廷标，张强——张强也是烈士，我们这些人做高诚学的后勤工作。

“闽变”失败之后，蒋介石对“闽变”成员并没有统统列为政治犯通令全国，除了陈铭枢、李济深外，一律没有问题，不逮捕 。在鼓浪屿我觉得有双重保障：一、鼓浪屿主要是外国人的势力；二、我不是首要对象，所以我住在鼓浪屿相当安全，但我不爱过海去厦门——那里有我的仇人，他们会借口与我为难，厦门国民党和政府的组织，都有一些因为“抗日救国会”与我斗过的人，“闽变”失败，我就变成了他们攻击的对象，所以我就很少去厦门。

1934 年，我的工作就是这些，前半年帮忙疏散十九路军，一边还支持高诚学等打游击。总之没有停止革命。

附录一

王明爱口述

民团，按解放后的说法是地主武装，但实际上不完全是。主要是当时官匪都压迫老百姓，华侨很着急，你想要政府来保护你，官匪勾结，根本就不可能，华侨没路走，才组织民团的，实际上民团的费用都是华侨出的。

所以凡事不可一概而论。要具体分析，虽然民军名声很坏，秦望山要说起来后来做了国民党的参议员，也是我们的政协委员。儿子一个去了台湾，还有一个在泉州，许卓然也差点被写成反革命。

我父亲正是那时与张圣才最为密切，然后下来就是"一·二八"十九路军上海淞沪抗战。这事儿在南洋掀起极热的浪潮，甚至到我懂事的时候，还在唱"一·二八"的纪念歌。蒋介石将十九路军调回来，到漳州去打共产党。然后，广东和广西的，过去我们叫军阀的，其实就是地方军吧，有个叫李济深的，组织了"闽变"，张圣才是参加的，我父亲也参加，当时还有个叫丘岛人的。

秦望山、我父亲这些人其实应中共要求，在香港组织一个华侨声援"闽变"的聚会。当时是这样，我父亲啦，秦望山啦，还有一些人，圣才叔是作为福建代表参加的。他们的中国生产革命党，也就那个时代前后成立的，与"闽变"也有关。

（2011 年 1 月 1 日—2 日，北京团结湖）

第六章

/ 第一次被军统逮捕 /

一、上了朋友的当

相关链接

张圣才先生近百岁的时候，郭荫堂先生在子女的簇拥下从漳州来看他，两位饱经沧桑的世纪老人相视许久。圣才先生紧紧抱着郭荫堂先生送给他的奶粉罐，玩笑地说："我被他骗了！"郭荫堂憨厚地笑，年轻时伶牙俐齿、风头很健的郭荫堂此时腼腆极了，年轻人催他说话，他似乎不知说什么好，只是说："看看，看看他，就很好。"

一个世纪的交情，很深。

圣才先生第一次被国民党当局逮捕，的确与郭荫堂先生有关。郭荫堂早年名叫郭力，人称"老郭"，是老牌共产党人。根据郭荫堂儿子郭民主介绍，郭荫堂原籍福建诏安，1905 年生于中医世家，16 岁考取集美师范，第二年就因罢课退学了。18 岁去缅甸，做过教员、报社编辑及撰稿人，1931 年与作家艾芜等四人因"马共"问题被遣送回国，之后十几年，郭荫堂的公开身份是报人和教师，长期在闽南做地下工作。

郭荫堂当年利用张圣才"同情"共产党的政治倾向，悄悄将张圣才变成"中华民族武装自卫会"（全称为"中华民族武装自卫委员会"）闽南分会主席。中华民族武装自卫会实际上是共产党的外围组织。郭荫堂先生 1950 年写的《我的自传》，当时可能是为澄清自己"复杂"的历史而写，个别细节与圣才先生叙述的亦有出入，但大致叙述了当时中共地下党厦门市委"为了争取一个较有名气的人"来参加自己外围组织的过程。

圣才先生做了"中华民族武装自卫队（会）"闽南分会"主席"，

自己居然一无所知，这就是他说被郭荫堂“骗了”的缘故。当然，他是心甘情愿“被骗”的。

而对当年报馆同事、《厦门日报》主笔陈式锐利用双十教师、好朋友康殷才诱捕自己，并诬告自己“通共”，圣才先生就非常愤怒了。陈式锐早在戴笠到闽南发展“力行社”厦门直属组的时候，就是连谋手下的成员，后来是厦门直属组的组长。可以说陈式锐是闽南地区第一批军统特务，据说才华横溢的陈式锐是军统、中统都要拉拢的“能人”。陈式锐当时以民众教育馆馆长和社会科科长的身份打掩护，在厦门故宫路72号设办公室，手下有一批人。他逮捕圣才先生的时候，已经是厦门军统特务的主要头目、闽南站副站长，闽南站站长由当时的警察局长沈觐康兼任。

估计不是为个人恩怨而是为了向上级邀功，陈式锐设局，诱捕了曾经救过他的命的老同学张圣才。圣才先生被捕，黄其华等朋友为之奔跑营救，据耿庸先生晚年回忆，血气方刚的双十中学校长黄其华先生甚至喊出“抓了张圣才，还有黄其华！”的口号。

康殷才，原双十中学教师，厦门早期军统特务，后来任军统邮电检查所厦门办事处主任。邮电检查原属中统管辖范围，被戴笠千辛万苦争取过来，算是要职，目的是“清查政治异己分子”，却因军统特务们私拆信件，将私人隐私公诸坊间取乐而沦为下三滥。

* * *

我的政治身份引起国民党的注意，就长期住在鼓浪屿。到1934年八九月间，感觉情况不坏，有时就到厦门看我的母亲。那时，母亲住在公园东路附近一个小平房里，我的夫人、孩子都在那儿。有时就悄悄过去，看过后，又回到鼓浪屿，这也是为了避免特务的陷害。

晚年张圣才(左)与郭荫堂(张圣才家人提供)

1934年8月,突然有一个叫郭力(郭荫堂)的朋友来找我,是我哥哥张学习介绍来的。哥哥当时是厦门培文印字馆的头家,郭力为了印刷问题与我哥相识,大家谈得来,他对我哥说很想与我交朋友。哥哥就写了个条子来,说是有个华侨慕我之名,要和我交朋友。

因为是哥哥介绍的,我跟他是一见如故,相识之后,常到我这里来谈当前形势和政治见解。有一次郭力跟我说,由宋庆龄和蔡元培(除宋庆龄外,何香凝、章乃器等为发起人,目前暂无资料证明蔡元培参与发起,或属张先生误记,或者郭先生当时口误——泓莹注)发起的"中华民族武装自卫会",目的是号召全国人民起来抗日,在上海北京都有,所以厦门也有,这个组织与我抗日主张是一致的,他希望我能参加。

他这样说,我当然高兴,因为他把我当作真诚的朋友,但我当时不敢参加,蒋介石虽然没有通缉我,厦门的特务却早就注意到我了,我现在参加对这个组织，对他们没有任何帮助，反而可能惹祸。我可以在经济方面支持一点，但没办法支持太多，我必须尽量少公开活动。我不同意参加中华民族武装自卫会，但他们的观点与我的意向一致，我就和他说我不参加，但我可以帮忙。培文印字馆里多半是家里人，应该会严格守秘密，你们的宣传品就在这里印就是了，不必收钱。

郭力很高兴，就常拿东西来印。

我有时也给他们一点经济上的支持，也就只有这样了，我从未参加中华民族武装自卫会的活动。而郭力也没有告诉我他是中共派来的，让我参加这个组织实际上是中共中心市委的意思。到了这年10月份，厦门中共中心市委被破坏，(国民党当局)逮走了一些人，搜走一些文件，在文件中发现，我居然是中华民族武装自卫会闽南分会主席，也就是说，花名册上有我的名字，所以国民党特务就将我逮捕了。

事情经过是这样的：

朋友，或者说是双十的同事康殷才，一直是我很好的朋友，在双十中学时，政治见解与我一致，所以我引他为知心的朋友，他被军统吸收，我一点都不知道。这时厦门军统的负责人是陈式锐，他利用康殷才到鼓浪屿来找我。他说："你常常躲在鼓浪屿，不敢去厦门，电影也没得看，最近许多电影很好，我告诉你，不要紧，当局对你还真没什么要迫害的意思，今天有个好片，我们一起去看吧。'闽变'通缉的是陈铭枢等人，与你有什么关系嘛?"他的话很甜，很好听，我一时判断失误，我也正想去看母亲，就和他一起去了。

看完电影已经十点半了，没法回鼓浪屿了，电影院就在我哥哥的店(培文印字馆)附近，我对康殷才说："要不我就睡我哥那儿了。"他说："我跟你一起去，我们就在一起。"他就这样跟我去了，一起在我哥哥那里睡觉。

清晨五点左右，康殷才先醒了，他说："你要去看母亲还是回鼓浪屿啊?”我说:“要去公园边看我母亲。”他说:“我早上有要紧的事先走了。”我说:“好啊,去吧。”他就走了。到六点,我起来洗漱,对哥哥说,我要去看母亲,哥哥说:“好啊,你就到那儿吃早饭去吧。”

走到公园南门,突然五六个侦探包围了过来,说:“张先生,公安局长沈觐康要请你去。”我说:“什么事?”他们说:“请你去谈谈。”我说:“我要去见母亲,吃早饭后才去吧。”他们说:“不行,现在走。”

我说,那么这是要抓我了,我就跟他们去了。

这样我就被抓了,这个情况完全可以说明,正是康殷才提前去报告的。我对他真是失望,这个朋友与我真好,我什么事儿都告诉他的,没想到竟然就这样出卖了我。当然以后我也没有计较,这个人后来还来找我,也在一起做事,但我很冷淡对待他了。

在警察局,送入临时拘留所。看守所房间很小,十三四平米,关了20多人。一进去,我几乎无处可坐,只好站着。谁知竟有犯人认识我,他很高兴,说:“张先生您也来了。”赶快要找个地方让我坐下。他是犯人头,他就喊道:“让开让开!”我得到他的帮忙,才有地方可以歇歇。

家里人知道了,双十中学也知道了,所有的朋友都动员起来营救我。

而在这里,一天之内没人找我,到晚上半夜吧,警察局科长许崇岳提我出去谈话,许崇岳与我没交情,与我哥倒是不错。他说:“你这次的情况很严重,要小心啊,厦门共产党中心被破获,抓了几个人,一些人的口供说你是他们的同志,这个问题麻烦了,警察局认为你也是共产党。”许崇岳又问:“你认识严壮真,认识李纯英吗?还有郭力,你认识吗?”

他念了许多名字。

我说我都不认识(笑),其实我认识郭力,他说:“不认识那他们为何说你是他们的人?中华民族武装自卫会,这个组织你有参加吗?”我说我听过这个组织名称，但我没有参加。他说："中共中心市委被破获时，有文件说你是他们闽南分会的主席。"我说这是没影儿的事儿。许崇岳说："我也相信你不是共产党，但这个时候事态已经很严重了，我特别向你透露这个消息。以后如何你自己知道。"

我这才知道被捕不是因为"闽变"，而是中华民族武装自卫队（会）的问题。

附录一

郭荫堂《我的自传》节录

市委派我负责中国民族武装会（即"中华民族武装自卫会"）的筹备工作时，曾指示我说："这个组织是要争取公开的，最少也要争取半公开。"并交给我 10 块钱的筹备费。我想，如果争取公开或半公开，那就非争取一个较有名气的人来参加发起不可，因此，我乃征得市委会的同意，通过了一个群众郑辉煌的关系，去找张圣才。

那时，我的化名是"郭力"。我把纲领和签名给他看，他则模模糊糊不肯表示明确的态度。我只好最后问他："抗日是不是赞同的？"他答说："是。"

于是，我便和他辞别了，把纲领、宣言和一切文件交给培文印字馆翻印，根据市委会的指示翻印了 2000 份，议价 16 元。等到要拿东西时，我只好撒一个谎，对培文老板说："这是你弟弟叫我来印的。"因为培文的老板就是张圣才的哥哥。

培文老板不相信，我只好再去找张圣才，请他捐助。这一次，他很慷慨了，马上写了个条子给他哥哥，承认这一件事。也因为如此，使我想起了建筑工会。建筑工会在当时厦门的民众团体中，算是最有群众的，它的领袖是许春草，也可以说就是张圣才。工友们对他俩颇有信仰（颇为信任），所以我们决定以建筑工会为争取对象。我们拿着纲领和宣言去找该会干事洪俊，据说洪曾去找张圣才，不遇；又去找培文老板，培文老板却给我们证明了。洪俊便参加了自卫会的工作。

从此，我们乃得利用建筑工会为各种活动场所。但是随着党的被破坏，群众被捕日多；其中难免有少数不够坚定分子，便把建筑工会供认出来，因此，洪俊也被捕了；接着，张圣才也被捕了。

就由于张圣才的被捕，培文老板乃动员了整个社会的力量，必欲把我追来为他的弟弟作证明，因为当时的国民党反动派统治者曾对他表示：如能捕到"老郭"（当时一般都这样叫我，并不知道我的名字），张圣才就可释放。市委得到消息，又考虑到教会和建筑工会在厦门的势力，才叫我撤退了。

（谢春池主编：《大同文集 · 母校校友卷》，中国文联出版社 2000 年版）

附录二

黄猷、邱继善口述：关于郭荫堂

黄猷：一般的人不知道郭荫堂的底细，他可不是一般的爱国侨胞，他是老牌的共产党员。当时在集美站不住脚了，到马共去，后来是马共派他去缅甸组建共产党，三个人成立了三个小组。他当时是和作家艾芜在一起的。

邱继善：后来，"文革"之后吧，缅甸有一个人回来福建，到华侨大学要找郭荫堂,说郭荫堂当时在缅甸组织的马列主义小组,后来都是缅共的领导人,郭荫堂说起来是缅甸共产党的创始人。

他们要写党史,就到中国来找他。

我没见过这个人,后来碰到郭荫堂,就问他是怎么一回事,他才告诉我张天昊的事。天昊是军统南站站长嘛,他就是郭荫堂培养出来的,张天昊在缅甸原来是码头工人,是共产主义的苗子。解放后张天昊被抓杀,张圣才很生气,说共产党不讲信用,当时圣才要起义,就是靠他的关系,这是很复杂的。

黄猷:荫堂是老共产党员,后来搞救国会,动员圣才参加,救国会后来派郭荫堂和陈新智去广东做工作,结果他们还没到广东,陈炯明就投降了,又转了回来。所以陈新智对郭荫堂很了解,解放后到福建一直要找他,郭荫堂早先在《江声报》,抗战后到香港,解放后也曾调到北京做民革中央海外部长,准备派出去做海外工作,后来又不了了之。

他上层关系多,过去也做了许多工作,他狼狈是因为性格大狂狂(很狂妄)的,总认为事情做就是了,所以解放后总是说不清楚。

附录三

黄其华回忆节录:关于康殷才

康是我集美师范的班友,我到校的第二学期即聘他为兼任算术教师,翌年改为专任教师兼教国民党"党义"。1927 年,他经国民党厦门市党部检定为合格的"党义"教师,并搭上"中统"关系(估计是笔误,应该是军统——泓莹注),旋即担任第一任训育主任。因学生自治会归训育主任指导,他得以跟一部分学生建立了密切的关系。康 1930 年秋季介绍厦大理学院毕业的陆廷桢担任数理教师。陆也颇得学生信仰(他以此自命不凡),可惜心胸狭窄,对福州籍教师受到学生欢迎甚感不服。(1932 年,康殷才介入陆廷桢与林振骥一场看似学术分歧实则是排斥福州籍教师的一场“化学风潮”,黄其华先生是这样说的——泓莹注):

康殷才遂鼓动学生罢课,提出辞退福州籍教师和收回开除学生成命的要求。我对这种出于地域偏见而打击优秀教师、危害学校的行为深为愤慨,告诉他们:“我有公理,有良心,校长可以不干,但绝不能做无原则的迁就,接受这种是非颠倒的要求。”

康殷才发疯似的天天在校内吹哨子召集学生会干事及代表开会、贴标语、发传单,进行打倒福州籍教师的活动,并在他所在的雅化小学内设办事处,天天与陆廷桢及为首的学生开会讨论对策。罢课持续三星期后,他们在礼堂前悬挂长达 2 丈的白布大标语,其上红字赫然:“以铁血精神坚持到最后的胜利!”继之写匿名信,内画子弹,对我进行恐吓。5 月 16 日上午 8 时左右,我于访友回家途中,在周厝口巷内忽遭歹徒从背后枪击,左臂中弹,入海军医院治疗,旬日出院。虽经有关部门查缉,终无所获。

……

双十的“化学风潮”一时轰动省内外。实际上,这次风潮的实质不是化学问题,而是畛域偏见问题,当时福州籍师资阵容强盛,引起一部分闽南籍教师的嫉视,陆廷桢只是借机发难而已。

(黄其华:《厦门私立双十中学简史》,《福建文史资料》第二十辑)

二、多方奔走营救，介入中统军统微妙关系

相关链接

黄其华先生是惠安人，1925年毕业于福州青年会中学，曾任“民革”中央委员。这位没有大学学历的教育家与圣才先生搭档几十年，他们的成果可不仅仅一个双十中学！张圣才在菲律宾从事谍报工作，黄其华先生率中正中学师生大力支持，但居然没有一个人参加军统领薪水，战后黄其华募捐让圣才先生办公司，脱离军统做实业，并以此为掩护后来的一系列政治活动。1948年，黄其华和张圣才一起到香港见潘汉年，1952年圣才先生从香港回来后坐冷板凳，在省博筹建处工作，几乎天天晚上到在福州办橡胶厂的黄其华先生家吃饭。

当然，他们后来一起落难，这是相互依存铁打的关系。

圣才先生一生“阅人”无数，他热心帮人，别人也热心帮他，有人因事恨他，他却常常对事不对人，宽大为怀，化敌为友，所以能赢得大家的尊重和爱戴。

与黄其华先生一样热心营救圣才先生的刘启光原名侯朝宗，1937年之后改名刘启光。刘启光是台湾嘉义人，师范毕业后回乡当教师，组织蔗农与日本人抗衡，被判刑后逃到厦门。圣才先生说的类似农会的“蔗农组合”，在戚嘉林的《台湾史》中写作“农民组合”。

这个“左”派组织当年被以谢雪红为主的台湾共产党所控制。

刘启光是台湾共产党人，他们的组织归日本共产党管，到中国大陆来当然找不到关系，却仍然被张贞部当作共产党抓了起来。张圣才求老朋友周骏烈找“闽南王”张贞说情放了刘启光，并

让刘在《厦门日报》谋生，与当时隐得很深的中统特务钱永键面对面工作。刘启光是日据时代回中国大陆活动的台湾"进步力量"的典型代表，后来在上海与圣才先生一起办报，他们关系很深。

"闽变"时十九路军要抓钱永键，圣才先生找人救了他。后来的钱永键却也未落井下石，极力盘亘，救出性命危在旦夕的张圣才。但圣才先生也就因此卷入中统与军统的政治漩涡。

* * *

我被捕的消息传到双十中学，校长黄其华为之奔走活动。那时他去找厦门基督教青年会董事会，因为我是其中董事之一。青年会董事立刻开会报告这个事儿，总干事沈志忠与我私交极好，他很着急，开董事会时，他建议这事儿要发动上海（基督教）青年会总会来支援。

他们对我很好，也确定我不是共产党，决定派沈志忠去上海。他坐的是飞机，很快到上海青年会协会报告，这个会里有中国人，也有外国人，董事会就立刻开会报告讨论我的情况，研究要如何援救的问题。他们召开一个会，决定派两个外国人，去南京找孔祥熙，他是青年会名誉会长也是董事长。这是一路。

其二是刘启光去拜托当时中统（福建）省委调查室的主任钱永健。

刘启光与我也还是亲密的朋友，他是台湾共产党党员，负责蔗农组合，当时很出名。因为这样，后来让日本人抓了，而当时他们的组织归日本共产党管。刘启光被捕后，日本共产党派律师到台湾来替他辩护，胜了，所以只坐了十个月监狱，但在台湾他始终被日本警察监视跟踪，没有自由，没有安全。

刘启光就坐帆船偷渡到厦门，经朋友介绍与我认识，改名叫刘景仁。他并不想待在厦门，本来是要到闽西参加红军的，但是经过漳州

三老友雨后登日光岩，右起：张圣才、黄其华、刘浑生（张圣才家人提供）

时被国民党49师张贞的部下逮捕，将他当作共产党了。

刘启光在厦门的朋友台湾人林志宣，就赶快来找我，林志宣原来也参加厦门抗日救国会活动，他叫我帮忙营救刘启光。

我与49师实际上是敌对的，我与张贞早就认识，但实在没话讲，我与他们并不好，但我的朋友周骏烈与张贞是好朋友，都是同盟会老同志，也有经济关系，漳嵩汽车公司是他与张贞合办的，周骏烈是经理。他和张贞相当有话说。

我叫周骏烈对张贞说："刘启光是台湾人，固然是共产党，但在台湾不见容于日本人，人家是要去闽西，又不是要在你的地盘上捣乱，台湾人让日本人压迫，跑到大陆来，到了大陆你还抓他是没道理的，你难道叫他跳海吗？实在是不应该抓他啊。"

周骏烈对张贞没说刘启光是共产党，他只是说："刘启光在台湾是反日的，投入祖国的环抱，祖国不要他，你让他去哪里呢?"张贞听了有道理，就释放了刘启光。刘启光知道这时再到闽西是得不到红军信任的，怕共产党怀疑他是叛徒，就由林志宣介绍到厦门来找我，我和他的

刘启光

关系渐渐密切。他当时无生计,没有工作,我帮他维持生活。

刘启光 1933 年在我创办的《厦门日报》工作,做市版编辑,恰好那时钱永健也来《厦门日报》做(国际版)编辑。

钱永键到《厦门日报》的经过是这样的:

他是江苏镇江人,是国民党的报纸《国民日报》编辑,因为十九路军来了,国民党一些机构撤销,《国民日报》的报馆就提前关了门,钱永键失业,没头路(出路)。其实他那时已经是中统特务,做秘密工作,但我们不知道,他见我办《厦门日报》,知道我与十九路军有关系,就想钻进来做特务工作,我并不知道他的意图。

钱永健叫青年会总干事沈志忠来找我,说他很同情我抗日,他过去的历史也是抗日的历史,他拿了许多剪报给我看。其实那些文章未必都是他写的,但他说是自己写的,主要是要证明他要抗战反蒋的政治立场。我看他政治认识与我一样,就很欢迎他。

我就接收他来《厦门日报》,做国际版的编辑。

钱永健工作轻松，晚上来办公，八点来，十二点就可以回去。此时他是中统潜伏在厦门的领导人，做情报的，这是我不知道的。刘启光是台湾人，他和钱永健两个人同桌，对面办公，每一个晚上都一起编报，友谊颇好。钱永健是中统，他们有什么更深的关系我不知道，但我知道刘启光抗日立场坚定，不至于当特务。刘启光与我很好，钱永健也跟他不错。

钱永健在我这里的时候，有一次十九路军政治部来了一个电报，给黄强，叫黄强通知我，钱永健是国民党特务，他们准备逮捕。

那时黄强在做厦门市长。我收到电报就去找黄强。我说钱永健来《厦门日报》工作的经过还算健康，我看了他的文章，而且他是通过沈志忠来的，他写的文章篇篇是反对蒋介石不抗日的，这个人想必不会做国民党特务，沈志忠也是靠得住的朋友，应该是总政治部弄错了。我说这个人不能逮捕，我正在与十九路军合作，你们若在我报馆里抓编辑，我的社会关系就会变坏，失去信用，就不能帮助你们起义了。

我告诉黄强，让他先替我打个电报给十九路军政治部，说我不主张抓这个人，但既有嫌疑如果他们同意我就暗中通知他离开，省得犯许多错误。黄强也同意让钱永健秘密离开，不要公开逮捕，政治部同意了我的意见，同意我让刘启光通知钱永健尽快走，我说已经替他交涉了，十九路军说他是特务，赶快离开，钱永健就跑了，是我让他躲过一劫。

果然“闽变”之后（笑），钱永健就当了国民党（福建）省党部调查室主任。

我一被抓，刘启光就到福州找他，将我被捕的情况告诉他，钱永键之前算是我救的了，刘启光请他帮忙。说当时张圣才救你一命，你如今也应该救张圣才，否则你就是无情无义的人。钱永键就非常认真地想办法营救我脱险，他是中统，抓我的是军统，“两统”有敌对情绪……

附录一

黄猷口述：关于张贞

这个张贞啊，后来想回来投共产党，张贞早年是救过陈伯达的，陈伯达早年工作时就认识了张贞。陈伯达被抓，张贞拿两千块白银，叫王唯真的父亲王雨亭救他。王雨亭就拿这钱去北京将陈伯达保了出来，张贞后来跟陈伯达是有联系的，所以解放后会想回来嘛。他那时就在香港，通过蔡大燮与陈伯达联系，后来不了了之，陈伯达是个怕死的人。

张贞这个人，我是认识的，说到张贞真是好笑，他是云霄人，说军阀也真是个军阀，也实在是无用之人。有一次和他的女儿们一起玩，大家唱歌，叫他唱，他一下子就站起来就唱国民党歌，大家立正，哈哈。

三、曲线救命，无罪释放

相关链接

当年上海中华国民拒毒会总干事黄嘉惠是圣才先生的老同学，之前就支持过许春草、张圣才婢女救拔团的工作，听到好朋友被捕，赶快到镇江去求助于丁超五先生。

丁超五先生(1884—1967)，民国元老级人物。福建省邵武县人，1910年毕业于福州教会学校格致书院，回原籍邵武县任中学教员。民国成立之后，丁超五先生加入同盟会并当选为国会众议院议员。他跟随孙中山，参加历次护法斗争。1928年任福建省政府委员，建设厅厅长。

用他儿子丁日初的话说，丁超五非常重视高级知识分子的作用，非常爱惜人才。但在丁超五漫长的政治生涯中，位置被搬来搬去，大半的时间被搁浅。他与第三党的邓演达等关系相当密切，政治观点大概介于国共之间。当时，有如此政治倾向的人相当多，他甚至不愿意参加国民党右派的“西山会议”，因此与好朋友林森分道扬镳。后来，丁超五与圣才先生一样，是“民联”的主要成员。民联，即陈铭枢等倡立的“三民主义同志联合会”。丁超五解放后担任全国政协委员和福建省人民政府副主席，后又担任过福建省副省长等职。

圣才先生被军统逮捕入狱的时候，正值丁超五在江苏，任监察院江苏区监察使。他与陈立夫、陈果夫很好，结果，营救圣才先生的三条线，有两条是“中统”，在省党部调查室主任钱永健的斡旋中，圣才先生被无罪释放。

钱永健请圣才先生和他发生工作关系，并说这是陈立夫交给他一个抗日的任务。对从来不愿意当特务的圣才先生而言，这可真是一只烫手山芋。

* * *

此外还有一条路，丁超五先生。

嘉惠当时是上海中华国民拒毒会总干事，听说我被抓，他赶快来帮忙。他请一位陈先生去镇江找丁超五先生。丁超五先生那时是国民党监察院驻江苏的监察使，住在镇江，离南京不远。

丁超五是福建人，也是老国民党人，他和嘉惠很好。

丁超五是陈立夫、陈果夫的人，中统的关系。他就去找陈立夫，说张圣才不是共产党，叫陈想办法帮忙。但抓我的是军统不是中统，陈立夫也只能旁敲侧击地帮助，没办法直接要求释放。但这些都是有效果的。

丁超五

营救我的这三路，青年会、丁超五、钱永健，他们三方都起了一定作用，所以营救是相当有功效的。抓我的是军统，要救我的是中统，怎样做呢？

钱永键当时是中统省党部调查室主任（钱永健当时是否为调查室主任，史学界有争议——泓莹注），向南京中统陈立夫报告，说我与十九路军有关系，但并不是共产党员，这个人要争取不能消灭，他取得许可来营救我。同时中统建议，组织一个福建省反动分子审查委员会。名堂我记不清了，也可能是自新委员会，自新就是投降的意思喽。用这个会，来联系军统、中统、法院、宪统、省政府、省党部等六七个单位，一起来决定，谁可以自新，谁可以枪毙，他们居然能活动到用钱永健做召集人，也就是说，钱永健是福建省反动分子自新委员会的召集人。

那时国民党比较有权，党要管军，中统高于军统，军统没法与中统争地位，他们得到陈立夫的支持，让钱永健来做召集人。这个会成立后，就以这个名义从保安处的监狱，将我取过来省党部审查，关押了两个月，然后办理出狱。

钱永键在这事情上的确是出了大力的。他们做的事都是有效的，钱永健的努力是起了大作用的。

我被提过来省党部之前，还有个险局。

大概是各方面都有电报来给陈仪，陈仪对我的问题肯定特别重视，自己不愿意解决，叫他的秘书出面，准备写个电报给蒋介石，请蒋介石决定。这个秘书肯定会将我的案子上报给蒋介石做决定了。

按钱永健的说法，以往要有这样的事，我肯定被枪毙了。因为蒋介石知道这个人是有影响的人，陈仪没法做决定，一般都会批"就地枪决"，那就没有救了。钱永健很聪明，很快就以那个审查会的名义将我取到省党部来，这样，与省政府就没关系，他们就没法提交蒋介石了。这是关键，若让他们上报蒋介石，蒋介石肯定回电报就地枪决，结果就很坏了。

到省党部之后，钱永健说："你这个问题，有很多方面在插手，有军统，也有宪统，尤其有一个宪兵团副团长，姓吴的，不知何时与你结仇，坚持要严办。所以他说到省党部没法让我自由活动，还是得关，这是其一。其二，根据了解，你的确反蒋介石，反蒋即反革命，这个情况，要想办法来解释。你自己要考虑一些材料和证据来证明你并不反蒋，否则要自新，要表示悔改。"

我告诉他："我反对蒋介石是因为他不抗日，基本上我就是要求抗日。蒋介石如果有抗日的决心，我决不反蒋，这是其一，关键是抗不抗日；其二，我不是共产党，与共产党毫无关系，只是要抗日要求与共产党有些相似而已，既不是共产党员，也谈不上自新或悔改的问题，你若要帮我，应该让我无罪释放，如果需要自新，我就没必要让你帮忙。"

钱永健接受了我的意见，就用这个观点来处理案子。到我快释放的时候，他叫我写一个坦白书，怎么写他教我："一、否定是共产党员，坚决不能承认你是共产党。二、按你所说，你是要抗日，只要不抗日，就是你反对的，蒋委员长抗日你就拥护，蒋委员长不抗日你才反对，蒋介石抗日与否我不知道，所以现在反对他。”

坦白书这样写是走过场，写过之后，我就被释放了。

这是我第一次被国民党从逮捕到释放的过程。释放后，钱永健就对我说：“你的政治身份还是照样处于可疑的地步，军统陈式锐这次没有达到他的目的，还是会想办法对付你的，他不想放过你，想害你。你最好和我发生工作关系，有中统关系，我好保护你。”

我说：“我不能与你发生工作关系，我很厌恶特务活动，尤其厌恶国民党的特务活动，我对这些没信心，因此我的确不能参加你的组织。我要避免陈式锐的迫害，准备在恢复自由之后去日本，不想待在国内。”

钱永健就说：“这也是办法，要去日本就趁早。”但有一事，他说要与我商量。我问他什么事儿，他说：“此时日本又挑起一个事端，要占领北平，要求蒋介石将北平的部队撤退，由日本人掌控。原因是蒋介石的一个宪兵团团长，姓蒋，是蒋介石的亲信，此人在北平对付日本人的举动不客气，原因报纸有登，我不必细讲，日本人借口要撤了宪兵团，还要求了许多条件，等于日本人要接管北平吧。”

钱永健说国民党中央对“河北事件”很紧张，不知日本人意图如何，我们要多方了解日本人的意思。“你过去与日本特务蔡诚仁很好，此人现在台湾，他肯定知道这事儿。你到台湾找蔡诚仁，帮我们打听一下，了解一下日本人对河北的意图。”他说：“我不是叫你当特务，这是一次的帮忙，也是抗日的，任务是陈立夫叫我做的，陈立夫现在知道你和蔡诚仁的关系，所以派你去台湾了解情况也是陈立夫的意思。这次你能得到释放，也是陈立夫方面的努力，你多少做一次事儿来感谢陈立夫吧。”

钱永健是这样要求的。

我说这事儿我不能做。我与蔡诚仁的确是朋友，但蔡诚仁未见得知道这样深的事儿，假如空手回来，我没法汇报，不是空走一趟么？我没有把握，蔡诚仁只是一个台湾军部特务，低级人员而已，我想他不至于会知道日本国家内部的大事儿吧。

我以此为借口拒绝不去。

第七章

/ 援助高诚学 /

一、双面人蔡诚仁

相关链接

英勇抗日的十九路军，1932年"一·二八"淞沪抗战后，一举成名，却被蒋介石调到福建剿共，本应对外的枪口不情愿调转方向，省主席蒋光鼐迟迟不愿到任。此时，陈铭枢、李济深、蔡廷锴尽管个人信仰、身份地位不同，却因为"拥有一颗博大又真诚的爱国爱民之心"（吴明刚：《1993：福建事变始末》），经过一段酝酿与磨合，在1933年11月，在福建打出反蒋抗日旗号，建立"中华共和国"。这就是著名的"闽变"。

"闽变"之后，日本人的态度颇为暧昧，当时到福州活动的日本人很多，什么来头都有。据臧运祜《20世纪30年代前半期日本的华南政策》一文，11月20日"福建事变"爆发后，当时日本驻广东使馆陆军武官和知鹰二（林知渊的《政坛浮生录》写作"和知英二"——泓莹注）21日从香港出发到福州，同福州总领事守屋及台湾军部参谋土桥一起，与李济深、陈铭枢等人秘密会晤。但当时在福州的圣才先生看到的是"老友"蔡诚仁带着土桥要见陈铭枢，陈铭枢却不见土桥，只派陈公培见他们。日本人希望十九路军只反蒋不抗日，只要不抗日，他们可以支持这个新生政权，这当然是一厢情愿。

土桥即土桥一次（1886—1954），鹿儿岛县土桥次郎助次子，读过熊本陆军地方幼年学校、中央幼年学校，1905年11月毕业于日本陆军士官学校高期，1906年任炮兵少尉，近卫炮兵队副。1910年11月毕业于陆军炮工学校高等科。1917年11月毕业于陆军大学第29期。其后担任炮工学校教官，兵器局课员。

从这一长串不间断的教育履历看，土桥的确是职业军人，还可能是中国通，因为1922年—1928年，他接受北京政府聘任，在北京陆大当教官。到台湾当军部参谋之前，他还担任过长崎要塞司令官。

至于“双面间谍”蔡诚仁，也算是职业军人，他主要是长期吃日本人的“头路”，碍于民族利益和朋友的面子，后来也替军统做情报。想必是常处于矛盾之中的多面人。

对高诚学、陈常琳、林荫、张逸舟等人抢劫“鹭江轮”二十多万两银子，圣才先生矛盾极了，他对抢劫和暗杀，哪怕是是以“革命”名义的抢劫，向来都深恶而痛绝之，但又想到高诚学等人下海打游击，是大家商量过又征求过陈铭枢意见、取得陈铭枢的支持之后才做的，用陈常琳侄儿、现居加拿大的陈茂邦先生的话说：“……‘鹭江轮’事件，实际上都是为了扩大革命武装力量。没有钱，队伍怎能壮大？士兵需要生活，枪支弹药需要购买，一切一切需要钱才能使革命队伍发展下去。他们个个是有识之士，家里并不贫穷，走上所谓‘海盗’之路，纯粹为了革命理想，并非为了自己……”按陈茂邦先生的叙述和报纸记载，在抢劫“鹭江轮”之前，高诚学等还抢劫了“公平轮”等船只，当然也是为了“革命”的缘故。关于“公平轮”可参见《台湾日日新报》简讯。

无论如何，圣才先生觉得自己得收拾这个残局，于是答应钱永健，到台湾去。

* * *

钱永健当然是很不满意，但我坚持不去，他也不敢勉强我。这是当时放出来发生的事儿，但我回到厦门之后，不到一周吧，发生了一个

日治时代台湾淡水一景

意外的事，因为这个意外我还是决定要去台湾了。所以后来我对钱永健说："我考虑了，为了答谢陈立夫的恩情，我还是照你们的意思去台湾走一趟吧，让你好做人一点。"他很高兴，说要向陈立夫汇报，要拿钱送我去台湾。

我为什么突然决定要去台湾了呢？

我要去台湾的原因是高诚学从平潭派人找我。那个人说，高诚学去劫持了"鹭江号"轮船，这是七八百吨的内河航运船。船从涵江载银子到厦门，高诚学那时为了筹措游击队的经费，知道有银子，就想办法抢了船上二三十万两的银子。案子发生后，省政府的陈仪非常着急，调了两个保安团去围剿高诚学，高诚学被困在平潭与福清的海上，叫我想办法挽救这个局面。

高诚学下海去打游击，是"闽变"之后我们几个同志一起决定的，得到陈铭枢的同意，拨了枪支让他们下去的。下海去组织武装是正当的，目的是要反蒋抗日，继续“闽变”的工作，事儿是革命的，但怎么能劫持“鹭江轮”，抢钱来做革命的事儿呢？

我相当不赞成，这样的事儿，我是不同意的。

我说怎么能劫持呢？但那个人解释了，说这银子不是老百姓的钱，是奸商和台湾人的钱。那时日本派许多汉奸和特务到福建内地收买白银铸成银块，然后运到厦门转口去台湾，这是汉奸行为，这是我们中国人的钱，不能做汉奸的经费！他说高诚学是出于这个观点才抢劫这些钱的，不是抢老百姓的钱。

我回想起来，高诚学是革命同志，下海是我和一些同志的意见。他今天碰到困难，我无论如何都得营救，我就想办法要让他脱离危险，本来想让他们去香港，又想到香港对海盗的处理相当严厉，而且“鹭江轮”被劫，香港的报纸即时发表了这个消息，高诚学跑到香港，万一被港英政府知道就麻烦了，这样做是不安全的。

要如何将高诚学和这些钱安全转移是重要问题。上海也去不了了，我就想到台湾，这些重要的人输送到台湾会比较安全。要以什么名义送台湾呢？那时我还无十分把握，我就打电报给蔡诚仁，叫他来。

他是台湾军部特务，做特务的时间很长，老特务了。

我这里得介绍他一下，蔡诚仁是台湾嘉义县人，日本士官学校的学生，毕业后在东北张作霖部下做骑兵连连长，后来被台湾军部吸收去做特务，就脱离了张作霖，到广东投入孙中山的革命队伍。因有士官资历，还有工兵知识，因此那时在孙中山的主力部队做事，在陈炯明部担任营长，工兵营。

他很会下围棋，陈炯明也很喜欢，所以因为围棋，他们成了好朋友，

有一次陈炯明要进入福建，要军事地图，蔡诚仁回台湾与他们的军部联系，从军部买了福建地图给陈炯明，陈炯明很高兴。这时陈炯

明很重视蔡诚仁，粤军入漳，蔡诚仁仍做工兵营长，平时两人常在一起下围棋。蔡诚仁也认识蒋介石，因为蒋介石当年做陈炯明的参谋长，常常由蔡诚仁保护他来厦门鼓浪屿玩。所以蔡诚仁在粤军中是有地位的。

后来陈炯明失败了，蔡诚仁就由台湾军部派到华北活动了，他以什么关系进来，我不知道，但他活动能力很强，结交了段祺瑞。段祺瑞也爱围棋，蔡诚仁以围棋和他交朋友，了解了段祺瑞的许多秘密，想策动段祺瑞去做汉奸。

这是他的目的，但并没有成功。

蔡诚仁跟随陈炯明在漳州的时候，常来厦门，我哥哥虽然是生意人，也爱围棋，所以他与我哥张学习是好朋友。那时我才十七八岁，不过是认识他而已，谈不上朋友关系，但他常到我们家下棋，我都在傍边看。

蔡诚仁与我哥仅仅是友谊关系，与我，当时仅仅是相识而已吧。

“九一八”后，我在厦门做“抗日救国会”的事儿，蔡诚仁就利用这个旧关系来找我，他说他也是反对日本的，我的工作是正确的，他很欣赏，所以他与我做朋友。因为我很想知道日本人的动向，那时蔡诚仁常找些情报给我，所以我与他情感颇好，关系也比较深。

“闽变”时蔡诚仁和台湾军部的参谋土桥来过福州。

他们是以观察员的名义来福州看“闽变”形势的。据我所知，日本人生怕“闽变”威胁到他们在台湾的统治，所以让蔡诚仁带土桥到福州想见陈铭枢。陈铭枢不见，派陈公培接见他们，土桥提出来，如果“闽变”单单反蒋不抗日，他们台湾愿意帮助，他们说带了一些大米，“如果你们同意不反日，我们就支持，把大米送给人民政府”。

陈公培当然不可能接受他们这个意思，不赞成。陈铭枢也不可能，就一口回绝，不再联络。土桥与蔡诚仁在福州扑了个空（碰了一鼻子灰),被拒绝,一无所获。他们正准备回去的时候,我接到陈铭枢的通知到福州。

我住在法大旅社,那时,许多次要的革命同志都安排在这里。我到旅社就接到蔡诚仁的电话,说他来福州,与土桥去见陈铭枢,要送礼,陈铭枢不见,只有陈公培与他们见面,这事就拉倒了,本来要回去了,听到我来福州,就想来找我。

奇怪,为何我到福州他就知道,大概日本人情报和特务相当灵敏的吧。

蔡诚仁打电话来,说:“你别出去了,我要来看你!”他说土桥的任务是失败了,但土桥想与我见面,看行不行?蔡诚仁曾经将我介绍给土桥,是说我是抗日很坚决的分子,对中日关系有很明确的看法,明白他们所不知道的方方面面。所以土桥很想见我一面。想知道中国方面对日本的态度。

我当然对他说可以,任何时候都可以见面的。

他说那就晚上去吧。那时与我在一起的有江公怀、陈碧笙、高诚学、林荫等,连我总共五人在法大旅社闲坐,他们说我们也去吧,我说好,我把他们要去的意思告诉蔡诚仁,蔡诚仁说欢迎欢迎。

那天,土桥在上坂的一间日本料理店上坂旅社,他就在这里请我们五人吃饭。我们按时去上坂旅社,与土桥谈话。好几个人都发言了,说话最多的是江公怀,他说:“你们日本发动‘九一八’事变,激怒了全中国人民,这种行为是不可能让中国人民原谅的,所以在中国争取好感是很难的!”江公怀了解日本,指出日本的许多弱点;其二是陈碧笙,他是日本留学生,可以说日语,他用日语直接与土桥对话,我听得懂,他是坚决的反日分子,直接提出了许多警告。

我也说了话,我比较温和,采取友谊的态度。

我说朋友是可以做,国家大事是绝对不能混淆的。土桥对我有了

航海中海賊蜂起

劫中國輪船公平號

妙齡女賊扮作學生乘船

厦門近訊。最近福建沿岸有海賊盛行出沒。而著名之海賊頭高誠學。陳常琳等。經開始刼奪。去一日出港臺江之汽船公平號。乘客七十餘名中。有海賊男子四、五名。女子三、四名。皆假作商人。及女學生。一般均不疑。而女海賊。稱係福清縣人。現學于厦門烏古山師範學校。及吉祥路文山女學校者。諸船員。且爲特別照料。至三日正午。舟行至白犬洋海上。船客中一人。吹鳴警笛。海賊等蜂起亂射短銃示威。幽禁船員。及乘客等于一室。然後將船駛向平潭之船下。（地名）合在船下海賊船五、六隻。由領袖高誠學指揮。刼奪船客。船員竝船中所有金品後。集船員于一室。由高頭目演說如下。吾輩爲救民衆。欲起義兵。因乏軍資金。故出此舉。今拜借諸君金品。俟後日事成時必加倍奉還。然爲便于奉還。希留住所氏名。後有一人。錄記各人住所氏名後。船客中有財產者被拘去數名。皆被要求身代金各三百元。顧今回海賊事件。有帶冒險小說之色彩。其扮作女學生之海賊。亦皆匿短銃于兩股邊。又當海賊頭演說之際。一般中國人。皆引爲笑話云。

《台湾日日新报》报道高诚学、陈常琳等抢劫公平号简讯

一些认识，他就说了一些他的看法，我们也与他对话，虽然没有翻脸，但彼此坚持自己的观点，总算和平地散场。

附录一

《台湾日日新报》(1934 年 6 月 15 日)报道高诚学、陈常琳等抢劫公平号简讯

厦门近讯：最近，福建沿岸有海贼盛行出没，而著名之海贼头高诚学、陈常琳等，经开始劫夺。去一日出港台江之汽船公平号，乘客七十余名中，有海贼男子四五名，女子三四名。皆假作商人，及女学生，一般均不疑。而女海贼，称系福清县人，现学于厦门（应该是福州——泓莹注）乌石山师范学校，及吉祥路文山女学校者。诸船员且为特别照料。

至三日正午，船行至白犬洋海上，船客中一人吹响警笛，海贼等蜂起乱射短铳示威，幽禁船员及乘客等于一室。然后将船驶向平潭之船下（地名），合在船下海贼船五六只，由领袖高诚学指挥，劫夺船客。船员并船中所有金品后，集船员于一室。由高头目演说如下："吾辈为救民众，欲起义兵，因乏军资金，故出此举。今拜借诸君金品，俟后日事成时必加倍奉还，然为便于奉还，希留住所氏名。"后有一人，录记各人住所氏名后，船客中有财产者被拘去数名，皆被要求身代金各三百元。

顾今闽海贼事件，有带冒险小说色彩。其扮作女学生之海贼，皆匿短铳于两股边，又当海贼头演讲之际。一般中国人，皆引为笑话云。

附录二

陈常琳侄儿陈茂邦笔述

1929 年，陈常琳利用自己在新加坡所赚来的积蓄购买枪支弹药，组织了民团，并担任团长，民团总部设在平潭东庠岛澳底村。民团在当地破除封建社会的陋习——女人不准缠脚、男人不准留长辫子，除苛捐杂税。民团大张旗鼓发动群众，宣传爱国思想，抵制日货，清查商店，凡查获日货，一律予以没收烧毁。民团禁止在本地开烟馆和抽鸦片，查封鸦片馆十多家，抓捕烟犯几十人，先后缴获烟枪几十支，烟土数十斤，以及其他各种烟具，当众烧毁，劝告烟民悔过戒烟，鼓励当地青年参加民团习武和读书，倡导均富主义思想，大力护持穷苦百姓。

一时间民团深受群众拥护和爱戴，许多人慕名而来，这个时候也就认识了燕京大学毕业生高诚学（平潭苏澳土库人）。经过一番相处，十个要好的民团骨干就结义兄弟，老大高诚学、老二陈常琳、老三宋曦、老四庄森，紧接的是陈杨英、李超、郑叔平、林荫等。这十个人大都是平潭的知识分子，有的还是富家子弟。

陈常琳和高诚学队伍的一系列活动侵犯了许多包税头的切身利益，尤其是以平潭兴文小学校长陈学梅为首的包税头十人团。十人团动用一切手段陷高诚学和陈常琳众兄弟于死地。为了保护自己，陈常琳和高诚学组织人马暗杀陈学梅。陈学梅被高诚学、陈常琳、宋晞、庄森等人暗杀后，极大地打击了十人团的嚣张气焰，然而十人团与县长狼狈为奸，林鹏南县长动用保安团围剿陈常琳和高诚学。民团巧妙利用计谋，反戈一击，于 1933 年 11 月 16 日下午反而把平潭县长林鹏南从平潭苏澳抓过来，并把林鹏南转移到福清江阴。四天后，陈常琳和高诚学武装队伍晓之以理，动之以情，约法三章，直到林鹏南同意才释放他，于是陈常琳就派弟弟陈常琦护送林鹏南回县城（见 1933 年 11 月 17 日《世界日报》第五版）。

1933 年 11 月 20 日十九路军在福州成立中华共和国人民革命政府，陈常琳、高诚学、陈常琦和陈常瑜积极参加十九路军反蒋抗日。陈常琳被十九路军主席李济深、蔡廷锴任命为长乐县民众运动特派员，高诚学为平潭县民众运动特派员。

不久“闽变”失败，经原厦门双十学校长张圣才向十九路军领导人陈铭枢申请了二百支枪、二十箱子弹和其他军用物资后，陈常琳和高

貿易船鷺江號で
海賊廿名が蜂起
貴重品現金廿萬圓掠奪
中には女四名も交る

台湾报纸关于“鹭江轮”被劫简讯剪影 1(陈茂邦提供)

诚学就回平潭组织“福、平民众武装自救锄奸团”下海搞游击斗争。负责锄奸团给养补给是张圣才、张廷标、张强和翁佛涵等人。张廷标、张强、翁佛涵三个人在陈常琳的兄弟们惨遭国民党迫害后，参加共产党，最终光荣牺牲，三个人被追认为革命烈士。(此有误，张廷标并非烈士，实属忧郁而死——泓莹注)

随着革命武装力量的扩大，庞大的军事开支致使锄奸团经济逐渐困窘。陈常琳和高诚学不得不采取劫富济贫的行动。1934 年 6 月某一天，陈常琳、陈常琦、高诚学、庄森四人打扮成商人，中村末子和另外两位女生(一位来自福州乌石山师范学校，另一位来自福州市吉祥路文山女子学校)伪装成学生智取了“公平号”轮(见 1934 年 6 月 16 日《台湾日日新报》)。

1935 年 4 月 30 日中午，陈常琳和高诚学周密组织二十位人员骑劫载有二十万两银元的“鹭江轮”。此次事件震惊全国上下，当初的各大报纸均有刊登，如《申报》《世界日报》《台湾日日新报》《中央日报》等。当时锄奸团探听到厦门“鹭江轮”匿藏巨额银元，部分银元为日本奸细在福建各地收购而来，准备偷运到日本国，另一部分银元为中国不法商人收购而来，贩运到境外牟取暴利。基于这些情况，再加上武装部队没有经费，部属无法生存下去，锄奸团就准备劫持“鹭江轮”，以解燃眉之急。正因为这些海上活动，陈常琳、高诚学所领导的这支游击队伍还背上“海盗”“海匪”的罪名。

历史也许是公正的，当初活跃在东南沿海这支游击队伍是在“闽变”失败后，在十九路军有关领导命令下继续在东南沿海反蒋抗日，绝非所谓的“海盗”“海匪”，而是真正的革命者！1934 年 6 月 22 日出版的《台湾日日新报》第六页上有文“高诚学、陈常琳拥有部下五六百人以平潭东庠和福清小麦屿为基地勾结共军”，这共军联系人指的是福清革命老妈妈夏淑琼女士和她的丈夫陈衡云。据《福清文史资料》中的俞奋初先生文章提及，国民党警察局缉捕夏淑琼的罪名是勾结高诚学小麦屿海匪；另外，陈常琳祖籍福清海口城头，一家兄弟时常以城头为故里，城头和斗垣头相距不远也堪称邻里乡亲，联系夏淑琼和她的丈夫陈衡云也很必然；况且在 1934 至 1935 年期间，中共福清地下党组织在高山镇葫芦庙发动赤色武装暴动，陈常琳夫妇和三兄弟挺身参加，不幸的是 1935 年 7 月之后，陈作雄、陈常琦、陈常瑜、陈常琳四兄弟一一被国民党抓捕，关在福州道山路军人监狱。1935 年 10 月 6 日陈作雄烈士的大哥陈常琳、二哥陈常琦同时被国民政府枪决在福州西门鸡角弄，三哥陈常琦被判十二年有期徒刑，一个月后被折磨死在狱中，陈作雄本人也被判七年有期徒刑。兄弟四人战死他乡、葬身异域，何处是他们的孤坟野冢呢？

（文字来源：2014 年 9 月邮自加拿大 ）

二、土桥、“鹭江轮”和银子

相关链接

贿赂土桥，将高诚学、陈常琳、林荫、张逸舟等及劫持“鹭江轮”的银子转移到台湾，实际上是已经残缺不全的“中国生产革命党”的活动。此时，这个活动又直接听命于发动“闽变”的陈铭枢，很显然有了新的意思。自十九路军“闽变”，圣才先生长期与李济深、陈铭枢等人保持联系。国民党“左”派与蒋介石矛盾越演越烈，正如邓演达的“第三党”，他们对国民党幻灭，对共产党则不信任，希望能走出一条自己的路。

圣才先生等创立的“中国生产革命党”，何尝不是如此。

高诚学、林荫、陈常琳、张逸舟等劫持“鹭江轮”这一事件，至今笼罩着许多谜团，也衍生出许多传奇故事，比如陈常琳的日本籍妻子中村末子，她能举双枪、神出鬼没，事发后被送回国；闽海枭雄张逸舟早期“革命”，后投敌伪横行闽海，又被军统收编……这些思想激进青年，有的在1935年就被国民政府处死，比如中共党员陈常琳和他的兄弟；有的被“招安”，比如高诚学、林荫，及后来被军统闽北站张弛“策反”的、已经是伪军头目的张逸舟。

圣才先生耗心费力转到台湾的银子，究竟是被台湾军部当局扣留，还是被蔡诚仁、高诚学等人挥霍殆尽，或者是缪品枚先生说的因为与高诚学等谈判不成而“被冻结”，说不清楚。打算用来买军火发展武装的银子最终下落不明，估计此事于圣才先生是一大刺激，当促使他思考了许多问题。

圣才先生与日本人土桥等的斡旋，充分展示了一个幽默冷静、智商及情商奇高、灵魂却仍然十分清澈的智者形象。最有趣

涵江海盜騎刼鷺江輪

損失達二十萬元

三女盜皆着學生裝

搭客共計傷亡四人

聯銀行

台湾报纸关于“鹭江轮”被劫简讯剪影 2(陈茂邦提供)

是江公怀,他认为打家劫舍为革命情有可原,打家劫舍拿钱去花销就不合理了。

笔者以为圣才先生是对的,打家劫舍,任何时候、用任何口号都是不合理的。

另据《厦门大事记》,1935 年 12 月 31 日,日本密派特务岗本、土桥到厦门,组织“自治运动”,以林振成、黄南鹏为委员,这就是圣才先生所说,土桥“还在厦门”的缘故。

* * *

从那次起,土桥就认识我了,也算有些友谊关系吧。

土桥在福州任务失败了,就到了厦门,直至“闽变”失败,他还在厦门。有一次叫蔡诚仁带我去他的住处,私下可能是要争取我去拥护他们日本的“大东亚共荣圈”。他说:“你办这个《厦门日报》,本来是十九路军支持,现在他们失败了,你打算怎么办?”

我说:“十九路军失败,《厦门日报》只好关门。”

他说:“我可以支持你办《厦门日报》,我现在有五万元可以给你,本来要到福州用的，现在没用，支持你办报如何？”

我笑笑说：“你拿五万元支持我办《厦门日报》，有条件没有？”

他说：“不要条件，不过请你的《厦门日报》帮忙宣传一下‘大东亚共荣圈’，与日本友好就是了。”我笑笑：“你能不能出五十万嘛？”他说：“你在厦门办报哪里需要五十万嘛？”我说：“我用五万元办《厦门日报》，鼓吹大东亚共荣圈’；用四十五万搞九个报纸来反对，那我就可以做了嘛。（笑）只用五万办《厦门日报》，这是我做不到的。”

土桥知道我是开玩笑，当时也知道我不能与他妥协，但我也不会骗他的钱，所以他后来对蔡诚仁说，某人很诚实，很坦白，这个人是可以当朋友的。土桥对我印象不坏，所以蔡诚仁和土桥这条关系，当时还是比较深的。

我考虑到这个问题，叫蔡诚仁来厦门，将高诚学的情况告诉他，让他帮忙把高诚学和钱转移到台湾去。因为去香港是比较危险，去台湾就得请他帮忙了，没有土桥的支持，钱和人到台湾都不保险，总不能钱被吞了，人也被抓了。蔡诚仁说他已经向土桥汇报，说要我请他到厦门。

我当时是打了电报给他的，我说我坐监，已经被释放出来了，正在养病，想去台湾不知如何。蔡诚仁来厦门之前告诉了土桥，土桥写明信片让蔡诚仁带给我，表示慰问，并欢迎我去台湾。

蔡诚仁把土桥的信给我了。

所以我与蔡诚仁商量，我去台湾，将高诚学等人和钱也带去。蔡诚仁就从日本领事馆打电话给土桥，问可以不可以。土桥回电说可以，欢迎！因为这样，我就叫高诚学、林荫等这些头头到厦门，准备去台湾，去台湾之前，蔡诚仁说，友谊是友谊，但是利益也是重要的，我们得花点钱，巩固这个关系。

他叫高诚学拿出两万银子出来，买了一些东西，多半是次货古董，古董店卖的东西，花瓶铜佛之类的，买了两万多元，当作礼品送给土桥。我们到台湾的时候，土桥是很高兴的，他的副手也很欢迎，请我们吃饭。

还没去台湾以前，我们就做了一些准备。蔡诚仁和土桥的意思是去台湾用什么名义呢？台湾军部与总督府是有矛盾的，总督府管水上警察，而军部没有这个权。因此土桥说："你们来台湾，若碰上水上警察盘问，你们就说是台湾军部请我们来的。"军部怎么交账呢？他们就说这些人是"闽变"失败分子，在大陆站不住脚，是由陈铭枢介绍来的。

这个话果然有用，到台湾，水上警察没怎么干涉，我们安全住进了旅馆。在台湾我们准备走下一步，人来算是来了，算是安全，钱怎么办呢？我就打电报给厦门张廷标，通知他到平潭去，将白银运到台湾。

银子运到台湾时又出了个问题，银子让水警扣了，什么原因说不出。这时事态很严重，人要安全，钱也是要安全的。军部方面，土桥也觉得很严重，很难说话，高诚学就拿了三万元给蔡诚仁去送土桥，交涉放行。钱能使鬼推磨，土桥接到这三万银，就十分出力，果然后来水警将二十万两银子都还了。

这是到台湾的情况，名义上是以陈铭枢介绍"闽变"逃亡分子到台湾，事实上是花了钱贿赂土桥，这才有安全可言吧。我们到台湾后打电报，让张廷标到上海与江公怀联系，因为他是中国生产革命党的领导人。

我们叫江公怀到台湾来讨论这些问题。

江公怀很快就来台湾，我们经过讨论，最后他提出三点：第一，这些银子要换成外汇，将外汇存到香港，才不会受到日本人的威胁；第二，派人与陈铭枢联系，看他在福建还有什么遗留的军火，弄点枪支来加强我们的武装；第三，叫高诚学回平潭，将所有的枪支和武装部队调到永春德化大田等地方，在闽中继续发展游击区。

这样我们经过详细讨论，由江公怀拍板，由高诚学等人执行。

江公怀决定这样做后，就回上海，我也回厦门，高诚学等人就留在台湾等待钱的转移，等着与陈铭枢联系，然后再回来福建做事情。

但我们回来之后，很久未听到高诚学的消息，也没有蔡诚仁的消息。

探听之后，才知道高诚学等一群人，有四五个吧，由蔡诚仁带到日本玩，三四个月没有消息。1935 年 5 月我们去台湾，5 月底就回来。高诚学他们在台湾，直到 9 月，高诚学、林荫、张逸舟才从日本来上海找我们。

我那时为什么会在上海呢？我那时去台湾之后，决定不住在厦门，因为在厦门军统常常与我过不去，而钱永健的任务，我完成了。我告诉他一些日本人的事，确实是这样的，我从土桥那里得到了一些消息，从汉奸那里听到的，他们说日本在华北的问题，他们主张不是要大举进攻，只是蚕食，不是鲸吞。

我不想住厦门，要去住上海主要是为了避免与军统的矛盾。

9 月，高诚学等人从日本回来，向我们汇报他们的情况，江公怀很生气："为什么没回去福建组织武装？为什么钱没有汇去香港？为什么到日本玩了这么久也没有说明？这都是高诚学的责任！四五个月啊，现在钱在哪里？"

高诚学无言对答，他只是说那些钱让日本人收走了。是真是假也很难说，当初这些白银是可以汇去香港的，那时土桥是支持我们的，蔡诚仁也是不敢独吞的。居然现在说是被日本人没收了，这是不合理的。此外，到日本玩了三四个月，钱被没收，也没说起，这么长时间与国内一点都没联系。

江公怀越说越生气，说："打家劫舍做革命工作，情有可原，打家劫舍，拿钱去旅游去花销就不合理了！咱大家一起做革命工作，既然这样，朋友还算是朋友，政治上就免谈了……”吃饭的时候，说的话也不对胃口了，从此大家不欢而散，从那时起高诚学与我和江公怀就不再联系了。

这是我掩护高诚学去台湾的始末。

附录一

缪品枚《高诚学死因之谜》片断

“鹭江轮”是一艘专走厦门至涵江的内海小轮船，载重不过9吨，是厦门华商泰利船务行属下经营的船只。高诚学侦知这批白银将于4月底5月初在涵江装船的消息，就派人化装成水手先上船埋伏，届时派出多艘武装船只，里应外合，抢劫鹭江轮，夺走二十余万两银块。

消息见报后，举国震惊。福建省政府令水警总队长李国典率海鹰、海鹤、海凫、海鸥、海鹍5艘警艇和数百名水警围剿高诚学，均被高诚学所率武装击退，省政府又调集2个保安团和部分海军陆战队的兵力，联合进攻平潭。

高诚学见军警重兵压境，形势危急，即和林荫等人潜逃台湾，并通过贿赂在台湾的日本高级特务土桥，请求庇护，得以在台湾立足。随后将所劫得的20万两银块也运到台湾，并用康慕松的名义存入台湾银行，准备在台购买枪械，运回平潭使用。台湾当局以不准抗日为条件许以免费提供军火，遭到高的拒绝，谈判陷入僵局，台湾当局就把20万两银块的存款冻结。

1935年冬，高诚学等人从台湾辗转到了东京，并取道上海谒见张(笔误，张应为江——泓莹注)公怀和张圣才。张(江)公怀见高后大骂高诚学:"打家劫舍是犯罪行为,今后政治上我们再也没有共同关系了。"高诚学碰壁,次日便去了香港。后在李济深、蔡廷锴等人组织的"中华反帝民族解放大同盟"中,担任福建行动委员会委员,具体负责联络闽南、福清、平潭沿海地方武装。

(文字来源:福建省情资料库)

第八章

/ 三进军统之狱 /

一、张超和大福建主义

相关链接

经历复杂但个人品质相当不错的陈仪，在中国历史上当然是个悲剧人物。

作为辛亥革命元老，陈仪是老资格政学系成员，十九路军“闽变”之后入主福建。这位资深国民党员、老政治家，政治上军事上甚至人事管理上都有一套，有板有眼与刚愎自用杂糅，陈仪有他耿直的一面。他实际在福建做了不少事，比如办教育、整合民军、建立一套比较合理的官员考核及聘用制度。但他看不起闽人，大量起用江浙人和自认为是亲信的人，大搞特搞亲日外交，却也是确凿的事儿。

陈仪自视颇高，他甚至看不起张学良，不买戴笠的账。

据前辈回忆，陈仪与日本人套磁，其实是蒋介石的主意，蒋介石希望陈仪能在中日和谈时机成熟的时候充当重要角色。蒋介石选陈仪扮演这个不尴不尬的角色，与陈仪的妻子(一说是妾，原配沈氏)是日本人有关系，与福建与日治台湾一水之隔想必也有关系。

一九三七年，日本台湾总督写信诱降陈仪，打算在福建制造第二个汪精卫。陈仪将信翻译并请专人送给蒋介石看，蒋介石批“置之不理”，并嘉奖陈仪。上海“八一三”抗战后，陈仪认识到事态严重，方抓紧抗战措施，迁省会到永安。

台湾的“二二八”事件，起因复杂，对于惨无人道的大屠杀，陈仪当然要负主要责任。蒋介石让他到台湾去主政，原指望为官清廉的陈仪带出一个“模范省”。谁知最初到台湾接受日军投降而受到台湾人热烈欢迎的陈仪，后来根本控制不了手下的贪官污吏，对台湾的民情事态可能恶性发展亦估计不足。可能是吸取了在福建用人的教训，陈仪在台湾其实采取了相当“本土化”的政策，但大环境所致，最终还是被民情舆论置于刀口浪尖上。原本盼望和平解决事件的陈仪不得不下了大屠杀的命令：“凌晨四点开始行动，由我陈仪负全部责任。”

有关资料显示，陈仪是执行了蒋介石的命令。

有趣的是不久之后，陈仪劝蒋介石的爱将汤恩伯投奔共产党，被军统逮捕后，蒋介石很生气，问陈为何如此。陈仪口气和圣才先生晚年颇为相似：我们做不好，让别人试试吧。因此他被蒋介石枪毙，有他敦实的尸首为证。

张超，福建长乐殷实人家张琛小妾所生，早期军统特务。按余钟民先生回忆，张超是“闽变”时期被戴笠派回福建“潜伏”的，张超是军统闽北站站长，公开身份是省保安处谍报组组长。据说张超生就武高武大，是“心粗胆大，任性逞强”的人，有一定的能力，还蛮讲义气。1936年，张超设局诱捕了厦门著名的鸦片大王叶清和，移送南京法办，判刑5年，这就是相当重要的一件事。也有资料说张超志大才疏，成事不足败事有余，生活颇糜烂，性格上有严重缺陷。

无论如何，张超早年其实颇得陈仪重用，不少陈仪身边的人，包括后来当了福安县长的高诚学，正是张超通过圣才先生介绍给陈仪的。但张超仗着自己是戴笠和毛人凤的心腹，在福建为所欲为，有时滥杀无辜，再加上政见不和，终于与陈仪发展到水火不容的地步。

* * *

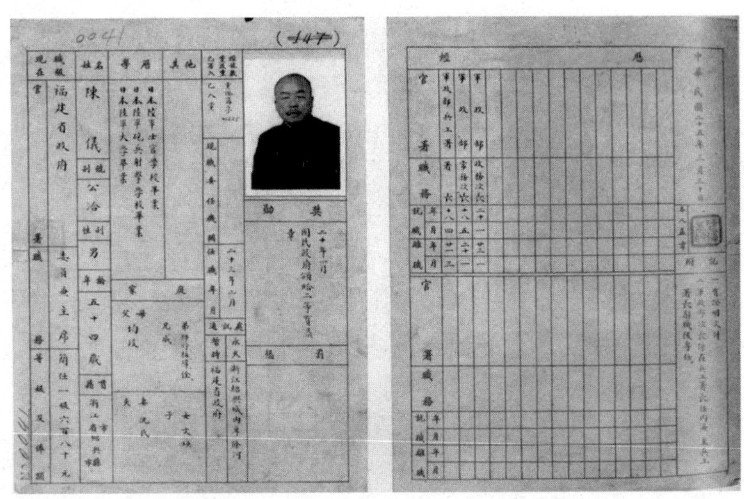

0041 (147)

現在職級 官：福建省政府

署職：委員兼主席

官等級及俸額：簡任一級六百八十元

姓名：陳儀

別號：公洽

性別：男

年齡：五十四歲

籍貫：浙江省紹興縣

學歷：日本陸軍士官學校畢業 日本陸軍砲兵射學學校畢業 日本陸軍大學畢業

家庭：父 母 均歿 妻 沈氏

通訊處 暫時：福建省政府

勳獎：二十年一月 國民政府頒給二等寶鼎章

陈仪任福建省主席时的档案复印件(福建省档案馆提供)

我从台湾回到厦门，还没去上海的时候，有一个过去帮助营救过我的人——丁超五先生，是江苏监察使，他来厦门。那时我刚从台湾回来，为感谢他的营救之情，我觉得应该请他吃一餐饭。

我说:“约个时间吧。”丁超五说:“我有一个朋友，同时请好不好?”我说:“好啊，既是您的朋友，十个我也可以同时请啊，更何况只有一个。”丁超五说这个朋友就是张超，军统的人，与军统作风却不一样，他是有理想的人。说请他不要紧，他说这是他的好朋友，让我放心交往。

我当然欢迎，就同时请他们来吃饭。

席间张超滔滔不绝地说“大福建主义”。他一开始就谴责陈仪，第一说陈仪是政学系，亲日派；第二是说陈仪到福建后，看不起福建人，对福建人不好，所有在省里占要害部门的福建人都被开除，他启用的是江浙人来做官；第三是常常公开侮辱福建人，说他来到福建，就没看到福建人有一个正派的。

陈仪的确是公开这样说的。

张超说，如果陈仪这样继续下去，福建前途很危险，因为他是亲日派。他说："难道我们福建人就找不出一个有资格做省主席的人吗？福建人做国民政府主席都有资格，为何做省主席就没资格？"因此，张超说，一定要支持福建人做福建主席，驱逐陈仪。

那时这样的论调，只有我敢说，别人是不敢说的，尤其是军统的人更不会说。张超居然能公开这样说，说明他与我在思想上是一致的。后来我才知道张超的意思是要拥护丁超五来做省主席的，他说话中流露出丁老这样的人怎么就不能做省主席之类的意思！我才有点明白了，张超要拥护丁超五做省主席，然后驱逐陈仪。这点，我与他十分投合。

为什么我会同情张超的大福建主义呢？因为那时只能抗战，一心要反对日本，只有反对日本侵略才能拯救这个国家。而陈仪在福建是亲日派，恰恰与我的主张相反。大福建与否，我不是很感兴趣，但换一个抗日的省主席我是很赞成的。张超目的是要为福建人争气，我的目的是抗日，我们有共同点，却有不同的动机吧。

与张超见面后，因为我附和他的主张，于是我们三个人便彼此都有好感，颇谈得来。但我在厦门不能住了，再住下去与陈式锐这一派的人会继续摩擦，也可能再次被逮捕。

附录一

恒一回忆录节录：陈仪

继十九路军主闽者为陈仪，我们小职员自然接触不到省主席，只能在纪念周中见到他。陈仪是五短身材的胖子，头颅很大，圆脸光顶，满面红光，三角眼，阔嘴巴，留着两撇日本式胡子；走路脚步很重，一顿一顿地，是个典型军人模样；说话时满口浙江土腔，那斩钉截铁的语气流露出自信与专断，一望而知是个固执的人。

我的办公处所邻近主席眷宅，可望见他的日本夫人。日本女人爱搽粉，连颈项都是雪白的，我们私下叫她“日本婆”。

陈仪在闽主政近八载，但我于1938年就离开省府，故所知不多，只记得有一次在纪念周中，许多人不专心听讲且频频回首，顾不得有碍“官箴”。陈仪察觉后，勃然大怒。在此之前，已有会计长林和成闹过桃色事件。陈遂下令，将省府及各厅处（合署办公）女职工全部停职，大有令“妇女到厨房去”之意。

陈仪还亲拟四句勉词：“忙碌是幸福，闲空是堕落，工作是美德，玩乐是罪恶”，印成标语，在省府各处张贴。

（恒一：《五任省主席见闻杂记》，《福建文史资料》第十九辑）

二、在上海的“逃亡”生活

相关链接

中华国民拒毒会于1924年由闽籍外交官王景岐提议，中华全国基督教协进会联合基督教青年会、中国医学会联合主办，主旨是“宣传、教育、调查及督促政府实施戒烟法”。这是上个世纪30年代颇具影响力的社团，入会的人须经严格审查，名誉会员须缴1000元以上的会费,而学生会员须缴纳1元以上即可。中华国民拒毒会曾经抵制政府鸦片专卖活动,并在全国各地演讲、散发传单。总干事黄嘉惠也曾利用自己的影响力帮助在厦门鼓浪屿的"婢女救拔团",解决获救婢女学习及住宿问题。

"七七事变"后,中华国民拒毒会因战乱而停顿。

圣才先生在上海担任中华国民拒毒会副总干事,此时正当壮年,又接手谢南光的华联通讯社。谢南光和王白渊都是从台湾来的,是一心要抗日的文化人,原名谢春木的谢南光早年政治观点相当激进,是当年台湾著名的"文化协会"理事并曾组建"台湾民众党",他们注重民本,重视工农运动,倾向阶级斗争理论。这个激进的政党不久被日本人解散,谢春木改名谢南光并移居上海,一度加入中国共产党。

抗日战争爆发后,谢南光进入重庆,与王芃生一起组织"国际问题研究所",这是一个高层次的情报机构。谢南光担任收集日军情报工作,1940年担任秘书长,后来还担任"台湾革命同盟会"常务委员,1943年11月任主任委员。战后,思想"左"倾的谢南光一度担任中国驻日代表团委员、政治经济组副组长,驻扎在东京,政治思想倾向中共。1949年4月参与策划国民党驻日代表团起义未果,于1950年辞职经商,之后到北京,从事对日研究工作。

谢南光是台湾早期作家,也是著名的日本问题专家。

当年,谢南光因为政治目标太大,办不下去的通讯社由圣才先生与郁建中、刘启光等接办,仍然"专门反日"。估计圣才先生做情报,特别是抗日情报从这里开始,他主要依靠日语娴熟的台湾人刘启光。后来跟着陈仪去接收台湾的刘启光与圣才先生长时间合作共事,友谊颇为深厚。

他们因此认识了美国记者史沫特莱和"左"倾人士彭剑虹。

* * *

六月中旬，我就去了上海，在上海的生活靠黄嘉惠，他是我的好同学。他在上海中华国民拒毒会任总干事，这是反对卖鸦片、卖吗啡、反对蒋介石贩毒的群众团体（“蒋介石贩毒”出处存疑，待考证——泓莹注），拒毒会的会长是复旦大学校长李登辉。

我在上海住在黄嘉惠那里，他就介绍我做中华国民拒毒会的副总干事，他是总干事。我这样一个月也能赚点生活费，也算是有工作的人了，主要是作掩护吧。

除此之外，我办了一个华联通讯社。

这个通讯社原来是一个台湾人谢春木（谢南光）办的，谢南光是台湾大众党的人，反对日本，当时是拥护抗战的。这个人后来一直反日，在抗战时间表现很好。他们当时发通讯，专发日本及中国游击队消息和新闻，包括日本国内政情变化，东北战讯等。华联通讯社比较特殊，可以说是专门反日的。办了两年之后，在上海很有影响，也引起了日本人的注意，日本人威胁要灭了他们。

日本人要逮捕谢南光他们很容易，不过，还没下手，他们就停下来不敢办了。

后来我经过朋友介绍，和一个上海人郁建中把通讯社买了下来。其中有个收音机，这个通讯社其实很简单，就是每晚收听各国新闻，比如日本国内的政事，东北抗日军活动的情况，各方面的抗日活动情况，编写新闻送给上海各个报馆就是了。我当时做这个，主要是有刘启光在做总编辑，他日语精，汉语也不错，有他做总编辑，我才敢去买这个华联通讯社，那时我做社长，郁建中做副社长。

有个美国朋友史沫特莱，介绍我与塔斯社有了联系，交换材料。

中华国民拒毒会会刊

他们每天给我们提供新闻，所以我们的新闻也给他们，所以华联通讯社这些材料，上海各大报都有采用。

史沫特莱是美国记者，同情中国共产党。此时在上海和她的朋友办了个报纸，叫《中国沪声报》。史沫特莱和黄嘉惠是很好的朋友，黄嘉惠反对蒋介石公卖鸦片，提供了许多蒋介石卖鸦片的情报资料给史沫特莱。当时他们也反对上海各大帮会卖鸦片和吗啡，这些材料都是有系统的。史沫特莱觉得很有用，所以常常来往。

因为黄嘉惠和史沫特莱的关系，我和史沫特莱渐渐熟了起来。

谢南光

有一次她问我，厦门也有个朋友叫彭剑虹，问我认识否。我说彭剑虹在哪儿做事？我不认识。她说是在商务印书馆做英文秘书。我说："你怎么认识他？"她说这是《中国沪声报》在厦门的代理，这个人代售《中国沪声报》，让警察局抓去，她才通过上海商务印书馆，打电报给厦门警察局才得到释放。她说："这个人很忠实于革命，介绍给你认识好不好？"刚好那时我要回厦门，史沫特莱写了介绍信，这样我就与彭剑虹认识了。

附录一

张圣才《我的革命地下活动》:创办新绿书店

抗日战争前,我和张文理、江公怀在厦门开设生活书店,代理上海生活书店所出版及所经售的书刊,对厦门的思想教育有一定的贡献。1938年厦门沦敌,生活书店被迫关闭。将好书两千余本,寄存在鼓浪屿淘化大同酱油厂。抗战胜利后,我认为这些书有加以运用之必要。由厦门互惠公司拨美金一千元,配合这两千余本旧书,在厦门中山路、思明南路开张新绿书店,按照原生活书店规格售卖书报。

新绿书店以我任董事长,彭剑虹为经理。经售书报以当时三联书店的出版物为主,也秘密经售一些进步杂志及期刊,如《解放》及《华商报》之类。这在厦门,不是没有阻力的。反动派两次对我们施加压力,要我停办。一次,反动派乘厦门大学学生反饥饿游行的时候,派特务渗入游行队伍,准备经过新绿书店时,以群众名义,捣毁书店。

这一次民联在市警察局当主任秘书的刘浑生同志,派警察将带枪特务三人,从游行队伍中抓出来,当众暴露他们的阴谋。反动派这一次不逞,便另耍花招,计划向新绿书店扔手榴弹。我于掌握到具体消息之后,走访市长黄天爵,问他要不要负责保护新绿书店,如不负责保护我们的安全,我要自卫,发生武斗还是要他负责。黄天爵不敢推卸责任,连声说由他取缔。这又避免一次危机,经过这两次较量之后,新绿书店才稍得安定。

创办新绿书店目的在思想教育,不在营利,所以我们敞开书架,任人取阅,生意颇见繁荣,但是我们避免事故,一些中共宣传品仍以秘密方式发行。我们当日的店员,以后都成为革命好接班人。

新绿书店到1949年8月我逃出厦门,自动关门。新绿书店的彭剑虹是中共党员,现已离休。

三、第二次被捕

相关链接

圣才先生在上海以“中华国民拒毒会”副会长的身份为掩护，实际上做菲律宾王雨亭主编的《前驱日报》特派记者。王雨亭，用他的朋友陈伯达的话说，是“闽南的闻人”，有资料上说他曾经到日本留学，但在其小儿子王明爱的口述中，并不是正儿八经地留学，而是“到日本东亚学校学日语”，王明爱先生说：“我父亲是很有意思的人物，他没什么学历，但文章很好，活动能力也很强……”

王雨亭能力强到武能做晋江民团团长参加“护国战争”，文能写文章办报。这位闽南著名的老同盟会员，婚后不久在印尼三宝

狱中报人王雨亭(王明爱提供)

垄办抨击日本侵占青岛的《真理周刊》，被荷印当局当政治犯抓了起来。释放后回国，将家小安置在相对安全的鼓浪屿，旋即到菲律宾接办《平民日报》，还参与组织了以争取华侨工人福利的“中华工党”；在鼓浪屿复办《民钟日报》，参加“东路讨贼军”。可能就是在这个时候，王雨亭与圣才先生成为至交，用圣才先生自己的话说，是“战友”。

菲律宾《前驱日报》是旗帜鲜明的抗日报刊，圣才先生是这个报纸的福建通讯员。也就是说，他在上海，名为逃亡，其实仍然做积极的抗日工作。结果，又因为参加“全国救国联合会”而被军统逮捕。

幸亏张超积极出手营救，很快就出狱了。

根据黄猷先生和张圣才长子张石生的叙述，戴笠不杀张圣才，除了圣才先生自己的回忆，是有另外原因的，其间福建协和大学的美国人是起了很大作用的。他们是圣才先生的老师，所以表面上看很多人在营救，事实上一切早有协议，戴笠主要是看在美国人面上，否则事情没那么简单。

王泉笙亦是闽南辛亥革命元老，忠实的老国民党人，后来在菲律宾创办中正中学。这个学校抗战期间由黄其华先生管理，黄其华先生一如既往支持张圣才，他动员一部分师生协助圣才先生做对日情报工作。

* * *

1935年，我在上海时，江公怀也在上海。江公怀在“闽变”失败后，并没有停止写作，照样很认真地研究马列主义，写了很多马列主义这方面的文章。文章有的可以发，有的不可发表，所以有的文章就遗失了，找不到了，非常可惜！

除此之外他还照样办马列主义学习班，是秘密的，我仍然从福建找一些青年朋友到上海来读书，也就是培训吧。这些青年后来也参加抗日战争，起了很大的作用。

在上海除了这些工作以外，因为是半逃亡的生活，所以没有什么公开活动。

直至1936年4月底，沈钧儒、章乃器、李公朴等在上海筹备一个全国救国联合会。我原来与他们不认识，但参与筹备全国救国联合会的人，有一个是基督教青年会的文字干事吴耀宗。吴耀宗就是解放后组织基督教三自革新会的领导，因为他是青年会的人，我是厦门青年会的董事，所以大家都认识。

吴耀宗知道我的反蒋抗日活动，知道我是对政治感兴趣的人，就来动员我参加全国救国联合会，由他介绍，代表厦门。又因为我在菲律宾有一个记者的关系：《前驱日报》是我的战友王雨亭创办的，是轰动一时的反蒋抗日的报纸。蒋介石曾经派人找菲律宾政府，要求引渡王雨亭回国法办，是因为全世界的记者联合会都来支持王雨亭才没得逞。《前驱日报》在菲律宾是一份抗日态度鲜明的报纸。我是这个报纸的福建通讯员，因为这些关系，吴耀宗还让我充当菲律宾的代表，那时几乎没有海外的代表。

在4月底，全国救国联合会借上海基督教女青年会会址来宣告成立，我出席了这个创立会。全国救国联合会创立后，我们又开了几次小组会议，开会之间，他们建议要去南洋发展救国联合会组织。因为那时南洋方面还没有什么人来参加，因此他们叫我去南洋发动侨民，以这个名义去联络华侨。那时我还挂着中华国民拒毒会副总干事的头衔，用这个头衔到南洋活动相当方便，因此我就答应了，准备替他们去南洋活动。

我就叫中华国民拒毒会做手续，用这个会的名义，派我去考查殖民地贩毒的问题。这个会的会长是李登辉，王景岐做副会长，他是福州人，做过比利时公使，有点国际声誉。由他两人写介绍信，让我代表中华国民拒毒会到南洋调查殖民地政府贩毒问题，同时是要去发展全国救国联合会会员，这里是作个掩护。

准备好手续，我就在 7 月上旬离开上海，要去南洋。但因为要回厦门家里交代一些事情，因此我就取道厦门，然后才从香港要去南洋。但我在厦门又被军统逮捕了，这是第二次逮捕。这次被逮捕的罪证之一是因为我是救国联合会的人，第二是那时陈济棠在广州发动反蒋，叫"西南事变"。他们说我到厦门为了响应这个西南反蒋事变。

就这两个罪状，我又被逮捕了。

那时张超是军统闽北站站长。1935 年我请丁超五吃饭的时候认识，见过一面后来就没有联系了，但他一听说我在厦门被闽南站逮捕，知道此事严重，他一定要营救我，不吱一声就直接坐飞机到南京找戴笠。

后来我才知道他是这样跟戴笠说的：张圣才是有社会影响的人，在闽南有影响，在南洋也有影响，这个人只能争取不能杀害，如果争取过来对军统是很有用的，如果杀张圣才会引起多方面的反感！他要求戴笠释放我。张超和戴笠是有默契的，就是反对陈仪驱逐陈仪，张超也对戴笠说我就是反对陈仪的人，于是戴笠就叫军统闽南站放了我。

附录一

王明爱口述:《前驱日报》风波

父亲最早是办《平民周刊》《平民日报》,一九三三年开始办《前驱日报》,国民党就敏感了。那时总是报道苏维埃政权的新闻,包括长征,还总是报道国民党不抗战的事,国民党就想七想八要找茬。

王泉笙是菲律宾国民党总支部书记,老国民党员。辛亥革命时与许卓然一样,在泉州也是很出名的,说起来和我父亲也是老战友了。他是教书的,近视眼镜一圈一圈又一圈,度数很深。他状告我父亲,说我父亲是共产党。当时美国人还在,菲律宾还没独立,只是个"自治领地",由美国派了个专员来管理菲律宾,王泉笙直接告到专员那边去,那专员也偏听偏信,就抓了。华侨认为随便抓人不行,一时舆论哗然。

不过,菲律宾有一句话:还是要照鲁来,鲁就是闽南音英文法律嘛,美国人是讲法律的。法律需要有证据啊,没证据,父亲很快就放出来了。王泉笙不死心,和国民党当局领事馆合起来告状。这个案叫"三王案",原告那边两个王,我父亲也姓王。

王泉笙是原告,我父亲没请律师,因为觉得自己没啥事儿啊,自己为自己辩护了就算了。在法庭上,王泉笙说,某月某日,他看到王雨亭在工人面前演讲,意思是做共产主义煽动。

我父亲听了就好笑。他说:"法官先生,我有个请求,我是不是能提个要求,请这位王先生将我手里的报纸读一遍?"法官说同意,这个王泉笙看字啊,路上踢到狗也是要说对不起的,电线杆上有钉子,他也以为是苍蝇要拍过去的,他眼睛太差了!

我父亲说:"泉笙兄,请你读一篇报道。"

这位王泉笙老先生后来是我们中正学校的校长。他是这样读的,报纸都顶到到鼻尖了。他一读啊,我父亲就说:"法官先生,你们看,他的视力是这样差,他能从那么远的地方看到或听我在煽动工人么?那么远,一般人的耳朵好的尚且听不见,他怎么听得见啊?"

法官就这样判我父亲无罪。

但法院事儿很烦,还要取证啊什么的,非常耗费时间。父亲的报馆因此就受到影响,一般人都害怕不来了,说王雨亭他们的报纸不知有啥麻烦了。渐渐地,资助的人就少了。所以官司是胜利了,但经济就有了困难,报馆关门了。

《前驱日报》办了三年,1936 年就倒了,按菲律宾华人文化界的评论说,当时这个报纸是很敢说话的,总是与国民党的报纸对着干。当时中共在那里以菲共的名义活动,实际上菲共就是在中共的帮助下建起了的。当时也有中共党员在《前驱日报》工作,这是解放后我才知道的。他在编辑室工作,叫蒋江玉,解放后在天津工作。

(2011 年元旦,北京团结湖)

四、不计前嫌,帮张超引荐高诚学

相关链接

高诚学等人在国民政府看来,当然是"罪犯"。当年所有的中外报纸,几乎都将曾经抢劫过"鹭江轮"的高诚学、陈常琳、林荫、张逸舟等看作"海盗",但这些为了理想而采取暴力手段的读书人与一般土匪的确不太一样,他们的文化程度比闽省其他的民军或土匪高,视野也相对开阔。后来一些人被国民政府"招安",利用自己的专业知识,在地方上做了许多实事。高诚学是比较典型的,从圣才先生叙述的蒋介石与戴笠争取高诚学一事,可以读到蒋介石尊重知识分子及惜才爱才的一面,否则当时还在香港与陈铭枢等从事政治活动的高诚学等人,可以算得上老蒋的心腹之患。

高诚学的悲剧命运颇令人感慨。

1936 年 7 月，圣才先生引线，张超将高诚学推荐给福建省政府主席陈仪。陈仪亦颇惜才，让高诚学与林荫做省议员，并将其旧部收编为 2 个水警中队，让林荫管理，高诚学到福清任“养淡工程处主任”，高诚学亦不负使命，积极修筑了福清“诚学堤”，这当然是造福于民的事儿。

后来高诚学出任福安县长，仍然对推广优良猪种很感兴趣。将他研究的约克种猪(人称“诚学猪”)，运到福安一带饲养。高诚学主政福安期间，重视农业及林木果业、教育、体育，做了不少好事。当地老百姓是这样说的：“高县长一双草鞋，两条腿，一把锄头，一根扁担，跟着我们一起干。”而他自己亦颇有成就感：“出山欲作苍生雨，守土当为万里城。”

但这个“苍生雨”没能飘洒多久，因为不想附和张超“倒陈仪”之举，高诚学得罪了戴笠、毛人凤等人。1943 年 11 月 23 日，高诚学被刘建绪(1941—1948 年任福建省政府主席)所杀(详情请阅缪品枚《高诚学死因之谜》节录)。

笔者 2014 年 7 月到福安屏南一带“体验生活”，仍在市场上看到比比皆是的庞然大物“诚学猪”，它现在叫福安花猪，是福建十大优良猪种之一，想必这款个大油厚的猪种，至今仍受当地百姓欢迎。如今福安“荡岐山庄”，即高诚学当年创办的农场，1949 年后，是宁德农科所茶果试验场，现在是“农家乐”休闲山庄。

* * *

我第二次释放之后，张超到厦门，说他如何营救我的经过，然后他

福安古塔(泓莹摄)

说,高诚学现在香港,想去找他,请我介绍一下。我说介绍这个人做什么呢?他说有一个革命意义。我说高诚学自1935年9月,与我见面,因为政治见解不一样,彼此不欢而散。一年多了我们都没有通信,他在香港,也不知道地址,他哪里会接受我的介绍。

张超说他知道高诚学地址,希望我写信,他说:“我知道他会接受你的,你介绍我找他就对了。”我说:“你找他做什么呢?”他说因为蒋介石要戴笠去争取高诚学回来。

原来是平潭有个外国人柯牧师,到南京找宋美龄,说些教会的问题。宋美龄招待柯牧师时,蒋介石在座,知道柯牧师是平潭来的,就问:“高诚学你知道吧,在平潭活动,劫‘鹭江轮’,这事儿你知道吧?”

柯牧师就说高诚学不是土匪,也不是共产党,是官逼民变,这个人是好人,有志气的青年,但被迫武装来和政府对抗。高诚学过去是读协和神学院的，读完才去燕京深造，受了晏阳初定县乡村教育运动的影响，想回平潭做这样的运动，和平来解决地方农村进步问题。高诚学在燕京培养了种猪，一年长 600 斤，他想用此作桥梁，是好心要改良农村。但到农村后，受农民欢迎就被国民党党部反对，党部反对，农民就更积极支持，因此造成党部抓人种种事情，高诚学因此举行武装起义。而当年他全然不想用武装对抗，只想用和平方式改良农村。

蒋介石因此觉得此人应该争取，就通知戴笠尽量争取。

戴笠得到命令，知道事情发生在福建，就叫张超去商量，张超必须完成。戴笠说是委员长亲自交代的，一定要完成，任务若能完成，他在委员长前就有了面子，一定要做好。

张超接了任务，才到厦门找我，他知道高诚学原来是我的战友。他说，这次（我能）得到释放是他和戴笠完成的，与这个任务也是有关系的。所以请我帮他到香港找高诚学。我说我和高诚学的关系坏了啊，他说："不要紧，只要你写信，我去香港找他，来也好不来也好，我只是尽我的力量去做就是了。"

于是我写了个信给高诚学，我的信很简单，说："介绍张超找你，他有许多事儿要与你商量，他的话对你有帮助的，所以请你见他。"

张超拿到信后赶快去香港，说服高诚学和林荫回来，但他们回来我已经在南京坐牢，情况我就不清楚了。据了解，他们去找陈仪，陈仪让他们两个人作省政府的参议，以后又让他们做官。

这是我第二次出狱后，帮助张超争取高诚学的经过。

附录一

缪品枚《高诚学死因之谜》节录

福安任上，高诚学确实办了几件不无有益之事。

他是学农学专业的，对推广优良猪种很感兴趣。到福安后就把他寄养在福州的约克种猪，运到福安饲养。在福安城关后垅地方建了一座畜牧场，并以政府名义贴出布告："严禁福安土种公猪在城关周围三十里以内配种，违者严惩不贷。"经严令推行，杂交的猪苗长膘快，架大体壮，可养至 500～800 斤，人称"诚学猪"，后来此种猪（福安花猪）成为福建十大优良猪种之一。

高诚学还在溪柄、荡岐、扆山、白沙等地创办归田农场，并雇工开垦荒地、栽种茶果，发展畜牧业，在荡岐总场和白沙分场盖楼房、建造蓄水池、新型猪舍、羊舍、兔舍、鸡舍等。农场有职工十余人。

1939 年春，组织千余民工，分班分组在赛岐至溪口的交溪沿岸种植油桐树、油茶树，面积五六千亩。他从永安选购桃李苗木万余株在农场种植，后又引进雪柑、棕色梨等果苗栽种。在归田农场具备一定规模后，又在白沙创办私立福安韩阳初级农业学校。

除注重农牧业外，高诚学对体育也颇感兴趣，他曾在全国学生田径赛中得过名次，到福安后他经常和秘书何进元等一道打篮球。据说，赢球时人们去找他办事，他高兴地批个"照准"；输球时求他办事，准给骂个狗血淋头。他把吴厝祠堂坪开辟为县体育场，在他任内召集过 3 次县运动会，1 次闽东运动会。此外，高诚学在教育工作方面也不甘示弱，当时福安原已有三都中学、省立福安师范，他又接办福安茶业职业学校，自己兼任校长，还把紫阳、湖山两所小学合并成立福安韩阳中心学校。为表现他"围垦筑堤"的看家本领，他还在福安街尾至阳头之间筑起一条横坝。

正当高诚学踌躇满志于自己的“成就”时，杀机却悄悄向他逼近。

1941年9月，主持闽政7年之久的陈仪离任去了。接替他担任福建省政府主席的是湘军余绪和曾任国民党二十五集团军司令的刘建绪。刘主持闽政后，为博得军统欢心，向戴笠要了一位湖南籍的军统头目易珍，让其以省府调查室主任名义，协调军统闽北、闽南站的工作。易珍自然不忘“为张超报仇”，蓄意要除掉高诚学。但高诚学毕竟不是谢荫波，平潭县有他武装旧部，还和台湾日方当局有过交往。所以军统闽北站为杀高颇费了一些周折。一方面利用福安乡绅势力中的倒高派，到省内外当政有关部门告高诚学的状，贴标语、发传单，大造舆论声势；另一方面，请刘建绪“大驾光临”闽东。

刘建绪知道福建人地方观念浓重。所以他来闽之时，就宣称自己也是福建人，因为据说湖南沅陵刘姓是从福安甘棠镇迁去的。消息传开后，就有人鼓动甘棠刘家祠的族长们上书刘建绪，请其到祠堂祭祖。为此，刘建绪便以“出巡闽东，便道祭祖”的名义，到闽东了断高诚学这桩公案。

从刘建绪出巡闽东的随从阵容中，就可以察出其暗藏的杀机。随员中有福建军统头目易珍、十三补训处处长李良荣、省府法制室编审何绍兰（闽东寿宁县人）、省府秘书长程星龄、续任福安县长胡允恭等人。

于是福安倒高派乡绅就在街头扮演了一出“拦途告状”“痛哭陈情”的闹剧。而高诚学却心计不细，误以为自己所为够不上死罪，而且即使有罪，也得解省讯问；无非平时平潭乡亲在福安时自己对当地居民态度蛮横一些，平潭的船到福安偷运了一批粮食罢了，并不以为意。

1943年11月23日，省巡察团到福安后，高诚学即遭禁押。29日，随着福安县体育场方向传来几声清脆枪声，高诚学这位颇具讽刺意味的悲剧人物，在国民党特务派系倾轧争斗中，结束了他那传奇般的一生。

（来源：福建省情资料库）

五、第三次被捕

相关链接

率部向日本人打响第一枪的十九路军著名将领翁照垣(1892—1972)，原名翁辉腾，又名翁辉添，广东惠来人，自幼习武，1929年毕业于日本陆军军官学校，1930年又毕业于法国摩拉纳航空学校，在思想上深受国家主义派影响。热血男儿翁照垣1931年回国后，先后任中央警卫军旅长和十九路军旅长。“一·二八”淞沪停战后，愤然辞职，赴南洋宣传抗日并为空军募款，“闽变”时职务是福州城防司令并负责收编民军。

1936年翁照垣应李宗仁之约去广西，“北海事件”就是在这个时候发生的。

1936年9月3日，翁照垣暗杀了北海“丸一药房”老板，实则日本间谍的中野顺三，这就是震惊中外的“九三事件”，也称“北海事件”。这个事件之后，日本军舰两次逼近北海，翁照垣等与之对峙，战争大有一触即发之势。最后以国民政府向中野顺三的遗属支付三万元“抚恤费”，翁照垣等撤出北海而告终。翁照垣在之后的抗日战争中负伤，战后回乡经商，曾任潮汕救济院院长，1949年去香港定居。

圣才先生一向不赞成此类暗杀行为，但偏偏这时一些在香港参加“闽变”的人士抗日心切，认为可以由圣才先生策划，再来一次类似的“福建事件”，“可以加深蒋介石与日本的矛盾，也许能促使抗日战争爆发”。

第一次来人被圣才先生拒绝，他们又派中共党员翁佛涵带着1500港元要圣才先生组织武装暴动。圣才先生认为这些举动不符合抗日救国的原则，正如他不同意江公怀当年"为革命可以去抢银行"的观点，但此时军统仍然认为圣才先生有暴力抗日倾向，再加上有私仇的陈式锐添油加醋，戴笠就"坚决逮捕了"张圣才先生。

这可能是圣才先生那时最长的一段监狱生活了。有关刘芦隐主谋刺杀蒋介石重要谋臣、新政学系"灵魂"、曾任国民政府军事委员会秘书长杨永泰一事，众说纷纭，至今未能定论，是不是刘芦隐主谋至今仍值得商榷。一说共产党，二说复兴社邓文仪，三说是民间自发的"中华青年抗日锄奸团"，圣才先生熟悉的陈有光便是中华青年抗日锄奸团的发起人。曾经有许多化名的陈有光指挥、控制了这场著名的谋杀案。具体杀手是化名谭戎轩的陈夔超和龚柏舟，圣才先生说的贵州人可能就是后来又逃脱了的龚柏舟。

刘芦隐因为此无头案，坐了8年监狱，他曾经被认为是民国著名杀手王亚樵的人。背这个黑锅也是无可奈何的事。在暗杀成风的时代，令日本人、蒋介石和戴笠头痛不已的王亚樵最终亦被戴笠设局暗杀。我行我素的"斧头帮"首领王亚樵曾参加辛亥革命和"闽变"，据说与陈铭枢关系相当好。

* * *

释放之后，我仍然要去南洋发展救国联合会的组织。

正要准备从厦门出发，新的情况发生了，住在香港的李济深、陈铭枢等"闽变"的老同志，派一个叫刘有琛的到鼓浪屿找我。这个人是中山大学教授，以前互相通过气但没见过面，只知道他反对蒋介石的人，就是说政治上是同志。

刘有琛从香港来，说翁照垣在北海驻军，打死一个日本人，引起日本严重抗议，同时在重庆也有一个日本人被害，也引起日本人严重抗议。在香港的“闽变”老同志是这么认为的，假使在福建制造一个杀日本人事件，也许能制造一个大的事变，加深蒋介石与日本人的矛盾，也许能促使抗日战争爆发。

刘有琛是大学教授，按理说是有常识的，但他就是这么说的。因为有这些事，他们在香港认定在福建要做些响应北海和重庆事件的事，而这样的事只能找我，他们认为我有能力找人来做这些事。

刘有琛特地从香港到鼓浪屿找我，他就住在日本旅社里，里头佣工就有军统的人，他和我说的事军统大概都知道。

我对刘有琛说，蒋介石是不抗日啊，他如果要抗日，随时都有理由和借口，不需要再制造事件，就可以发动对日本的战争嘛；若不愿意抗日，做什么都没有用，除了让他再去卑躬屈节，向日本人赔礼道歉没有任何作用，所以在厦门发动北海之类事件我是不赞成的，我认为没有必要这样做。

刘有琛听我这样说，知道我是不可能接受这样的任务的，就回了香港。之后他们又派另一位朋友翁佛涵到厦门，带了1500元的港币，要我布置发动反日暴动，他们的意思是厦门有日本的警察所，这是非法设立的，支持台湾浪人做了许多坏事，是一个民愤的重点。他们的意思是说，假使用炸弹来炸他们，也可能造成中日大的摩擦。我让他将钱又送回去，说我绝对不可能这样做，这样的做法不符合抗日救国的原则，我不能做这样的事。

但他们来与我谈的事，德原旅馆的军统是知道的。我之拒绝，他们不知道，或者是知道，装作不知道，他们去报告军统，说我准备制造事端，有用暴力反日的行动……

这一次戴笠就坚决逮捕了我，这次逮捕直接送到南京。

那时是从厦门把我抓走的，厦门警察局或者是特务，组织30个人去包围我的房子，我那时住在鼓浪屿。那个特务头陈式锐与我是有一点私仇的，所以通知（下令）那些人沿路打我，打得鼓浪屿人大喊不平，街头有许多人是认识我的，实在看得受不了了，大叫，他们这才停手。

押到厦门，有一辆车等着，一直送到警察局。局长沈觐康，他看到我气愤愤地说，你很可恶，竟然要暗杀我！这当然是白贼（说假话），说我要暗杀他？我是不做暗杀这类事儿的。

他说："这次，你该接受你的命运的结局了。"

那是中午，让我吃了一碗面，就押下船，两个人手绑在一起，（笑）3个人一起走就对了。这时我的学生王汉墩，广东人，到双十读书的，他思想也是很进步的，我过去已经被抓两次，他都很同情。这次他刚好下船，看到我被绑，泪就下来了，说张先生，这下是太危险了！

我们直接到上海，然后去南京。

我被关在南京陆军监狱围墙内的一个小监狱，那是特务监狱，那是严重的犯人才关进去的。我进去的那个房间，关了5个，有特务犯罪的，有所谓共产党员的，有两个共产党员吧。我进去不久，其中一个共产党员告诉我，这儿有特务，这个也是那个也是，小心，所以我都知道了。

待遇是不好，但也不是特别缺乏。吃，就是糙米饭，配黄豆芽，差不多常常这样吧。监狱里头发生了许多趣味的事儿，有些人啊，官做得很大，一个叫金玉波，是洪帮全国性的领袖，他因为反对蒋介石，就被关进来了，却不是共产党，是洪帮啊。那个人后来与我很好，他同情我，我是基督徒，要求有一本《圣经》，他们就买给我，他也跟我一起读《圣经》。

后来金玉波每天早上都和我一起跪着祈祷。抗战开始后，他也被放出去了，因为他是洪帮领袖。蒋介石组织了一个“全国民众动员委员会”，委员长是戴笠，叫金玉波做副委员长，他官做得很大，后来与戴笠一起空难死了。

金玉波跟我很好，是教友了，假如他没有摔死，在解放战争时期，我一定有办法争取他反正。

在里头，也交了一些朋友（笑）。隔壁有一个陈小咬（音），是共产党员，他认识我，认得我的声音，听到我说话，他就大声喊：“张先生，你怎么也被抓进来啊？”后来，他就用厦门话和我说，我们互相安慰，生活中也有些乐趣。

在里头无报纸可看，外面发生什么事都不知道。不过，待蒋介石被抓去关了，就是“西安事变”，咱有时买花生仁，用报纸包的，所以居然也看到“西安事变”发生了。咱就暗暗高兴，那时只想着蒋介石能速死，当时还没想到实际上蒋介石死对抗战不利，只是用眼睛传神说，蒋介石快死了（笑），连那些准备偷听去汇报的特务都很高兴！

关在里面，听会审室审问刘芦隐。他是国民党中资格很老的人，与胡汉民同派的，反对蒋介石的，与胡汉民一起，右派，反对蒋介石吧。以前孙中山先生看胡汉民大，看蒋介石比较小，但突然蒋介石也不听胡汉民的话了，七做八做，他们对立得很严重。

尤其是“九一八”事件后，蒋介石的投降政策让胡汉民这一派很反感。

起汉奸作用的是政学系。杨永泰，蒋介石带他去做高级秘书、行营主任、秘书长吧。那时杨永泰、何应钦、张群，他们是一派的，叫（新）政学系，包围蒋介石，直接就是要投降日本，与日本人勾结。刘芦隐，要策动暗杀杨永泰，当时认为杨是大汉奸。

我坐牢的时候，他们已经暗杀了（杨永泰），在汉口。抓到一个嫌犯，不是真正执行任务的人，大概是放哨的吧，贵州人，和我关在一起。他说，暗杀成功。过几天，刘芦隐也被抓进来了。他们在隔壁审问，我都听到了，可惜声音很小，不太清楚。

这就是说，关押期间，也听到一些消息。

这个杀杨永泰的人是陈有光，他与我是朋友，蛮好的。1935 年我在上海办华联社的时候，他到上海，就在华联社睡觉。这个人啊，也曾介绍我去见刘芦隐，这些事儿很有趣。所以这个贵州人，就说了这些事儿，说他不是去执行的人。陈有光现在是全国政协委员，他在政协报写了一篇暗杀杨永泰的经过，相当生动。

包花生米的报纸说到西安事变，我们就想着，认为可能要被放出来了。西安事变是 1936 年 12 月，我们老想着事情可能要了结了。结果没有，一直拖到 1937 年，"七七"事件之后，国共合作，过一个月，共产党要求释放政治犯，我也算政治犯，8 月 8 号才放出来。

第九章

/ 为抗日参加军统 /

一、出狱，全身心投入抗战工作

相关链接

历史老人总是喜欢开玩笑。

圣才先生一向厌恶军统及军统的前身蓝衣社、复兴社、力行社之类以下流手段来达到某种目的特务组织。其时他已经被军统关了三次，万万没想到戴笠会亲自约他出来“参加工作”，就是他最厌恶的特务工作。但戴笠要求他做的，恰恰又是他最热心的抗日工作！这叫人怎么一个矛盾了得！戴笠在十九路军“闽变”时曾潜入鼓浪屿布置耳目，可能早早就嗅到张圣才的政治倾向。

“中国的希姆莱”戴笠在用人方面的确独具慧眼，抗日战争爆发，军事情报的收集显然是最重要的一环。此时他利用民间日益高涨的抗日情绪，大量吸纳有各方面专长的人士，配上经过特殊训练的特工组成“战地调查组”，头目可以是军方人员，更多是来自各行各业热心抗日的人士，有些甚至是社会名流，比如一生低调、在民间威信颇高的张圣才先生。二战期间，军统情报工作成绩斐然，这些爱国心切的人士无疑起了决定性作用。

侠骨柔肠，想念母亲的圣才先生在矛盾中徘徊，跟戴笠谈了三个条件：一是只愿意正面对付日本，不愿意利用朋友关系做反间工作；二是不干预国内政治，言下之意是不介入任何党派之争；三是要先回家见母亲！

这的确是一个有头脑有脊梁的中国人。

他有想法而且坚定不移去做，无论是在十九路军“闽变”还是为抗日参加军统，圣才先生从不趋炎附势、不追求功名利禄。与一些有奶便是娘的势利小人甚至是所谓风云人物下作的“流氓相”相比，圣才先生的确是“真人”。

圣才先生归当时军统闽北站站长张超管，这与军统闽南站站长陈式锐曾经“化友为敌”将他当共产党抓起来有关。当时军统闽南站厦门分组情况，请参见刘浑生《军统闽南站》节录。我们可以看到，战争期间哪怕在厦门这个温润的小城，也有各行各业的人参加军统为国效力。圣才先生的好朋友、原为台湾共产党外围组织成员、思想“左”倾的刘启光，正是这个时候改“侯朝宗”为“刘启光”，抛弃党派的“门户之见”，全身心投入抗战。

圣才先生与张天昊、张廷标等七人组成“闽北站厦鼓组”。这个组当时的主要任务是调查日侨撤退后预伏厦鼓的日本特务和汉奸活动。曾经查获日本海军须贺特务机关预伏在鼓浪屿的特务郑石、日本特务吴再和等，时间不长，成绩不小。

* * *

释放那天，车送我到戴笠办事处——南京鸡鹅巷，既是公馆也是办事的地方。

那时是早上十点，他出来接见我，相当客气，满面堆着笑容(笑)，说：“辛苦了，你的事我很早就知道，你不是共产党，我一直想放你，主要因为是发生了‘西安事变’，我很忙，没法处理这些事儿，关到这时，真抱歉！你是一个爱国分子，这是我们十分清楚的。”

他说了一些好话。

说完，他话题一转：“我希望你帮助我工作。”这句话就是要我参加特务工作。我说：“关了这一年多，对政治不感兴趣，此时我心如古井，不想参加政治工作。你如果放我回家，我就回去在家里做个小学教员，一个月赚几十块，奉养母亲到老，这样就好了，这是我的心愿，所有的人生观就是这样而已吧。你要是不肯放我，我也没办法，我不会参加你的工作。”

戴笠说：“为了抗日被捕，现在全国抗日，你为何如此消极？”

我那时关在牢里，不知有“七七”事变，对团结抗日的事完全不知，我说：“谁抗日？”他说：“哦，你不知道，在牢里没看报纸对吧？现在好了，”他从他的桌头拿一堆《中央日报》，说，“你看看就知道了。我现在有事出去一下，中午我们一起吃饭，回来再说吧。”

这下才知道“七七”之后，咱们国家已经决定抗日，中国共产党和中国国民党要团结抗日了。戴笠回来吃饭，问我报纸看得如何了。我说：“我清楚了，是大家要抗日了……”他说：“因为这样我才请你参加工作，现在我们是要抗日，共产党也要抗日，现在全国一致，你不是共产党，所以可以参加我的工作，帮我的忙。”

我说我知道这情况了，我也很感恩。

我说：“参加工作可以，但是有三条要求请你考虑。头一个，不能叫我做反间谍工作，不能因为我有一些朋友和日本人有关系就叫我去做反间工作，我只能正面对付日本；二、我不干预国内政治，不能让我去干预国内政治摩擦问题；三、你要先让我到厦门看看母亲，再考虑工作。”

他说：“你的意见三条我都接受。头一条，反间问题，日本人知道，我不可能派你去做反间谍工作，放心，绝对没有这事儿；二、国共联合抗日，我相信不会再有摩擦，（共产党）现在派8个代表在南京讨论抗日，至少现在不摩擦，万一有可能摩擦，我知道你也是不会参加的，所以我是不会叫你去做这些事儿的；至于看母亲，厦门是抗日前线，你若参加工作，第一站就是厦门，要看母亲是很容易的事儿。”

既然这样，我就表示同意了。不过当时没签字，也没有造表，不过是一个君子协定。

鼓浪屿轮渡码头

吃完饭,他叫会计送了两百元给我做路费,他说:“你要回去,赶快到上海,上海就要有事儿了……”所以啊,“八一三”这个战役,是我们这边打过去,不是日本人打过来,“八一三”的导火线,应该是我们点起来的。8月8日,戴笠就说:“你要赶快离开上海。”其二他说:“你南京有没有朋友,你要不要看朋友?”我说有,刘启光。

他就送我到刘启光那里。

我10日就到上海。江公怀,是我政治上的领路人,他住在上海。我请他到我这儿来,说了我的情况。他那时不反对我参加军统,说:“既是要抗日,国共合作,要团结,你帮助做这个情报工作是不要紧的。只是蒋介石现在同意抗战,但可能半路投降,这个我们就不能不留心,所以,抗战时帮他们做事可以,但应该在他们里面布一些我们的人,做得让他们欲罢不能,蒋介石要投降也不可能才好。”这是那时大家的看法。

那天,有两三个人在讨论吧。

我就从上海回到厦门了。8 月 10 号下船,13 号还在海里呢。8 月 13 号上海就打起来了,我们船里有无线电,天天报道新闻。我想,唉呀,上海要打起来的事,戴笠早就知道了啊,不过后来我都没法证明戴笠是事先知道这个事儿,只是想他那话与这事儿相当吻合。戴笠知道抓我三次的就是闽南站,他就说:"你和张超是好朋友,与他联系就好,不要与闽南站联系!"我到厦门,张超马上就来了,我们成立了一个"厦鼓小组",归闽北站领导。

附录一

刘浑生《军统闽南站(厦门部分)》

1.厦门兆和组。七七事变后,闽南站根据局本部的指示,准备在敌后布置潜伏组织。鼓浪屿有一组潜伏人员,系利用兆和酱油厂为掩护,一般就称之为"兆和组"。闽南站指派原兆和酱油厂经理陈清保为组长,1938 年 5 月厦门沦陷,闽南站仓促退往漳州,厦门人员逃避一空。张圣才到漳州接收后,立即赶去厦门,先到鼓浪屿找到兆和组成员,并布置任务。兆和组利用厦门沦陷后鼓浪屿仍是租界的特殊地位,工作开展颇为顺利,机关人员相对有所发展。

2.厦门第二组(或称台湾挺进组)。组长林顶立,台湾人,黄埔军校毕业。林原是日本台湾军部的特高人员,1932 年受命来厦处理台湾浪人与当地警探冲突问题,与连谋有过联系,后回台湾。1939 年林顶立在香港与军统香港机构建立联系,军统利用他与日特的关系,指示他打入兴亚院从事反谍工作。林衔命从香港直接到厦门向日本军方报到。闽南站根据局本部密示，派王兆畿在草屿与林秘密接上头，并拨一部电台归其潜伏使用。林顶立到厦之后，以发展"兴亚院"的人事关系为名，将厦门中上层有影响的人士拉入秘密组织，参加爱国工作，组织"同声俱乐部"于鼓浪屿，作为联络场所。华侨资本家黄钦书、允升布店老板林文火及名医生林遵行等都被秘密吸收为情报人员。这个组是闽南站对敌工作最出色的一个组。日本投降后，这个组论功第一，林顶立受到军统局的重视，提拔为赴台接收的第一任军统局台北站站长。

3.厦门预备组(或厦门第三组)。该组未进厦门，只潜伏在浯屿，依靠伪军头目莫清华、莫清芭兄弟的保护进行活动。该组原系驻闽绥署情报处的一个海外组，情报处裁撤后，即拨归闽南站指挥。

(文字来源：福建省情资料库)

二、保护抗日人士，成立福建救亡同志会

相关链接

"福建救亡同志会"，是在连贯、王雨亭、张圣才等人的倡导下成立的。估计是一个以共产党人为主，中统、军统及其他党派的爱国人士都有的组织。圣才先生说主要是他去联系的，他的确是一个奇妙的轴心。圣才先生参加军统工作初期，就利用军统身份保护大量去内地宣传抗日的爱国人士。这些人士有大量的热血青年，当然包括大量的共产党员。根据林华先生考证，在圣才先生办的《抗日新闻报》中担任印刷工作的潘文川是台湾人，潘文川是当年厦门秘密抗日组织"血魂团"的后期领导人，同时还是厦门"台湾同胞抗日复土总同盟"的领导人。

从张圣才先生惊涛骇浪的一生，可以看出他没有多少党派观

念，即便是他们的“中国生产革命党”，他的观念是只要对国家对大局有益的、可促进社会和平发展的事，他就积极去做。他的思路，常常走得很远，用他儿子张石生先生的话说，“他做的事，提前量总是太大”。

圣才先生很少鼓励别人参加军统，但在江公怀的影响下，抗战阶段却与张超一起送了一大批青年到湖南临澧，参加余乐醒主持的军统干部培训班，可能是想用优秀青年来改变军统特务的下流形象，也可能是后来他们明确提出的“社会很黑暗，但底层的力量有限，(好人)要先爬上去才有力量改造社会”(大意)。

这个想法还是天真了，人是会变的！

大概当时的人，是不会想到屁股决定大脑这样简单的事儿。的确，光明磊落的人，多半与军统那些阴暗伎俩格格不入。学习搜查逮捕、暗杀、绑架等技术，对于满腔热情、一心要参加抗日工作的青年，无疑是一盆冷水劈头而来，比如强悍的惠安青年、后来的中共烈士张强(张醒亚)，就是一匹典型的“套不住的野马”。张强是临澧4期的学生，被戴笠关了几次禁闭后，绝尘而去。但这毕竟是个例。

圣才先生在菲律宾发动华侨支持民军抗日的时候，张超在南平召集民军首领商量“大事”，据余钟民先生叙述，张超有恃无恐，与一帮土匪在南平聚会，大吃大喝，响动闹得很大，结果这个计划被蒋介石毙掉了。

* * *

我到厦门的时候，抗日运动轰轰烈烈，在共产党领导下的人，相当活跃，但那时厦门军统的人，与中共领导的抗日团体不太合作。许展

早期厦门大中路(林雈提供)

新是厦门的一个学生,那时在做头头,对军统闽南站有顾忌。他叫黄育情来找我,争取我去参加他们的会,因为我要是去了,有个军统在里头,他们就比较不敢怎样,我当时的身份是公开的。

所以我刚到厦门,他们就叫我去了。那天,黄育情来说要召开三四十人的、各界人士有关抗日的会,那名称我就忘了,请我参加,我去了,我参加这个会对地下工作的人有帮助,那个会里肯定有军统的人。

我认为蒋介石抗日早晚要投降,我们一定要发动群众,做到他欲投降而不能,这是在上海就定好了的一个意见。

于是我就办了报纸,叫《抗日新闻》,天天出版,一天一期,和现在的《参考消息》一样大,一方面宣传抗日,一方面还有其他作用。

那时陈仪反对抗日,尤其反对群众参加抗日运动,尤其在内地镇压得很厉害。陈仪是福建省主席,厦门有一些人想去内地宣传抗日,有的被抓,有的被赶了回来,他们不一定都是共产党,一些是咱们的人。于是我就以《抗日新闻》为由,做了一百多个记者证,做得很漂亮,让大家带着，到内地，做《抗日新闻》。

这样，就保护了一大批人在内地活动。

闽北站的张超，和我一起计划将全省的民军组织起来，参加抗日。张超的意思是说，这些民军当然是土匪，如果不管他，肯定会让日本人利用；如果能组织起来，有领导，就是抗日的力量。所以张超就去找戴笠，说要将民军组织起来，这就是力量，是可以掌控在手里的力量。

陈仪反对得很厉害。张超与陈仪向来有矛盾。

张超已经到南京和戴笠说好了，让戴笠带他去见蒋介石，蒋介石也同意了。回来碰到陈仪百般阻挠，张超就叫我去菲律宾，发动华侨来拥护支持收编民军的事儿。

所以我 8 月回厦门，11 月初就准备去菲律宾。

到香港转机，碰到庄希泉。那时他算是台湾人，当时抗日的人对台湾人很有一点顾忌，所以他都没有出面来活动，但我很了解他，他也与我很相知，介绍我给连贯。连贯那时是华南局驻香港的负责人，意思是我与共产党有一点联系，请连贯与我联系。

那时连贯建议组织一个"福建救亡同志会"，宗旨是在香港与海外组织一些华侨青年，回到福建宣传抗日，因为那时陈仪反对群众活动，我们利用华侨力量回来活动，他也许比较难以迫害。连贯叫我参加发动组织这个福建救亡同志会，那时是以国共合作的名义，所以中统、军统，所有的爱国力量，都来参加，总数一百六十多人，大部分人是我去联系的。

福建救亡同志会成立后，在会中吸收十八个人为核心组织，军统、中统都有，也有第三党，还有共产党外围的人。

陈雪华、黄清淮、赖文清、连谋、我、胡西冷，这些人啊，有许多是第三党，组织根本就是个混合组织。我们掌握一条，组织成功后，就组织福建救亡同志会的回乡工作团。陈雪华带头，他是团长吧，黄清淮做秘书，十几个人回福建。另一方面，派人去东南亚壮大发展组织，我去菲律宾也是有这个任务，发动华侨拥护改编民军，一方面为香港福建救亡同志会发展分会。

在菲律宾，头一个任务很好说(办)，菲律宾那些人民团体，比如总商会等都有我们的人，一说要整编福建民军，都动起来了。其实过去华侨是很痛恨民军的，因为他们是土匪，经常抢劫华侨，但因为抗日顾全大局，若不收编，他们会变汉奸，若收编得好，可能变为抗日的力量。

他们请我去做报告，一说，就通过了，华侨总商会一通过，其他地方就没问题了。我们达成的协议是，何时成立部队，他们就立刻电报拥护，这个任务就完成了。然后，在菲律宾也成立了福建救亡同志会，我就回来了。

我 12 月 30 日到菲律宾，(次年)4 月 26 日回福州。

这一走四五个月，任务算是完成了，回到福州当然是向张超汇报工作情况，张超那时正备受打击。我去的时候，他召集了三四十名民军首领，有两三万武装，他带着这些头头去南京，让戴笠带到蒋介石那里，蒋介石鼓励他组织并改编民军；这边呢，回到福州，就到南平租了个大房子，要抽调这些民军干部去训练，他的意思是干部训练好了，再组织部队就没问题了。

蒋介石与戴笠没出钱，费用是张超去借的，好几万呢，房子摆设都做好了，这时蒋介石突然下令停止，不准活动，收编的计划就这样做不下去了。

这时张超接到军统局的指示，叫他转派一百个福建青年到临澧参加训练班。

那时张超在福州准备一部分人，另一部分要招闽南学生，这任务交给我做。我那时刚从牢里出来不久，所有青年的关系都断了，没什么人可介绍，但这个事情对抗日救国有利，军统又是蒋介石的重要机构，蒋介石如果要投降，军统是第一会投降的，蒋介石如果要抗战，军统就肯定抗战。

假如能利用这个机会保送我们自己的青年去受训，万一蒋介石投降，我们这些人在里面，总能起点好作用吧；起多大作用看当时的形势，但有自己的人深入到特务机关里面总是好做事儿吧。

于是我就叫张迁、张天昊到闽南各地找人，介绍十几个学生来参加培训。这些学生，明确是革命同志的，头一个是张强，这个人后来去苏北参加共产党，再回福建打游击。另一个是庄毓英，解放战争时在惠安起义，逮捕了国民党的县长，其余几位政治倾向不明，但都是站在抗日立场上。至少是我的关系，必要时我想自己是可以支配的，这是我支持这十几位青年做军统的原因。

受训的人送出去之后，碰到厦门沦陷。

附录一

《江声报》1938 年 1 月 12 日讯

黄其华许春草王雨亭张圣才自港抵岷，向侨胞报告福建国防情势及募集救济捐款

岷讯：漳厦各界劝募难民救济金代表许春草、黄其华，于本月 2 日偕福建救亡同志会代表王雨亭、张圣才抵岷。查许、黄本于前月中旬由厦赴港，拟即转轮来菲，适旅港福建同乡会庄成宗、林霭民、赖文清、江公怀、陈荣芳、陈国宾、连谋等，有救亡同志会之组织，特挽许留港赞襄。现该会已正式成立，并于 1 月 1 日，选派青年 20 人，组织回乡工

作团，由陈雪华、黄清淮率领回闽工作，许、黄始行来菲。

许为福建国民党老前辈，历任闽省党务主任、福建讨贼军总指挥、厦门建筑总工会会长及中国婢女救拔团主席，此次以六十有四之高年，躬临菲岛，为难民请命。黄其华为厦门双十中学校长，在厦鼓致力救亡运动，现任厦门抗敌会委员，兼宣传股长。

据黄谈，彼等此次来菲，主要任务在向侨胞报告福建国防之情势，及阐明今后救济难民之重要，同时代表漳警备司令黄涛师长，慰问侨胞。至于募集救济捐款之办法及保管，仍待当地侨胞缜密考虑，负责进行。彼等并无直接收款之手续云云。许、黄现在本市中华基督教青年会，即将分访各界领袖及各团体，商议进行步骤。

（《厦门抗日战争档案资料》，厦门大学出版社 1997 年版）

三、接手军统闽南站站长

相关链接

军统名声不好众所周知，但历史地看，残忍嗜杀的戴笠的确是奇才。

所谓奇才不仅仅指他过人的敏锐与斩截，还在于他不拘一格用人。抗战时期，军统亦是统战，除了在中上层人士中广觅人才，还尽可能收编一些可以利用的武装力量。在福建主要表现为积极收编民军，发展抗日的武装力量。第一次收编由张超报蒋介石批准，张超主持。圣才先生到南洋组织华侨捐款，辛苦工作了一段却因为张超被杀宣告失败。后来戴笠又派张弛去收编在南竿唐的伪军张逸舟。事后戴笠亲笔写信，与做了多年海匪的张逸舟称兄道弟，鼓励他“发扬我中华正气”，“愿兄勉之”。当然这些武装能起多大的作用，仍然是个问题。

戴笠在抗战期间曾五次到福建布置工作。

在情报方面，军统当时吸纳了相当一部分地方社会精英参加抗日工作，比如在厦门由原台湾军部的特高人员、黄埔军校毕业的林顶立领导的“第二组”，就吸收厦门中上层许多有影响的人物参加情报工作，比如著名爱国华侨黄奕住的长子黄钦书、德高望重的私立鼓浪屿医院院长林遵行和允升布店老板林文火等。可能因为高智商的缘故，这个组是“闽南站对敌工作最出色的一个组”。

戴笠原本答应圣才先生不让他介入国内政治旋涡，也知道陈式锐等与圣才先生的矛盾，但厦门沦陷，闽北厦鼓组撤销，闽南站骤然崩溃，军统临时命闽北站“厦鼓组”的张圣才先生接手闽南站，据说这是张超向戴笠建议的。

当天张超和圣才先生到陈仪那里申请汽车回厦门，陈仪不准，说了一通怪话；千辛万苦到厦门之后，效忠于原站长的特务们纷纷抵制新站长。好在圣才先生并不必全用军统的人，他动用自己平时的社会关系，迅速恢复闽南站的工作状态。

* * *

1938 年 5 月 10 日，日军登陆时，驻军 75 师无抵抗撤退，军统闽南站站长沈觐康、陈式锐仓皇出走。所有闽南站机关的东西散失，电台被破坏，因此闽南站在厦门的总部等于没了，闽南军统的工作一时陷入停顿。

日本人登陆后又过 5 天，5 月 15 日，军统给我一个电报，叫我做军统闽南站站长，接陈式锐、沈觐康放弃的组织，叫我在漳州恢复闽南站站部。因此，我就从福州到漳州来。那时公路都被自己人破坏了，我没车可坐，只能有时坐轿，有时走路，走到漳州已经是 5 月底 6 月初了。我正在布置闽南站站部的时候，发生张超被陈仪枪毙的事，同时陈仪也要抓我，事情经过大概是这样的：

我正在漳州着手恢复闽南站的事儿，本来站里的人只有少数人来报到，因为他们是前任陈式锐沈觐康的关系，有一点要抵制我的意思，来报到的人很少，比较重要的有，柯鸾生、马少华。他们报到之后，我在漳州还没找到房子来设站部。闽南站漳州组的组长是柯鸾生，他对我很好，我一去他就来报到，之后，说闽南站既然没地方办公，就在漳州站办公吧。

所以我不但在漳州站办公，也常常到他家。

军统局给我一个电报，说闽南站厦门组的电台要尽快恢复。厦门总站撤退之后，厦门组也四散了，电台也没了，所以厦门消息不灵，那时日本人刚刚攻占厦门，特别需要了解厦门的情况，因此要我派一个人到厦门找原来厦门组的成员，尽快建立电台。

那时马少华与我较好，军统电报也是说要派他去厦门恢复电台，马少华一看到我，眼泪下来了。马少华是马约翰的弟弟，厦门人都认识他。他说："我是不能去厦门的！"

我赶快打电报给军统局，马少华的情况这样，他是不能去的，只能我自己去了。我的电报发出后，就在海沧准备了一周，偷渡到鼓浪屿。与我去的一个是蔡玉水，一是林再波，他们不是军统的人，但热心抗日，他们与我都很好，是很久的战友了。

他们两人都带武器，保护我到鼓浪屿，天要亮时到内厝沃登陆，接着到笔山路 9 号王雨亭嫂家。王雨亭是菲律宾《先驱日报》的创办人，他的夫人雨亭嫂，我与他们都很熟，她和我的家属也都来往亲密，真正是热爱祖国的人，所以我一下子就到他家。

雨亭嫂住笔山路 9 号地下室。我去的时候，她很怕，说："你怎么

王雨亭当年在鼓浪屿住处亦足山庄(泓莹摄)

能来鼓浪屿？你来做什么?”

我就告诉她我的任务,当时叫她帮我做几件事,老同学吴着盃牧师过来,我告诉他,我是为了恢复电台来的。那时他是鼓浪屿国际救国会的总干事。国际救国会是厦门沦陷时,许多难民跑到鼓浪屿来,他与教会的人一齐出力发起组织的,主要是帮助从厦门跑过来的难民。

这些难民有一两万人吧,他们得到外国人的支持,就将难民安排在礼堂和学校及其他空房,搞伙食,弄住处,准备医药救急。这个国际救助会,当时在厦鼓,实在是很重要的组织,吴牧师做总干事,声望很高,得到教会和外国人的支持,行动相对比较自由。

吴着盃来的时候,我就告诉他来意,他说:“我要替你做什么?”

我说:“赶快帮我找个安身的地方,秘密一些,避免让别人知道,能住一周以上最好。”

他就赶快去找杨家园 3 号楼，当时是空屋，只有姓蔡的夫妻住在这里。这个姓蔡的是教会兄弟，也是吴牧师很熟的，他就带我去躲在地下室里，暂时我就安定下来了。

我叫蔡玉水、林再波到外面联系闽南站失散的人。不久就联络到厦门站厦门组组长陈东松（音），他秘密来杨家园看我，我就将我的任务告诉他，叫他赶快想办法，搞电台，联络失散的人。我拿了一些钱给他，然后让他每天到杨家园来汇报。

经过一周多努力，厦门组的电台和组织就恢复了。

附录一

王明爱口述

“七七事变”后，我和母亲带着在马尼拉出生的四弟返回鼓浪屿。这时我们家已经搬到笔架山脚的笔山路 9 号，我们住的这幢洋楼是安南（现越南）华侨的产业，挂的是法国旗，“厝主”娘年纪不小，装束长相都像番仔婆。

我当时只知道圣才叔来过，长辈来是大人的事，我们是不能过问的，所谓小孩儿有耳无嘴嘛，母亲的嘴巴也很严。后来在菲律宾和圣才叔在一起，才知道他当时是让母亲帮他联系一些人见面。

我最近看到鼓浪屿老建筑的明信片，才知道那还是有点名气的“亦足山庄”。那年我未到九岁，我家住在底层，就是地下室吧，左边住我们王家。右边是何剑桓先生一家，那是文化人，一家人都斯斯文文的。

平时就何先生娘带着四个女儿，年纪和我家五个孩子差不（多）

王雨亭部分家庭成员，前排左一为王明爱(王明爱提供)

大，正是玩伴。楼的左围墙外，是直上笔架山的小路，很窄，很陡，有不少台阶，是鼓浪屿典型的山路。楼的右边有水井、洗衣槽，种了不少洋桃和番仔荔枝。

楼的对面，马路另一边是野山坡，长着野草和虎莓，是我们抓草蜢(蚂蚱)的好去处。坡底右边是民宅小平房还有英华校舍；左边是英华中学的大操场，近处是足球场——那时番仔水兵常来和英华学生踢球。远处是篮球场。球场左边又是英华的建筑群。

附录二

刘浑生关于军统闽南站的回忆

1934—1937 年，是闽南站的开创和发展时期。1937 年全面抗战爆发后，该站为适应战时需要，将站本部移漳州，厦门各组留下转入潜伏状态。此时连谋他调，站长遗缺由陈式锐接任。

1938 年 5 月，军统局忽派张圣才接任闽南站站长，这引起陈式锐等的严重不安。张圣才原是《厦门日报》的发行人，曾参加过“闽变”，1935 年因陈式锐(陈系张的同学、同乡兼好友，原是《厦门日报》总编辑)检举他勾结中共等情事，军统局命令闽南站将他逮送南京下狱。未料张圣才竟被派来领导闽南站(当时厦门已经沦陷，军统局因急于要张圣才布置敌后工作，才派他担任站长)，陈式锐一伙哪能不惊愕呢?

原闽南站人员采取“不报到”手段抵制新站长，只有漳州组组长柯鸾声向张报到。张圣才将宿舍作为办公处所。不料柯鸾声突然失踪，张须赶往鼓浪屿部署那里的潜伏组工作，对抵制行为一时不及深究。待张返漳，又得通知，原闽北站站长张超已被陈仪杀害，此案牵连到他(陈仪已下令缉拿他)，军统局调他去上海任军统上海区情报组组长。张圣才离漳后，遗下闽南站站长一缺，军统局仍令陈式锐留任。直到 1941 年太平洋战争爆发，陈调缅甸工作，所遗站长一职才改由陈达元接任。

七七事变后，闽南站根据局本部的指示，准备在敌后布置潜伏组织。鼓浪屿有一组潜伏人员，系利用兆和酱油厂为掩护，一般就称之为“兆和组”。闽南站指派原兆和酱油厂经理陈清保为组长，1938 年 5 月厦门沦陷，闽南站仓促退往漳州，厦门人员逃避一空。张圣才到漳州接收后，立即赶去厦门，先到鼓浪屿找到兆和组成员，并布置任务。

兆和组利用厦门沦陷后鼓浪屿仍是租界的特殊地位，工作开展颇为顺利，机关人员相对有所发展。

福建省政府调查室，是军统设在福建省政府内的公开单位；它的功能是协调福建军统组织与省府之间的工作联系。它的成立，是有其特殊历史原因的：自福建省政府主席陈仪杀了军统闽北站站长张超之后，军统与他结下血海深仇，双方关系一直很紧张。1941年省主席换了刘建绪。刘到福建之先，主动找戴笠修补与军统的关系，即由戴笠派与刘建绪同属湖南籍的易珍来闽工作，由刘建绪发展易珍为福建省政府调查室主任，协调军统在闽的工作。闽南站站长陈达元自感已在闽南打下基础，可以呼风唤雨，自成气候，不须仰易珍的鼻息，凡事直接请示局本部，不把易珍放在眼里，双方从此产生矛盾，久不相容，一直拖到军统总改组才不了了之。

（来源：福建省情资料库）

四、张超之死

相关链接

有能力但轻狂无比的张超，终于死于刚愎自用的"外省人"陈仪之手。

张超之死，与他自己的狂妄与幼稚有关，与戴笠和陈仪等政学系的矛盾也有关。张超之死，戴笠在福建断掉一只手臂，他原指望张超在福建替他先拉起一支"抗日武装"，张超亦的确正在积极张罗中——当然戴笠也很厉害。据余钟民先生回忆，当年戴笠要他监视张超，张超闽北站站长被撤，与余钟民的监测与汇报就有关系。张超当时在福建实在太狂妄太肆无忌惮了，戴笠要调他到上海，与杀人不眨眼的赵理君等为伍。戴笠用人，的确没有道德底线，但知道在非常时期恰如其分地用非常的人才。

狂妄的张超杀别人、陈仪杀张超、军统杀向陈仪告密的谢荫波，不愿意倒陈仪的高诚学正踌躇满志，不觉杀机已近……轻易地杀来杀去，不经任何法律程序，转瞬之间人头就落地，是当时这个国家政治极不成熟的体现。

乱哄哄你唱罢我登台，私愤与公仇混为一团。

这就是当年的福建政坛，清流当然是有的，即便是一个人身上，亦是清浊混杂。客观地说，张超与陈仪的矛盾，表面上看起来是“大福建主义”也就是地方主义和政学系陈仪的政治摩擦，个人性格因素还是不可忽视。

与张超关系密切的圣才先生，顿时卷入错综复杂的派系斗争，这是无可奈何的、他最不愿意发生的事儿。张圣才到闽南站工作不过是一两个月，就经历了血淋淋的几个惨案，很显然，他比第一次出狱之后更不愿意待在闽南。而戴笠怕他自己去对付陈仪，就将他调到上海去了。

* * *

之后，我从海沧嵩屿偷渡到漳州。那是1938年6月21日，我接到杨天福从福州打来的电话，他说：“张超被陈仪逮捕、枪毙了，陈仪还要找你，你要注意。”

张超为什么会被陈仪枪毙呢？之前我说过，张超要收编福建民军，陈仪反对。张超已经带首领们到南京见蒋介石，蒋介石当面答应了，要收编，南平的训练班钱是张超筹备的，非常费力，花了许多钱。陈仪则通过何应钦关系去阻挡，蒋介石又反悔了，叫戴笠通知张超要停止收编。

张超非常愤怒，一定要对付陈仪。

军统局怕张超在福建生事，决定将他调到上海做上海区区长，但张超不去。张超也不是不去，是一定要先与陈仪较量一下，所以就留在福州。我要去恢复厦门组的时候，张超发了个电报给我，他说陈仪要以绥靖公署主任的名义撤宋天才的职，因为宋天才在厦门沦陷的时候表现不好，叫我去找宋天才，说如果与我们一致反陈仪，我们就通过军统局保他的职位。电报还说，中央军福州80师的师长陈琪的观点与我们一致，叫我赶快抓紧办这事。

电报来的时候，我真是不以为然。

其一，这个电报有点像从福州保安处电台发的，他们的电台是和省政府一起用的，咱们所有的电报打到保安处，省政府马上就知道了，消息可能（已经）漏了出去。其二，我与宋天才不熟，不是有交情的人，与他说如此重大的事情极不合适，所以我通知杨天福，叫他对张超说，这个事儿不能这样做！

但事情已经来不及了，我从厦门回来，天福电话就到了，说陈仪要找我，他……叫我要注意！

我那时是军统局闽南站站长，这时闽南站还没完全恢复，我有任务在身，不能轻易离开，因此我不敢离开漳州，住在九龙江里，雇一只小船来办公。

那时有人来通知，75师来的，说陈仪有电报过来，是给75师参谋长的，姓范，他听过我的名字，但没有交情，陈仪这电报是拍给他们的，要逮捕张坚才，电文中“圣”打成“坚”。他们知道这是派性斗争，就回电说，找不到张坚才，张圣才要不要？这个电报多少拉了一些时间，陈仪就没有逮到我，范子明找人告诉我要小心，我就一直在小船上办公。

又过了一天，戴笠打电报来，说陈仪枪杀了张超，还要逮捕我，叫我赶快离开漳州去汉口，把任务移交给原闽南站站长陈式锐。

我5月15日接到军统电报做闽南站站长，到6月初重建站，离开漳州是6月底，前后只有一个月多一点儿。我当军统闽南站站长，短短的时间里，有几件事值得一提：第一是漳州组长柯鸾生被绑架；第二是厦门站和电台终于恢复工作；第三是碰到张超被陈仪杀害，我本人也面临逮捕的危险。

几乎没啥成就吧。

这里顺便交代一下柯鸾生。他是军统局漳州组的组长，之前我并不认识他，但他对我的情况是清楚的。我到漳州他很快就来见我，我做闽南站工作，他很努力帮我，告诉我许多闽南站的内幕情况。他知道陈式锐与我有矛盾，也就说了许多陈式锐的事。

柯鸾生对抗日战争是很坚定的，抗日工作他很出力，事实上他是共产党人，深入军统内部做事。这个情况被漳州复兴社人知道了。

那天晚上，漳州复兴社的人来了。他们打听到柯鸾生与三个共产党员在家里开会，复兴社的人就组织蒙面贼六七个，绑了他们，随之灭口。其他两人也遇害，这事儿就交厦门去处理。我回来还没来得及处理，就碰上张超被枪杀的事，自身亦不能保。对柯鸾生的情况，后来才知道他死于复兴社三个人之手，这三个人是王炳南、郑重录、林春风。

我到香港，没有马上去汉口。原因是香港许多同乡听说陈仪杀害张超，再加上我说了一些情况，知道陈仪是亲日派，在福建反对抗日，反对群众运动，对抗战持怀疑态度，一味要与日本人讲和。香港的同乡很愤激，留我在香港组织反对陈仪、驱逐陈仪的事，我们发宣传单和宣言，从海外打电话，反映陈仪反对抗日的情况。

这些事儿做得相当露骨(公开)，为何军统局不反对呢？原因就是戴笠对陈仪也是有看法的，但又没法对付，因为陈仪是政府大员，又是政学系的领袖，戴笠真是没法给他皮痛，我在香港所做的，则是因为他反对抗日，我们揭露他投降派的行为。

我8月9日到汉口，见到戴笠。戴笠一见我，表现得非常痛心，说张超死的时候，他找过蒋委员长。他说："我跪在蒋委员长面前痛哭流涕，张超被杀，我的事儿就不要做了，我没面见人，军统局我也领导不了了！"（据林知渊《政坛浮生录》，戴笠这些动作都是做给部下看的。原文载于《福建文史资料》第二十二辑——泓莹注）

蒋介石对他说："你干吗要这样，难道我无法帮你么？没办法替你做主么，难道你就不相信我这个委员长么？"蒋介石下了一条命令，将配合陈仪杀张超的福建保安处处长叶成，扣到汉口。戴笠说："现在叶成正在审问中，我一定要为张超报仇，你自己不要有什么行动。"

他是怕我自己去对付陈仪。

附录一

缪品枚《高诚学死因之谜》节录

引荐高诚学的福建军统头目张超，自恃戴笠权势，骄横跋扈，独断专行，先后策划了谋杀陈仪亲信协和医院院长黄丙丁、福州电业公司经理刘骏业及其族叔刘崇伦事件。陈仪开始怀疑张超。由于张超处事睥睨自负，盛气凌人，也招来军、警、特同僚的猜忌，他们联合告发了张超，张超闽北站站长职务遂被撤去。

当新的任命还未到达时，张超转而从事拉拢地方土匪武装的工作，想在古田县水口镇创办东南游击干部训练班（因民军首领钱玉光是古田水口人），这个打算遭到陈仪的否决。不久，戴笠下令调张超到上海军统机关任职。在尚未成行之际，张超着手布置"倒陈"行动，张贴传单，历数陈仪十大罪状，鼓吹"闽人治闽"（陈仪是浙江人），驱逐陈仪。并准备采取军事行动，以林荫的两个水警中队为基础，扩大长乐、福清、平潭一带的土匪武装，见机行事。

林荫得到命令，感到张超此举关系重大，跑去和高诚学商量。高诚学此时对陈仪知遇感恩之情，已胜过张超的引进关系，认为“倒陈”之事万不可为。当政和县县长谢荫波把张超密谋告诉陈仪时，陈仪大怒，立召高诚学查问，高以实告。陈又召林荫讯问，林荫亦和盘说出张超的秘密部署。陈仪愤怒至极，即以“阴谋叛乱”“反抗政府”“破坏抗战大计”等罪状于 1938 年 6 月杀了张超。

各省军统头目为地方政府所杀，张超是第一个。戴笠见心腹被杀，恼怒至极，即在蒋介石面前请求为张超申冤，下令把福建省警察局长李进德押往汉口，省保安处处长叶成撤职法办，并电责陈仪：“杀张超之所为，完全目无中央。”在军统为张超报仇的口号下，政和县长谢荫波当即断送了性命。有出卖张超之嫌的高诚学死期也只是时间早晚问题了。

（来源：福建省情资料库）

附录二

刘浑生关于军统闽南站的回忆

柯鸾声原是漳州的一名记者，后参加闽南站工作，陈式锐任他为漳州组组长。1938 年 5 月厦门沦陷，闽南站仓皇撤退，潜伏组没有接上头，竟一度与敌后电台联络中断，局本部认为事态严重，立派张圣才往接站长职务。因原站长陈式锐的抵制，只有漳州组的柯鸾声向张圣才报到，柯不久即被绑架失踪。

据张圣才回忆，柯鸾声是在 1938 年 6 月 6 日晚 10 时左右，被一群蒙面盗绑架，当晚被活埋的，距张接任站长只有六七天。张接到柯鸾声家里的电话后，连夜去请杨逢年和蔡竹禅两先生帮忙调查。天亮时，杨逢年告诉他："柯鸾声及同时被绑的 3 个朋友，可能已死。"他即将情况电告军统局。那么，那些蒙面盗是谁？为什么要暗杀柯鸾声？据沈汇川回忆，柯案发生在漳州柯行内(地名)柯鸾声家中。

被绑架的是柯联魁、柯鸾声、高岗山等 4 人(另一人姓名已忘记)，据说他们都有共产党嫌疑，故当时外间都认为是"被反共单位所谋杀"。沈君还说，1943 年他在龙溪查缉所工作时，听同事郑赐福说：他姐夫柯鸾声是死于同室操戈，戴笠答应过陈式锐，要相机为柯鸾声报仇。

1946 年 4 月 1 日沈汇川在厦门参加由闽南站主持的"公祭大典"，在会场上悬挂的军统在抗战期间的死难烈士相片中，柯鸾声的遗像也赫然在内，而且在所附的传略中，还指明是被林春风所害。

张圣才回忆说，1943 年他在菲律宾工作时，曾从蔡大文(估计是"燮"之误——泓莹注)口中得知，那批蒙面盗是当时复兴社在漳州的负责人戴仲玉、林春风等派遣的，他们把柯孪声当共产党处理。又据李松辉回忆，1945 年初他在长泰县任警察局长时，闽南站派祈振耀带一批便衣(行动组人员)来长泰找他，要求派便衣会同他们去暗杀林春风，为柯鸾声报仇，他未予合作。那次林春风虽然得以不死，但后来还是被长泰县长陈文照以通"匪"罪名所杀。

(来源：福建省情资料库)

附录三

黄猷口述：焦国楹回忆张超被杀事件

陈仪早就要预谋杀张超了，把张超抓起来之后，军法审判，审讯的人是朱文伯。朱文伯早年留学法国，学炮兵的。他是青年党，不是国民党，陈仪很信任他。审讯的时候，朱文伯问："你有没有跟日本人勾结？"张超自信戴笠会来救他，傲慢得很。拒绝回答任何问题。现场就记录：没有否认。朱文伯又问："你有没有做汉奸？"张超还是不回答，现场还是记录：没有否认。

就这样，推出去杀了。

这是焦国楹告诉我的张超被杀(实况)。焦国楹原来是十九路军的一个营长，当时是刑场警卫，也就是监斩的。

第十章

/ 在上海的情报工作 /

一、代张超去上海

相关链接

张超之死，于圣才先生应该是很严重的刺激。

代张超领导军统在上海的福州组，于圣才先生来说，心情应该十分复杂。本来他不愿意介入国内政治，但一环紧扣一环的险象，使得他身陷其中而不能自拔。这些福州组的人，大部分是当年他们派到上海的，准备潜伏到敌伪组织的有志青年。戴笠将张圣才派到上海做第七组的组长，想必也有许多想法。

圣才先生在这里遇到"老朋友"蔡诚仁。蔡诚仁与台湾军部的土桥可能在处理"鹭江轮"银子这个问题上，有许多猫腻。历史在这里拧了一个谜团，这个谜团，即便是号称"张天师"的圣才先生，也是解不开的。据笔者查阅的资料，1935 年 8 月，土桥晋级为陆军少将，1938 年晋级为陆军中将，任宇都宫新编守备单位第 22 师团长，派驻杭州守备。1940 年，参与 13 军团司令官藤田进组织的江南作战，后为驻山东第 12 军司令官。

曾经是土桥忠实"跟班"的蔡诚仁，这时在日本片山机关做事，土桥蛮贪钱的，他利用蔡诚仁在上海挣钱。有片山与土桥，还有曾经作为日本驻广州领事馆武官、后来任华南特务长的和知鹰二大佐做后台，蔡诚仁在上海颇为风光，但这款风光恰恰是双刃剑。戴笠主持的军统，在上海行刺汉奸，血雨腥风阵阵，聪明过人的蔡诚仁一点一点嗅到危险气息，同时见中日开战，作为中国人，心底大概也被唤起了一点点良知。

在圣才先生的导引之下，多面人蔡诚仁无代价为军统提供情报。

蔡诚仁的特务上司和知鹰二，此时是土肥原下属之一，这个人似乎颇有一点反战倾向。根据杨天石先生的考证，1940 年初，日本军部部分人士认为依靠汪精卫很难结束对华战争，力图在国民政府内部寻找诱降对象。他与易敦白、孔祥熙等都有过试探性的会晤，但此时中方态度强硬，和知鹰二的态度代表日本元老派的观点，他的努力收效甚微（杨天石：《抗战与战后中国》，中国人民大学出版社 2007 年版，第 246 页）。此时日本人对汪精卫很不满意，并不希望他们自己扶持的这个伪政府强大起来，倒一直在寻找替代汪的人，这可能就是和知鹰二后来将林知渊引诱到台湾去的原因之一。

和知鹰二后来做台湾军部参谋长，1942 年参加攻占菲律宾战役，1943 年晋级陆军中将。1944 年 3 月就任南方军总参谋长。太平洋战争结束之前，为某种政治目的，和知鹰二和蔡诚仁在马尼拉登报，以圣才先生儿子张石生的名义，"寻找父亲张圣才"，此是后话。

* * *

戴笠本来要调张超去上海的，现在张超死了，上海有一些福州的工作人员可以成立一个组，戴笠就叫我到上海领导福州组。为什么呢，因为当年张超介绍了一组人去上海，有的是积极的爱国者、有的是有可能混到伪组织里活动的人、这些人在上海等张超。

张超死了，无人可领导。戴笠就叫我去。

我 1938 年 8 月到上海，1939 年底离开。这一年，所做的事大概有这些：

上海军统局有一个区，由区长领导，成立了一个第七组，我就是第七组组长。领导张超在福州选派的，准备到上海深入伪组织里的人，总共十几人，都是过去在政治上有名誉的人，所以与敌伪方面能深入接触。我到上海后，主要任务是用各种办法派福州同志进入南京、杭州、上海的敌伪机关，有的在省政府，有的在杭州市政府，有的在上海市政府，也有一些在宪兵部里的，主要是做情报。他们都忠诚爱国，做得不错，取得了许多重要情报。这是主要任务。

其二是我碰到蔡诚仁，我到上海的时候是公开的，所以他一下子就知道了。

蔡诚仁，就是当年与土桥到福州活动、后来帮助高诚学到台湾的那个人。这时在上海，他在片山特务机关做事，看情况是一个有相当级别的干部，说的话算数，片山能接受他的意见。蔡诚仁在上海还有另外一个背景，他的背景是土桥中将，土桥中将现在是日本驻上海、南京、杭州部队的总司令。

土桥，就是当年在台湾军部做高参的土桥，他与蔡诚仁关系相当密切。

土桥利用蔡诚仁在上海挣钱，加上片山机关也是很强硬的，蔡诚仁因为有这样的背景，在上海相当吃得开。他一方面是片山的人，一方面是土桥的人，相当有势力。他做了两个夜总会的顾问，也就是保镖吧。那些夜总会很大，一年赌博输赢上百万，收入很多钱，不过他赚的钱，主要是给土桥，一部分给片山，自己当然也留了一部分，钱不多，但势头很大。

蔡诚仁来找我，问我为什么到上海。我说我过去反对蒋介石，蒋介石抓了我三次，这次抗战开始他仍然将我当作敌对分子。我站不住脚，打算去南洋，厦门已经沦陷，已经没有船出去了，我到上海是准备等船到南洋去的。

他说他当时在上海，都还顺利，但有一点顾忌，这时上海常暗杀汉奸，主要是杀台湾人和日本人，暗杀之风相当盛。他在上海算是中方人物，很多人认识，所以出入相当危险。

他来并不是叫我做事，是朋友之间交谈而已。

我问他谁在搞暗杀，他说是军统局的。我又问他谁在上海负责，他说是周道三。我就告诉他，周道三我好像认识。他说："你怎么认识他呢？"我说："我在南京坐监的时候和一位叫周道三的人同监，不知这个周道三是不是那位周道三？据我所知那个人就是军统特务，关在狱里实际上同时是在监视这些政治犯，在监狱里我们说话相当投机，有一点交情。"

他说："你若和周道三认识，若能和他说话，能不能替我说点话？"我说："我不知道他住在哪里，你把他的住址给我，我来试试看。看是不是南京那个同监的人，如果是就好说话。"他拿出本子，抄了周道三的地址给我。

我说："你回去，我有消息就告诉你。"

我就和周道三商量，蔡诚仁在上海是这样的人，政治背景当然是台湾军部，这时军部那个参谋长土桥已经是上海、南京、杭州这个三角地区部队的总司令了，蔡诚仁这个人有利用的价值，我想争取他来为我们做事。周道三很欢迎，说他也知道这个人，没什么途径认识而已。

他说："这样吧，你就对他说我果然是你的朋友，看他有什么要求。"

我就去和蔡诚仁说了，说周道三果然是与我同监的人。周道三说蔡诚仁在上海是有名的特务，他如果能和我们合作，一起抗日是很好的，如果肯与军统合作，就绝对保证他的安全。这个意思我和蔡诚仁说了。

蔡诚仁说："合作什么呢？"我对蔡诚仁说："你拿情报给军统上海区啊，就是周道三嘛。"蔡诚仁考虑后说："我要如何拿情报给周道三呢？周道三住的地方日本人都知道，我一去马上就暴露身份了嘛。有谁能替我拿情报吗？”

我说：“叫周道三派人嘛。”他说：“我可信不过他派来的人，万一吃亏么。”蔡诚仁说：“你不要去南洋嘛，你替我做桥梁。我把情报交给你，你拿去给周道三就是了，这样我才放心，要不这情报我是不敢做的。”

所以表面上是蔡诚仁留我在上海的，不是我自己。

其实我与周道三的关系也是蔡的关系，就是说也是从蔡诚仁那里来的，否则蒋介石一派是要杀我的，他的关系由不得我去沾惹。

从此蔡诚仁就经常拿情报来找我，事情做得相当成功，因为他在片山机关里，什么话都听得到。他曾经提供过一个重要材料。他知道蒋介石在特港清阳的两个师，师长姓张，名字我忘了，派人到上海与片山机关交涉，打算投降。那两个师在前线，而且都是正规军。我报告给周道三，军统了解之后，发现果然是真的，就将这两个师调到后方去了。

结果这两个师就投降不成了。

还有一次是汪精卫叛变后，到上海与日本人谈判合作条件。日本人要支持他在南京成立“伪政府”，汪精卫也答应了许多条件。“汪日协议”的初稿在片山机关也有底，蔡诚仁就将“汪日协议”抄出来给我，我拿给了军统。后来证实，虽然草稿不全，后来的协议就是汪日的合同。这个合同稿是杜月笙拿去重庆的，得到奖金两百万。蔡诚仁拿初稿来的时候，军统没有汇报，也许是觉得不重要吧，直至事发，才说蔡诚仁的工作是有效果的。

蔡诚仁在上海，给我们做情报是没有钱的。他颇热心在做，但上海区的区长后来叛变了，将名册拿到日本宪兵队去，才发现蔡诚仁是我们的人，结果蔡诚仁就被日本人押到台湾去了。

那时情况非常危急，但他的背景后盾是土桥，他是替土桥挣钱的，土桥支持他。还有一位和知鹰二，也是蔡诚仁特务的上司，蔡诚仁常有钱给他，于是他们都去讲情，结果蔡诚仁只是被禁闭了十个月而已。

二、深入汪精卫内部

相关链接

林知渊是林觉民的同学，曾经因为参加辛亥革命而放弃到法国学习航空飞行的机会，在福建省是德高望重的政治人物。他是陆军军官出身，有一说是蒋介石的同学，所以“闽变”之后，蒋介石不计较他的“罪过”。林知渊自以为是“无官守、无言责”的人，在福建有些像不倒翁，但从圣才先生的叙述看，林知渊后来在与张超驱逐陈仪一事上，似乎既得罪了陈仪，也得罪了军统，只好跑到香港避难治病，被圣才先生等拉回来打入汪精卫内部。接受这个任务，林知渊可能非常高兴，不明真相，此时异常孤独的汪精卫也很高兴，日本人却不高兴了。和知鹰二原本是日本驻中国领事馆武官，此时是华南特务长，常年斡旋于中日高层官员之间。他将林知渊骗到台湾，林知渊顺水推舟参加伪军攻打汕头，“结果就被抓到重庆去了”。

按林知渊的说法，这是吴奇伟等人做的一次反宣传，消息是新华社发的。

林知渊在《政坛浮生录》一书中叙述这些事件，与圣才先生有些出入，情况比圣才先生叙述的内容复杂得多，比如他两度入台，第一次与和知鹰二在一起；第二次是汪精卫叫他去的，因为王天木叛变，被汪伪政府怀疑，扣在台湾达100天。卷入黄大伟事件后，实际上是被戴笠保护起来，住在歌乐山，后来在重庆市郊授课，1942年8月被戴笠派到兰州“西北边疆研究室”。

作为做反间工作的资深政客，林知渊接触的层面显然比圣才先生更深更广，但从某个角度说，他们各自与戴笠都有单线联系，彼此间有些事情并不知晓，这是戴笠做事的风格，也是情报及反间工作的特殊性吧。这位谍海枭雄甚至擅长表演，比如张超被杀戴笠在蒋介石面前痛哭流涕一事，林知渊就认为绝不可能，是戴笠表演给下属看的。

被命令暗杀汪精卫，最不喜欢暗杀的圣才先生只能认真去做，因为这是抗日。

他请自己的老同学、有暗杀经验的江秀清来执行，这可能就是有些资料所说的重庆方面的人。江秀清在福建早就参加了军统，身兼多职，后来曾带领福州救火会英勇抵抗日军。此时按圣才先生的意思潜入上海，结果出师不利。因为王天木叛变，江秀清和蔡诚仁都被日本人逮捕，蔡诚仁有土桥与和知鹰二作保，很快就放出来了。倒是江秀清，居然动用到当时著名的汉奸周佛海，有意思的是，圣才先生此时竟然忘不了要拉周佛海一把。

身份复杂的周佛海居然接受了。

后来戴笠还专门派人与周佛海接洽。周佛海在民国政府“光复”上海时有一定表现，可惜所谓“起义”，并不能清洗他的罪孽，因为民愤太大，最后还是被叛了无期徒刑。当然戴笠一直待他不薄，戴笠一死，所有的承诺都成了泡影，周佛海不久便病逝狱中。这位中共一大代表，曾经官至国民党中央宣传部长的“能人”，走到这一步的确令人感慨不已。

关于刺杀汪精卫，林知渊还有一段看似恬淡、实则令人惊心动魄的回忆——他本人差点被军统当作人肉炸弹暗杀汪精卫及访日随员（见附录二），不知为何圣才先生只字未提。

* * *

在上海还有一件事值得一提，就是领导想派一个人到汪精卫里面（内部），越接近越好。这个任务交给我。那时，副组长是王艺夫，是我的副组长，后来也起义，是上海市政府的委员，算是革命的同志。他的朋友是林知渊，我和他有来往，但不是亲密的朋友，他更亲密一些。

林知渊本来是福建海军的人，做过福建省政府委员，做了一任又一任，到方声涛时还是。此人交游广阔，是保定军校的学生，与全中国的保定人都有来往，李宗仁、白崇禧他都有来往。他在福州也与张超一起做驱逐陈仪的事儿。张超被杀之后，陈仪虽然没有逮捕他，但林知渊自知危险，深知自己可能被陈仪枪毙。（此处情节与林知渊自述有出入——泓莹注）

军统局则认为张超之死，可能是林知渊先暴露的，因为他当时是张超的同谋。张超之死可能是他告密的，正想与他算账。张超死后，林知渊不敢待在福州，准备去香港。他先到漳州找我，说陈仪当他是乱党，军统也是，福州不能待了，他就去了香港，后来就没有联络了。

王艺夫接到林知渊的信，林知渊说他的难处，本来要去广西找李宗仁、白崇禧，从广州湾坐车到柳州翻车，又返回广州湾治病。现在经济困难，病倒是好了，但没法去广西，也没法回福建，走投无路，他问王艺夫怎么办。

我们正争取弄一个人进入汪精卫内圈。我们了解到，林知渊是很好的人选，他本身就认识汪精卫，汪精卫的秘书太太、太太的姐姐、汪精卫的心腹他都认识。因此我们打电报请他来上海，叫他别回福州也别去桂林了。

林知渊来了之后，我们就一起研究。他很高兴，为了抗日临时做反间，他觉得也很好。

因此我们就派他去了，汪精卫很欢迎。（按林知渊的说法，是戴笠派他打入汪精卫内部——泓莹注）

汪精卫当时是孤家寡人，没有群众、没有心腹。林知渊是福建政界名人，是全国相当有名的政治活动家，所以汪精卫很欢迎他，让他做什么官我就忘了。在这期间，林知渊（在）南京还没啥事可做。有一个日本特务，叫和知鹰二，说："南京还没啥事，台湾很好玩，你与我去台湾玩玩吧。"此中原因是这个日本人与汪精卫不大合作，和知鹰二是汪精卫海军方面的靠山，却又是反对用汪精卫的人，看到林知渊在汪精卫那里做事，就有拆散他们的意思，说先去玩玩吧，等事儿多了再回来做吧。

林知渊就跟他去了台湾，我们没法与他联络。

那时台湾正准备派个叫黄大伟的汉奸来大陆。他是陈炯明的旧部，曾经做到师长，因为陈炯明的关系与日本人相当密切，黄大伟就被叫去做汉奸。黄大伟要从汕头登陆，他是林知渊的同事，关系很好，就叫林知渊一起去打仗，封他做参谋长，进攻汕头。

那时在汕头、潮州，中央军吴奇伟军长力量比他们大，打退了黄大伟他们，把林知渊抓去了。吴奇伟也是林知渊的好朋友，问他为何要做汉汗。

林知渊说："这事儿要到重庆才知道，我现在不想说。"

吴奇伟就把他送到重庆。到了重庆，戴笠就将他关了起来。林知渊被关的原因就是不想暴露，又因为他跟着汉奸部队来进攻，戴笠很难解释，只好把他关了，也有不想让他暴露的意思。1939 年我到重庆，才要求戴笠释放了他，（将他）派往甘肃做军校教官。总之，林知渊深入汪精卫内部的反间工作没有成功。

对汪精卫，军统局是有意识要暗杀的。

这个任务交代我去布置，暗杀汪精卫是很多人愿意做的，可是靠得住的人很少。福州有一个江秀清，是我们福建协和大学学生会的领导，当年抵制日货就组织过暗杀团，杀日本和台湾奸商。所以“五四”时福建协和大学的成绩是全国最好的，因为江秀清有暗杀经验，我就打电话给福州闽北站，叫江秀清来上海。

江秀清来了之后，我们就准备布置暗杀汪精卫。他首先利用福州人的关系，介绍去见汪精卫。汪精卫也认识他，也很高兴，说他本来就是福建的头头。这个事件过程碰到上海区叛变，名册都送给了日本宪兵队，他们随手就将江秀清逮捕了，情势实在严重。

我赶快争取营救的办法。那时在福州有个陈竟州，这人是江秀清的好朋友，听到江秀清在上海被日本宪兵队逮捕，赶快从福州到上海来。他提了一个意见，周佛海那时是汪精卫的财政部长，是他的好朋友，周佛海落魄时曾经在陈家生活了三年。那时陈竟州是江苏的盐运使，有钱养他，吃穿用都靠他。

陈竟州说他有办法说服周佛海来营救江秀清。

经上海区同意，我们就实行了，周佛海听了陈竟州的话，知道江秀清这个人，也很同情，决定要营救他。周佛海对汪精卫说，向宪兵队申请将江秀清解到周家来看管，这样，江秀清就没有被宪兵枪杀。

江秀清和陈竟州住在周佛海家里，住了十几个月。

我做周佛海的工作，让他起义归入抗日阵营。周佛海经过他们两人的说服，就说，只要蒋介石写个条子，他就决心回重庆。

周佛海写了个信给蒋介石，决定要求回归重庆。条子由江秀清与陈竟州带到重庆交给戴笠，戴笠将这两个人扣押。原因是那时谣言很多，说蒋介石通汉奸，正要与日本和平解决问题，要投降，弄得许多人与汉奸接头，所以当时陈竟州与江秀清就被秘密扣押起来，不让外人知道任何情况。

策动周佛海起义的事，戴笠另派人回复，与周佛海接头，后来周佛海也起义了，不过，他罪行很大，无法宽待。

过了十个月，江秀清才放出来，经过福建，被任命为货运处的处长。

附录一

林知渊《政坛浮生录》节录

在上海看到了因张超一案，被陈仪排挤出来的一些人（如王懋、张圣才等），他们因张超关系，都给军统收罗了去（此说亦与圣才先生叙述有悖，圣才先生参加军统情报工作，为戴笠亲自出马相约——泓莹注）。其时军统“上海站”下设行动、情报两组，行动组长是王天木，此人我不认识；情报组长张圣才，此人系厦门人，以前曾见过几次面。上海站站长原定是张超，张超死了暂由王天木兼代。

我因事先获悉日敌势力已侵入公共租界，为安全起见，一到上海就住进当时的第一流旅馆——福州路都城大饭店，并由故友吴艺五介绍张圣才在此相见。见面后，也只是几句寻常闲话。接着，张、吴二人把我带至饭店近五洲大药房楼上一个西药批发商的行号里面去。

行号里面约有七八个人来来往往，我都不认识，他们忙些什么，我也不知道，当时简直把它当作一个神秘的所在。逛了一会，我邀吴艺五返都城饭店闲叙，吴谈起顷间到过的西药商人行号，乃是一种伪装，实际上是军统上海站的一个部分，也是张圣才日常会客的所在。吴艺五、王懋两个人也经常去，但不是每日必去。

一天中午，张圣才带一个陌生人到都城饭店来看我，并介绍说此人就是王天木。我们几个人坐谈一会，王天木就借都城饭店请我吃一顿西餐，同席除王天木作主人外，就是张圣才、吴艺五、王懋三人作陪。当时交谈些什么，我已记不起来了。此后，我与王天木再也没见过面。因此，行动组设在何处，秘密电台有几处，分设何地，我连问都不曾问起，自然更不去了。

我这一次在上海住了 4 天，和张圣才也相当熟了，但也只是晓得他寄居在环龙路(今南昌路)和茂名路转角地方的一个友人黄嘉惠家中。

张圣才等人分析了“汪逆”“艳电”的内容，认为：“汪逆”完全是在为日本军阀说项，是投敌卖国的行为；我们应该以汪为鉴，凡是在敌人刺刀下发起和平运动的人，都是汉奸卖国贼。

(林知渊：《政坛浮生录》，第 98—99 页)

附录二

林知渊《政坛浮生录》节录

我遂于(1939 年——泓莹注)5 月上旬离港赴沪。到后，由曾仲鸣胞姐曾醒女士引导，晤汪于虹口江湾重光堂日海军官舍。汪仍十分亲切，嘱我暂住旅馆数日，待日内办公地点勘定后，就开始工作。我即与王天木、张圣才取得联系。戴笠此时在重庆，未来上海，但每隔一二天就有电报由张圣才转给我，打听汪精卫方面的动态，我就把所知电复。

约过旬日，汪告我三数(四)天内他将率领一个访问团到东京，访问日本首相近卫文磨，并讨论日本从中国撤兵问题。这个访问团由中方人员 9 人(包括汪精卫、我，及周佛海、陶希圣等)，日本人员 7 人，共

16人组成。我说，我国方面有很多人想随先生（此乃当时大家对汪的普遍称呼）出国访问，我可以不去，让出机位给更需要的人去。汪说不必，"我们这次渡日，对促进日本从中国撤兵是一个重要的课题，而同行9人当中，若没有一个懂得军事的，怎么谈得下去？"

我辞出后，急拟一电告戴笠，并声明我决计不随汪去，人言可畏，我不愿受人唾骂！翌日戴笠复电，极力主张我随汪赴日，谓已面报蒋介石，准作公务出国，不作通敌寇论，电文末后有"祝你完成历史使命"一语，我阅后颇不理解。

这一天未见汪，仅在旅馆遇见周佛海，我问东渡行期已否确定。周答，虽未确定，但总在此两三天内。下午，军统上海站情报组组长张圣才由电话约我谈话。晤面时，张密告我，军统局来电，命上海速即准备"礼物"为汪送行。我问此系何意，我不能解。张说："所云礼物系定时炸弹，上海站有人会制造小型炸弹，小到可以装入饼干盒子中，而破坏力还是很强。戴知道汪喜食法国进口的麦穗饼干，命将定时炸弹装在麦穗饼干盒内，放在你的行李中带上飞机。"

我急问如定时炸弹爆炸怎么办。张微笑不答，其意似谓："全机俱焚，此何待言？"我立刻领会，怪道戴笠复电末后有"祝你完成历史使命"一语。旋即又想：此次随汪赴日的日人中如影佐、斯贺、犬养、头山等人，都是造成汪叛国的罪魁祸首，如能一网打尽，亦属忠于国家、忠于民族之举；至于汪方人物除汪罪有应得外，其他如周佛海、梅思平、周隆庠等人，亦属剪除之列，男儿能以一击报国，亦足千秋。乃于当日复电戴笠，接受使命。

次日正拟晤汪，周佛海来告：东京派来迎接的飞机昨午到沪，但不能久留上海，所以汪先生已定本月29日从上海起飞，当晚宿日本福冈，翌晨续航东京，现只有2天时间，请速作准备。不意27日下午突起十二级台风，上海与外埠的定期轮船一律停航，青岛来沪的"神丸"

轮亦不开航。时制造特种定时炸弹的人尚在青岛，不能到沪。

28日台风仍未平息，张圣才等人正在焦灼之时，周佛海下午赶来相告，汪27日起心脏病大发作，医生坚主暂时不能乘坐飞机。因此赴日之事，必须推迟旬日。并云汪另有他事相烦，请我翌晨往见面谈。

周说毕自云，我亦出访张圣才、王懋等人，告以周佛海所述一切，诸人互相庆幸，因汪如不因心脏病发作而得以成行，则上海站负责人必将大受谴责。

……

（林知渊：《政坛浮生录》，第104—106页）

三、劝许崇智，见土肥原

相关链接

许崇智（1886—1965），字汝为，广州人，曾留学日本陆军军官学校。在日本期间参加同盟会，1911年11月参加福州起义，任起义军前敌总指挥，后来在护法运动中主持军事，曾任大元帅府参谋长、中华民国陆军总长。1924年任国民党中央军事部长等职，1925年任民国军事部长兼广东省政府主席。在廖仲恺遇刺事件中被蒋介石"排挤"，从此一蹶不振。

许崇智是孙中山忠实的追随者和崇拜者，典型的职业军人，蒋介石曾经是他的部下，还是拜把子兄弟，"兄弟不和""兄弟打架"正是中国现代史上最大的悲哀！这位与福建有浓重瓜葛的职业军人早期几乎是孙中山的左右臂，可惜他在政坛上似乎昙花一现，不久便郁郁寡欢，退出江湖。

许崇智是资深的国民党元老，非常时期留在上海，自然是日本"对华特别委员会"的争取对象，但他到底是有民族气节的性情中人，虽然对“介石”意见很大，却绝不会因为私利与日本人合作。圣才先生劝许崇智到重庆这个任务做得颇为圆满。

土肥原是著名的“中国通”，很快就在“汪伪政府”中成立臭名昭著的特务机关76号，以李士群、丁默邨为首。土肥原企图通过各种手段来拉拢瓦解一些中上层人士，所谓“以华治华”。从张圣才先生冷静的叙述中，土肥原似乎是多血质的、颇为狂妄的人物。

颇具讽刺意味的是，李士群、丁默邨早期是共产党人，后来都在国民党情报机关工作，是能力颇强的老江湖。军统“四大金刚”(也称四大杀手)之一、军统上海区区长王天木，就是被李士群以离间计拉下水的。

唐绍仪(1862—1938)字少川，广东香山人，第三批留美幼童，是美国哥伦比亚大学毕业生，清末著名外交家，信仰三民主义，由黄兴、蔡元培介绍参加中国同盟会。1911年武昌起义后，他得到革命党人和袁世凯共同推举，出任中华民国第一任内阁总理。清末民初就具有很高政治声望的唐绍仪，因为反对抗战且与土肥原等黏糊而被军统局暗杀。究竟是不是错杀，至今仍是个谜。有资料说他与日本人周旋是蒋介石授意的，否则重庆方面不会给以厚葬。

唐绍仪之死场面相当血腥：

号称“追命太岁”的军统杀手赵理君身藏利斧，花重金购买唐绍仪喜欢的古董，趁其赏鉴不备，砍断脖颈，一命呜呼。设想一下，许崇智若不肯离开上海，是否也将遭遇如此残忍的暗杀？当年军统刺杀汉奸，是宁可错杀不能漏杀的，这就是非常时期的非常手段。

* * *

有一个国民党的元老许崇智在上海。他是蒋介石的结拜兄弟，做过粤军总司令。当时蒋介石做他的参谋长。他与蒋介石相当密切，但因为私人问题两人闹翻了，所以许崇智对蒋介石长期有恶感，蒋介石跑到重庆时，许崇智仍然待在上海，我在上海时，他也在上海。

因为他是国民党的元老，与蒋介石有矛盾，就被日本人当作争取对象。土肥原就派中国人张明去找许崇智，张明是居正的女婿，居正当时是重庆考试院的院长。张明与他走不同的路，就住在上海做汉奸，做土肥原的手脚（下属），几次要请许崇智出来做汉奸。

土肥原是日本大特务头，有权组织伪组织。他答应给许崇智很多权利，但许崇智都没有答应，虽然张明来了好几次，他们有见面，但许崇智断然拒绝。这消息传到重庆，重庆认为许崇智待在上海不合适，有争取他回重庆的必要。

这个任务就交给我，我认识许崇智的朋友徐瑞林。

这徐瑞林过去是孙中山的英文秘书，是经常陪孙中山到国外走的人。他也是蒋介石和许崇智的结拜兄弟，因为他拥护许崇智，得罪了蒋介石。蒋介石当权，他没法出头，只在福建省政府做顾问。过去徐瑞林也认识我，我认为通过徐瑞林说服许崇智是一个办法。

于是我通过军统，请徐瑞林到上海。

徐瑞林来上海之后，我和他一起去找许崇智，谈到回重庆的问题。许崇智那时说到蒋介石非常愤激，他说："介石十分对不起我，上海沦陷后，蒋介石用飞机将稍为出名的人一个一个送走，请到重庆。所有国民党大员都走了，独独我留在上海，他不是不知道，可是连理都不理我，将我放在这里，不知把我看成什么人了？"

许崇智

他说："蒋介石不把我看在眼里，我当然没面子去重庆。"

他说："土肥原叫张明来找我，我绝对拒绝与他们接触，我是不做汉奸的，但我没脸去重庆。"他的话说来很合理，所以我将这个情况向军统局汇报，说如果得到蒋介石的亲笔信，许崇智一定会去重庆。军统就照做了，拿来蒋介石的亲笔信并寄了两万元，通过上海区给许崇智，许崇智才下了决心去重庆。

这是我在上海做的另一件事儿。

还有一次，蔡诚仁来报告，土肥原在上海要争取一个国民党的元老，派到重庆宣传和平，争取重庆几位国民党元老来响应这个和平运动。

土肥原在上海认真争取，可惜还没人能胜任，尚未见效。这话我就与上海区商量，说若是能派一人去见土肥原，探听他的意图，这也是很重要的工作。这时我还建议，徐瑞林是过去孙中山的英文秘书，所以他在国民党中地位是高的，他是重要的、有名气的人。

我利用这点，让蔡诚仁带徐瑞林去见土肥原，了解土肥原对重庆的真实意图、人事、对象，等等。上海区同意，我就与徐瑞林商量，他也同意。这样由蔡诚仁与土肥原约好，蔡诚仁就把我们带去了。

徐瑞林这个人有点洋气，做情报不够警觉，重点未必能注意到。我就冒充他的秘书一起去了。土肥原住的地方警卫森严，我们去是由他派汽车来接的。我们经过几道哨卡，土肥原很客气地接见徐瑞林，由蔡诚仁翻译，徐瑞林与他谈话。

我是作为随从去的，没有说话。

土肥原当时是日本第一号特务头子，他私下认为日本的权力都在自己手中，说话间自高自大，总是说我对中国如何、我对日本如何、我是主张如何，都没谈到天皇或首相总司令什么的，一切以自我为中心来与徐瑞林谈话。他觉得中日要和平，但是如今在重庆都没有对手来谈和平。蒋介石是绝对拒绝和平的，他要寻求几位与蒋介石关系较好的元老，有和平思想的，一起来做这个和平运动，就问徐瑞林："你看重庆有哪些元老哪一个比较有和平的愿望，而对蒋介石又有影响的？"

土肥原坦白说："比如居正，比如孙科，这些人都是有希望与日本合作的，还有张群。假使有人到重庆传达土肥原（我）的意见，寻求这些人合作，与蒋介石沟通，蒋介石如果愿意与日本和平，我们可以答应许多条件。"

土肥原这些条件都是中国人没法接受的，所以我也记不清楚了。

除此之外，土肥原一再拜托徐瑞林，希望他能到重庆一趟。徐瑞林就说："这事儿啊，我对蒋介石是很有恶感的，所以这时才没到重庆抗战，只在上海避难，到重庆可能就被蒋介石杀了，不过会尽量争取帮忙。"

这个时候去找土肥原，在情报上是有价值的，我就将这些情况汇报给重庆。

土肥原在上海多方面寻找汉奸人选，希望多多通过汉奸来起阴谋作用。上海那时还有个名人叫唐绍仪。这个人是清朝遗老，在民国建立之初，曾代表清政府到南京来与革命军商议和解条件等。唐绍仪后来做过外交部长与国务总理，这个人在日本亦有名气，他不赞成抗战，所以留在上海，未去重庆。土肥原颇看重他，叫人去争取唐绍仪来做汉奸。

唐绍仪有个秘书姓詹，名字我忘了，他是邓演达的人，做过邓演达的秘书，所以他一向反对蒋介石，因此未去重庆抗战，在上海跟着唐绍仪。他有个朋友是我们那个生产革命党的干部，就介绍姓詹的来与我见面。

日本人与唐绍仪有个协定，姓詹的告诉我，要拥护五色旗来建立一个国家，用唐绍仪做总统。其间还有一批汉奸，他们开了几次会，也有一些记录，姓詹的将这些东西拿来给我，我也将这些东西报告了军统。

唐绍仪后来被军统局暗杀。

四、因军统内部矛盾第四次被捕

相关链接

关于军统上海区内部矛盾，圣才先生的叙述非常简略。

当年戴笠手下有“四凶”，也叫“四大金刚”，他们是赵理君、王天木、陈恭树、沈醉。王天木和赵理君是军统的“四大金刚”之二，两虎争斗争宠，必有一伤，这个伤口却扯大了。

人称“笑面阎罗”的王天木，原名王仁锵，化名郑士松，读过保定军校、东北讲武堂，早年在东北军、西北军中供职，认识戴笠后参加军统。王天木是老资格的军统特务，能力很强，也劣迹斑斑。王天木原来是天津站的，现在天津还有他留下的别墅。他任军统天津站长的时候，曾与爱国学生组成“抗日除奸团”，专门对付日军和汉奸。1934 年，王天木与一有黑社会背景的下属在北京八大胡同嫖妓起冲突，竟将妓女杀害装箱，这个恶性事件闹得沸沸扬扬。王天木坐了两年监牢，后来因抗日急需人才被特赦，再现江湖。他和赵理君一样，是戴笠的左右臂，当时的确是“抗日除奸”的中坚力量。

戴笠一度要儿子戴藏宜娶王天木女儿为妻，可见原来关系之密切。

早年参加过共产党的铁血杀手赵理君为军统立过“赫赫战功”，是戴笠特别宠爱的、所谓的“行动专家”。邓演达、杨杏佛、史量才和唐绍仪都是他杀的，此人居功自傲，不可一世，以为自己必当区长无疑，谁知戴笠竟派来相对稳重的王天木。曾经因为恶性案件被囚禁的王天木，此时出狱，到上海来做区长是“孤鸟插人群”，虽然很快就策划刺杀了“维新政府”的外交部长陈箓，戴笠却对他不甚满意，主要是下属赵理君和郑修元非但不听命令，还常常向戴笠打小报告。

这就是王天木经常向部下张圣才“诉苦”的原因。

这个矛盾被“汪伪”的 76 号利用了，王天木被李士群两擒两纵，好茶好饭伺候，引起戴笠疑心。是不是命令赵理君等人暗杀王天木不得而知，反正王天木是冲动之下投入了 76 号的怀抱，有资料说是“怒而投敌”！

王天木叛变，军统天津、上海两大特工中心遭到严重破坏。

无法无天、以杀人为生并以此为乐趣的赵理君是戴笠的心腹爱将，后来因与敌伪勾结，滥杀无辜，被蒋介石下令枪毙，任凭戴笠为之百般喊冤，终是一死！而在汪卫政权中当官的王天木战后竟然逃脱审判，跑到台湾了却此生，终年96岁。确也算一奇。

* * *

军统上海区换了新区长王天木，他与区里干部、副区长赵理君，秘书郑修元合不来，两人是旧情加新仇（原话如此，情应为恨——泓莹注），对王天木采取不合作的态度。副区长经常将王天木的毛病报告给戴笠，王天木常受批评。他也知道是谁提供的，所以，王天木对这两个人很有意见，对我倒是没有什么意见，经常来我这儿，一起去玩，什么话都说一点，比如区里的矛盾啊，等等。

他说戴笠听信他手下的话，不听自己的，让他很难做事。

但没想到事儿会如此严重，王天木叛变了，将区里所有的花名册给了日本宪兵，整个区都破坏了，结果副区长与秘书以为我与王天木是一派的。事实上王天木是区长，他叫我做事我自然去做，但我与他没有太深的私人关系。副区长与秘书以为我是他们的人，结果我是被误会了，他们两人都没有通知我，结果我派到敌人内部的一些同志被日本人抓了，两个被枪毙。

这事儿我蒙在鼓里，丝毫不知。蔡诚仁被捕送回台湾，他没死是因为他是土桥中将的人，还有和知鹰二、土桥势力大，所以他关了十个月就放出来了。还有好几个被抓，江秀清也是因为王天木叛变才被捕的，我一概不知，只是奇怪怎么这么多人被捕，却不知是王天木叛变了。

事情发生之后，有一天我去联络机关要找人。到那个地方，四楼，我上去敲门，两个人将枪堵在我胸前，问我到这儿做什么。我知道有

赵理君(中国第二历史档案馆提供)

问题了,就说:“我知道你们等谁,咱就不要多说了吧。”他们就对我说:“你们的记号已经没有了,你还到这儿做什么?”

门的确是有记号的,暗号已经撤了,我没注意。

他们将我抓到客厅去坐,我说:“我是为了抗日来的,你们也是中国人,也应该一致抗日,所以你们应该放我回去。”

里头有四个人,说:“我们实在不得已,外头有法国巡捕,他们已经看到你进来了,我们没法放你,现在能帮忙的,只是你马上将你们的住址与材料销毁在厕所里就是了。”然后我说,让我打个电话给朋友,他们答应了。

我就打给朋友黄嘉惠,他一贯是抗日的人,也是反蒋介石的,我们是君子之交,我就说我被法国巡捕房抓了,叫他想办法救我。

他们将我押了出来,几个法国巡捕跟在后面,上了警车。

在巡捕房里,我说我是菲律宾的生意人,在上海驻扎的。这时发生一个意外的事,我住的地方是一个白俄妇女的产业,我租了她二楼的前房。她对我不错，我在租金啊电费什么的诸多方面不与她计较，也经常买东西给她，因为我们工作需要好邻居、好环境，所以她与我颇好。

她见我两天没回来，以为我被绑票，就去巡捕房报案。

巡捕就到我住的地方搜查，将信件都拿走了。这些信固然与情报工作没关系，多数是家里来信。那时我与家人通信是叫张明伦，因为张圣才这个名字比较多人认识，信被他们拿走了。里头却也可能看出我就是张圣才，许多地方可以看出来。

巡捕拿给翻译去做，结果碰到一个人，原来是鼓浪屿人黄郁昌。

黄郁昌原来在鼓浪屿法国领事馆做翻译，抗战爆发后法国领事馆撤退，他就被安排到上海法国巡捕房做翻译了。他认识我，我不认识他，结果是他在翻译中，将能暴露我身份的地方一概抹去，说我是正派的生意人。这一点，对营救我的工作很有帮助。三方面的帮助吧，我才能脱险：其一，是军统局花了钱，贿赂法国人；其二，是菲律宾华侨总商会，证明我生意人的身份；其三，就是黄郁昌将信件中能暴露我身份的痕迹都抹去了……

因为我说我是在上海做生意的，军统局就赶快去布置了一个法国游船大厦，在五楼做我的办事处，拿了一些样本什么的去排列，这就需要有伙计来看管。

那时军统上海区不敢派自己的干部，怕过不了关又被捕，雪上加霜。正麻烦间，我两个双十中学的学生，他们在上海工作。一个在邮政，另一个在公司做事，就是林文海和林义华，听说我的办事处需要工作人员，他们就自告奋勇做我的店员。

这两个人为了证实我的身份，不惜来为我工作，他们被工部局抓去作证，事实上很冒险啊。假如我的问题说不清楚，这两个人也麻烦了，但他们毫不顾忌自己的安全问题，见义勇为，来替我证明，说我是生意人。

这是一个关键。前面说过，双十的学生，真是爱护老师。他们在那时，并不为军统做事，但知道我有难，营救我对国家有好处，于是他们挺身而出为我作证，完全没有顾及自己的生命安危。

第十一章

/ 从重庆到香港 /

一、第一次见蒋介石

相关链接

短暂的"站着被接见",对提倡自由、平等、博爱,一心要劝老蒋抗日的圣才先生来说,是很大的侮辱,他"没话可说"。

蒋介石在中国近代史中是绝对绕不过去的人物,如何不神化也不丑化历史人物,比如蒋介石,比如"北洋军阀",甚至是民国时期就漫画化了的袁世凯、汪精卫,对他们进行客观评价,分析其优劣得失,其实正是促进中国现代社会新陈代谢、走向良性循环的关键。

这一两百年来,我们有太多的事情需要反思。

曾经是滇缅战场上特派记者的历史学家黄仁宇说:"蒋介石不是大独裁者,他缺乏作独裁者的工具。他也不可能成为民主斗士,他纵有宏愿,也无此机会!"从现在披露的蒋介石日记看,民族主义者蒋介石后期其实颇为自省、颇为努力,自身亦颇为廉洁,但他确有个性缺陷,一些缺陷是他自身性格及视野问题,一些问题则由中国这块曾经恶性循环的土壤生成。

国人在权贵之前,膝盖多半是软的,很少有人能像圣才先生这样,在自认为有王者风范的"蒋委员长"面前不卑不亢,一心一意要谈正事。

从在重庆与圣才先生同宿舍的李同基叙述的两件事,可以看到软膝盖的人在"皇上"面前是何等慌乱不堪。几千年帝制周而复始,跪惯了的腿,一时是站不起来的。更何况正指望领袖青睐、渴求"飞黄腾达"的普通官员。而所谓的领袖,在这样的氛围下,很难听到真话、感受到普通人感受得到的现实问题。

据说“誉满天下、谤满天下”的戴笠是唯一随时可以见蒋介石的人，圣才先生却撞上他“威风受损”的狼狈时分，戴笠见蒋介石的立正姿势颇有一些法西斯味道，事实上，蒋介石的确很欣赏希特勒的法西斯组织。早期的“复兴社”和“蓝衣社”就直接听命于老蒋，笔者以为蒋老先生在大陆失败的主要原因之一，可能就是法西斯式的独裁和实在是下策的特务统治，因为，民愤太大！

戴笠的军统局就是一把锋利的双刃剑，一方面颇具效率地为“党国”利益和抗日做了大量情报工作，一方面血腥下流的暗杀行为令百姓不寒而栗。在用人方面，军统似乎臭名昭著，没有什么道德底线——前面说过，作为谍报天才的戴笠用人的确没有什么道德底线，不择手段，只求结果。而一直认为官员贪腐是小问题的蒋老先生，兵败台湾之前，才彻底明白国民党是被自己从内部打倒的。

然而，一切都太迟了。

* * *

我出狱之后，在上海基本上无法活动。

军统局决定调我到香港，但很多事要清理交代；放出来是八月中旬，我拖到十一月初才去香港。到香港之后，戴笠来电报，说要我做一件漂亮的中山装穿去重庆，蒋委员长要接见我，我就照做了。在香港待了一个多月，到十一月底才去重庆。

等了两三天，戴笠就带我去见蒋介石。

我想蒋介石既要召见，可能让我说一些话吧，就准备了一些问题，比如要坚持抗战等一系列道理，我想了许多道理，很长啊。结果戴笠带我去见蒋介石的时候，蒋介石连请坐都没有，更没有让我有谈话的余地。

那天去见蒋介石,发生了戴笠威风受损的情况。我们到蒋介石住的地方,门口有一个便衣警卫员,不到20岁的孩子吧,见戴笠和我一起来,就索要派单。

戴笠说:"我是戴笠,你不认识吗?"他说:"你还是要派单,拿单来!"

戴笠要直接进去,他不让进,说要有单才能去报告。(笑)戴笠在我面前碰到这种事很不好意思,要发火也不敢,满腔怒火几乎要爆炸,脸红通通的。推来推去,后来还是拿了单,那个人才去传达,传达完出来说,蒋委员长正接待外国人呢,叫我们在餐厅等。

戴笠一肚子火,呔呔直吐气。

那个外国人是英国大使,他出去之后,我们才去见蒋介石。蒋介石见我们入门,就站起来。戴笠立正,我也跟着立正,就是说站着被接见啦。

蒋介石手里拿着戴笠写的、介绍我的情况的纸片,拿在手里读了读,他说:"啊啊,你是张圣才,你是同安人,同安我去过,你在上海的工作很好,戴笠就是我,你要告诉我的话告诉戴笠就可以了。叫戴笠带你去,好好去休息。"

接见就差不多了。

戴笠站得笔直,我没这样站过,觉得挺委屈。就这样,大概四五分钟,出来后,戴笠拍拍我的肩,说:"蒋委员长很疼你很疼你。"我心里想,(笑)这真是一个很大的侮辱,真是没话可说。

他对我说:"一些人要见委员长要等待好几个月,你啊,他一下子就接见了,可见他很相信、重视你。"

见蒋介石之后,我在招待所。那时住在一起的叫李同基,是军统第二级的人,后来是中美合作所在福建的负责人。解放战争广东解放后，他带着舰队继续抵抗，官至中将吧，那时还是低级干部，但得到戴笠的重视。

他与我同房间，说了几个笑话给我听。

我说了见蒋介石的经过，他说："你这样已经很好啦，要见蒋介石一面半年都难！比如刘文岛还是谁吧，要派去意大利之前，来见蒋介石，这位大使穿着笔挺的军装，皮靴锃亮，从正门进入蒋介石的会客室。蒋介石还是坐着，他就立正，左脚站正，右脚向左脚靠拢时，竟摔了一跤，直挺挺的！"

蒋介石说："这怎么行，这怎么行，出去！出去！"把他赶了出去。

还有一个黄埔学生，是蒋介石的学生。当时无官可做，到重庆来找蒋介石，等了三个月，排队见蒋介石。接见的时候，蒋介石问他："最近有无读书，读啥书？"他说："有啊，总理遗教，校长遗训，还有……"蒋介石大窘，又将他赶了出去，说"去去去"，直到第六个月才又见了一面。

李同基说："你还是幸运的，没被他赶出来。"

附录一

章太炎挽戴笠联

生为国家，死为国家，平生具侠义风，功罪盖棺犹未定；

誉满天下，谤满天下，乱世行春秋事，是非留待后人评。

二、在重庆的反陈仪工作

相关链接

一贯标榜"用人不疑"、作风强悍的陈仪，在用人方面的确有排斥闽人、重用江浙人的毛病。此外，1937年七七事变之前，陈仪在对日关系上的确有颇多令人诟病之处：

1935年，台湾沦陷40周年，日本人趾高气扬开庆祝会，向福建省府发出"观礼"之请柬。陈仪收下请柬，报告南京行政院（院长汪精卫），行政院让"以考察的名义作地方性外交，不代表中央庆祝"。

陈仪郑重其事制作服装，率省府人马到台湾，美名曰"主席出发考察"。以陈仪为首的穿燕尾服的闽省官员"恭立在日本国旗和裕仁的画像前鞠躬、拍掌、欢呼，丢尽了中国人的脸！"钱履周先生在《陈仪主闽事略》中的这句话，颇能代表当时国人的心声。（《福建文史资料》第九辑，第52—75页）

这时，也就很少有人能看到陈仪组织闽省官员到台湾考查"农工事业"、考察台湾社会经济发展的真正目的，是更好地发展福建地方经济。这位两袖清风、我行我素、崇拜俾斯麦、崇尚集权、幻想搞计划和统制经济，以实现"强大的"国家资本主义的国民党元老，真是生不逢时！

话说回来，起源于法国的"国家主义派"理论并不全是合乎国家及社会健康进步的理念。国家资本主义即官僚资本主义，也并不是什么好东西。只有合法生存的民营实体强大，才是一个正常国家强壮的基础，而陈仪当年重用"国家主义派"官员的一些做法，比如"统制经济""粮食公沽"等，断了自然调节，实际上严重妨害了福建地方经济正常发展，并有损于百姓的切身利益，所谓民愤，也的确不是空穴来风。

在抗战爆发的前两天，陈仪亲自带高级官员和各厅处长到日本驻福州领事馆"祝贺天长节(即日本天皇生日)"。此外让日商探勘安溪铁矿，圣才先生详细叙述的为辜显荣祝寿等事件，都是伤害国人自尊心之举。这一切，在深受日本浪人和台湾浪人欺凌的福建人中激起公愤。所以在重庆的闽籍精英聚会并成立福建文化协会，"首要目的就是打倒陈仪"。

* * *

陈仪在福建做的事，遭到福建人的反对。我去重庆的时候，很多人来找我，说起陈仪在福建的问题。他们开了一个招待会，在重庆的大部分福建人，有六七十个，叫我报告陈仪杀害张超的情况和在福建统治的情况。

赴会的人都是知名的人士，萨镇冰来了，刘通、吴艺夫、陈适中都来了，刘跃通、秦望山也来了，那时大家对陈仪在福建的事儿都很愤怒，所以成立了一个福建文化协会，这个协会就是要团结海内外的福建人，首要目的就是打倒陈仪。

在招待会上，我举出陈仪通敌、亲日、在福建杀害反日群众的事儿。

我怎么能在军统局眼下参加这个会呢，原因是戴笠恨陈仪，陈仪杀张超之后，戴笠威风扫地。参会的人都是知名人士，是老一辈的福建人，没有共产党嫌疑，所以戴笠睁一只眼闭一只眼，都没有提出什么意见。

林子超，就是林森，他是国民政府主席，请我去见他，问陈仪的问

林　森

题。林森和陈仪是有私人仇恨的，原因是陈仪到福建的时候，故意搜查林森婶婶的家，她食鸦片，家里有十几瓮鸦片。陈仪去搜查，没收鸦片，还在报纸上用大号字发表，说这是林森的婶婶。

陈仪这样做，主要目的是要侮辱林森。

林森很恨陈仪，再加上张超在反对陈仪的过程中见过林森，林森也支持他，张超说组织民军参加抗日，是一个目的，主要也是对付陈仪。这次在重庆，林森请我汇报陈仪在福建的情况，表示同情（他的重视）。

我说："你是国民政府主席，你应该说话，你要是说话，陈仪就站不住了嘛。"

他说："你不知道，没这么简单，也不可能那么如意，我有一次去找蒋委员长，我说：'国民政府主席不做了，你派我去做福建的省主席吧。'蒋介石知道我反对陈仪，就说：'主席你不要这样，陈仪的问题我一定会解决，要不，你介绍一个，介绍一个吧。'"

林森说："蒋介石那些话都是敷衍，没啥诚意，我要介绍也是多余的，从这儿可以看出，我的话在他那儿得不到尊重。主要还是我们福建人要反对，你们反对陈仪，有几次都形成局面了，我正要利用这个局面与蒋介石说话，你们又散了。似反非反，不成气候，我没办法啊。"

林森鼓励我要将反陈仪的事儿继续做下去。

有两个华侨在重庆受到军统监视，一个是陈荣芳，一个是郑奎益。陈荣芳是菲律宾华侨，是相当有名的侨领。他在重庆有许多朋友，也是庄希泉的朋友，和王雨亭、张兆汉也很熟。郑奎益是郑玉书的儿子，在日本留过学，也是菲律宾的华侨。

他们住在重庆，有一天，王雨亭来告诉我，他说："陈荣芳和郑奎益受到军统监视、逮捕，他们本来要去成都，已经上飞机了，在机场被军统特务叫下来，押到青年会宿舍，不准他们出门。这样的事让华侨很愤怒，你是不是可以对戴笠说一下。"

我就去找戴笠，说："这两个人是华侨中比较知名的人士，在重庆有很多朋友，他们是爱国华侨，你们将他们当汉奸抓起来，有什么凭据没有啊？"他说："他们与上海的汉奸陈国良有通信，信件来往多次，而且他们寄钱给陈国良，所以有汉奸的嫌疑。"

我对戴笠说："这两人是知名人士，要抓一定要有凭据，若要监视可以用秘密的方式啊，这样公开让人没体面嘛，他们要到哪就让他们到哪，我们到处都有人，要监视也不一定要公开啊。"

戴笠说："既是这样，就解除了吧。"

三、在香港的反陈仪工作

相关链接

闽人倒陈仪，主要是反陈仪“亲日媚敌”，当然也有大福建主义、闽人治闽等地方主义势力活动的因素。蒋介石原本很尊重这位比他高五届的日本士官学校炮兵科的优等生，且陈仪为官颇清廉，所以即便陈嘉庚最后介入，福建人“成功”“驱逐”了陈仪，蒋介石反而聘陈为行政院秘书长；台湾“二二八”事件，陈仪引咎辞职，蒋介石似乎也没将他怎么样；1948 年春，蒋介石又委任陈仪为浙江省主席，可见此时老蒋尚未想过要“惩办”陈仪。

当陈仪认真去策反义子汤恩伯投奔共产党，这才真正触犯了“天条”。有资料说陈仪想起义是陈铭枢促成的，但主要是因为当时陈仪对国民党已经失去信心，他不想让京沪杭百姓再遭内战炮火荼毒，而且他说已过 50 岁，死得了了！

陈仪在这方面憨直、固执而自信，他自信汤恩伯绝不会出卖自己。但汤恩伯还是出卖了他，并求蒋介石刀下留情，蒋介石要陈仪公开悔过，公开谴责傅作义、张治中起义的行为，便可留命颐养天年。但陈仪“死不改悔”，不知那句“我们做了这么多年没做好，换别人来试试”是不是这个时候说的？

关于陈仪被蒋介石撤职的原因，请参见程星龄《刘建绪主闽的片断回忆》。

圣才先生到香港与老师陈锡襄见面，北大研究生毕业后又游学英伦的陈锡襄曾任福建省银行总经理，当时是张超介绍给陈仪的，这位协和大学教授，因为与董事长、“国家主义派”的张果为及陈仪亲属的矛盾而被陈仪撤职，圣才先生便请他来做“福建文化

协会"会长。(严家理:《陈仪主闽时的福建省银行》,《福建文史资料》第十三辑)

郭荫堂先生1950年写的《我的自传》,可能是为归队"向党讲清楚"而写,岂不知在非常时期,"地下工作"枝枝节节的事,永远是说不清楚的。这些中共地下工作者,之后的日子之艰难,不是他们当年能想象的。郭荫堂的儿子郭民主是这样写的:"解放后,在国内历次政治中屡受冲击。1955年因潘汉年事件被抄家、隔离两年有余。"之后"文革"乃至"文革"后,郭荫堂先生仍然"因不愿违心作证,与专案人员拍案相恃,终以态度顽劣,定为混入革命队伍中的特务分子和反革命分子而开除出革命队伍,只发给40元生活费"。

在《我的自传》里,郭荫堂先生为我们留下圣才先生1940年滞留香港间"忽悠"他办《为公周刊》的事。忽悠是现代词,用于这里似乎比较恰切,圣才先生当年就预见国共一定会决裂,而这个破裂是"中国的大不幸"!

《为公周刊》的宗旨是:民主、团结、抗战。

* * *

这次到重庆,戴笠与我谈工作问题。他的意思是,要派我去菲律宾工作,给我的任务重点之一是收集日本与美国勾结的情报,其二是想办法增加日美矛盾。因为当时美国还在敷衍日本,不即不离,卖废铁和粮食给他们,还是眉来眼去地讨好日本,日本与美国友好,可不是我们需要的。所以派我去菲律宾。

我接受这个任务,又到了香港。

因为有反陈仪的事儿,在重庆组成福建文化协会,由陈适中(锡襄)教授做会长,他是我的老师,是英国伦敦大学留学回来的。他热爱祖国,热心抗日,在公协做工作,挂福建文化协会秘书长一职。在重庆和香港与我密切联系,商量如何展开驱逐陈仪的活动。

香港也有很多人等着我出来反陈仪,因此我在香港故意延迟了一阵子。我对戴笠说,既然一切由我个人负责,我就以个人的名义去菲律宾,不牵连到军统。他说我主要对美国与日本工作,不能让别人知道是军统的关系。碰到问题要自己解决,意思是万一被枪毙也得自己负责,不能牵连到国家利益。

所以不能以国家的名义,我只能以个人名义,买"大字"(即护照)去菲律宾。我在香港耽搁了一段,做护照,准备去菲律宾。其实在香港主要目的还是反陈仪,主要是他亲日,对抗战不利。他在福建前线做省主席不利抗战,不利国家,这已经在多方面表现出来了。

我为什么老是与陈仪过不去呢,这不是私仇,是公愤。

九一八事变之后,蒋介石接受政学系的主张,说必先安内然后才能攘外。先消灭中共,然后才能抗日,蒋介石接受这个主张后,一直内战。九一八事变之后,一旦与日本发生矛盾就一味地退让投降,这些都是政学系的政策,蒋介石接受他们的意见,就这么做了。

"闽变"失败后,蒋介石派陈仪到福建来做省主席,目的也是利用他勾结日本,缓和与台湾的关系。陈仪到福建后,执行蒋介石的投降政策,尽量与日本人勾结,我明确看到了几点:

1934年5月,陈仪刚到福建不久,日本人在台湾庆祝占领台湾40周年,陈仪为了讨好日本,竟然坐中山舰到台湾参加庆祝活动。

台湾有一个汉奸,叫辜显荣,这是带日本占领台北的人,也是日本特选的议员,在台湾是一号汉奸,也是大地主。因为与日本关系密切,陈仪也就尽力奉承。陈仪请辜显荣到福州,替他摆了寿堂,所有的小官大官,都得来祝寿,行礼下拜。

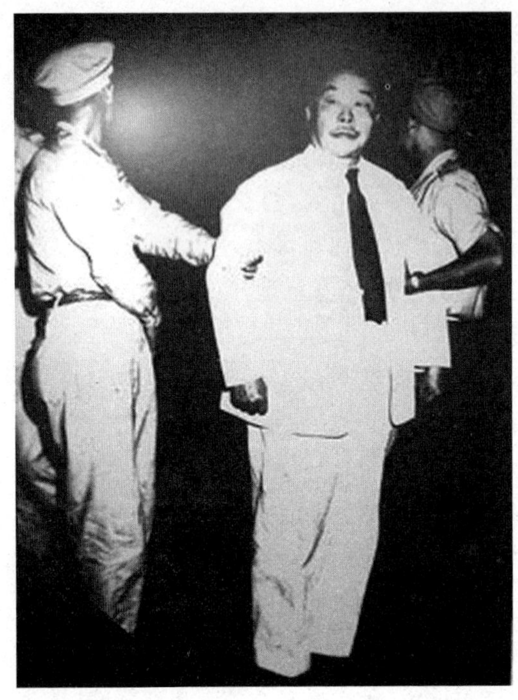
陈仪被处极刑之前

陈仪入闽之后，对反日运动尽力镇压，许多反日的青年被他抓去，有一部分当作共产党枪毙了，以至在福建无法进行抗日活动。

抗战开始，福建人在香港组织福建救亡同志会，利用海外关系支持省内反日活动，派一个回乡工作团回福建工作，团长是陈雪华，竟然让陈仪的爪牙暗杀了，这个团就只好解散了。

日本人在南京进行大屠杀的时候，美国人在那里拍了图片，反映屠杀的残酷，这个照片集成一本册子。福建协和大学的校长陈元良，大屠杀时就在南京，他与美国人一起做这个相册，就是要宣布日本人杀戮中国人的罪状。

陈仪看了这本书后，批评陈元良说："你们完全不知道日本人的军纪，我在日本多少年，深知日本的军队纪律非常的严肃（明），绝对不可能做这事，你们做这些，完全是在挑拨中日的感情，把事态扩大化，这样的相册应该不能发表。"

陈元良很生气，他说："陈仪是这样的抗战态度，你说福建还有什么前途？"

厦门沦陷，我在福州，日本人还在厦门，战争还没告一段落，我就和张超一起去找陈仪。我说厦门战事发生，日本人登陆了，我得赶快去厦门，请他借我一部汽车。

他就在这个时候，发表反对抗日的言论，他说中日问题一定要和平解决，日本人没有侵略中国的野心，现在所有的行动不过是一种骚扰政策而已，所有的一切应该不会扩大，在厦门也一样，我们如果再到厦门做一些过激的举动，只能让和平没有希望。他不给我汽车。

陈仪亲日的言论罄竹难书，说也说不完。

举的这些例子都是我亲历的事，陈仪绝对不可能抗战，在福建是准备与日本妥协的。蒋介石也是有这个意思，他的抗战是被迫的，能和则和。汪精卫到上海的时候，蒋介石几乎和汪精卫是争着做和平的领袖。德国大使道特曼提出和平的条件，蒋介石也不是无动于衷的，那时和平的空气颇浓。

在那时，反对和平是非常重要的，为什么说反对和平很重要呢？因为蒋介石是团结的对象，抗战是由他来领导的，要反蒋介石太唐突。因此我想，汪精卫是要反对的，这已经有很多人去做了，我认为反对陈仪的投降就是反蒋介石的投降，我认为在香港发动更多的舆论反对陈仪，就是反对蒋介石。

我决心待在香港多做一些反对陈仪的事。

我与香港区联系，一方面让他们帮我"买大字"、做手续去菲律宾，另一方面让我做一点情报工作，情报工作越做越多，后来有许多关系都要通过我去联络，香港区就让我成立一个组，就在香港做军统局的情报工作。

香港区区长是王新兴，是留俄学生，因为是“托派”，被苏联斯大林驱回国。他和蒋经国是同学，关系不错。他虽然是“托派”，但对抗日非常热心，在军统中做事倾向于彻底抗日。我与他在思想上非常相近，我在香港反对陈仪，他多少也掩护我，没有去汇报，所以我在香港做反对陈仪的事，颇为顺利，没碰到军统局的阻止等麻烦。

我一到香港，首先酝酿过去那个福建救亡同志会的恢复，一起讨论反陈仪、打击汉奸的活动，得到他们的支持，群众关系就开始展开。

香港有三个报馆，都跟我有一些友谊关系。

一是《东风日报》，是国民党党部办的，在香港颇有影响，等于香港的《中央日报》。社长赖文清是中统特务，但他也是福建救亡同志会核心成员，救亡同志会就是统战工作，我们利用同志会进行反陈仪的工作，我利用赖文清在《东风日报》作宣传。

第二是《珠江日报》，那时《珠江日报》的社长是林蔼民，也是福建救亡同志会核心成员，《珠江日报》是大报，相当激进，反日相当积极，我也利用或被利用来反对陈仪，提倡抗日。

还有一个《大众日报》，主笔是黄绿萍，他是抗日的同志，虽然没有参加福建救亡同志会，反日意志却十分坚定，所以，以《大众日报》为阵地来发表反陈仪的言论，也完全是可能的。

此外我与郭荫棠同志一起办了个周报，取名《为公》，就是“天下为公”的意思。我的目的是鼓吹团结，鼓吹抗战，当然，也揭露一些汉奸行为与问题。周刊得到宋庆龄、何香凝、郑泽民等人的支持，他们都题词鼓励，这个周刊每周出版一次，宣传抗战之外，还指责陈仪的罪状。

1938 年 11 月，香港成立福建救亡同志会后，曾派一个人到新加坡

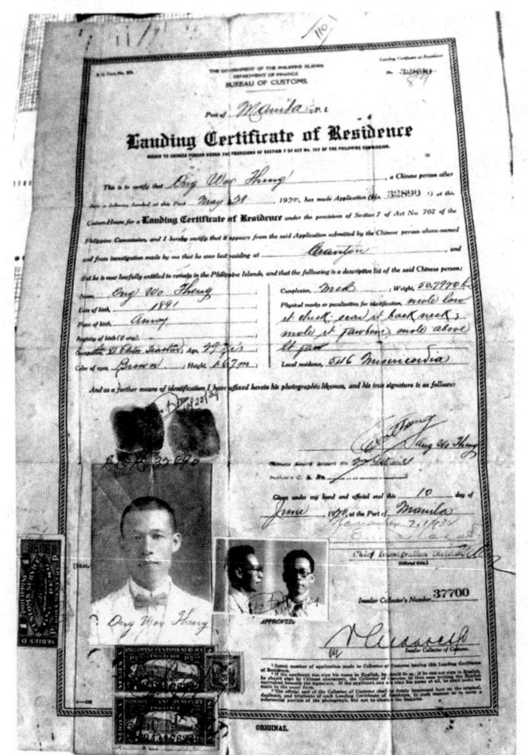

BUREAU OF CUSTOMS

No. 32899

Port of Manila P.I.

Landing Certificate of Residence

This is to certify that Ong Wo Theng, a Chinese person other … landed at this Port May 31, 1920, has made Application (No. 32899) at this Custom-House for a Landing Certificate of Residence under the provisions of Section 7 of Act No. 702 of the Philippine Commission, and I hereby certify that it appears from the said Application submitted by the Chinese person above-named and from investigation made by me that he was last residing at Canton, and that he is now lawfully entitled to remain in the Philippine Islands, and that the following is a descriptive list of the said Chinese person:

Name, Ong Wo Theng; Date of birth, 1891; Place of birth, Amoy; Registry of birth (if any), —; Occupation, …; Age, …; Color of eyes, Brown; Height, 1.67 m; Complexion, Med.; Weight, …; Physical marks or peculiarities for identification, mole low at cheek; scar at back neck; mole at jawbone; mole above lt. …; Local residence, 516 Misericordia

And as a further means of identification I have affixed hereto his photographic likeness, and his true signature is as follows:

Ong Wo Theng

Given under my hand and official seal this 10 day of June 1920, at the Port of Manila

Chief Immigration Division

Insular Collector's Number 37700

APPROVED:

Insular Collector of Customs

ORIGINAL.

王雨亭先生的“大字”

(即护照)

找陈嘉庚先生，听他的意见，请他参加反陈仪的活动。那个同志让陈嘉庚批评了，他说：“现在正是要团结抗日的时候，你们竟然反对陈仪，与政府不一致？”陈嘉庚不赞成反对陈仪。

但到了1940年，陈嘉庚带南侨总会代表团回国参观访问，到福州见陈仪统治确实不利于抗战，所以到广西时发表演讲攻击陈仪，批评陈仪统治的情况，要求蒋介石撤陈仪的职。

这时我们派人与陈嘉庚联络，取得一致一起反对陈仪，大大提高了反陈仪的档次。不久，香港拥护陈仪的福建人销声匿迹，反对陈仪的呼声越来越高涨。

陈仪在这时觉得他有派人到香港活动的必要，就派了一个叫陈燕瑾的留法博士到香港。陈博士来了之后，疏通议论，缓和福建人对陈仪的意见，但福建人对陈仪在福建已经毫无幻想，所以陈博士被福建人打，打得很厉害，往院去了，陈仪的威风被煞下去了。

还有一次，陈仪派一位女飞行家，叫林萍晔，这个自称是中国第一女飞行家的女性是莆田人。她和陈仪来往，被陈仪派到香港，还要去南洋，她举行招待会，主要是招待福建同乡四五十人，替陈仪传达意见，也有信件，是给福建同乡会头头的，说他是如何热爱福建，热爱人民，替他解释政策。但那天女飞行家当场被围攻，哭着跑了出去，后来也不敢再去南洋了。

我这次在香港，住了一年多。看到在香港的福建人大多是反对陈仪的，其余的也不替他辩护一句，所以陈仪在香港威信扫地。反对陈仪就是反对亲日，也就是反对蒋介石的投降政策，反对蒋介石的动摇政策。

附录一

程星龄《刘建绪主闽的片断回忆》

陈仪入闽主政后，能不拘一格，大胆用人，如夏明钢、黎烈文（左翼作家），他都敢请到福建去。他曾出资支持出版《鲁迅全集》，分赠给福建各大、中学。这些都是国民党其他要员难以做到的。他在福建建立了一套人事制度，兴办了许多经济文化事业（如研究院、农学院、改进出版社等)，还注意推广普通话，颇有一些政绩，很得蒋介石信任。

那么，蒋介石又为什么撤去他的福建省主席职务呢？

从远因来说，是他受到了陈嘉庚和林森两方面的反对。陈嘉庚是爱国华侨领袖，发动华侨支援祖国抗战不遗余力；而陈仪对以陈嘉庚为代表的爱国华侨的爱国义举态度冷淡，早已引起华侨的不满。陈嘉庚将陈仪视为蒋的亲信，怀疑他不真心抗日。林森是闽侯人，名义上是国民政府主席，实际上是傀儡，陈仪平素不买他的账。有一次林森返闽，陈仪因脚痛未亲自出迎，林森为此恼怒。

从近因来说，1941 年，陈仪听了他的经济顾问徐学禹的话，实行统制经济，特别是设运输公司垄断全省运输事业，苛征船舶、汽车乃至肩挑负贩的捐税，一时怨声载道，成为众矢之的。陈嘉庚和林森对此施以猛烈攻击，蒋介石只好把他免职，但随即任其为行政院秘书长(蒋介石自兼院长)，这样一来，陈仪的政治地位反而更高了。

(《福建文史资料》第九辑)

附录二

郭荫堂《我的自传》节录

这时候(指 1940 年 10 月底——泓莹注)，香港已成为一般民主人士的集中地。我返港后，梁宣慧就要派我去曲江负责一个出版社，那是属于中大战服团的，我很踌躇。一天偶然在街上碰到张圣才。他约我谈话。谈话开始，他首先对我表示，他已经参加了蓝衣社，但他说他绝不会陷害青年，也不愿陷害任何青年。于是他又表示其对中国政治的意见，认为国共一定会破裂，而这个破裂是中国的大不幸。最后，他问我这几年跑到哪里去了,他以为我已赴延安了。

至此,他又提到当年中华民族武装自卫会的运动,说曾经为我那一篇宣言(即闽南总会宣言,是我写的)感动得流泪,所以现在不问我政治背景如何,决心和我再来一次合作。

我问他要做些什么,他坦率地说要出版刊物。我问他刊物的宗旨,他说:民主、团结、抗战,但不要刊载任何方面的宣传品。同时决定,印刷费由他负责,而集稿、编辑、印刷和发行则统由我主持。最后还提出一个条件,即这个刊物不能让人家知道是他出的印刷费。

我觉得这是一个大骗局,但细想起来,即便是骗局也是没有多大关系的。因为,第一,集稿和编辑都在我手里。第二,刊物是秘密发行的,几时不合意,几时就拆台,并不重要。因此,我便接受了他的提议,开始筹备,到 1941 年初,创刊号已告出刊。这即是《为公周刊》,每期 16 开纸 4 页,印刷费不过 12 港币。创刊号的代发刊词是:坚持民主团结,争取抗战胜利。

然而周刊刚出版两个月,张圣才便到菲律宾去了。临行时,曾介绍现任民族事务委员会副主任委员庄希泉和我谈了一次,会谈后张告诉我,希望周刊能继续出版下去,经费问题可以找庄希泉解决,他已交代过了。及张圣才走后,印刷费无着,我便去找庄希泉,才知道根本没这回事,而是因为庄希泉看见这个刊物很好,便问他知道不知道谁主持的,张答说是我,庄希泉乃央他代为介绍。

但庄是热情的,既然知道了这种情形,乃四处替我介绍人,由商人而政客,不过结果都无成功。

这个时期,除梁宣慧帮助法币 200 元(折合当时港币 50 元)、彭泽民港币 10 元之外,我曾把旧存周刊钉为合订本,招得两个广告 200 元,其他费用就完全没着落了。由于经费无着,也由于个人生活有问题,周刊的稿件,事实完全是我一手所写,而我当时却兼了新加坡《南洋商报》的特约撰述，所以周刊也就愈不能如期出版，统计到同年太平洋战事发生，一共仅仅出了 31 期而已。

从内容说，周刊最初是决定谁也不骂、谁也不捧的，然而后来，尤其最后数期，范长江的演讲稿发表了，柳亚子当时是反蒋最露骨的，其稿子也发表了。柳亚子对《为公周刊》是最爱护的。1943 年我在泉州《福建日报》，他还从桂林遥远地寄了一幅手书的诗来赠我，念念不忘当日的"罪言"，而我之认识廖承志同志，也就在这个时间。

1941 年 2 月 8 日太平洋战争爆发，《为公周刊》随之停刊。

（谢春池主编：《大同文集·母校校友卷》，中国文联出版社 2000 年版）

第十二章

/ 珍珠港事件 /

一、带着军统局的任务去菲律宾

相关链接

有关珍珠港事件情报预测的问题众说纷纭，莫衷一是。

当年做对日情报工作的，除了军统与中统的相关机构，还有王芃生先生主持的“国际问题研究所”，在这个研究所工作的多半是高学历的知识分子。战后因王芃生早逝，研究所骤然解体，那些高端技术人员低调地流入其他行业。战后授勋，国民政府却也没有忘了他们，比如早年作为共产党人在鼓浪屿活动的留日学生庄奕馨，战后在台湾一家小报做总务，突然被授予胜利勋章，令周边的人大惊失色；张圣才先生非常熟悉的台湾人、曾经主办过专门反日的“华联通讯社”的谢南光，也是这个研究所的。

当时的确有许多人或多或少推测日本可能突袭美国太平洋军事基地。

末了，最准确地破译日军偷袭珍珠港事件密码的人是当时中统身份的池步洲，池步洲是留日学生，他在日本偷袭珍珠港 4 天前破译密码。而圣才先生早在珍珠港事件发生前几个月就向重庆汇报自己综合分析研究各方面材料后推测的结论，即日本政坛上的少壮派可以占上风，太平洋美军军事基地可能遭遇偷袭，方向是夏威夷，于是军统局指示他在欧美记者团中“窃窃私语”。

张圣才先生与郭荫堂先生最后会面时，仍然说自己与破译密码无关，他说“是一个日本华侨”，这大概就是说池步洲先生。他说：“你们错了，都错了。”所谓的错，是指他当年推断出来的结论与技术性的密码破译无关，圣才先生预测珍珠港事件发生，是经过大量调查研究，经过深思熟虑推出的结论。用他自己的话说，

“这个工作到菲律宾之后就开始在做，一直到珍珠港事件发生”。

圣才先生工作主要得益于他在菲律宾深广的人脉基础：

早年在双十中学工作的同人、学生，比如黄其华、林珠光、黄本源和黄文开等；此外他寻源中学的同学、校友蔡大燮、庄克昌；十九路军“闽变”时的战友王思亮等。有二三十个人为他无代价地工作，军统派来的人员，只有电台台长陈作舟和助手林永胜。这正是当年军统情报组的基本结构。

张丹伦先生回忆父亲当年预测他们将“无书可读”的情景，非常形象地展示了圣才先生做情报工作的特点：分析大形势，层层推进，结论常常是不容置疑的。

* * *

1941年3月，我带着军统局的工作任务去菲律宾，在那里展开情报工作。首先在菲律宾建一个电台与重庆通讯，要建电台当然很困难，但我得到双十学生黄本源的掩护，他自告奋勇，把电台安排在自己家里二楼。

我们有两个工作人员是军统直接派给我用的，一是台长陈作舟，二是助手林永胜，他们都是很坚决要参加抗日的青年，工作非常认真负责。到菲律宾差不多两个月，电台就建立起来了，可以直接与重庆联系，我就开始发送情报。

我以香港《大公报》驻菲特派记者的名义活动。我用这个证件向菲律宾政府申请了个记者证，活动就方便一些。起先和华侨社会接触较多，渐渐地，与菲律宾人也熟了起来了，在记者团也联系了一些人。

此外，要大量争取工作人员。

当时军统局只给我两个人，其他情报员叫我在当地发展。那时中国人要到菲律宾要办理很麻烦的手续，不方便派人，而且从国内派来的人也不一定熟悉当地情况。

我的便利是能在当地找人，吸收热心爱国抗日朋友来帮忙做情报。

一开始这是我的工作重点，我通过朋友关系，争取了十几个菲律宾华侨做我的工作人员，但军统局在菲律宾声誉并不好，凡与我合作的人统统拒绝与军统局发生任何关系。所以我手下这十几个人，多数与军统没有关系，也没有拿军统局的钱，他们只是义务帮我做抗日工作。

他们都很认真负责，替我做了许多事情，但绝不与军统发生关系，只是帮助我工作而已……从这些事可以看出军统以前在国内所做的事的确让人厌恶，虽然已经在抗日，但仍为人所不齿。

军统反共的特务工作讨人厌，是引起了人民的愤怒的。但后来他们已经抗战了，军统在抗日期间是起了一些很好的作用的，比如对日的情报工作。对日本各方面打击，这是他们好的一面，但是，所这些与我合作的人仍然不愿意与军统局发生任何关系，只是为抗日工作而已。

我去菲律宾工作的任务由戴笠直接规定。

这时中国已经开始抗战，但美国为了照顾西欧方面的问题，很怕得罪日本，他们不愿意与日本发生冲突摩擦，在各方面继续支持日本，比如继续卖废铁给日本，继续帮日本发展经济，总之美国那时对日本是采取妥协政策。至于中国的抗战，他们只放在第二位，并不重要。

中国抗战很需要国际力量的帮助，尤其是美国，他们在远东是有力量的，假如能争取美国参加抗战，对中国抗日战争是很有利的。戴笠给我的任务是两个：一是了解当时微妙的日美关系，了解日美互相勾结（或矛盾）的情况；其二是制造事端，尽量离间日美关系，制造矛盾，这是另一个工作重点。

我到菲律宾之后，尽量搜集日美关系情报，然后就想办法增加日美矛盾，我首先造了一点新闻声势，这个新闻是制造出来的。

我说日本对美国是绝对不会放松的，因为美国是日本南进的最大障碍，日本要完成南进任务，就肯定要与美国发生矛盾，肯定要宣战，但日本不会正式与美国开战，他们会采用突然袭击的方式，不宣而战！

不过关于这点，我的确也不是空穴来风。当时我搜集了许多日本的材料，渐渐散布到菲律宾记者团若干记者之中，还有一些菲律宾知名人士，他们也渐渐听到这些，我的消息不是公开而是秘密的，他们知道之后，也没有公开宣布，只是窃窃私语，这样，就在当地制造了一种特别的空气（氛围）。

我这样做，对美国方面有没有影响不清楚，但等到珍珠港受袭击的时候，菲律宾记者团里就有人说，这个情报张圣才早就知道。许多方面的人也都这么说，说我得到的情报是最早的。

事实上，我并不是具体得到这个情报，我这个情报是在研究了大量零星政治材料的基础上推论出来的，也就是综合各方面的情况得出的结论。这个工作到菲律宾之后就不断在做，一直到珍珠港事件发生。

附录一

何水道：《谁最早获得偷袭珍珠港的情报》

1937年“七七”卢沟桥事变发生后，美国曾源源不断地供应日本侵华作战的军火、石油以及其他军事物资，引起中国军事当局的注意，密令军统局对美国方面开展工作，要求中断这项供应，以扼制日军的进攻。戴笠就从军统厦门站将其得力干将张圣才，以《大公报》驻菲特派记者的公开身份，去组织军统菲律宾站，负责执行此项任务。

1941年3月间，张圣才到达菲律宾，厕身于麦克阿瑟将军总部中，周旋在欧美记者团之间，当时日本新任驻美大使野村吉三郎正以“和平使者”的面目启程赴美就职，他的一项重大使命，就是和美国进行“和平友好”谈判。这是日本鬼蜮外交的一颗烟幕弹，他一抵美即宣称“美日关系解决在望”。张圣才想，如在此时散播美日矛盾激化的消息，要让欧美记者及五角大楼将军们相信，显然是个棘手的问题。

根据军统“特种技术研究室”破译日军无线电密码所得的绝密情报，并参考日本报章所披露的大量消息，张圣才不断研究分析日军大本营的动态，终于得出美日关系即将发生根本性变化的结论。

原来日本内阁与军部中久已存在元老派与少壮派的意见分歧，少壮派支持海军，提出“南进”作战方案。因为南洋是石油、橡胶、铜、镍、大米、茶叶等重要物资的产地，以及处于欧、非两大洲和印度洋的“咽喉”要道。自从日海军上将山本五十六就职海军联合舰队司令长官后，他就在四万吨级“长门”号旗舰上构思了“出奇制胜”的对美、英、荷的作战方案，下定“破釜沉舟”的决心，突击美国在太平洋的军事基地，拔掉美军的“利齿”，开辟南线战场，以便长驱直入征服菲律宾、新加坡和荷属东印度(即印度尼西亚群岛)等地。少壮派不惜用暗杀等暴力手段，除掉政坛上某些元老派首要人物。

张圣才以其记者职业性的敏锐观察，从日本政坛上的尘嚣动荡中，猜悉日本内阁及军部中两派斗争已呈白热化，预感到少壮派将占上风，太平洋战争有一触即发之势，对美进行工作的时机已成熟。

他把这看法秘密向军统局汇报，得到同意后就从1941年10月份起，在驻菲各国记者团中散布美日关系将有不可调和的趋势，并预言日军正秘密策划突袭美军太平洋军事基地。此时,日本政府又任命来栖三郎为特使,赴美协助驻美大使野村吉三郎进行美日和平谈判。因此,麦克阿瑟总部中的将军们听了张圣才的"预言",都认为是"不值一笑的虚伪宣传"。其他各国记者也不相信太平洋会风云突变,骤起波涛。

其实,张圣才预言并非捕风捉影,他是有可靠情报来源作为分析根据的。

早在 1933 年底,军统局就着手研究破译日军密码的工作。后来又成立了"特种技术研究室",聘请清华大学教授温毓庆博士为主任,率领一批专业人员潜心钻研破译工作。1936 年,专业人员魏大铭首开纪录,破译出日本一封外交密电。1939 年,又在俘虏日本空军人员火石信三口供中,得知日军使用日文 50 个假名组成方法之秘诀,在破译无线电密码方面取得了突破性的进展。从此,军统局每天都有十几份经破译出来比较重要的情报,呈送给戴笠亲阅。

1941 年 11 月 26 日,戴笠接到一份刚刚破译出来的日军密电,得悉日本特遣舰队,包括 6 艘航空母舰,于清晨 6 时,已悄悄驶离择捉岛中部的单冠湾基地,迎着风雪,似有朝檀香山(又名火奴鲁鲁)方向进发的迹象。戴笠立即通知军统局驻美国站长萧勃,转告驻美国的大使馆武官郭德权,将该情报紧急转达给五角大楼美国海军司令部。另一方面,也指示张圣才,将此惊人消息通告麦克阿瑟总司令部以及欧美记者团。谁知傲慢自大的美国海军将军们听到"日军即将袭击美军太平洋基地"的情报,无不捧腹大笑,认为是"天方夜谭",他们纷纷讥笑道:"中国情报部门制造这个拙劣的谣言,无非为了破坏美日之间的友好关系而已。""中国人惯会瞎编胡说,他们怎知日本特使来栖三郎正来美国商谈贸易优惠条件,美日两国关系十分友好。"

谁知道,美国的将军们的笑声未已,12 月 6 日,美国人的"神圣周末”星期六，一支以 6 艘航空母舰为主体的庞大日本特遣舰队正以 24 节的航速，向美军舰队所在地——檀香山西北约 9 公里的珍珠港，迅猛扑来。

是日，美国太平洋舰队司令赫斯本德·金梅尔海军上将正出席一家私人宴会。而美国海军官兵为度“神圣周末”，大部分沉迷在灯红酒绿的各家歌厅酒楼中。

1941 年 12 月 7 日(东京时间已是 12 月 8 日)，星期日，清晨 7 时 15 分，由 182 架日机组成第一冲击波，霎时犹如晴空霹雳，炸弹如雨，美国停在地面的飞机被炸得七零八落，仅余几架美机冒险起飞，也被灵活的零式日机迅速在空中击落。紧接着由 140 架日机组成的第二冲击波又从空而降……然后日舰万炮齐轰停泊在珍珠港里几十艘美国军舰，只见烈焰冲天，黑烟匝地，整个海港硝烟弥漫。从清晨到中午，日机奇袭成功，发出“虎、虎、虎……”暗码。总计击毁珍珠港美空军基地的 188 架飞机，并击坏另外 150 架飞机。停泊在珍珠港内的 40 艘美舰也被击毁或击沉，美军总共有 2400 人丧生，2000 余人受伤，损失惨重。

事后，盟军统帅麦克阿瑟将军召集欧美记者团研讨原因，说记者们事前全无消息提醒军方注意。这时美国《生命》杂志记者杰克·比当即反唇相讥，说：“是美国海军将军不听忠言劝告，以致麻痹失误，才遭此惨败。MR.张(圣才)早在一两个月前，就屡次发出警告，应当密切注视日军‘南进’的新动向。你们却充耳无闻。”一番话说得美国将军哑口无言。

五角大楼的将军们痛定思痛，这才想起中国驻美大使馆武官郭德权事前送来的绝密情报是何等精确。

于是，美国海军参谋部情报署派出梅乐斯中校千里迢迢地来到重庆，跟戴笠进行商谈，希望能分享军统破译日军密码的技术经验。几经磋商，最后中美双方终于达成一项协议，把交换破译密码技术变为交换情报工作，决定成立中美特种技术合作所，简称“中美合作所”，并从浙江杭州湾起，一直延伸至广东潮、汕海岸线，成立中美所 4 个前哨指挥站，负责搜集日军的情报。第四地区前哨指挥站设在漳州青年路，美方负责人是美国海军少校戴维尔・比斯(Divel Biss)，他在中美合作所(SACO)系统的官职是技术指导官，而他当时在美军中的职务则是美国战略情报局(OSS)第十八军事联络组的负责人，中方负责人是军统闽南站站长陈达元、副站长葛滋韬(别名徐勉)，我则担任第四地区指挥站漳州组组长。这个组织到抗战胜利随之解散。关于珍珠港情报内幕系作者当年在港区从中美合作所美国香港新闻处所发布的讯息得知，并请教过在厦门定居的张圣才先生，经他核实无讹。

(《鼓浪屿文史资料》第五辑，第 22—24 页)

注：中美特种技术合作所英文全称 Sino－American Special Technical Cooperative Organization，缩写 SACO，美国战略情报局英文全称 Office of Strategic Services，缩写 OSS。

附录二

王明爱口述：关于陈作舟等

我和姐姐 1942 年就和圣才叔在一起了，一直住到 1945 年。

陈作舟这个人很有趣味，另一个是广东人，说广东话，陈作舟后来也没回国，在菲律宾开了一个电器店，脱离了军统。他后来很可能和那个菲律宾女孩结了婚，他好像是林菽庄的外甥吧，鼓浪屿人，当时不过是年轻人，我感觉他们都很勇敢，实际上，住在一起的人，常常在说军统的事，其实大家都很厌恶。

陈作舟属于技术人员，电台台长，与搞政治的人不一样……

大人们都在那里高谈阔论。圣才叔在菲律宾就与黄其华他们谈到经济建国一事，谈到工矿银行这件事，最后也办了个工矿银行，好像是中统这个系统，不是军统了，这事我不太清楚。

我们在菲律宾的“家”本来不大，圣才叔的单人床（中间有藤沙发），晚上推到一边，大家随便睡。我睡乒乓球桌。人是太集中了，目标也大，日本人来抄过，那天可相当紧张。我那时喜欢弄七弄八，还养狗，那是一只狼狗，当时还不大，性情闷闷的，不太叫，人家不是说闷闷的狗才会咬人嘛！

该死的日本兵来了，上了刺刀，张先生不在，我们都在。家里有收音机啊……非常危险！我是负责收东西的。结果日本人进来，我的狗就闷闷地扑了过去，好在我拉住了狗链，否则就咬了，事情就大了。后来就叫我们去登记，那个收音机就是听美国之音的。那时姐姐不再去外面工作，全力以赴帮圣才叔整理这些文字的东西，发报员是陈作舟和那个副台长。

那些年圣才叔情报做得特别多，主要是综合各种消息，也可能有一些是用钱买的。

（2011年元旦，北京团结湖）

附录三

林嘉禾口述

我问圣才叔在菲律宾做情报的事。他说他在菲律宾，天天装作大学问家的样子，整天研究书籍……我问他情报网是怎么分布的，线又是怎么牵的，他说，在山上的时候，黄其华先生的小女儿黄尚质读小学，就弄了个自行车店（实为交换情报地点），尚质骑自行车上学，他交代她下午时间将自行车寄在店里，情报就是这样汇总的。圣才先生说尚质后来也被说成军统特务，那时她还是孩子呢，小学生而已。

有一次日本兵突然到乡里，发报机就埋到灰烬里。

还有个林文海事件。林文海，小个的，原来在上海，双十中学的学生，后来教双十小学。林文海在上海吧，日本人也很厉害，知道张先生曾经是双十副校长，不知怎么知道他们是师生关系，找到林文海之后，就带去菲律宾。让林文海在报上登广告，寻找老师张圣才，也说石生（张圣才长子）到菲律宾寻找父亲。

圣才叔对我说："我才没那么傻，一下子就露头，我让人去看，发现他们已经布控。"

我还问过他关于珍珠港事件的事，他说他早就在许多地方布点，周围都有。他那时反问我："你认为日本人不爱钱么？"他告诉我日本人也是爱钱的，"我用钱做的嘛"，他说他用钱收买了不少日本人，对日本军舰出入非常注意，有一次甚至在酒吧里和日本人谈到此事。

不过情报是多方面的。"你想想看，这情报要没有分量，戴笠怎么可能封我为少将，戴笠自己也不过是少将而已啊。"

在戴笠的眼中，圣才叔的情报是很有分量的。当时我还问过他："解放战争时期，你一会儿策动这个，一会儿策动那个，大家都很买你的账啊。军统的人怎么都怕你呢？"他说："老实说，我抗战后全身引退，光光的，什么职务都没有，只剩这张虎皮，大家都认为我和戴笠有关系，其实没有，就是借虎皮吓人罢了。”

（2010年11月11日，厦门市社科联）

附录四

张圣才儿子张丹伦口述

说到父亲对情报分析的准确，大家写得也多了，我谈一个亲身的体会。1964年，我读初三，有一天，父亲说："你今天和张桂荣学打背包。"叫张桂荣来教我学打背包，我说："为什么要学打背包?"他说："经过我这些年的观察分析，你们这一代人可能没书可读，甚至你可能连高中也没得读，你们可能下乡，我不知道你什么时候要下乡。"

我说："你怎么会这样想啊?"

他说："经过我对这些年形势的分析，我认为有必要让你学会打背包。"

学完之后，我算学会了，张桂荣将他从部队带回来的背包带送给我。然后父亲叫我妈教我补袜子、补衣服、缝被子，同时叫我妈专为我准备了一个很大的针线包。他说："搁着吧，一旦没有书读，就将这些带去乡下。"

那时我不懂他为什么如此之说，结果我们两个真的都去插队了。我插队欠一个月就满十年。

（2012年11月12日，厦门鹭风酒楼）

二、珍珠港事件爆发后的困境

相关链接

珍珠港事件之前，圣才先生在菲律宾的情报工作如鱼得水，经费不成问题，还有一个非常接地气的工作网络。珍珠港事件之后，无代价替他做事的人大部分逃难去了，军统给的经费则冻结在交通银行……两三天之内，这个世界发生天翻地覆的变化，要收拾这个残局，一般人是做不到的。圣才先生却能起死回生，依靠的还是人脉。

林珠光是厦门双十中学的校主，继承父亲林云梯的大笔遗产，用圣才先生的话说，除了双十中学，他花了个"清清楚楚"。清清楚楚，这里是一干二净的意思。风流倜傥的林珠光先生，的确有些花花公子的意思，早期厦门坊间就流转着许多他的风流韵事，不过，他的钱，除了资助双十中学，大部分用于健康的公共体育事业尤其是篮球，林珠光多次带队回国参加各项体育比赛，菲律宾华侨的篮球队，还曾经访问美国、加拿大。抗战初期，林珠光曾率菲华女篮到香港义赛，将全部门票收入用于救济抗战伤病军人和难民。

王雨亭的大女儿，才貌双全的王双游，就是林珠光手下中华女子篮球队的副队长，王明爱先生回忆说，他们姐弟俩正是在林珠光的导引下参加张圣才先生的情报工作的。圣才先生在菲律宾几年的情报工作，黄本源及出了大钱不言还的黄文开，在王泉笙创办的中正中学主持工作的黄其华先生，他们与军统没有一点关系，却出钱、出人、出力，甚至豁出自己身家与生命，日复一日帮圣才先生做枯燥而危险的对日情报工作。

军统在抗日期间是做了大量极富价值的情报工作的，这些工作远比暗杀这个暗杀那个有意义得多，在敌占区做情报工作可不是现代电视剧中香艳曲折的故事，而是枯燥、隐匿、风险，需要罕见的睿智与持久的耐心。

* * *

珍珠港事件发生在1941年12月8日。

在同一个时候，日本人袭击珍珠港也袭击菲律宾，日本飞机来炸菲律宾，当时美国人没有任何准备，美国驻菲律宾的800架飞机在一天之内被日本人消灭。此外有一个25万人的强大的武装部队从执那顿登陆，向马尼拉前进。

这个地方离马尼拉只有200公里，马尼拉一时大乱，群众异常恐慌，社会动荡，有钱的华人或中上人家一般都尽快迁到乡下，市情非常混乱。此时美国在菲律宾并未做好充分的战斗准备，他们只有一个舰队，十几只军舰，缺乏有力的领导。

在这时我遇到了一个困难。

当时帮忙我做情报工作的一些工作人员，他们不是军统的人，并未拿军统工资，他们是自由人，战事一发生，这十几个人纷纷带着家眷，都到乡下去了，一时间，我成了"空军司令"，没有人来帮我的忙；其二是经济上发生问题(困难)，菲律宾首都马尼拉遭轰炸，重庆就寄来15 000美金，通过中国交通银行要给我，我接到电报迟了些，当我要去交通银行领这15 000美金的时候，银行关门了。

所有的人都不在，我一时找不到任何工作人员。

钱没法领出来，我突然面临严重的经济问题(困难)。我要布置以后的许多工作，手头却只有1000多美金了，实在是很困难。再加上这

珍珠港太平洋战争博物馆(泓莹摄)

时非常忙，战事发生后，美国罗斯福委派军人麦克阿瑟，当时他正闲着——当时很紧张，美国可能一时派不出更好的人选，只好临时起用正在菲律宾休假的麦克阿瑟，任他为远东军总司令，他就布置抵抗。

这些事都是在两三天之内发生的，我要做的事很多。

美军为了要宣传抵抗的情况，他们的总司令部要举行新闻发布会，一天两次招待记者听新闻，这些新闻都是很重要的。当时，有许多记者去，大家互相接触，也能得一些情报，所以我坚持一天两次去参加这个新闻发布会。

我住的地方离美军总司令部有 5 公里，没有汽车是不行的，我就买了一部汽车天天去美军司令部。

我自己不会开车，雇了菲律宾人做司机，而菲律宾人开汽车多半不太负责任，什么时候飞机来轰炸了，他就将车和我丢在路中，自己跑去躲了起来，我和汽车常常暴露在马路中，处于不安全的状态。我自己换了两三个司机，每个司机都是这样，遇到情况自己就先跑掉了，没有办法。

有一个朋友，叫林珠光。林珠光本来是菲律宾一个很大的生意人，父亲叫林云梯，曾经留了几千万的遗产给他，但这个人呢，除了花一点钱创建双十中学之外，几乎将其他的遗产花得清清楚楚(干干净净)。他是我到菲律宾之后的好朋友，他是双十的校主，与我相当不错，看到我这种危险的情况，他很替我烦恼(担心)，他告诉我他从前是很会开车的，在全盛时期曾经有三四部车，都是自己开的，他说他很有经验，他愿意为我开车。

他说:“否则你会被炸死。”

这个人很热心，很爱国，冒着生命危险来替我开汽车，除了参加新闻发布会，因为我有记者证，有权利到前线了解战斗情况，林珠光常常开车送我到前线，他很勇敢。这就解决了一个问题。

此外是筹钱，没有钱，工作是没法做的。

这时我的学生黄本源，就是掩护我电台的那位学生。他自己生意做得并不好，实在不是有钱人，但他有个堂侄黄文开，有一点钱，他就去找堂侄，说他的老师是做抗日工作的，现在没钱，工作没法做下去，问他有什么办法可帮忙。

这个黄文开是小生意人，是开木屐店的，但积了一些钱。他说："为了抗日，有钱出钱，有力出力，我可以尽我的力量帮助你！"我将这个情况打电报汇报给重庆，说现在的经济情况需要借钱，有一个黄文开愿意借钱，看看需要谈什么条件。重庆说，看他借的是什么钱了，如果是美金，我们到时加倍还他。若是法币，我们就还他法币。总之让他自己决定，抗战之后加倍还他就是。

这样，我叫黄本源请黄文开来谈话，他非常慷慨，极其热心抗战，他说："若抗战胜利，咱国家兴旺起来，我不差这点钱；抗战若失败，国都亡了，我去哪里拿这个钱，不要说条件了，需要多少钱尽管拿！我的钱要是拿光了，还可以去借。"

这是一个值得我感念的人。

人事安排很麻烦，珍珠港事件前帮助我工作的朋友大多去乡下了，现在要找人，我在菲律宾也不是很熟，好在有黄其华先生。黄其华早年是厦门双十中学校长，与我有密切的交情，抗战后就来菲律宾，创办了中正中学，相当有起色，中正中学有千把个学生，他负责事务，所以他有的是学生与教员，见我那时没人，就介绍了十来个学生和教员来帮助我工作。

更得力的是介绍了丁亦弟，泉州陈埭人，来帮我做交通。丁亦弟是阿拉伯族的，当然后来已经是百分百算中国人，他不是很有钱，做点小生意，起先是卖玻璃瓶，后来的生意很小，但他在菲律宾待久了，会说菲语、西班牙语，还娶了西班牙女郎做夫人。这个人是黄其华的好朋友，过去很相知，知道是很可靠的爱国分子，做交通，实际上还做我的后勤，帮忙租房什么的，做了许多事。

附录一

王明爱口述

当年在圣才叔手下工作的人有三个系统，一是中正中学的教师；还有一些亲戚，有一个叫他舅的，叫黄其德，光复后好像在驻菲领事馆做事，这个人，我觉得他很有学问；还有一些是双十中学的学生，其中最得力的是黄本源，他的夫人叫黄德琴，做生意的，后来回厦门就住在大同路，我还去看过他，泉州北郊大罗溪人。圣才叔的经济来源很可能大部分来自黄文开，他们是亲戚。要说起来，黄文开当时还不是很有钱，只是战时大家不穿皮鞋了，他们的木屐做得非常漂亮，高跟，刷上厚厚的油漆，雕花或插花，生意很好。

（笑）丁亦弟好像是福州人嘛，亦弟就是依弟嘛，姓丁，可能是伊斯兰教的，但“依弟”就完全是福州人的叫法了。丁亦弟在当地住了很久，与菲律宾人结婚了。当时圣才叔需要掩护，丁亦弟就过来做了他的交通员，原来圣才叔不过是丁亦弟的顾客，却将对方发展成交通员。

我们当时这个“家”是这样的：

丁亦弟夫妇住一个房，姐姐单独一间，圣才叔和我住在一起。没多久，来了郭淑清阿姨，她是黄其华先生的太太马美英的姐姐马美珠的结拜姐妹。马美珠一家人都搬到菲律宾去了，她后来就到南岛的中学去教书，她在国内读过护士专业，认识了郭淑清，郭淑清是福州人，闽南话说得非常好，她在圣公会做教师，离我们这里很近，她和圣才叔也很熟，所以将她请来了。

就这样，郭淑清是姨，圣才叔改名叫郭五金，他们就扮作兄妹，一个是我们的姨，一个是舅，这就成一家了嘛。后来丁亦弟夫妇很长时间和我们一起住，他的太太是菲律宾人，很大个。

后来，电台就设在附近，丁亦弟夫妇就搬到那里和陈作舟他们一起住，再后来，张楚琨的哥哥张楚明（也叫殊明）也一起去那边住，他本来和我们在一起。

蔡大燮一度也和我们在一起，我们常开他的玩笑，他很有趣，他写得一手好字啊，是漳州人嘛，漳州腔，总是爱说“打嘴颊”三个字，我们后来就叫他打嘴颊的。他比较爱说话，声音很大，他日语很好，所以才派他到华侨协会去做情报。所谓华侨协会，大概相当于“维持会”吧。会长叫陈荀来，被华侨游击队杀了。

我们在西刹住得相当长，那也是很有意思的，房东是菲律宾人，不知怎么跑了，他有许多书，楼下的住房是出世仔（即土生混血儿），是律师，娶一个西班牙混血儿，他的英文书很多，当时大家，特别是我经常找他聊天。后来觉得地方偏僻了些，那个地方已经是郊区了，就往市区靠。

与西班牙大道平行的有一条达比旦路，是菲律宾民族英雄黎刹当年流放的地方，我们就在达比旦找了个地方，在山都多玛丝大学附近，这是亚洲最古老的大学，这个地方叫堂吉诃德街，当时想要撤退，到山玛地尔，我和亦弟去过。这个人后来好像也回到中国了，人也是很古意（厚道）的。

这里相对靠近市区，地方也大，这时又将黄本源来叫来一起住了，热闹了。

（2011 年元旦，北京团结湖）

三、马尼拉沦陷

相关链接

在日本人眼皮下潜伏是非常危险的工作，尽管军统局认为若太困难可以停一段，但圣才先生觉得这正是工作的时候，在马尼拉沦陷之前，他已经作好长期潜伏的各项准备。美军放弃马尼拉，马尼拉“真空”的一天令一度信奉过无政府主义的圣才先生目瞪口呆。“没有政府不行的!”他想。

不知在大学修过哲学经济学的圣才先生，此时有没有想过，花样翻新的乌托邦当然也是行不通的！而革命，如果仅仅是以一个新的官僚阶层来取代原有的独裁官僚则等于不革命。

马尼拉沦陷，菲律宾一片混乱。原菲律宾总统奎松希望美国总统罗斯福支持菲律宾全面独立，他认为如果菲律宾成为独立国家，日军和美军撤出，菲律宾有望停止战争与流血，麦克阿瑟将军将文件提交罗斯福总统，但罗斯福拒绝让菲律宾全面独立，于是奎松移居澳洲。麦克阿瑟不久也被调离哥黎希律岛，但是他宣称:“我是一定要回来的!”

留在菲律宾巴旦岛上的美国人开始与日本人进行投降谈判，7万多美菲军向日军投降之后，战俘们被迫在烈日下步行104公里，倒下的战俘或被枪毙，或被刺毙，约6万名战俘走到军营，一半以上死在军营。这就是著名的“死亡步行”。

* * *

那时已经看得很清楚，日本人一定会来，马尼拉是守不住的，怎样在日本人来之后潜伏下来，是一个大问题。正紧张的时候，重庆给我一个电报，说能不能坚持，不能坚持就停一段。我说这时日美发生战争对国家是有利的，正是最需要工作的时候，不应该停止，无论如何我要继续工作。

如何潜伏是一个问题，我觉得待在市区比较难以潜伏，准备在郊区，分东西南北安排租房。准备看日本人驻扎的地方重点设电台。丁亦弟就帮我去马尼拉郊区四围找地方，我们一起租了四五个地方吧，等日本人的部队进城我们来好潜伏。这时转移电台，设立工作小组工作地点，要组织掩护，这些工作都是很困难，很艰巨的，好在在短短的时间里，得到黄其华、黄本源等先生的帮助，很快就安定了下来。

麦克阿瑟将军接任美军远东军总司令后，显出他是很好的军事家，他在菲律宾临时召集各方面力量。当时美军只有一万人，余下来的是菲律宾十几万新军，经过短时间的训练，配备很差，他就将这些人组织起来，来抵抗日本二十几万的精锐部队，他们在马尼拉外围作战，坚持了一个多月，当然力量是不够，后来撤到马尼拉湾的一个半岛巴当，这是马尼拉湾的一个海岬。此外就是哥黎希律，马尼拉湾入口处的一个小岛。

美军放弃马尼拉后，这个城市的情况就更乱了。

美军撤离马尼拉后，又过了一天，日本部队才进来。也就是说，这其中有一天是真空，这一天，马尼拉市面非常混乱，菲律宾人趁机抢劫中国人的店面，他们破门而入，疯狂抢劫！这个时候我出去看，觉得没有政府实在是不行的，无政府主义这种理论实在是错误的，是行不通的。在那个混乱的真空时刻，没人可以管束，以强凌弱，完全乱了套，那些菲律宾人非常贪心，开汽车公开来抢东西，华侨多数不敢抵抗，损失惨重。

附录一

王明爱口述

我那时读初一，童子军，戴着大帽檐的硬毡帽，飘带啦，童子军的哨子啦，总之很潇洒的行头。当时说日本人来怎么办啊？这些行头就都埋到屋前的泥土里了，大家都是闽南人，知道日本人是臭货，都有点怵。

战争爆发那天，12 月 8 日，星期一，中正中学将我们关在学校里，照常上课，夜里灯火管制，所有的玻璃窗贴着“米”字形的纸条，遮黑布，家里倒是没这么做，当时菲律宾人的窗子是用贝壳做的，半透明，透光，美丽极了。

后来学校也没办法了，一个月快过去了，记得是圣诞前后，麦克阿瑟宣布马尼拉是开放即不设防城市，美军开始撤退。

早些时候圣才叔有没有找我姐，我不知道，我忘了，我们当时和房东住在一起，他们人很好，男的姓曾，女的姓庄，是知识很渊博的人。他们说：“和我们一起逃难吧。”我们坐汽车到奎松市的圣弗朗西斯科，有一个叫黄世金的，鼓浪屿电灯公司就是他投资的。

我们跑到黄世金的别墅去避难，他的别墅很大，可以住很多人啊，我高兴极了，到处乱跑起来，当时是小屁孩一个嘛。

我在那里头一次看到空战，日本人和美国人的飞机在空中角逐。

后来，是过了年了，日本人大约是 1 月 23 日进城，进来之后，社会秩序略略稳定了，否则很乱啦，偷啊抢的。菲律宾人也不知日本人是熊还是虎，敢偷的只是那些“勇敢分子”。稳定之后，大家说，回去吧，在那儿不过是食干粮罢了，带去的食品吃光了，日用品也用完了，很难过日子。大家就悄悄回马尼拉市内了，我记得马尼拉那个屋，是木头房，门一开就是院子，所谓院子其实很小，水泥甬道宽约一米五，但两边是土，可以种东西，一般都是种些槟榔什么的。

当时菲律宾有个移民潮，多半就是厦门去的。

6 月份的一天，庄克昌的妹妹庄适玉，在中正做体育教练的，跑到我们这儿来，做姐姐她们那个中华女子篮球队的教练，姐姐是副队长，她们俩很熟。这个中华女子篮球队有个领队,其实也是资助球队的人,叫林珠光。

林珠光很出名啊,是厦门双十中学的校主,当时和马侨儒一起办学的嘛。这个人很有趣味,经常带姐姐她们这个篮球队到处打球,有时还到香港比赛,他经常说笑,说:“啊,我的领带好多啊!”

林珠光是所谓的“败家子”,不过主要是热衷于社会活动,我姐姐他们这个球队,李清泉也是有兴趣的,不知道他出资没有,主要是林珠光投资,他们这个球队很出名啊,当时在菲律宾是很轰动的。

我们起先照常上课,然后开会,日本人炸了,学校要停办,但平时大家还是去学校,大概觉得学校比较安全,姐姐在家里,王彬街(当时叫“咱人区”,就是唐人街)傍边还有一条“中山街”,国民党总支部在那儿,王尔三当校长的南洋中学在那儿,中华基督教青年会也在那儿,那也是姐姐打球的地方,实际上都住在一条街吧。这里还有“普智学校”“太原王氏宗族自治会”等。

圣诞的时候,麦克阿瑟宣布马尼拉是不设防城市,真正是真空,很乱,我们先跟房东一起逃难。后来平静了我们回来,有一天,听到汽车声,这才发现是日本人来了。日本人刚进来的时候,对百姓没什么,对美菲军就很残忍了。

在马尼拉湾面向中国的地方,就是北边,是美军驻扎地,当时的美军确实对日本人是一种威胁,马尼拉已经被日本人占领几个月了,他们还在这里坚持着,最后是麦克阿瑟命令他们投降,他们投降是有功的,打着白旗在谈判桌上签字。听说日本投降的时候,麦克阿瑟带着这些人到日本去受降。

这是一种不同的理念:保存力量。

还有一个巴丹半岛,是美军扼守马尼拉湾的防线,后来也投降了,投降的美军被日本人残酷虐待,被迫进行死亡行军,长途跋涉,不给水喝——日本兵越来越坏，画个线，过线就杀！菲律宾几乎每个村都有教堂，教堂里常集中人，日本人泼油就烧了，各种人都有吧，甚至叫你自己挖坑活埋……

日本人真是坏透了，至今我没法原谅，太野蛮啊！

（2011年元旦，北京团结湖）

第十三章

/ 在菲律宾的地下谍报工作 /

一、潜伏

相关链接

圣才先生在菲律宾进行了缜密周全的情报工作。后来麦克阿瑟将军对他的感谢，并不仅仅针对他们错过的珍珠港事件的预测。

日据时期的菲律宾，抗日烽火遍地燃烧，这里有当时已经半瘫痪的奎松总统领导的游击队，有不同党派领导下的华侨游击队，著名的“华支”，即由共产党领导的菲律宾华侨抗日游击队，就是一把著名的尖刀。当年参加“华支”的老人，至今谈到圣才先生，仍在为他抱不平。他们认为张圣才先生最应该得到抗战勋章，却被遗忘了！为此，圣才先生的儿子张倍灵先生颇具幽默地说，此时父亲已近百岁，卧病在床，所以被忘了。

被遗忘的抗日功臣当然不止圣才先生。被父亲王雨亭托付给圣才先生照顾的王双游、王明爱姐弟，此时介入这段潜伏情报工作，不但没得到应有的评价，其后半生反而遭遇非人的摧残。王双游读过鼓浪屿毓德学校，温文尔雅，是非常优秀的女性，“文革”期间被折磨至死，为此圣才先生耿耿于怀。按陈中先生的说法，圣才先生曾经对王双游的丈夫许祖义说：“不要保留骨灰了，让这圣洁的天使，离开肮脏的人世，到自由的清洁的大海去吧！”

笔者在 2011 年元旦在北京采访王明爱先生，他生动地叙述当年在圣才先生的“家”中做情报工作的点点细节。在王明爱的回忆中，他们姐弟是被林珠光先生“叫”去参加谍报工作的。

* * *

菲律宾“华支”纪念碑(泓莹摄)

美军撤离后,我的工作完全是潜伏了,再也不敢出面公开活动,一切工作是秘密的。公开的新闻也听不到了,现在最重要是保全电台,这个电台要是被破坏，与重庆的联系就会断绝，完全没法工作。

为了电台的安全，我们搬了四五个地方，每搬一个地方都要冒很大的险，因为那时日本人已经进来了。日本特务，尤其是那些台湾人，有少数的汉奸帮忙，到处抓人，电台转移要冒着被破获的危险，要经过许多难关，非常危险。日本人晚上经常有侦察车到处走，侦察电台，车常常就停在我的门口，听电波，电台工作真的很危险。

还好重庆派给我用的这两个人，一个是台长陈作舟，一个是助手林永成，都是重庆派来的，非常坚韧非常出色，他们不怕一切困难，不怕任何危险，每到一个地方，都是拼命工作，两个人都准备了一把手枪，准备出事的时候自杀，避免暴露。

有一次，电台的所在地，突然有一两百个日本人驻在这里，几乎把电台包围在他们的警戒线内，这太危险啦。（笑）因为发报时有电波，日本人随时都在监听，随时都可能发现，但若要转移必须通过许多哨卡，情况非常严重，几乎没什么办法能安全转移吧。他们两个人就硬着头皮把电台用麻袋包了起来，两个人扛着，冲了出去，好在闯过了关，脱了一次险。

还有一次，我们将电台转移到郊区乡下。四面都是田地，没有其他房屋，田地中只有三座草屋，我们租了一个，做电台工作地点，因为空地有一两百米，有人来可以看到，事前可以做好准备，也便于警戒。

隔壁两座草屋里住的是农民，我们总是得争取好邻居，我们常常送他们东西，联络感情，大家相处得不错，但他们不知哪里有电台，只知道因为这里安全，有华侨来避难而已，他们也常常帮助我们。

草屋有两层，楼下是梁撑着，四面空空，我们在楼下挖了井（洞），将电台放在里面，屋里也有洞，他们经常将电台提上来工作。电台平时在楼下，用木板盖着，同时养了两头猪，猪槽就搁在上面，猪粪也很多，这些都是用来做掩护的。

一般是晚上才抽了木板，将电台提上来工作，做完又放下去，那时这样做觉得相当安全，没啥危险。但有一天，隔壁女孩晚上起来，看到我们的动静，知道我们有秘密了。这女孩也不小了，二十几岁，是菲律宾人，她也不说，不提这件事儿。但有一次她得到一个情报，知道日本人要到附近搜查，她就跑来说："你们那东西要注意啊，他们要来搜索了。"情报我们有，她也知道，但她很关心我们，竟然来与我们这个台长陈作舟说了，我们才明白自身的危险，原来以为顶顶（非常）安全了，可人家早就看到了，按说是很危险，好在这位菲女是支持抗日的好人。

这女孩读过一点书，后来与我们台长陈作舟结婚了。

我住在另一处，自己一人，缺少掩护，比较麻烦，起先黄其华先生和女儿跟我住在一起，他主要是为我作掩护吧。黄其华不是军统的人，也没拿军统的钱，可是为了掩护我，竟然冒险和我住在一起。一些工作是他冒着被抄家的危险与我在一起做的，但他也是被日本人通缉有名的，知道他不该再和我在一起，就将家搬另外一个地方，我又是单独一个人，只有丁亦弟和我在一起，我们需要有妇女的掩护，于是黄其华又介绍一些人过来。（录音未完）

附录一

王明爱口述

那时，林珠光来找我姐了，说："哎，圣才叔要找你啊！"

姐姐和林珠光就叫了个马车，马尼拉市内还有马车，他们坐着马车"的的"地就去了，下午才回来。姐姐是很民主的，有事就与我商量。她回来之后，说起圣才叔，说他现在搞抗日工作啊，军统什么的。当时我也不知道军统是什么，她说："你说怎样啊，一起去吧？"

我说："好啊。"怎么不好？从小接受的就是这种教育。

那时搬家很容易，藤箧一拿就走嘛。后来我们和黄其华一家在一起，有一阵子，风声紧，黄其华的两个女儿分散到马拉汶林珠光的家，所以当时黄其华先生和大女儿和林珠光的儿子有点恋情，被黄先生娘"批评"了，不过，当时都是小屁孩而已，不值得大惊小怪。

姐姐是机要员，翻译电文，我手脚灵活负责藏匿密码本和资料，简单架设收音机天线，因为年纪小，还晒得黑乎乎和菲律宾小孩没啥两样，就充当了小交通员，送密信或传话到联络点，有时还到菜市场买菜。

据我所知，张先生当然是有报酬的，他从自己的薪资中拿出一百块给姐姐，我呢，他是报了一个雇员的名，没有我的名字，但也是有钱的。钱都是姐姐拿着，战争结束后，姐姐将这笔钱带回国给了母亲，所以啊，要不是日本人投降太早，我们就去美国读书了。

当时圣才叔就说这笔钱要让我们两个去美国读书。

圣才先生说他后来很后悔，觉得对不起我们，害了姐姐一辈子。我们后来的遭遇怎么能怪他呢。他大学毕业后回到鼓浪屿工作，一直是抗日救国的，反对蒋介石的不抗日，那时就和共产党合作过。他作为军统派驻菲律宾抗日情报站站长的事情，也是得到八路军驻港办事处负责人之一连贯的鼓励的。他抗战后从事大量对国民党党政军特的策反工作，是在中共指导下进行的。

我少年时期和圣才叔在菲律宾有较长的时间整天待在一起，无需回避，耳濡目染之下，我政治思想、哲学思想和为人处世都受到他的影响，除了宗教信仰。早年的鼓浪屿的环境是宗教氛围宽松的环境，住在鼓浪屿的人，信什么都有嘛，佛教道教，包括基督教天主教，什么都不信的也有。

信什么，信不信教，谁也不管谁，谁也不笑谁。比如圣才叔每餐都会闭上眼睛祷告，我们一点都不觉得奇怪，他不要求我们做，我们也很习惯他。我家虽然算得上基督教家庭，但母亲当年在菲律宾上教堂做礼拜，就拉着我做“跟屁虫”，我父亲和哥哥他们就从来没去过，这都是很正常的：我们享有充分的宗教信仰自由。

二、帮助我的朋友们

相关链接

张圣才先生在菲律宾的对日谍报工作做到1944年11月，提前结束的原因，就是他自己所说的“发生问题”。这个问题，与战争大环境发生变化有一定关系。日本少壮派上台是血腥的，军人粗暴干涉内政，主张“一国一党”的铁血政治，对外扩张的军国主义，原本与日本人民并没有太大关系，但正如他们的内阁首相当时感慨的那样：“日本国民是多么易受煽动啊！”但是，日本内阁与军部的矛盾、陆军中皇道派与统制派的对立、陆军与海军的矛盾，始终是矛盾重重，随着战线拉长与军队的疲惫，厌战甚至反战情绪逐渐在日本国民和军队中弥漫开来。

按采访过圣才先生的陈中先生所说，日本驻沪总司令畑俊六此时已经厌战，打算通过蔡诚仁到菲律宾找圣才先生，再由圣才先生通过戴笠与蒋介石秘密“和谈”。这段叙述似乎有些纰漏。但当时作为华中军总司令部战略科科长的蔡诚仁，的确抓了张圣才的学生林汝南押送到菲律宾找和知鹰二诱捕张圣才；另一本传记，蔡燕生先生的《爱国奇人张圣才》中，也谈到蔡诚仁等人甚至在报章上放出“学生某某某来菲，要向老师张圣才汇报家庭近况”“儿子张石生寻找父亲张圣才”等启事。日本人将畑俊六的信给圣才先生的老同学、当时在中正中学教书的庄克昌先生看。

总之,“寻找张圣才”一事,在菲律宾闹得沸沸扬扬。圣才先生感觉情况危急,如果继续工作,军统在菲律宾的对日情报系统可能遭遇破坏,于是他打电报给戴笠,将手头的工作转给张家福,当年日军残杀国民政府驻菲领事馆成员,张家福侥幸逃过一命。后来一直在圣才先生手下工作,此时接替张圣才顺理成章。

张圣才先生在菲律宾四年时间,以香港大公报特派员身份从事抗日情报工作,可不仅仅是“预测珍珠港事件”,他做组长的这个潜伏组,几年间发布的一系列情报相当重要,特别是对后来麦克阿瑟带领美军重返马尼拉“光复菲律宾”,起了至关重要的作用,所以麦克阿瑟才说他是“优秀的情报员”。

* * *

张家福是领事馆的人,原来就是做军统工作的。当时马尼拉被日本人侵占,他就跑到乡下六七个月,然后再来找我。因为他原来在外交部,目标更大些,后来他回来了,军统指示叫他接受我的领导,其实他的资格比我老,但那时是我组里成员。我发生问题以后,必须停止工作,就准备将工作移交给张家福,重庆复电,军统也同意了,我们就准备移交。

我暂时潜伏起来,实际上我的谍报工作做到1944年11月。

在菲律宾帮我工作的朋友,有两三个值得说一下,一是王尔山(王思量),是“闽变”时在厦门与我一起做群众运动的人,他是江西人,在厦门大学教数学,“闽变”时,他与十九路军很熟,就参加了“闽变”。他与蔡廷锴、陈铭枢等很熟,所以“闽变”时,蔡廷锴给他一个中将的头衔,做总政治部主任(此可能有误,当时十九路军总政治部主任为徐名鸿——泓莹注)。

“闽变“失败后他到南洋去,在菲律宾办了一个南洋中学,蔡廷锴到菲律宾都是由他接待,所以菲律宾人对王思量很看重,华侨待他也很好。这个人,当时还没结婚,在菲律宾有个对象,叫玛里,这个女孩子的父亲是税务局长,叫冈沙礼,这个人有九个女儿,没有儿子,玛里是大女儿,那时已经二十多岁了。王思量因为朋友介绍认识了玛里,与冈沙礼也颇好,大家关系相当好。

菲律宾沦陷之后,日本人组织伪政府,劳斯里留在马尼拉当总统,岗沙礼本来是税务局长,这时做了伪政权的情报部部长。那时,王思量接受我的要求,他通过玛里的关系与冈沙礼接触,通过冈沙礼取情报,做得相当好。有几个重要的情报都是从冈沙礼那里来的,因为他是情报部长嘛。

王尔山帮助我做了许多事儿,他曾经介绍一个朋友,芳拿西来,是菲律宾大学的教授,他对日本人是绝不妥协的,虽然沦陷后他没有跑,还在菲律宾大学,但他同情我们做抗日工作,与我认识之后,提供了许多情报。

这是王思量的贡献。此外,还有一个蔡大燮。

蔡大燮帮助我做了大量工作。他曾经是漳州芗潮剧社的重要成员,与彭冲陈虹他们是同事。他 1943 年……噢不,在珍珠港事件之前在漳州,因为“左”倾的缘故,被人当作共产党,在漳州站不住脚,被他的哥哥蔡竹禅“赶”到菲律宾,主要是到菲律宾逃避国民党的迫害。他从漳州来的时间是 1941 年八九月,比我迟一点而已,他在南洋没有和共产党联系,也就是说,与共产党华侨支部没有联系,变成了闲人。

他与我是好朋友,抗战前我在厦门在做抗日救国会时,到漳州抗日会联系,我就与他认识了,因为他在漳州的一些重要朋友也是我的朋友,一些还是亲戚,他对我也很信任。

早期蔡大燮和芗潮剧社的朋友们，后排左一为蔡大燮，左二为彭冲
(林盛发提供)

菲律宾沦陷之后，他还住在一个生意人郑崇岳家里，没啥事儿可做，我就与他联系，他懂日语，我就建议他通过华侨协会了解情报。这是一个日本人组织的伪组织，会长什么的是生意人，总之这是由生意人组成的汉奸组织，我通过蔡大燮与华侨协会联系，又由华侨协会介绍他到日本共同社工作，就是通讯社，他在里头工作，得到一些日本内部的消息。

蔡大燮在马尼拉光复后，回到漳州，经过龙岩时，被龙岩军统局的人抓走了，因为他未到菲律宾之前，已经被内定是共产党，所以被捕了。这是 1946 年正月，蔡先生娘陈萱枝，赶快到厦门找我，说他被军统抓走了。

我那时为了营救他，打电报给戴笠。我说蔡大燮有另外一个名字叫蔡望一，就是我在菲律宾的工作人员，做抗日情报的，到龙岩居然被军统局逮捕了，我请他一定要释放这个人。戴笠接到我的电报，却也很好，马上通知闽南站，叫龙岩方面放人，结果因此蔡大燮就有了军统的嫌疑，其实那时我是为了救他，才不得不说他是我的工作人员。

结果蔡大燮因为这事儿，解放后吃了许多亏。

附录一

黄猷口述

张圣才这个人的脾气我是了解的，比如在菲律宾和蔡大燮那一段就很精彩，招数也不少，我们都叫他“张天师”啊，你知道他怎么做吗？他在菲律宾替军统做情报，手下没有一个懂日文的，在日据时期，不懂日文是很麻烦的。蔡大燮精通日文，他曾经在日本留学，早期“左联”的，老共产党员，张圣才也知道，他们两人是寻源中学的校友。

他碰到蔡大燮，聊天。他说：“你是谁我知道，我是谁你也心知肚明，现在抗战，咱们可以合作嘛。”蔡大燮说：“可以啊。”张圣才激他说：“我敢，你敢么？”蔡大燮是能让人灌水的，一下子就被激起来：“你敢我不敢，哪有这样的事儿？要怎样就直说吧！”蔡大燮就这样下水了，这是很危险的事儿。

张圣才也是很讲信用的。蔡大燮说：“合作可以啊，但我是绝不参加军统的。”张圣才说：“可以可以。”他就安排蔡大燮到马尼拉华侨协会去工作，这是个汉奸组织，蔡大燮在那里做秘书。有一天，蔡大燮急匆匆过来，说：“快躲起来，那个电台的机要员暴露了。”当时张圣才有

王双游(右)、王唯真
(王明爱提供)

两个机要员,还有另一个就是许祖义的夫人王双游,所以解放后就说不清了。

蔡大燮说:"惨了,暴露了,这个报务员是登记在册的华侨。"张圣才说:"你赶快进去,将那张花名册撕下来!我们可能会暴露,我们车在门口等你,事情做完就赶紧出来。"蔡大燮就进去了,果然将花名册撕了下来,搁口袋里。

事情刚做完日本人就来了,怎么找都找不到这个人的名字,日本人也急,忘了算页数,如果去算,事情就暴露了。真险啊,蔡大燮兜里还掖着那张东西呢,他却若无其事地对日本人说:"有什么奇怪啊,菲律宾有十万华侨，登记的不过三万嘛。”

蔡大燮就出来了，说：“别跑别跑，没事儿了。”

这时圣才说：“我做了一桩对你不住的事儿啦，刚才那个事儿，可能你我都很危险，我觉得我们俩不能这样死得不明不白，所以我刚才叫王双游发电报，将你的名字报到军统局了……”

蔡大燮跳了起来：“我们明明早就说好了的，没有这一条！”

张圣才说：“好好，待日本人投降了，我立刻将你除名。”所以日本人投降后，张圣才办了一桌酒菜，请大燮、双游、黄其华、张楚明。张楚明就是张楚琨的哥哥，还有那个“小肚”也是有份的，就是双游的妹妹，噢不，弟弟明爱。他不就是个孩子嘛，“小肚”是闽南人的土话，小孩儿的意思。张圣才当场叫双游拟电报，蔡大燮、黄其华、张楚明和王双游当场除名，他对蔡大燮说：“我没骗你嘛。”

他是兑现了诺言的。

这个蔡大燮啊，真是狼狈。胜利后他就溜回国喽。他是老共产党员，去菲律宾的原因就是国民党要抓他才跑的，一回来不就送上门了么？国民党还是要抓他，只好又跑了。他的哥哥蔡竹禅，解放后做我们的副专员，工商界的。当时蔡竹禅就找到张圣才，说：“国民党要抓我弟弟，说他是共产党，是从延安回来的，可抗战时期他明明是跟你在一起嘛。”张圣才就出来为他证明，说蔡大燮在菲律宾和他在一起，这下一辈子都洗不清了。

蔡大燮解放后做省文化局副局长。等于省文化厅的副厅长。“文革”的时候，我们都被抓去关，我啦，大燮啊，××啊，××这个人竟然“左”到这种地步，说起来也好笑，他说：“蔡大燮，你这种资产阶级分子，没有前途了，我们这些无产阶级还有些前途。”

蔡大燮说：“你有前途？你现在还不是和老子一起担屎！”（大笑）

后来他就住到广东去了，他是很识相的，看到福建人事关系这么乱，就跑到广东去了。他小舅子很早在广东买了房的，1989 年去世。为什么要离开福建呢？是因为他已经连累了彭冲，彭冲早年是他领导的，彭冲入党就是他批的。

彭冲一到福建，统战部就知道了，这时就有人告说彭冲照顾这些落后分子。这个蔡大燮啊，也难怪别人跟他过不去，当文化局长，那时大家跳舞，只有他一个会跳牛仔舞，太特殊了嘛，他在菲律宾待了那么久嘛。蔡大燮很聪明啊，在日本留过学，英文日文法文都会啊，真是个怪才。他比我大许多，去世的时候是 89 岁(1900—1989 年——泓莹注)，他最狼狈的事就是解放后回来，还跟军统扯不清楚！

三、虎口脱险

相关链接

1945 年，日军在美军登陆菲律宾时对马尼拉居民进行的大屠杀，惨无人道，恐怕不亚于南京大屠杀。可怕可恨的日军，怎么说呢，当年美军宣布马尼拉为不设防城市，日军兵不血刃占领了马尼拉，却兽性大发，去折磨投降的美菲军战俘，“死亡行军”和俘虏营非人的折磨，7 万多美菲军俘虏死去一半；在二战太平洋战争末期，日军节节败退，山下奉文也下令，马尼拉为不设防城市，却因为海军部队拒绝服从，在美军强攻马尼拉期间，日本人持续达一个月的屠杀，平民的死亡达 10—15 万。平均每天杀 3000 人。

最可怕的是以糖果饼干引诱近千名儿童到圣保罗大学集体射杀。1945 年 2 月 4 日到 2 月 10 日，在巴石河南烧毁教堂和图书馆，并将避难所的 3000 名难民活活烧死，城中男女分开，男人用机枪射死，女人肆意强奸后，仍然射死。

菲律宾大量中西合璧的精美建筑在战火中被毁。

二战关押战俘的菲律宾大学农业部礼堂(泓莹摄)

……

圣才先生估计到的"剧烈的争夺战",比他想象的惨烈,不设防城市惨遭屠虐,日本报纸说的不发生战争的地方,说不设防的地区,突然就设防了,圣才先生准备让大家逃生的四个地方,多半被炸得稀烂。

因为逃不出去反而因祸得福的圣才先生,"直摁心肝",称自己得到天父眷顾的同时又反省自己在战争中做的"许多见不得人的别扭事儿"。圣才先生可以想到的是参加军统,参与暗杀汪精卫,在诸多日本人中走钢丝,等等。说起来,他的确一生都在"爱与暴力革命之间徘徊",这款矛盾这款痛苦,最终在他虔诚的宗教信仰中消解。

* * *

美军进攻马尼拉的前夕，我为了照顾所有过去与我一起工作的同志的安全，我就考虑马尼拉是否会发生战事。根据情况，美军要抵抗（进攻），日本也不会那么容易撤退，我估计在马尼拉会发生剧烈的争夺战，也很可能是拉锯战。如果是这样，在马尼拉潜伏是相当危险的，因此我决定要离开。那时准备往马尼拉郊区搬迁，一是日本人报纸上登了消息，离马尼拉 19 公里的圣马地尔，被设为不发生战争的地方，在这里可以躲避炮火，既然日本报纸说了，我以为是事实。我与丁亦弟就去那里租了一座三层楼，钱也给了，意思是战事逼近马尼拉时，我和我的同志们可以到圣马地尔避难。

此外我又与王尔山说，除此之外，还得预备一个地方。

王尔山与冈沙礼说了，问他什么地方好。冈沙礼说可以去他家乡陈仔湾，离马尼拉 60 公里，他说一乡的人都是他的亲戚，他是乡人尊敬的人，躲在此地应该没事，他又是伪组织的情报部长，我们十几个人都去都没问题吧！他准备在美军迫近时，用卡车帮我们搬到陈仔湾。其三也是岗沙礼提供的，说如果去陈仔湾的路被炸断，他在马尼拉市桥南还有个别墅，那里有防空洞，做得很坚固，他会通知他们准备接待。这是第三个地方。

另外有一个姓黄的华侨，他在碧瑶山区，那是旅游和避暑的圣地，有钱人在那儿多半有别墅。碧瑶离马尼拉 60 公里，姓黄的华侨是黄其华先生的亲人，他说："你们要是有困难，没地方去，可以到我的别墅避弹，我那儿给你们住。"这是第四个地方。

我算了一下，圣马地尔、陈仔湾、马尼拉桥南、碧瑶，总共准备了四个地方。狡兔三窟，我准备了四窟，一旦有险情我就准备去避难。

到美国人接近马尼拉，快入城的时候，六七天吧，我就说我们该走了吧，去圣马地尔。我与丁亦弟先带了几个箱子要去了，不到1公里的一个桥边，被日本人拦住了，这个地方本来不设防，现在突然改变了，设了个防线，不准人搬去了。

我们只好放弃了，我叫王尔山去找岗沙礼说："现在战火逼近，你得让我们搬到陈仔湾，你派车来接我们吧。"冈沙礼说："可以，但现在总统夫人要去一个地方避难，我得带她去，这一去要三四天，不过战火没那么快到吧，我回来就随时派车去接你们。"

我们等了三四天，他还没回来。桥，就是马尼拉南北交通的一个桥，为了制造抵抗的战线，被日本人炸坏了，这桥一断，到桥南的可能就没了，与岗沙礼失去联络，即使能联系上，桥也已经断了。

这时想着，该去碧瑶了，姓黄的华侨借给我们房子，我们要了一个车，大的，碧瑶有60公里，我们有十几个人呢。黄本源找了一个台湾人，是马尼拉一个中国教堂的传道或牧师，叫许清传。他是台湾人，我们租台湾人的车，他去帮我们租了个卡车，两万元开到碧瑶。

都约好日子了，许传道说他也要去，家里的人要一起走，车是拜托他租的，他也是我们的朋友，我们当然答应了。到那天，车来了，我们行李也搬上去了，我们也给他留好车位了，结果他没来，我们请人到教堂找他，许清传说他上吐下泻，现在还是这样，不能和我们去了，或者让我们停一两天。我想一想，他一家四五个，放在马尼拉也不是事儿，我们就这样丢下他走了也实在不够朋友，就等两天吧。

就这样，行李搬了下来，车就让它走了。

这时美军到了，战争发生了，我们，郭淑清、丁亦弟、王双游、王明爱等就没有搬迁，黄其华先生也没搬。

马尼拉开始发生战斗，日本人在桥南抵抗，美国人在桥北进攻，先解放北区，然后向南进攻。美军到的时候，他们有情报说这里有一些

协助张圣才情报工作的王双游与王明爱姐弟俩(王明爱提供)

战俘关在圣多马大学，就是我们住的顿河的对面，一百多米吧，这个大学很大，建筑物十分牢固，美国战俘都关在这里，所以美军首先就解放这个大学，他们用飞机袭击这个地方，赶走了日本人，结果我们最早脱险了，没事儿。

事后才知道，战争持续了二十多天，双方炮火确实很激烈，桥南被美国炮火无目标炸了一二十天，日本人坚持不投降，结果桥南被炸得稀烂，后来，日本投降前，捕杀了几千个人，凡去桥南的华侨全部遇难，死在日本人手里的有，死于美国炮火中的也有，我所认识的十几个人，都是侨领，全家覆没，无一幸免。

桥断之后，我和岗沙礼的联系那时断绝，因此我们就没有去陈仔湾。后来才知道，陈仔湾这个乡一千多人，日本要撤退的时候，将他们包围，用机枪扫射，全村的人死得光光的，岗沙礼一家，九个女儿，他的先生娘，还有他，全部遇难，连我的一个朋友，潘淑旬，是他过去税务局的伙计，全家也死得剩下一个儿子，受伤，腿也被炸断了。

所以我们当时若去陈仔湾，后果可想而知！

桥南的别墅，是冈沙礼的防空洞他有交代，说若有事可以搬去的，以为是很健全的。结果这个地方，这个防空的堡垒，被一只炮弹全然炸平了，假使我当时去，也可能是死无全尸。碧瑶，黄家别墅，离马尼拉 60 公里，本来是旅游点，无发生战争可能，因为介绍人许清泉生病而没去成，如果去也是很危险的。结果是，当时美国人与日本人在那里激战四天，黄家别墅完全像蜂窝。如果我们去了，十几个人就和我一起死了。最后才发现，自己所有的计划，没有一个是对的，我走来走去，没有走成，留在本地，反而是最安全的。就这个地方，美军为了救战俘，反倒没事。

人算不如天一划！我虽然自己设计了无数避难处，自以为很聪明，却无一处是安全的。要不是神来帮助，我肯定去了，而这四个地方，没有一个是安全的，说到这里，在菲律宾得到神的帮助有两次，都很有趣味。

菲律宾刚要沦陷的时候，我非常忙，跑去听新闻，有时去前线，有时留在家里处理事情，钱的问题啊房子的问题啊，忙得不得了，盲肠痛了，但痛的时候，没法去找医生，我就照样工作，忙到最后，反倒不痛了。

还有一次去郊区，住的是菲律宾人的竹屋，地板是竹子铺的，漏风，睡在上面，受凉了，我有哮喘的底，有时会发作，有时也就好了。后来战事发生，跑到郊区，就发作了，一夜喘到天亮，睡不着，那情况越来越严重，没法去看医生啊。突然我想到一个意念，为什么我感冒时不喘，无感冒却一定喘呢。我想了半天，感冒是要吃阿司匹林的，阿司匹林是不是就可以治喘呢？我就试试看，结果睡前食了一片，结果此夜一点都不喘，第二天，果然还是不喘。我就认为阿司匹林可以镇喘，我就大量买这个药，天天吃，气喘果然好了。本来这哮喘是随身的毛病，很麻烦的，给我的生活带来沉重负担，我想这是天父的照顾。

在逃难的过程中，我时时看到，神的手与我同在。

战事激烈的时候，我住处的前后左右，都有人中流弹而死，唯独我住的地方常常是安全的。有一次，一个机枪子弹恰好落在我床上，是从飞机扫射下来的，就在我头上的天花板上夹着，子弹没有下来，如果下来，我正在床上睡觉，肯定死了，子弹明明在那里，这是天父的恩典。

抗战于我，是很矛盾的事情。

战争要流血，战争要杀人，战争要做许多见不得人的别扭事儿，我作为基督徒，心里常常在矛盾中，不过，看来抗战是正义的，天父是赞成这个正义的战争的，我参加这个战争，常常碰到临危不危、临险不险的事儿，天父是眷顾我的，在战争中我体会到神的万能，神的正义，天父是正义的，也是自爱的。慈爱不足于感动人时，他就要伸张正义，日本人很残酷，用各种方法残害中国人，比如南京大屠杀，一天就杀了三十万人(原话如此，与事实有出入，南京三十万同胞非一天之内遇难——泓莹注)，这是不正义的，我们抗日是正义的战争，虽然也要杀人，但这是神所容许的。

附录一

王明爱口述

有一天，我们在屋里，忽听得人声沸腾，他们说，美军的第一骑兵师来了，我想，骑兵师，那一定骑马啰。“的的”的，好看啰，赶快去看啊！顶多就是一百米吧，我跑到西班牙大街一看，哪有什么骑兵，全然是机械化部队。吉普车和装甲车，骑兵师已经完全是机械化部队了，只是臂章上有个马头形象而已。

我们平时学骑车的地方——黄其华先生家北面附近的一个市场，这一段是美军榴弹炮摆放的重点，炮就摆在那里。他们是从北面登陆的，日本人当然负隅顽抗，日本人是很顽强的，后来一些人遁入山区，打了很久，有些人几十年后出来还是“皇军”，他们并不知道天地已经发生变化，他们的“皇军”早就投降了。

奎松城那里有个大街转圈，西坡下平地有个菜市场，炮全架起来了。那一夜，大家以为没事喽，我就躺在桌上睡觉，结果枪声大作，为什么呢，因为圣托马斯大学是日本人关外侨的地方，美国人要先救人，先解放这里。

南郊外还有一个温泉镇(内湖省洛斯巴洛斯——泓莹注)，那也是日本人关外侨的地方(菲律宾大学农业分校室内运动场或礼堂——泓莹注)，他们也先解放这里。美国人一进去先用坦克轰个够，当然一下子就解决了，日本人很顽强就是了。

美国兵吃亏啊，常常在于马大哈，比如大部队扫过去了，日本人躲在自来水井啊下水道什么的地方，等你人过去了，再闪身给你几枪。打背后，所以美军也死了不少人。

当时我躲在竹帘后看，现在还印象很深，亮亮的子弹过后，竹帘夹缝像凸镜，反射在地上，第二天就听说圣托马斯大学解放了，谁知老百姓紧接着又叫道：“快跑啊，日本人来了！”

原来是日本人从圣托马斯大学跑了出来。向我们这儿跑，从我们这条路跑到最繁华的华人区，到了华侨义山。听说啊，在那儿被美军伏击了，这才缓了一口气，这可吓坏了。你不要看日本人猖狂，那时也没有乱开枪，可能是为了节约子弹的缘故。

这样，美军就迫近市区了，这下麻烦了，日本人放火烧。市区反而惨了，开始大屠杀了，比如教堂、比如王城，就是当年西班牙人造的城堡。西班牙的总统府和菲律宾第一个天主堂就在此，王城里还有一个城，叫圣地亚哥堡，黎刹当年就关在这里，这里有水牢，日本时代是关政治犯的，死了很多人。日本人要撤的时候，也大量杀人。当时，我们北京菲律宾归侨联谊会中就有人从王城跑出来，否则也死了。

美军就在河的北岸做了沙包掩体，美国人打仗的理念和我们是不一样的。我们常常笑他们少爷兵，笨，不会打仗，比如在河的这边，死美国佬就抱着卡宾枪，无处可坐，就坐在地上，翘脚，抽烟，他们的战争配给非常好，一纸箱一纸箱的，打开后是巧克力，饮料啊什么的，还有消毒药，水源不干净的时候用的，阿根廷的牛肉罐头，还有不知哪里出的沙丁鱼罐头，等等。

后来有人就偷出来卖。还有各种军装、皮带、匕首、鞋什么的，整车偷出来卖啊，美国人用这些换酒喝，而菲律宾的酒有许多是工业酒精兑的，美军喝完酒，中毒的很多……当时流传一个故事：美军管仓库的官员为了答谢为他们销赃和卖酒给他们的商人，运了整整一卡车沉甸甸的木箱到商人的仓库作为礼品。商人喜出望外。开箱一看是军火！私藏军火是犯法的，他们大惊失色！

后来和他们熟了，我们华侨游击队，也用了他们的装备，和他们聊天，说："你们怎么那么怕死啊，那么远就开炮？"他们大笑，说："这是我们的理念和方法啦！"他们的方法是，先用炮弹，轰得你无处可去，人才上去。他们的理念是：培养一个人不容易，钢铁什么的就没什么了。在他们看来，就是这样。我们恰好相反，钢铁枪炮很稀罕，命倒是很多的。

我们常说，美国臭兵仔，这样的狂轰滥炸，有时连自己人都炸死了。

在王城里的日本人都死了，这样就算光复了，光复实际上还要深入巴石河南岸地区，这是不能当天就解决问题的，日本人将通往南部的大桥都炸掉了……这时美国人回来了，北边恢复正常，但实际上市区都快烧光了。这时我们一些各派的地下武装陆续冒出来了，公开了，自己内部也斗得很厉害，说火拼也是可以的吧。那时有个国民党的迫击炮团，后来分裂出来，亲共了。

各派的头儿们呢，都知道有个“张天师”，但无人知道他是何方神圣，不知道他就是圣才叔。只有张家福是了解的，他当时是国民政府的见习领事吧，这也是很奇怪的，当年其他人比如副领事什么的，都被打死变成烈士了，他不知怎么逃了出来。还没与圣才叔联系的时候，我猜张家福应该属于另一支队伍。张家福，我记得是福建漳浦人，长相和善，总是眯着个眼。他到我们“家”次数很少，但给我很深刻的印象。那是因为他在逃难的时候信主了。他说上帝很眷顾他，每每祈祷，他向我们传道呢，我们也礼貌地听着……待送走他，却去算他说了多少次“圣灵降临”，大家笑得死去活来。

我记得张家福待的这支队伍的头头叫庄永福。他们不是部队，不过是地下的什么组织罢了，部队多半与国民党或三青团有什么联系吧，究竟是中统还是军统说不清，但与圣才叔不甚相宜。圣才叔可能很看不起他们这一支，因为这些人生活上很乱，连自己的事儿都做不好，我曾经去联系过他们。但这些人后来与重庆有了联系，华侨是很爱国的，抗战时期，有去延安的、有去新四军的，还一部分青年跑到福建接受李良荣的训练，然后又回菲律宾。

华侨“左”派有四个组织，最大是“菲律宾华侨抗日反奸大同盟”，还有三支游击队，其中有一支是菲律宾华侨抗日游击队，是菲律宾共产党人民抗日军中的华侨支队，菲律宾共产党，其实就是中国共产党组建并领导的。

菲律宾抗日人民军中的华侨支队本来是分散的，后来因为语言问题，华人的社会，你是知道的，不懂一句菲律宾话也可以生活下去，一些人在抗日人民军里有语言障碍，所以就特别成立了华侨支队，所有的中国人都进去了。所以才有什么广东大队之说。另一支是洪门的，天地会什么的，有一个叫尚武武术团，后来华支派一些共产党员过去，将队伍也送他们一点，组织了一支游击队，叫"菲律宾华侨抗日义勇军"，人数很少。此外还有另一支锄奸队……

亲国民党的地下抗日组织是：菲律宾华侨战时血干团、菲律宾华侨抗日义勇军、菲律宾华侨战时特别工作总队、迫击团三九九部队。抗战时期也牺牲了不少人。但圣才先生和他们没什么来往，他一向在福建很出名，是进步人士，是军统却无人知，只知道他的身份是上海《大公报》驻菲办事处特派记者。后来因为美军入城，美国中央情报局有个国民党中将，姓王的，矮个儿，来找他，身份才慢慢公开。特别后来，国民党领事派来了，所以后来国民党在菲律宾的几支队伍也有人来找他，但张圣才先生这点很好，从不介入任何政治纠纷，所以至今啊，这方面没人告他什么事儿。

他就是为了抗日，单纯做情报。兑现自己的诺言嘛。

美军入城后，他这时已经没有时间跟大家聊天了，有的只是黄本源的侄子黄文开。这个人做了很多事，主要供应圣才先生钱，这些年，钱都是他拿出来的。后来圣才叔为了还他的钱，对国民党很不以为然，替他大打不平，他说军统搞什么鬼嘛，胜利了钱也拿不出来，黄文开倒始终不计较……

黄文开真慷慨，当时如果没有他的资助，情报站其实是很难生存的。他最初并不富有，主要是碰到日占特殊时期，皮鞋太贵，大家都去穿木屐了，他就发了，钱就都赞助了圣才叔了，这些华侨啊，真是可爱。

这时，一切可以说是结束了，那个国民党中将来找他，我第一次看到抗战时期国民党的军装和将军肩章。当时美军里好像有一些牧师，随军牧师吧，来找张先生，人很多，我和姐姐在那里住，的确很不方便了，我们就搬到黄其华先生家里住。我们的工作就此结束，但当时未通航，姐姐自己在复习功课，她还是想读书。我到附近一个番仔学校读书，奎松学校，好像是因为王尔三的关系进去的，读的是高中，当时补习了许多科目，本来我学的东西就比菲律宾学生多，在这里读得很轻松，认识一些番仔同学而已，大家都很好，菲律宾学生很纯，很有礼貌，信基督教、天主教的多，没有那杀杀杀的习气，不过南部信伊斯兰教的也不少，就不太一样了，有恐怖分子的基地。菲律宾最早的时候，包括马尼拉都是信伊斯兰教。

我们搬走之后，圣才叔也去重庆了。日本人八月十五投降，他十一月就回了重庆，美国人啊，其实还不错，马上就组织要将这些因为战争滞留于菲律宾的华侨回国。这么多年没回去了啊，想回去的，就用难民船送大家回去，我们就去申请喽，我和我姐是第一批吧，好像和黄本源他们一起……

（2011 年元旦，北京团结湖）

第十四章

/ 战事结束 /

"不因隐豹南山雾,那得骊龙颔下珠。"

这是罗丹先生1976年赠给父亲诗中的一句,说的是父亲当年潜伏上海和菲律宾马尼拉,与当地的日军畑俊六(时任驻沪日军司令)、本间雅晴、山下奉文(先后任驻菲日军司令)之辈及其属下多方周旋,获取不少具有很高价值的日军战略情报的那段历史。

——张圣才三子张倍灵

注:罗丹,著名书法家,张圣才好友。

一、见母亲比见蒋介石重要

相关链接

战后张圣才先生其实是一心想要脱离军统的,圣才先生的伟大之处是只有付出,从不沽名钓誉或为自己谋取身外利益。1945年底回到重庆,因为在菲律宾的抗日情报工作卓著,获得国民政府颁发的胜利勋章,并晋升"少将"军衔。

戴笠似乎非常重视他,立刻安排他见蒋介石,别人可没这殊荣。在他人看来,张圣才此时飞黄腾达唾手可得,他却要戴笠取消接见,要求立刻回家见母亲,此举惹得举座诧异,面对"党国"的重用,一般人趋之若鹜,他却淡定而坦然,想必此时已经决定离开军统。

从未穿过军装的谍报奇才圣才先生对"国府"给他的荣誉置若罔闻,勋章随随便便搁在家里,成了儿子的玩物,整日"当郎郎"在地上滚。据说他当时拒绝了戴笠的几次外派,包括到台湾地区和日本。倒是在重庆就与梁龙光、李梨洲等商量起增强福建经济实力的问题来(详见本节黄猷先生口述)。

1946 年的张圣才

据王明爱先生的口述，圣才先生在菲律宾就时常与黄其华、蔡大燮、张楚鸣等谈论战后回自己的国家发展教育、振兴经济的理想。圣才先生的理想自始至终没变：要改变福建贫穷、闭塞、落后的面貌。“发展地方势力”，关键在文化教育与启蒙，在于发展地方的经济实力。而教育是需要钱的，无论他在军统这里报销经费，还是后来在黄其华先生的支持下经商，目的都是为了发展福建的教育和地方经济实力。

这可能就是“一个大学生就是一个力量”的由来。

* * *

菲律宾战事结束后，我就准备回重庆。但那时没有船，也没有飞机。好在那时有一个段文南（茂澜）先生，他是中国驻澳洲的公使，他是要到菲律宾做公使的。日据时期，我们一个总领事和一些侨领，都让日本人杀死了。那时就没有人在菲律宾做公使，段文南(茂澜)从澳洲来，我是在菲律宾做地下工作的，不便出面与美国人交涉，坐飞机回国一事，他就替我去争取，承认我是公使馆里的邮差，以这个名义来申请。送邮件的人是有外交豁免权的。

段先生替我交涉了一架美军军用飞机，让我跟他们来重庆，这就给了我一个方便，否则几乎没有办法。我之前华侨回重庆只有一次，几个重要的华侨，一是戴先生，他是国民政府的检察院的检察委员，还有一位是银行的行长。他们是头一次，我算是第二次，搭飞机与军人一起走。

回到重庆后，去军统局汇报工作。

戴笠十分客气，接待了我两三次，也交谈了两三次，谈了谈那边的情况，还参加了好几次宴会。有一次美国大使来参观军统局，军统设盛大的宴会欢迎他，我也去了，戴笠将我安排在大使身边，这可以看出来，我在菲律宾虽然没做出什么成绩，但军统评价似乎不是太坏。

戴笠又准备带我去见蒋介石，凡是有成绩的人都要让蒋介石接见来表示重视，戴笠叫毛人凤秘书写帖，替我申请与蒋介石见面。蒋介石批准在6月23号接见，但6月18日时，戴笠请许多人吃饭，我也在那儿，请客的原因是他正要到福建布置工作，我也去了，坐主客桌上，与他相邻。我问他什么时候走，他说19号。我说："我跟你去，趁这个时候有飞机。"

他说："不行，已经定好了蒋委员长23号要见你，你慢一点走啊。"

我说："我要见蒋委员长的日子很多，但我母亲现在八十多岁了，我离开她已经七八年了，从抗战后就没见过了，虽然你说她不错，挺康健，可是我迫切要让她看一下。现在有飞机，你让我23号见蒋委员长，可以后谁来安排飞机让我回去见母亲呢。那是很难的，所以我要求跟你去比较方便，见蒋委员长有许多机会，以后再来吧。"

1946年张圣才与母亲合影
(张圣才家人提供)

戴笠有点踌躇,但最后还是同意了。他对毛人凤说:“你明天写一个通知(报告)蒋委员长,说我有要紧的事带张圣才到福建,那个接见就取消了吧。”全桌的人很诧异,他们觉得见蒋委员长是最重要的,我却要求回家见母亲。毛人凤小声对我说:“别人等待见蒋委员长要花很大力气,有时半年,有时三个月,有时一个月,你才回来三四天,蒋委员长就答应见你,可见他很重视,你却放弃这个权利要回福建,真可惜!”

我当然告诉他母亲更重要,也可以看出蒋介石的召见是大家觉得是很重要的,但我知道那个滋味,想起他第一次召见的情况,也没让我坐,也没让我说话,不过是站着见见罢了。

附录一

许四复先生回忆录《长歌水韵》

美军攻占菲律宾后舅父乘美军飞机回国，走前美国盟军总司令麦克阿瑟前去送行，紧紧握着张圣才的手说："你是一位了不起的中国情报员，为我们提供了许多很有价值的日本情报，使得我们顺利光复菲律宾，我代表美国政府向你表示感谢。"日军投降后，随着戴笠坠机而死，他就脱离了国民党情报系统，并与共产党取得联系。当我回到鼓浪屿时，他直接由中共华南局书记潘汉年领导（此时中共华南局书记应为方方——泓莹注），正在策划福建驻军司令的反正。

由于他当过国民党的特务，就成了我在厦门的一把保护伞。

附录二

黄猷口述

圣才先生1945年回重庆，对中国形势有自己的一些看法。端午节后他和梁龙光、李梨州在一起的时候，商谈战后回福建要怎么活动的问题和打算——他们都是国民党的参政员，一起去重庆开参政会，三个人畅谈国内形势，他们当时有个预测：国民党是不可能消灭共产党的，但共产党要消灭国民党却也需要20年时间。因此他们做了个协定，不管军统中统，都可以来参加，利用这20年空间发展福建地方势力，梁龙光和李梨洲都是中统，李梨洲当时是中统专门搞教育这一块的。

他们有行动的，想要办事需要钱，圣才先生确实想要做事业，不想赚钱，也不想计较钱。他想到办事业要钱，所以想从军统弄点钱出来。

张圣才在菲律宾掩护过杨启泰。

杨启泰也是抗日的，鼓浪屿杨家园的人。他当时被日本人抓了，后来放出来，他当时做废铁，日本人想利用他的铁，后来日本人投降了，“左”派就要整他。当时菲律宾共产党是比较“左”的，就说他给日本人利用了，要抓他，张圣才挺身保护他，证明说杨启泰是清白的，配合支持他的工作。

杨启泰就非常感激他，一直要给他一点什么。张圣才说：“你不要给我钱。”——这个人聪明就在这里，他说：“你只要承认一件事，说我在菲律宾工作期间向你借了 30 万，我回去找军统报销。”杨启泰就写了，张圣才就回国向军统报销。

军统一开始也是想给的，结果有人告了，告来告去。

当年军统在菲律宾有两个站，都是厦门人，另一个人原来是大同中学的童子军教练，叫林什么的，大家都叫他“风龟林”（风龟，闽南语指好吹牛的人——泓莹注）。那个人工作不如张圣才，就去告，大概是妒忌吧，其实没什么事。结果只拿了 10 万，圣才很不高兴。他当时是想拿 30 万或者更多，在福建办一个农场、一个工厂、一个学校，发展福建的地方（经济）力量，不是有 20 年活动空间嘛。

他当时还在重庆，所以叫李梨洲回来，拿 5000 美金给张天昊，叫张天昊先活动，张天昊就先搞奖学金，后来张圣才回来，就正式成立中华文化教育基金。他们当时有个口号：一个大学生就是一个力量。

不知这个口号是圣才先生提出的，还是张天昊说的。

后来因为没有那么多钱，农场没有办好，工厂也就做了厦门那个互惠公司。学校，因为没有钱也没办。不过，当时梁龙光做省教育厅长，把协和大学的一批毕业生派到闽南各学校做校长。

一大片啊，从惠安到泉州，要形成一大片势力啊。

那么，想以三个学校为基础，一是协和大学，二是福建学院，三是暨南大学，协大就由傅子礼——一个很出名的女学生负责。傅子礼是南洋著名文人傅无闷的女儿，后来嫁给张天昊了。傅子礼来负责联络工作，发动学生；暨大由梁华光负责，福建学院由曾育贤负责。他们确实拿钱回来，也开始在分钱了，叫每个大学物色能培养的对象。

确实有这些事，协大的事我知道一点，后来变成中华文化教育基金会，钱是给张天昊的。圣才先生的意思是自己的部下已经四散，张天昊在北站还有一定的关系网，我相信这些话是有一定可靠性的，因为这是傅子礼告诉我的，她当时是协大的负责人，快毕业了，想叫我接她这个位置，有点跟我摊牌的意思。

傅子礼她们有一套说法，社会太黑暗了，要爬上去才能改变现状。

傅子礼是1945年（从协大）毕业的。1946年3月，我回到福州，病了，住在医院，傅子礼带着张天昊曾育贤来看我，想叫我接她的工作，所以我相信这是真的，不过，究竟有哪些成分是张圣才他们策划的，哪些是张天昊他们自己的意思，这就说不清了。他们的确当时想做一番事业，想叫汤文通出来办农场，工厂叫谁办就不知道了。

当时圣才的确是有一番布置。

二、回福建

相关链接

戴笠果然是敏锐无比的人，看准了张圣才其人其才，在菲律宾的情报基地一时失联，他认定张圣才不可能叛变；张圣才回国，戴笠待他不薄，实际上希望圣才先生继续为“党国”效劳——圣才先生在长汀机场与老同事郑修元见面印证了第一点。第二点，戴笠自己把握不准，但他很显然欣赏张圣才的品质与才能。

董事长张圣才与互惠实业公司福州分公司同人合影(1946年)

圣才先生去意已定,不愿意见蒋介石就是一个佐证。

圣才先生与军统的瓜葛因为戴笠飞机出事而实质上终止,否则可能不那么容易脱身。用他自己的话说,脱却得“光光的,只剩下一张虎皮”。他一方面,仍然“热心政治”,另一方面将精力放在创办实业上，而创办实业，有一个目的就是资助以双十中学为中心的教育事业。从黄其华先生的回忆录中可以看到，他们在上海筹建的“启南实业有限公司”，是由十来位爱国华侨聚资创办的，包括当年在菲律宾资助圣才先生对日情报工作的黄本源、黄文开。

因为录音残缺，本书最后几章文字以圣才先生《我的地下革命生活》为主干，因为定题和写作时代背景的缘故，圣才先生主要谈他的政治活动，将办实业目的写作“挂名作政治掩护”，这显然是片面了。

从其他老先生的回忆可以读出，圣才先生那时是“想做一番事业”的。

实际上，发展国家（主要是福建）的经济和政治实力一直是圣才先生的理想，事实也证明这才是国家强盛的正道。抗战胜利，华侨们欢欣鼓舞，从此希望好好建设国家，于是他们踊跃投资，圣才先生亦踌躇满志要重新投入他心仪的教育事业，因为教育是国家强大最重要的基础，这就是他所谓“教育是和平时期的革命”。

善良的人们谁都没想到，另一场噩梦会来得如此之快。

* * *

因为重庆气候的关系，我到长汀的飞机耽误了两三天。

从重庆到长汀，那时湖南还有一部分在日本人手里，我们的飞机要经过占领区的上空，所以要有许多战斗机来护航，所以他们很慎重，气候就十分重要。决定要走的是 19 号，却连连等了好几天，天气不好，直到 23 号才飞到长汀，戴笠坐前面的飞机，先到，我后到。他直接去了永安，我则在长汀歇了一夜，然后才去永安。

一路碰到两件事儿。头一件在长汀飞机场碰到戴笠的机要秘书郑修元,他本来是军统上海区的书记,我在上海区工作的时候,他经常与我联系。当时我被巡捕逮捕,他有些失职的地方,因为当时是郑修元没有及时通知我王天木叛变,我不警惕才被抓了,所有的工作同志损失了两三人,被日本人抓去枪毙,这个事他是有些责任的。

因此他对我是有些歉意的。我从巡捕房放出来之后,他一再对我表示对不起,总之我们朋友的感情是不错的。我到长汀的时候,碰到他在等飞机,见面很高兴。

他说了两件事,头一件是说我1942年在菲律宾,日本人占领马尼拉的时候,我的电台因为天气原因与重庆失去联系,电报不通,不能联络。他当时在重庆,戴笠调集主要干部,讨论菲律宾电台不通的事儿。那时有个连谋,那也是军统的头头,一向对我很有恶感。他说张圣才一定是去做汉奸了,投降了日本人了。

这时戴笠说了一句公道话,他说:"张圣才如果说是抗战,那一定是绝对可靠,绝对不可能投降日本人。至于抗战后他要走什么政治路线我就说不准了,但他这个时候一定不会去做汉奸。"

郑修元告诉我,戴笠这句话有很好的暗示,他肯定我不会去做汉奸,但对我将来何去何从,他是没有把握的。在这个时候有一个具体问题,他叫我要注意,比如陈盛智。陈盛智在东南班做教官,是我介绍给军统的。

郑修元说陈盛智是我介绍的人,因为他是日本留学生,政治水平高,所以让他来东南班做教官。美军要来福建的时候,戴笠派了一些人与美军联系,也就是外事处处长,他决定派陈盛智做汕头外事处处长,但陈盛智不去,戴笠相当不高兴,恐怕这事儿会影响到我。(张圣才先生全部录音到此为止,其后内容均取自张圣才回忆录《我的地下革命生活》——泓莹注)

日本投降后，我在上海和陈乃昌同志合办了一个半月刊《真理与自由》。

这个刊物响应中共号召，要求蒋介石履行诺言开放政治，释放政治犯，要求团结，反对内战，以陈乃昌同志为发行人，黄嘉历为经理，联络李纯青、林林、蔡仪、施复亮、徐放及其他若干进步人士写稿。我提供经费及馆址。

《真理与自由》的言论，得到中共上海地下组织张执一同志的赞扬，被追认为党的地下刊物。

这个半月刊于1946年元月发刊，到同年6月被国民党勒令停刊。

抗战前为了推动抗日，我三次入狱。抗战期间，我虽然有所表现足以说明，我除了抗日，没有其他政治要求，但是胜利后，国民党仍然不放心我的政治动向。这个情况，对我的革命工作是不利的。所以我首先致力于改变我的社会形象。我在1946—1947年间，创立或参加好几个商务机构，目的在以生意人的面貌来掩护政治活动。

1946年8月我在厦门创立“厦门互惠实业有限公司”，任董事长；4月在上海参加组织“启南实业公司”任董事；7月投资福建农林公司任副董事长；10月参加中国工矿银行任董事；1947年和许显时、何公敢二位同志创立福建渔业公司，任副董事长。这些商务机构都是黄其华同志引进华侨资金创办，让我挂名做政治掩护的，大大改善了我的社会条件。

1988 年张圣才与陈乃昌先生合影(张圣才家人提供)

附录一

黄其华先生回忆录节录

抗战期间,双十董事长林珠光、校董黄本源、张圣才与我都在菲律宾。菲律宾于 1945 年 3 月光复,以祖国胜利指日可待,侨胞欢欣鼓舞,对祖国建设前途寄予莫大希望。侨友郑汉荣、吴宗明、黄文开等 10 余人筹集美金 20 万余元准备回国投资,振兴实业。张圣才、黄本源两人于 1946 年春先后回到厦门,筹设“互惠实业有限公司”。

我先于 1945 年 10 月间由菲抵渝,旋到上海,筹设“启南实业股份有限公司”,我任董事长,黄本源任总经理。并由启南公司向中国工矿银行、福建渔业有限公司、福建省农林公司等投资。我们在菲商得股东同意，以盈利的三分之一作双十经费。

（黄其华：《厦门私立双十中学简史》，《福建文史资料》第二十辑）

三、参加“闽人治闽”活动

相关链接

张圣才先生在菲律宾的时候，预测到国共必然摩擦甚至发生内战，但他们认为摩擦的时间很漫长，诸位来自福建的同人有足够的时间来发展家乡的经济实力和政治力量。“闽人治闽”的确是福建人的历史愿望，福建本土“能人”与外地政客的矛盾，历史有点悠久，“驱逐陈仪”可能是一个高潮，陈仪之后的刘建绪，实质上也是陈仪推荐的，虽然废除了一部分陈仪的“苛政”，但仍然压不住“闽人治闽”的呼声。

按程星龄先生文章里的说法，刘建绪是“辞职让贤”，辞职同时打电报给蒋介石，推荐清廉自律的李良荣继任福建省主席。圣才先生这里则说是张贞顺水推舟的举荐，可能当时确有多种呼声。黄埔一期学生，后来读过多种军事院校的李良荣做这一段短命的福建省主席，也算历史的必然。而李良荣曾经对他的部下李以劻说过，蒋介石“下野”的临时行辕，一在福州鼓山，二是厦门鼓浪屿，这段时间，安插了许多亲信在福建。当过蒋介石“侍从参谋”，人品不错的李良荣，当时可能是不二的人选。

圣才先生1946年脱离军统后，正式参加“民联”。

“民联”是陈铭枢、吴艺夫等主持的“三民主义同志联合会”，应该说这是国民党左派团体，主旨是反蒋。“现代化促进会”是圣才先生在菲律宾就组织的，以华侨为主的政治团体，用他自己的话说，准备以华侨的名义干预国内政治。但这个团体及他们回国后的所作所为主要以经济建设和文化教育为主。

笔者管见：所谓“三民主义同志联合会”与“现代化促进会”有自己的政治观点和建设国家的强烈愿望，但由于内战火药味越来越浓厚，用黄猷先生的话说，他们无奈将自己原来的政治意图先撇开，“只能去帮助共产党成功了”。

* * *

1946—1948年，京沪福建同乡，出于闽人治闽的历史愿望、发起拥护吴硕同志任福建省主席活动。我经由我的老师陈锡襄和吴艺夫同志的介绍，参加了这个活动。参加这个活动的人士，各有各的动机，我和陈锡襄及吴艺夫的观点是：

1.吴硕是“民联”同志，争取他当省主席，有可能为和平解放福建铺平道路。

2.“闽人治闽”的呼声，是几十年来福建人的老口号，对国民党当权派来说，只是一个地方主义的重演，和中共没有关系。利用这个口号来进行革命活动，是一掩护。

我和吴硕同志密切配合，在他的指示下，我和吴硕的另一个华侨朋友陈荣芳，对海外华侨和闽南政治上的人士做了一些工作，得到他们的支持。我们准备在时机成熟的时候，发动菲律宾、新加坡两地的华侨通电拥护，但由于一些复杂原因，拥护吴硕同志的活动没有达到目的。

同样为了以上意图，我仍然以“闽人治闽”的口号，怂恿张贞争取福建主席职位。张贞不是革命同志，拥护他只能起到利用的作用，这是我们早有认识的。张贞晚年有点私心杂念，加上一贯作风，马马虎虎。相信我们的一些朋友有可能左右他的动向。我资助张贞，去南京通过何应钦的关系，打通了蒋介石。

蒋介石召见张贞，主动问他回闽主政的意见。

张贞为表示礼貌，谦让年老恐无能胜任。蒋介石本来知道张贞不是材料，召见张贞是敷衍何应钦，及听到张贞谦辞，立即改口问说："那么你看福建还有谁堪当此任？"张贞至此，没有回旋的余地，只好顺水推舟，推荐李良荣以自代，蒋介石立即拍板，表示同意。

拥立张贞的活动又告失败，但是我们在"闽人治闽"这个口号的掩护下，得到发展民联地下组织的便利，还是我们的实际效益。

我于1945年6月由菲律宾返回重庆，陈铭枢和吴艺夫同志就把"民联"组织告诉我，征求我参加。当时日本还未投降，我还是军统人员，怕有不良影响，要求以外围关系，协助工作，等脱离军统后再行参加。1946年秋天，我由陈铭枢、吴艺夫主盟，参加"民联"，回福建活动。我通过吴艺夫、陈锡襄同志与陈铭枢通信联系，自己也多次去上海与南京"大士农场"向陈铭枢汇报工作，请示问题。

参加"民联"之后，我把这个组织当作革命的秘密组织，应该避免暴露。为进一步保密着想，我运用"中国现代化进促进会"这个名称来做"民联"的代号。对初步争取到的同志，我们不说"民联"而说"现促"。

现代化促进会是我在菲律宾发起的政治团体。

1945年美军光复马尼拉之后，我从美国来客及美国报刊了解到蒋介石和中共的摩擦，知道抗战胜利后，国内还有一场艰苦的政治斗争，甚至发生内战。我在回国以前，便跟十几位华侨同志发起组织"中国现代化促进会"，准备以华侨的名义来干预国内政治。但回国不久，就参加"民联"，认为没有必要另起炉灶，所以不去发展"现促"，但是这个组织起源于海外，有一定的华侨后盾。我认为用这个名义来为"民联"

吸收同志，万一发生问题，还可运用一些海外关系来招架一下。

因此，我对一些朋友，首先介绍他们参加“现促”。

1948年5月间，吴艺夫约我去香港会晤朱蕴山同志，那时候李济深同志正从事组织“民革”。朱老两次和吴艺夫、洪文泰、黄品枚和我见面，传达“民革”组织经过，收集我们的意见，并指示我们革命的方向。我把我在福建活动情况向他汇报，得到朱老的肯定。

1948年五月间，陈铭枢、吴艺夫在上海环龙路江卓云家请刘通同志和我吃饭。席间，陈铭枢告诉我，组织上决定由刘通同志主持福建工作，叫我以后和刘通同志联系，我衷心表示拥护。

1948年10月间，我由“闽变”战友陈公培（即吴明）同志和杨东莼教授介绍去香港见中共华南局书记潘汉年同志（此时中共华南局书记为方方——泓莹注），接受中共任务。为工作便利，潘汉年要我直接和他联络，我和刘通同志的关系由他通过组织向“民革”请假。

从那以后，我便在潘汉年领导下工作，直到厦门解放。

厦门建筑总工会解放前是厦门最强有力的工人组织。它的领导是同盟会老同志许春草，拥有三千余工友，连外围关系，可以动员五千人，它对厦门历次爱国活动是个有效的支柱。

许春草是同盟会的老同志，讨袁之役，他是中华革命党闽南总支部的党务主任。陈炯明叛变时，孙中山先生从永丰舰紧急委任他为福建讨贼军总指挥，声讨陈炯明。

许春草是个虔诚的基督徒，他对共产党反对基督教颇有反感。1927年，他曾为这个问题参加厦门“4·9”反共游行，以后他对共产党印象并未好转。但他是厦门建筑总工会的创始者，又是接连30年的领导，要争取建筑工会首先要争取许春草，要争取许春草就要搞通他对共产党的看法。

解放前，他有一个孩子参加共产党，另有几个孩子拥护共产党参

许春草夫人和子女们,前面右一为张圣才长子张石生(张圣才家人提供)

加民主党派,这些孩子或多或少影响到他的思想。然而最主要的一个因素,是蒋介石的腐朽统治,使他不能不寄希望于共产党。加上解放前,我们提供给他大量的中共文件,反映出中共对基督教的宽容政策。

在这种现实条件之下,许春草答应我们在厦门建筑总工会内发展"民联"成员,并准我在厦门基督教青年会,建筑工会设立一个"夜校"宣传革命。这个学校的教员,有郭荫堂、曾世弼等数人都是革命同志。

我在许春草的同意下,把建筑工会的上层人物几乎通通介绍参加"民联",其中有副主席李德佛、总干事卢伯缓、执委李乾源(卢伯缓、李乾源都被毛森逮捕,遭酷刑对待)。他们自己是夜校成员,还协助组织学生来学。

附录一

黄猷口述

张圣才自己是有一套想法的，后来发现行不通，就在香港与潘汉年接上头了，他们在“闽变”的时候就认识了，很熟悉的。与李济深、陈铭枢也接上头了，张圣才对李济深说，“民革”的力量，只能装备两个师，所以现在只能帮共产党成功了，再来考虑其他。然后又传达潘汉年的话，说现在很多进步学生要求到延安内地，而潘汉年说，现在不要去，留一份力量在白区，比在解放区更有作用。

这是1948年张圣才传达的，我想他当时已经决定跟着共产党干啦，我亲耳听到的。

他是试过许多方法的。三十年代，他是共产党的群众，当时鼓浪屿有一个支部，他经常在那里转，这是当时的一个党员和我说的。我是这样理解的，他的思想主要是基督教，所以和共产党未必能合拍，所以后来参加“闽变”，又参加了中国生产革命党。我曾经当面问他：“你们生产革命党到底是做什么的?”他说：“我们是修正共产党不修正共产主义。”意思是不赞成暴力革命，想通过发展生产去促进社会进步!

他的一些做法，是有思想根源的，那阵子帮助许春草的势力、婢女救拔团、建筑总工会，形成一定势力，那时这个生产革命党已经存在了。杂志叫《石生》，儿子也叫石生，名义上是婢女救拔团的团刊，旗也是绿色的，里头有白星，有一整套的系统。

后来他感觉这套不行了，许春草还是这样，要做一个中国工党，张圣才觉得没用了，不行了。张圣才的思想影响了许春草的儿子们，大家都不支持父亲，许春草觉得很孤立，他要靠我替他办事。我是想，两个事，无论如何，他们是一股力量，可以影响一些人，我一直动员工党加入民盟。

那就分两派了，许春草的老大许摩西是“民盟”的，老二许其田是中统，两派在鼓浪屿就争得不可开交。1947年夏天，当时我们（指中共地下党）在鼓浪屿和厦门可以依托许春草这个力量来工作，许春草的孩子就有了许多想法，五权当时就跟我说了：“听我小舅的，不要听我父亲的，他落后了。”

许春草和张圣才的政治态度不大一样，张圣才更接近共产党，许春草更中立。

我们当时想，如果完全听张圣才的，我们就很难活动，因为张圣才是有许多顾虑的。许春草倒没有，他是硬来硬去的汉子，拿他的旗子比较好做事，跟着他也比较好做事，我们几个人就支持他，那时他的儿子们都不支持，我们支持他，他就特别信任我们，的确，我们也没有害他，并不是完全利用他。

那时我已经是中共福建省委厦门特派员，我那时在英华中学教书，教历史和中文。那时，许春草一直要成立工党，张圣才反对，下半年就吵这个事，结果后来张圣才想了个主意，把这些人拗过来。

许春草和这些人想组织新中国建设研究会。张圣才建议组织了“中国现代化促进会”，陈中的书中写张圣才在菲律宾组织了这个会，没说为什么要在这时做，其实他是为了缓和与许春草的关系，说成立组织可以，就不要做什么工党了。这个新中国建设促进会，总纲是我写的，章程是陈洪之写的，陈洪之是英华的另一个老师，也是地下党。

许春草、张圣才并不知道我们是地下党，只知道是进步青年。

这里头有许多东西可以摊开来讲，解放后我们也一直如实谈这个事，所以共产党并没有公开说工党是反动的。感觉这是一个中性组织，不过这个组织很小，总共说过要七十个支部，但可能没有那么多，就是七十个地方有人。他们有一条规定，就是要发展基督徒，他们认为基督徒比较可靠。

圣才他们有个党没有纲，说清朝倒了，不存在民族问题，所以叫四民主义：民仁，民治，民权，民生。这实质上就是基督教民主党。所以我说他的思想就是基督教思想，我这里就是举个例子。

圣才先生的口述，其实是避讳了许多问题。

（2009—2014 年）

附录二

邱继善口述

张圣才后来与许春草有所分歧，许春草说："他对不起我。"本子上记着张圣才对他不起的地方。工党，他们两个都是头，对外是一致的，对我们，则都认为是自己人，我们是在石码那个礼拜堂认识许春草的。他叫我们参加工党，黄猷当时参加了，章程是他写的。

结果黄猷在审干的时候，这个就成了大问题，要是没有邱继善他就被杀了，哈哈。问他是不是参加工党，是不是在参加共产党之前参加工党的，是不是工党派到共产党内部的，章程是他写的嘛。我没有参加，我曾经答应许春草要参加，但当时没有，后来到英华教书，他说："叫黄猷来给你办手续！"我想当时我是骗他的，现在啊，怎么还会参加呢？

小桨工会和建筑工会的头，没啥人。张圣才叫张天昊做工作，张天昊是缅甸的工人，共产主义小组成员，进步了，是因为郭荫堂脱党之后在那里革命，郭荫堂那时是英华语文教员，厦门《江声报》的编辑。郭荫堂和张天昊很好，后来张天昊是军统闽南站站长。协和大学那个女的傅子礼，就是和他结婚嘛，他们当时都是张圣才的人。

张天昊带着他的人，按张圣才的指示，要到大宫来整顿这些工会，他带去的，都是我的同学，可能都跟军统有关系。他认为许春草的力量他要抓过来，许春草就对我说，今天是张圣才的人要来，让我去看个究竟，我就和五权去了。许春草回来很生气，我说，没关系，我在就没问题。张圣才就来做我的工作，我这才明白他们有些矛盾。

张天昊后来被抓去，圣才先生跟我说了许多次，我也没办法。

张圣才着实是好人，黄绍祖是我英华同班同学，他是属于好动好打球的人，到了内地，一时没找到出路，就去参加什么特种技术训练班，在上海就这样糊里糊涂加入军统。他说军统很可怕，可以在几个钟头之内肢解一个人，太恐怖，他不想做了，想退出来，退不出来，怎么办？我给他出主意，叫他去叫圣才，圣才就告诉他说如何退出的方法。

后来张圣才替他弄出来了。

我对张圣才和许春草印象都很好，我认为他们是旧民主主义者，是应该团结的，首先他们反蒋，当时我们也知道张圣才是特务，但是我们在他家，他全无防备啊，我们当时就看到潘汉年给他的信，黄猷拿到的，当时我们就知道他和共产党有关系了，不过，后来的潘汉年事件，他可是着实倒了霉了。

（2011 年 2 月，福州）

附录三

张圣才子孙口述

张石生：我们家和许家，一直都是在一起的。

抗战时期，太平洋战争发生后，我们两家妇孺逃出鼓浪屿，到故乡后溪后垵，我姑姑、母亲、祖母都和我们一起逃难，这些事情都是由张强来安排的，他很能干的，母亲一辈子在家庭唱主角，是从不叫苦的人。我们从鼓浪屿到后垵，走了好几天。

这里有几个笑话，我们坐小帆船，没位子坐，台风天，又下着雨，就将祖母抓到船舱下面去，老人家大惊，在下面呼天叫地的，又黑又闷啊。可那是最安全的地方，后来，我们就玩笑地把家里最重要的人都叫"肚底人"了，肚就是船舱，那里最安全嘛。

走到一半，船坏了，将我们抛到荒滩上，风雨交加，怎么办？好在船家算好心，不久，船修好又来了，良心人啊。行李和人，又上了船，到了海沧，碰到陈国星，他是中校，中统特务。他说："你们怎么来这儿啊，跟我走，不过，你们到底要去哪啊？"

这时我姑姑，就是许春草夫人，大叫了起来："矮仔廑兢，他的家就在新垵嘛。"

果然邱廑兢来了，把我们带到他家里。那时他们家的孩子说："哈，我们去捡牛屎，去烤地瓜。"我就和他们去玩了。在邱家玩了两天，开始走路，我们是走到后垵的，小孩儿请人挑，坐在箩筐里很有趣啊，祖母坐轿，其他人都走路。

张倍灵：我比较没印象，只记得年年除夕晚都要去见姑丈，他总是将双脚浸在大脚盆里，我们就叫丈啊，新年好！他的红包便递过来，是绿绿的三元钱。后来姑姑病了，帕金森综合征，我们也去帮着照顾。

张晓歌：我记得我第一次看到的死人，就是丈公许春草。我记得那天很异样，我那时留头发，每天早上，祖母都要让我挑一个蝴蝶结系上，那天我挑了个红的，祖母说："不行，今天你丈公过世，不能系红色。"挑来挑去，最后挑了个带蓝点的……我印象非常深，没有戴红蝴蝶结，还有点不高兴呢。原来人死是要这样的。

张倍灵：那天我们小孩儿大快乐，那是 1960 年啊，姑丈的丧礼上有许多好吃的东西，居然有虾啊，炸的，真香啊，这对我可是大事儿，我们纷纷钻到桌底，大吃其虾。许春草出殡场面非常之大，据说鼓浪屿丧礼最热闹是三个，一是许春草，二是黄奕田，三是我母亲。

张丹伦：我们都去“拔龙须”。

张石生：我做孝男，我是他的谊子嘛，当时他的亲生儿子大部分不在厦门，有的在国外，扬三当时是右派，自顾不暇，只有伍权回来。但建筑工会的人太多了……

张倍灵：姑丈那历史反革命的“头衔”是许祖义去宣布的吧？许春草原来是厦门人大代表，也不知什么时候被打成历史反革命了，他们居然叫许祖义去宣布，许祖义也是叫他草伯的，许卓然是他的战友。这很像 20 世纪 90 年代，张奋生去家里宣布我父亲的处分。

张石生：王雨亭和许卓然都是他辛亥革命时期的战友。

（2012 年 11 月 12 日，厦门鹭风酒家）

第十五章

/ 策反与营救 /

一、争取闽警班学员

相关链接

国共和谈在1946年就“失败”了。嗅觉灵敏的圣才先生非常欣赏共产党当年一系列代表了人民利益的政治主张，既然铁了心要帮共产党打天下，全部精力便都用在营救共产党人和进步人士上，紧接着就是策反。1946年到1949年间，他利用自己多层面的关系，穿梭于南京、上海、福州、厦门、香港，展开各种地上和地下活动。

张天昊在缅甸原是码头工人，是中共党员郭荫堂将他带回闽南，跟随圣才先生多年，后来为军统闽北站站长，他文化程度不高，每年却必安排一批年轻人读进步的书。差一点被中共地下组织吸收入党的协和大学高才生傅子礼，是南洋老同盟会员、著名文人傅无闷的女儿，后来就嫁给这位文化程度不高的原码头工人，他们可能一起在圣才先生的引导下，先从事“一个大学生就是一个力量”的活动。后来形势日趋严峻，便与圣才先生一道“帮助共产党成功”。

同在这个时候主动接近圣才先生的刘浑生先生，少年时当药店学徒，萨镇冰先生将他从福安带到福州，并资助他投考福州农业高级学校，刘浑生在学生时代就参加了十九路军“闽变”，之后被当作共产党抓起来，仍然是萨镇冰保他出狱。后来就读福建警官学校，毕业后先在仙游供职，调到厦门后，在鼓浪屿当警察局长，圣才先生介绍他加入“民联”。

当年像张天昊、张廷标、刘浑生这样跟着张圣才在政治漩涡里的人相当多。

当然，这些人后来的命运是圣才先生没能预测的。张天昊

1950年被抓捕后自杀，张廷标1949年后郁闷而死，而颇有文才的刘浑生在厦门郊区盐场劳动几十年，晚年才平反，在“民革”工作，与圣才先生结成亲家。

* * *

“闽警班”全称福建警官学校，是陈仪创办的。它不属于军统的特警班，也不属于李士珍的中央警官班，陈仪在福建时，将他们当为自己的宠儿，陈仪离闽之后，他们就夹在军统特警班与李士珍中央特警班之中，两面不讨好。我利用这个矛盾，对他们伸出友谊之手。

1947年，张天昊同志介绍闽警班刘浑生同志参加“民联”，刘当时是厦门警察局主任秘书，是闽警班的头面人物。为发展革命工作，他出面组织闽警班同学会，任会长。通过这个关系，他陆续介绍同学会总干事罗星炜和数十名同学参加“民联”，这些同志都是各市县中上级干部，对我们共同的革命任务，如策反、情报、保存档案、掩护革命人士，都做出了贡献。

1949年，我工作重点转移到厦门，不能常去福州联系工作，将罗星炜同志及其所联系的同志交给管长墉同志，罗星炜在管同志指挥下，带动福州市、省水警总队及闽侯、长乐、连江等县警察局全员起义，收缴枪械，保存档案及肃反工作做得比较全面。

1949年6月间，原闽警班主任胡国振由台湾来厦门，阴谋用一个帮会模式的组织来笼络闽警班同学，准备潜伏各地，从事反革命活动。这个组织名“群社”，奉胡国振为“龙头”，歃血为盟。我和刘浑生研究之后，介绍“民联”同志多人，渗透进去，掌握该社的领导，从而使它解体。胡国振原想利用这个组织，潜伏福建，争取台湾当局的重视，结果一事无成。

1991 年原闽警班起义人员合影。前排：左一张奋生，左二蔡诗彬，左四张圣才，左五洪字民，左六刘浑生(张圣才家人提供)

附录一

黄猷口述：关于刘浑生和闽警班

刘浑生 1946 年或 1947 年在鼓浪屿当分局长，1947 年通过三青团郭分峰的关系让许扬三带他认识了张圣才。这个过程是这样的，许扬三的儿子过周岁生日，请客吃饭，顺便就请了刘浑生，否则就唐突了。

那天恰好我在场，刘浑生来了，穿了一身警服，金碧辉煌，我们都在笑！大家就是这样认识的。刘浑生后来参加了张圣才策动的起义，后来又到漳州做警察局长。这个过程我是知道的。

后来他们就成了儿女亲家。

刘浑生是福建警官学校二期学生，福建警官学校第一期不是正式的，当时是黄增福从保安处、训练办调过来的；第二期才算正统，卢正刚是警察训练署署长，陈仪当时要一统天下嘛，连这个也要用江浙人。后来国民党统一警政，就把训练警官的权利收回，办中央警校，所以福建警官学校也没办几期……

附录二

刘浑生回忆录片断：关于华安班

中美合作所在福建开办了两个"特种技术训练班"。一个设在建瓯东峰(即第七班)，以东南班为依托，由东南班的原班人马兼理，无须另起炉灶；另一个班设在华安(即第六班)，须在旷野建营搭寨，颇费周章，戴笠便把这任务交给闽南站站长陈达元，要闽南站全力以赴，把这个班搞起来。华安班成立后，陈达元兼任副主任，原闽南站人员(在敌后潜伏的除外)多调班工作，"站""班"人事流通，关系自然密切。陈达元又兼中美所第五指挥站站长，成了"三位一体"，闽南站与中美所在闽机构的密切关系可以想见。

中美合作所在福建除设有东峰、华安两个训练班和两个情报指挥站外，还设有一个气象站，其测候网点遍布沿海各地，获得资料即报美军太平洋总部。气象站的仪器使用及气象资料的获得等技术工作，均由美方人员负责，各站台的中方人员只是作为行政管理人员或佐理人员而已。这个气象站直到战争结束，才跟盟军一道撤退。

（来源：福建省情资料库）

二、争取李汉冲、练惕生、余钟民、林梦飞和325师起义

相关链接

笔者所接触或能考证的许多中共早期党员，大部分是富家子弟、读书人。说起来也不奇怪，“衣食足而知革命”，那年头穷人是不可能读书的，富家子弟接受新式教育，思想激进，一心一意要改造社会。

在福建，最典型的就是号称“闽西王”的傅柏翠。读过日本早稻田大学的富家子弟傅柏翠早期信仰无政府主义、社会主义乌托邦，希望和平地消除阶级界线和政治界线。从同盟会员到红四军第四纵队司令，从加入共产党到被开除，傅柏翠的政治生涯大起大落，他始终认为革命应该是渐进式的，不应该是暴风骤雨。

“要自由、要和平，不要阶级斗争。”

在故乡蛟洋，有法律专长、政治声望颇高的傅柏翠，带头将家里的田地分给穷人，他希望实现“新村梦”，计口授田，组织了“农村共产团”，办工厂、组织生产竞赛、创办银行、组织轮班服役制的农民自卫队……在国共两党斗争激烈的二十年间，蛟洋古田一带居然“不国不共”。和平发展了二十来年。章振乾先生在他的文章中写道：“……乡建会在自治、教育、生产、自卫各方面都做出了一定的成绩。长期以来，古蛟社会治安良好，人民基本上能安居乐业。”

阅读许多前辈文章，可以发现圣才先生及民国一些有志人士与傅柏翠的政治理想相近，比如后来亦起义的林梦飞，脱离军界后创办了厦门感光厂，再比如与圣才先生相交深厚，却因为忠于

2001 年,近百岁的张圣才与社会学家章振乾(左)合影(张圣才家人提供)

蒋介石始终未能起义的黄埔一期学生、福建省省主席李良荣,都有着类似的做实业发展国家、希望百姓安居乐业的理想。

估计这就是圣才先生当时策动各项起义的思想基础。此节叙述为圣才先生原稿,他的叙述与傅柏翠、陈惕生的回忆有时间出入。鉴于《文史资料造编·政治军事编》一书保留原始数据的特点,亦不作任何改动。

* * *

李汉冲,闽西人,任过张发奎部军法处处长。我于 1945 年 12 月在广州由黄品枚同志介绍认识,李汉冲任军法处处长时,曾和黄品枚一起营救了胡志明,这个表现,使我将他引为知己。

“闽西王”傅柏翠

1948 年 6 月，李良荣任省主席，邀请李汉冲回闽，在考虑给他职务时，我建议以他为龙岩专区专员。李汉冲赴任之后，和我保持联络，还有两次来厦门找我。那时候，他已有起义思想，我却不敢直言。到 1948 年 11 月，我请黄品枚同志专程来厦，与我和李汉冲协商起义问题，李汉冲立即同意。

李汉冲速回龙岩，便大力发展组织，策动起义。他还和傅柏翠同志合作，组织武装，拥有一定实力，等候解放。

1949 年 2 月李良荣被撤职，朱绍良改派练惕生代换李汉冲，李又策动练起义。1949 年 5 月间，国民党从南京、上海败退的部队，相继窜到福建，有一个比较完整的第九军，逃至龙岩，有夺取龙岩为基地之意图，李汉冲和练惕生、傅伯翠同志，为先发制敌计，于 5 月 25 日率部起义，攻击第九军，因实力悬殊，往闽西退却，那时候，我们同闽西游击区没有横的联系。当我们西退时，刘永生、魏金水的部队迎头堵截，使起义军处于双方夹击的境地。李汉冲紧急来厦找我想办法，我一时也束手无策，只好请李汉冲前往香港向华南局汇报请示。

那时候潘汉年已离开香港，方方同志接替他的任务（方方是潘汉年的上级——泓莹注）。迅速通知刘永生、魏金水二同志，准予起义军靠拢，这才解围。

解放后，李汉冲任广东省政府农业厅副厅长，练惕生任福建省体委主任，傅伯翠任文史馆长，都得到安排。

林梦飞于抗战胜利后，舍弃公职定居厦门，几次在公共场合和我交流思想，使我印象深刻，从1947年他便成为我争取起义的对象，但因系初交，不敢匆促从事。

1948年春间，军统局副局长唐纵来厦门视察，我告诉他胜利后厦门政府机关及较大生意事业，都被中统占尽。军统人员，生意失据相率走私漏税，扰乱市场，引起人民的恶评。为补救之计，我建议唐纵见到刘建绪时，向他要个地盘，安置军统人员，以免发生不良后果。

唐纵问我，还有什么现成的地盘可供争取。我告诉他，省政府还有一个闲缺没有派人，那就是保安司令部的民众组训处。这个职务，负责全省各县民众武装组织训练工作，假使我们争取到这个职务，就可以在各县安排我们的人。唐纵问有谁可以出任这个职务。我便提出林梦飞，林梦飞是黄埔生，虽然不是军统人员，但和军统比较接近，这是唐纵所素知，所以一到福州，他就要求刘建绪委任林梦飞为民众组训处少将处长。

我们为什么要争取这闲缺呢？对军统人员来说，这一缺可以安排数以百计的闲散人员，让他们有事做。对"民联"的革命工作来说，我们可以通过林梦飞的起义，利用这个组织，把革命送进全省各县。但是林梦飞上任不久，李良荣任省主席，把林梦飞调任晋江专员。

李良荣委任林梦飞也征求过我的意见，所以林梦飞对我有进一步的感情,我建议他派刘浑生当专署主任秘书,他立即同意。刘浑生那时已是"民联"同志,我就把策动林梦飞起义的任务交给他。林梦飞思想本来就和我们很接近,不待刘浑生策动,一说成交,只要求和我见一面,落实我与中共的关系。

林梦飞起义后,首先以清理监狱名义,陆续释放一些革命青年,与此同时,他策动325师副师长陈言廉起义。

1949年2月李良荣被撤去省主席,经过活动,到6月间正式成为中央军22兵团总司令兼厦门警备司令。我建议李良荣以林梦飞为警备司令部参谋长,以刘浑生为军法室主任,洪字民为副官室主任。这三人都是"民联"同志,协力堵塞这个杀人的机关,为革命事业做出了一些贡献。

余钟民,湖北人,莫斯科留学生,因"托派"关系被苏共驱逐回国,投靠国民党,当和我相识时(即1945年8月),他任福建水警总队长。

在福州余钟民被王调勋派和江秀清派所排挤,觉得孤立,主动通过严灵峰(留苏同学)介绍与我相交。他受过马列主义教育,对国内外形势有比较正确的见确。我们往来不久,便在政治上有了一致的认识,我以中国现代化促进会名义,请他参加革命,以后告诉他这个关系是"民联"。

1949年,蒋介石派李良荣回福建,要李良荣师承曾国藩训练湘军抵抗太平天国的故事,在福建为他练就一支新兵。他看到林梦飞、吕省吾、陈言廉三位闽南籍旧部,任吕省吾、陈言廉为325师正副师长,并以林梦飞为第四行政区专员兼保安司令,协助325师的组建工作。

当时,蒋介石为进行内战,大量抓捕壮丁,输送到外省。闽南壮丁听说到325师当兵,只为保卫地方,不必外调整(去外地),纷纷报名入伍,各县配额很快征足,编入建制。各级干部则多是他们三人的旧部,同时有一个保安团的老兵为底子,组建工作不上两个月便告成功。

325师着手建制，领导权就掌握在吕省吾、陈言廉、林梦飞之手。吕省吾有一个台湾的太太，一心要回台湾，不太管事，林、陈就让他带着大太太去台湾，没有争取他一致起义。

促使陈言廉起义的因素，首先应该肯定是陈言廉早有靠拢中共的决心，只是怕上特务的当，还在踌躇观望而已。到林梦飞把华南局的关系告诉他，他认为这个渠道可靠，便决心起义。

陈言廉原约定于解放军追近泉州时，再行换旗。

1949年8月中旬，忽接22兵团命令，要将325师调到厦门。陈言廉恐怕一调离晋江，会被拆散，于是提前于1949年8月19日通电起义。那时候，我和林梦飞同志正在逃亡中，没有联系，起义军经闽中党组织的大力支持，得以向解放区靠拢，免受敌军包围，十兵团大军抵达泉州时，陈言廉率部向十兵团报到，接受改编，参加剿匪，颇著劳绩。

1949年8月，我身份暴露，逃出厦门，林梦飞、刘浑生同时出走，他们比我先到第十兵团报到。以后我们随十兵团来同安等候解放厦门。

三、争取王同志

相关链接

当年参加共产党的多半是有理想、有激情的青年，也有像王调勋（即文中的王同志）这样政治上的投机分子，他相当功利，擅长见风使舵。这种人闽南话叫“吃西瓜靠大边”，即哪边得势即傍哪边的意思，“每因狂饮发狂歌”，举棋而常常不能定的王调勋，“脚踏两只船”，晚年在台湾有点潦倒，不知他检字纸是什么意思，估计多少有点心理变态。

圣才先生说，王调勋虽然身在军统，“思想上念念不忘共产党”。

可能王调勋亦是有一定政治嗅觉的人，看到国民党大势已去，想方设法与原来的组织发生关系，当然是想为自己留一条后路的意思，然后又通过圣才先生做了许多有益于中共的事。

事实上1946年他们就有比较密切的接触，早期他与圣才先生关系不错的原因是军统局要王调勋将他在福建的职务统统移交给张圣才，圣才先生不但不接受，还替王调勋到南京说情，王调勋觉得张圣才做人很够意思。20世纪40年代末，王调勋经常在鼓浪屿张圣才家里喝酒“话仙”。老谋深算的王调勋与曾镜冰挂上钩后，心里还是不踏实，想通过圣才先生与“长征干部”潘汉年联络。

圣才先生汇报潘汉年后，潘汉年认为王调勋应该跟蒋军退到台湾后再起义。所以很有意思，当时与王调勋联络的，一是圣才先生找的张弛，二是黄猷先生说的陈矩荪，两条线。

在海岛上观望了几年的王调勋见圣才先生后来无声无息，便自动打了退堂鼓。王调勋政治上的确颇老辣，他当时如果真“过来了”，凭中共叛徒和军统闽北站站长再加上海上保卫队队长的身份，他不死也得脱层皮！

当然，他在台湾日子也过得不怎么样。

鼓浪屿原会审公堂一角，张圣才一家20世纪40年代末住在这里(泓莹摄)

* * *

王同志是军统闽北站站长，他原是中共党员，被捕叛变，据他最知心的朋友李遂先的分析，王虽然身在军统，思想上念念不忘共产党，有可能争取他再回革命队伍。李遂先举例说明他的孩子参加共青团，身份暴露，王同志秘密为他掩护，免于逮捕。李遂先是福建国民党老一辈，和我交情至为亲切，我通过他与王同志交朋友，王相信我不会害他。

1946年6月，军统局电令，要王同志把他在福建所有的职务通通移交给我，我坚决拒绝接受，并去南京为他稳定地位，这就进一步加强我们的互信。

1947年，厦门中统局向南京控诉我在厦门鼓动学生捣毁中央日报社，参加反美扶日签名运动，贩毒走私，又一次控告我在厦门参议会揭发特务杀害吴学诚案，南京政府下令刘建绪查办，刘建绪询问王同志如何处理。

王说:“这是军统中统在厦门的矛盾,永远说不清楚。这些话有几句是事实,有几句是捏造,最好不去管他。”刘建绪请王拟稿答复南京,王就以“两统矛盾”这个话为我抵塞过去。

王同志为我在厦门活动便利,还先后派庄尚德、庄毓英当军统厦门组组长,这两个人都是“民联”的同志。这一着,还反映着他争取我信任的心情。

1948年8—9月,王同志告诉我:“我是个叛徒,共产党对我仇恨很深,我考虑到李任潮、陈真如,没有一个挑得起我这个包袱。”言下不胜彷徨之感。我知道这个问题必须答复。但不知道如何措辞,到我见到潘汉年之后,我把这个关系如实告诉王同志,他说:潘是长征的主要干部,跟他联系,就没有顾虑了!

1949年3月间,香港通知,要争取一份福建军事地图,我找王同志想办法,他把一份缴获日本部队的部队袖珍军事地图给我。此外,他为表示起义的忠诚,把军统闽北站所调查出来的中共在福建的地下组织地址及负责人和主要干部的姓名造册,全部二大册交给我寄去香港。

1948年7月间,李良荣批准中统赖文清枪毙林鸿图,王同志立即通知我去制止,林鸿图的性命得以幸免,也该算王同志的贡献。

我于1948年10月底见到潘汉年时,曾向他汇报争取王同志的情况。潘同志说,王同志可以让他于福建解放后,跟蒋军撤退台湾再行起义,这个话我告诉过王同志。

1949年5月间,王同志告诉我,他向朱绍良建议,拨600支汤逊枪让他组编一个卫队,保护朱绍良。枪已拨定,他准备把林荫、黄玉树的残部领导过来,加上这600枝汤逊枪的力量,先撤马祖白犬,争取退去台湾,执行内部任务。

那个时候，庄毓英同志在惠安发展武装，我叫王同志拨 30 枝汤逊枪支援庄毓英，他立即电请庄毓英来省领去。庄毓英临解放军迫近时，率队攻入惠安县城，逮捕县长送交解放军。泉州解放后庄毓英协助肃反，破获几十处特务电台。

福建解放后，省公安厅根据我的报告，两次派张驰同志去马祖和王同志联系，王同志告诉张驰："我是通过张圣才的关系起义的，但自解放至今，没有听见张圣才的下落，报上始终没有见他的名字，足见张不受人重视。我的前途可想而知。"当时指导张驰和陈矩荪同志去联系王同志的是社会处长郑从政，他要我写封亲笔信去劝导王同志。

我请陈矩荪起草照抄，结果没送去，王同志的关系就这样断了。

附录一

黄猷口述：关于王调勋

当时圣才先生的家一面挂着江公怀的诗，另一面挂着一幅王调勋的诗："每因狂饮发狂歌，笑骂由人奈我何。收拾杯盘明日事，且将醉眼看山河!"这诗表现了王调勋的心态——十足的特务心态。

这个人完全是个流氓。

他本来是共产党福州市委书记，后来被捕叛变，到了解放战争时期，他又和共产党有关系，想回到共产党这个组织，又接上关系，这现在已经不是秘密了，可以说了。他其实是与当时中共省委书记曾镜冰有联系了，曾镜冰曾答应过他将来再回来要恢复他的党籍的。那时他去海岛，那时国民党搞了两个海上保安纵队在海岛，林梦飞一个，王调勋一个。庄毓英他们在南面还有一个，这海保有三个大队，第一大队长是王仁贵。

福州解放的时候，王调勋留王仁贵在福州等我们，我们到福州，通过任铁峰。这人是闽北的，当年闽东独立团时，叶飞是政委他是团长，这也是个传奇人物，后来听说王仁贵因为这个联系被国民党发现，王调勋就杀人灭口。

五十年代我们还与海岛上的王调勋有联系，和他联系的人是好美食的陈矩荪，我们都叫他肥仔，阿肥。

陈矩荪很贪食，他每每要下海岛，就约好了在福州青年会前面，让那边的小船儿来接他。那时没啥东西吃，送他送到福州大桥头，南台附近有个临江菜馆叫远华村，不大，很出名，菜做得很好，主要是小吃。陈矩荪总是在那里等，总是需要派一个人送行，就在远华村办一桌酒，请他喝到半夜，吃得舒舒服服，才用小船载他到马尾，坐帆船到海岛去和王调勋谈判。

有时我也去负责送行，所以知道王调勋。

王调勋实在是骗了张圣才的，他一再说他和共产党没关系，其实是有关系，他可能是想要有另一条线。他早就与曾镜冰有联络了，曾镜冰答应他若回来要给他恢复党籍，所以解放后我们才派陈矩荪下海去与他联系。

王调勋后来确实想过来，但我们觉得他过来没用了。说还是留在那边吧，因为过来也很难安置，他后来在台湾很落魄。不知是装腔卖傻还是真的，举着个牌带了个筐，还有铁钩，筐上写写着“敬惜字纸”几个字，满街去捡字纸……福州市有两个书记前后叛变，一是王调勋；二是陈拱北，后来当过国民党的粮食管理局长。

四、争取李良荣——一个没有完成的任务

相关链接

李良荣(1906—1967)是厦门同安人,黄埔一期学生,国民党陆军中将。李良荣是蒋介石手下难得一见的、低调而清廉的军官。早期升迁速度极其缓慢,当年他年纪非常小,作战表现非常好,"四一二"政变之后曾经脱离军队到张性白在上海创办的一所劳动大学半工半读两年,专攻政治、经济及英语,并在这时开始信仰基督教,仅仅就这点来说,他和圣才先生绝对有共同语言。

1929年李良荣被张贞请到陆军第49师,重操军旅生涯。两年后在张贞同意下考取南京步兵专校,毕业后一跃成为中央嫡系部队上校补充团长。其后讨伐过"闽变",当过蒋介石的侍从室参谋,在南昌担负过空军地勤警备团长,紧接着又考取了南京参谋本部办的陆军大学特别班第三期……据李良荣的部下李以劻回忆,他在考步校时曾经问李良荣:"黄埔军校一期学生中已官至中将师长、少将旅长者多人,而你现在还是一个少校营长,何相差之甚耶?"李良荣回答他:"十年反共,弄到一个'九一八',官大罪大。计较个人穷通太庸俗了。"

这就是李良荣当时的思想境界。

福建大湖战役胜利之后,李良荣逐渐得到蒋介石、陈仪、顾祝同的赏识,内战时期屡建"战功",但他内心极端不安,认为"国家经济紊乱,士无斗志,将领怕死,官贪民穷,以此与共军作战,已无胜利之望"。(李以劻:《李良荣的一生》,《福建文史资料》第五辑)

李良荣此时的心态,可能代表了当时一些有良知的国民党官员的心声。

在“闽人治闽”的呼声下，李良荣当了福建省省主席，毫无行政经验的李良荣，非常希望圣才先生能当他的幕僚，但圣才先生“拒绝担任实际职务”。只是紧紧地跟着他，一心想影响他。

圣才先生与李良荣并不是一般的朋友关系，用林梦飞先生的话说，圣才先生是李良荣的“总角之交”(林梦飞:《回忆李良荣将军》)，他们有着兄弟般深厚的情谊，他是深知李良荣的，但在后来一系列文章中，叙述过程仍然非常简略，但我们仍然能从这简略的叙述中，读到那隐在心底深刻的痛楚。

圣才先生争取李良荣起义失败，与李良荣的个人品质有关。李良荣认为他跟了老蒋跟了一辈子，在他落难的时候离去不仁不义。据钱履周先生回忆，1948年9月李良荣被委任为福建省省主席，蒋介石让李良荣去杭州向陈仪讨教。一生多疑的蒋老先生万万想不到，此时连陈仪也有了“外心”。

已经有“外心”的陈仪告诉李良荣，“闽浙联防行动要一致，要看清形势，不可卷入内战漩涡；用人要用廉能者，要不拘一格，不可为派系所束缚……”陈仪说了很多，而李良荣不敢有所议论，只是静静听着。李良荣出来之后，对陈仪手下任事的老友说：“我从十六岁到现在，所有的毕业证书和委任状签的都是一个人(指蒋介石)的名字，我不得不跟他走下去了!”据说陈仪后来听到这句话，叹息道：“想不到此人这样的执迷不悟!”(钱履周:《我所知道的陈仪》,《福建文史资料》第十四辑，第24页)

圣才先生认为，李良荣是“比蒋经国更忠实于蒋介石的亲信”。关于李良荣，可参见本书第十七章。

* * *

李良荣任省主席，是出冷门，是我们工作上的一个挫折。但也给我一个新任务，李良荣是比蒋经国更忠实于蒋介石的亲信，要说动李良荣反蒋，比说动任何人都困难。

但是我从小就跟李良荣从小就有交情，这就给了我一个新任务。

李良荣返回福建，就要我帮他做事。我接受他的好意，但是拒绝担任实际职务，要求当个客串，在这种谅解下，当他在省主席那6—7个月中，我紧紧跟着他。我争取时间跟他聊天，有时很认真地谈到蒋介石的命运，多少帮助他正确认识当时的新形势。

李良荣很重视美国舆论，我广泛剪辑美英报刊揭发蒋介石政权丑恶现象的文章，供他阅读，我还经常反映人民的怨声。这种工作，没有根本动摇他对蒋的忠诚。但无数事实面前，使他几乎没有什么话可为蒋政权辩护。淮海战役后，他只寄希望于当时蒋介石还未被击溃的实力，他说："最少还可再打两年。"两年后的事情，他就说不下去了。

李良荣到任之初，我对他第一个要求是不杀政治犯。我说："福建历来在外省人统治之下，他们不顾惜人才，肆意杀戮，福建人才损失殆尽，你是福建人，一定要为福建保存元气，不能再杀害政治犯。"这个要求他明确地答应了。他说："我本来就是这样想的，我们一定不能杀害政治犯。"

为了巩固李良荣不杀害政治犯的诺言，我有一次邀请张贞、秦望山、李黎洲、林学渊四位他所重视的老一辈，专为落实这个诺言找李良荣，坐定下来之后，我申明来意，说："这几位老前辈听说你有不杀害政治犯的话非常高兴，特来向你致意。"

李良荣理解到我的用意，说了一大篇他不杀害政治犯的理由。

接着大家展开谈论，张贞说得最认真，他说："你们都知道陈尚友(即陈伯达)是个人才，当时要不是我放他走，他还有今天？他现在是一位杰出的理论家呢！"从此以后，我碰到有人被捕，就援引这个诺言，要求他释放，他也都照办。

他还有一个诺言没有到实行的时候就被撤职。那就是关于"保卫"厦门的问题。我告诉他："厦门是华侨的家乡，关系到海外千家万户的民心，你奉命守卫厦门，一定不能毁灭厦门。"国民党既失掉整个大陆，绝对不能再从一个厦门起家，死守厦门，是毁灭厦门，于大局无补，我要求他保全厦门。这个话，他答应了，但要如何保全厦门，我们没有提及。直到这个时候，他还不知道我有中共关系，因为我始终在为家乡为福建这个立场上跟他打交道。

争取李良荣起义的努力，没有成功。第一个原因是他对蒋介石的忠诚(这一点不在话下)；第二个是外来的破坏，这个外来阻力一个是CC 派，一个是总统府侍卫室。

李良荣刚到福建，CC 派头头陈联芬看见我和李良荣在一起，有意和我合作，包围李良荣。他通过黄平达、陈维金来请我吃饭，说明他的意图。我虽然没有当面拒绝，但是以后他三番五次请我吃饭，我都不去，这就说明我不合作。

有一次陈联芬、黄达平、陈维金决定，由黄达平出面，要求李良荣任李怡星为厦门市长。李良荣在黄达平在座时，征求我的意见，我说："李怡星这个人满口生殖器(因为他出口粗野)，怎么好叫他当厦门市长呢?"李良荣听我的话，就拒绝黄达平的建议。以后我又建议以菲律宾侨领陈荣芳为市长，这就得罪了 CC 派。

我为什么不和陈联芬合作呢？因为当时国民党利用职权贪污腐败，我借此事实动摇李良荣对蒋介石的信心。

原厦门警备司令石祖德、副司令赵世瑞在厦门利用职权，敲诈勒索。我为暴露蒋政权的腐朽建议李良荣清查他们的罪行。李良荣答应根据我提供的材料，扣押赵世瑞，但没有执行，这事被石祖德和总统府侍卫室一班反对李良荣的人所知道，引发了他们的仇恨。

不论CC派或侍卫室对我和李良荣的关系都拿不出真凭实据来报告蒋介石，但蒋介石对李良荣旁边有个张圣才却很不放心。据李良荣说，蒋介石有两次问起张圣才，都被他支开了，他说张圣才是他几十年知己，是个基督徒，还当过戴笠的部下，可以信任，蒋介石都没有话，只叫李良荣小心而已。

但是1949年8月17日，李良荣忽接台湾侍卫室发来一份电报，内容“奉总统面谕请张圣才来台一谈，俞济时”。李良荣知道这是蒋介石对他的怀疑，反复商谈，认为非去不可。但他告诉我：“你尽管去，他还有几万兵在我手上，不敢对你怎么样。”还说，他会打电报给台湾朋友为我说话。我知道不去不行，所以答应了他，事实上我准备潜逃。我这回非骗他不可了。

为了争取时间安排善后，我告诉李良荣，我是厦门基督教青年会董事长，我早于一星期前发函订8月20日晚召开会员大会改选董事会，我必须开会后才去台湾，约好8月21日动身。李良荣同意之后，发电通知侍卫室。

我立即分别通知在厦门有关同志，准备留下几个人，疏散几个人。林梦飞、刘浑生、张天昊、张奋生、洪字民都离开，张廷标、丘廑兢、林广义、练友三留下来继续工作。我于20日晚上，仍然到青年会主持改选事宜。

李良荣对我去台湾，内心很矛盾。不去对他的乌纱帽有影响，去又怕我回不来。8月20日上午他拿去台湾的飞机票到互惠公司给我，座谈个把钟头，他重复一句话：“我相信他们不敢对你怎样，他还有几万兵在我手中。”21日早晨我已出走厦门，李良荣去飞机场送行，看不到我，赶回互惠公司问邱廑兢，邱说已经去了，李站着沉吟一下，自言自语说："没有去没有去，没有去也好。"然后和丘廑兢告辞而去。

争取李良荣的事就这样告吹。

附录一

林梦飞《回忆李良荣将军》节录

良荣丢掉省主席是出于孙科的报复，不是蒋介石的本意。所以交卸不久，蒋介石任命他当二十二兵团司令兼厦门警备司令，并答应给予优良装备，命其在闽南募集新军，收集从淮海战役突围的残余部队……要良荣拥兵一二十万，训练精良，替蒋介石守住台湾前哨的金、厦两岛。

我当时正从晋江交卸了专员工作，并把秘密肩负的泉州驻军策反工作任务交给陈言廉同志继续执行（先是良荣企图动员闽南的子弟兵几万人，沿用"装备团"的老经验，短期内练马劲旅，作为他死守闽南的重要力量。他把此事委托沈向奎、吕省吾、陈言廉等几位与我私交很深的老同学负责，把已经编成的三二五师由吕省吾当师长，陈言廉当副师长。我已把陈言廉策反过来，命其待命起义。）

我与刘浑生就应良荣的新召命来厦门警备司令部，我担任警备司令部参谋长，浑生担任警备司令部军法室主任。我和浑生来厦后的政治任务，是在张圣才同志的直接运用下，争取李良荣全面起义或瓦解迫降！

我们利用所掌握的公开职权之便利，开始从两方面进行清除障碍的工作。具体内容是：一、扫除阻碍我们进行革命活动的"两个统"的特务活动;二、充分保证我们革命活动的安全和尽全力抢救被捕的革命同志。这两条是一体的两面,是相互交叉进行的。

为执行第一项任务,我们就利用李良荣厌恶军统、中统特务的思想,广泛搜集了原厦门警备副司令兼稽查处处长、军统特务赵世瑞及其一伙在厦血腥统治的罪行,把事实逐条落实,证据充分,而后把这些罪证通过良荣认为绝对可信的人向他诉说,使李良荣赫然震怒,下令撤办赵世瑞一伙,这只算挖了一只眼睛,厦门遍地还有中统特务在瞪着我们,这个眼也必须挖掉。

于是我们仍然如法炮制了中统特务们在厦门的一些罪行,特别是"总工会"控制的码头工把头的罪行。他们一边吸吮着搬运工人的血,一边敲诈着商人的钱,借市党部特务们为靠山,横行不法,厦门市民恨之入骨。我们又有意识地搜集了黄谦若、龚金水、王连元、郑瑛、骆萍踪等一伙特务的罪行,让良荣看到材料之后震怒!

事实上良荣当时也正想以除暴安良的姿态来收拢已经绝望的民心。于是又一次下令要"林参谋长督同军法室把名单开列的把头一律逮捕法办"。于是我们便在厦门展开一次以反对码头把头盘剥为名的,后来被称为"反霸斗争"的群众运动。黄谦若、龚金水等人虽漏网逃遁,但厦门两统的中下层特务已经吓得鸡飞狗跳,纷纷逃避。

我们当时估计,除了以警察局长刘树梓这一系统(是蒋介石侍从室直属的)和刚从上海撤下来的毛森所属的一系(他们表面上还保持客卿地位,声称不插手地方,事实上活动得很活跃)外,我们的第一个任务,可说已办到百分之七八十了。至于第二个任务,即掩护地下革命活动和抢救中共党员,也在各方面取得成绩。不论是大批归侨中的共产党员,或是厦门大学师生中的共产党员,我们在张圣才同志的统一规划和分头营救下,都不遗余力地予以抢救。

良荣一向信任我们,加上他内心暗藏了"不杀共产党"的秘密。例如有一天李良荣忽然把梁龙光的弟弟梁华光找去，劈面问他："你是共产党吗？如果真是，你就跑，否则你就住下来。"华光答道："我不是共产党，但我不想住下去了。"

所以我们就利用这一点放胆去干，不必挂虑（闽南人常用语，有顾忌、顾虑的意思——泓莹注）他会生疑。可是良荣不疑，逃到台湾的蒋介石却不能不怀疑了。他根据厦门特务的报告，说李良荣在厦门已被共产党分子所包围。蒋介石把情报批交保密局局长毛人凤，派该局科长王乃弼来厦门秘密调查。

王乃弼还未回台复命，蒋介石召张圣才"赴台"的急电就飞来了。

……

（《厦门文史资料》第九辑）

五、营救与掩护其他革命同志

相关链接

1945年—1949年，圣才先生营救或参与营救的共产党人或其他进步人士不计其数，特别是当李良荣就任福建省主席之后，圣才先生虽然不愿意在李良荣那里当什么官，却利用个人与李良荣的亲密关系，从刀口下解救了不少鲜活的生命。圣才先生要求李良荣不杀政治犯。这一点，在战场上从不杀俘虏的基督徒将军李良荣是非常理解的。

忠实于蒋介石的李良荣，是"不杀共产党"的。

圣才先生此刻救人，当然不是为了将来能有什么回报，不过，他的确没想到，被救的某些人，居然会在和平时期，在他想重新从事教育工作的时候翻脸不认人，"左"得令人难以容忍。中年之后的坎坷的境遇，料事如神的"张天师"，是从未想过的。或者，人根本就无法预测自己的命运；或者说，在大环境逼迫下，人常常身不由己——特别是当你脊梁缺钙的时候。

郭荫堂先生的《我的自传》，小心翼翼书写了一段圣才先生利用各方面关系替他解除中统逮捕令的经过，前面说过，郭荫堂先生这篇文章是在新中国成立之初，为了澄清自己的"复杂关系"重新归队而写，尤其是在他从缅甸带回国的张天昊已经被逮捕自杀的情况下。郭荫堂先生遣词造句，非常小心，不过，我们还是可以读到在"旧政协时期"张圣才先生的思想与行事做派。

* * *

解放前，我经办营救及掩护革命同志，做了以下工作：

1945年12月，我向中统省调查室保释晋江地下党外围同志伍远辉。

1946年，我获悉中统决定逮捕厦门《星光日报》记者陈火甲，我协助他即日离开厦门。

1947年7月，我在上海，台湾朋友刘启光告诉我，上海市军统调查室要抓《大公报》"社论"记者李纯青，李处境危险，要我解围。我走访该调查室副主任刘方雄，告诉他，李纯青绝对不是共产党，他是台湾人，刚发生"二二八"事件，又逮捕李纯青，会引起台湾民众更大的愤怒。《大公报》一贯支持国民党，抓他们的社论记者和标封《大公报》无异，连蒋介石都不一定同意，我以私人名义保证李纯青不是共产党。刘方雄接受我的意见，撤销对李的监视。

1947年，鼓浪屿英华中学学生集体捣毁中央日报社，有两个学生被捕，我以私人名义为他们保释。

1947年，安溪地下党苏忠琴同志路过同安被中统特务头子沈乃逮捕，寄押县公安局，我请刘浑生同志派闽警同志洪字民找局长陈汉青无条件释放，苏忠琴现任省政协委员。

1948年春间，“民盟”中委林植夫被中统特务追捕，躲进仓前区汇丰巷江秀清家，特务巡逡不去，江秀清向我告急，我借用“福建监察使”陈达元的汽车，陪伴林植夫到飞机场，护送到厦门，看他安全去香港。

1948年7月间（此日期可能有误，李良荣9月到任，此前在闽台间做一系列准备工作——泓莹注），中统省调查室主任赖文清向李良荣申请杀害一位广西人林鸿图。王调勋紧急告诉我，我找李良荣说：“你不是答应我不杀政治犯吗？为什么要杀林鸿图，这个人在刘建绪手中，坐牢三年，不忍杀害，现在要死在你的手中了。”李良荣问我怎么知道，我说赖文清告诉我。李说：“这个人要不得，正是他申报要杀的。”经我指责之后李良荣下令释放了林鸿图。

1948年9月，香港庄希泉、王雨亭、庄成宗、张兆汉联名派翁佛涵来福州告诉我，有三百余名华侨被马来亚殖民当局政府驱逐返回厦门，不日可到。过去难侨被遣回厦，都受了厦门国民党市党部拘留、审查、勒索、逮捕。这一次回来难侨中，有不少是马共同志。翁要我于难侨抵达时，派民政科长庄尚德，打着欢迎难侨旗号，下轮迎接并安排旅馆，遣散回乡，不让市党部插手。

这一次树先例，以后难侨回国都不再受审查勒索。

1949年5月间，据报省决定逮捕厦大教授罗志甫、王亚南、林砺儒、郭大力。罗志甫教授紧急通知我，我派张天昊同志负责掩护他们由海轮去香港。我们武装秘密保护，得以安全出境。

1949年7月间，双十中学学生林浦被特务逮捕，学校师生代表找我营救，我立即要求李良荣将该学生交警备司令部，办理保释。为避免家属麻烦，由许祖义同志具保释放。

1949年7月间，中统特务派员刘万顷向厦门警备司令部参谋长林梦飞提供一份厦门大学学生黑名单约一百余名，要林梦飞批准逮捕。林梦飞答应报请李良荣加以研究，同时将名单照抄一份交我，我立即叫张天昊、张廷标二同志设法通知地下党及时转移。

1949年7月间，华南局通告，有菲律宾华侨共产党员四名，被国民党贿买菲律宾政府将其逮捕引渡，即将抵达厦门，要我营救。过了几天，四华共被押到厦，拘留厦门市警察局。当时市警察局长刘树梓是侍卫室派，对我记恨在心，市长李怡星也是死对头，都无法商量。我通过一位李怡星所尊重的老国民党员吕谓生以亲族关系保释吕俊成、吕××二人，又通过庄尚德以菲律宾同学名义保释陈永田、汪志明二人，完成任务。

附录一

郭荫堂《我的自传》节录

“双十”节，我抵厦门。到厦门后，有许多大小报馆来请我。但是，我都婉谢了，因为我打算交通一恢复到香港去的。11月，《星光日报》复版，胡资周也来请我。胡资周在缅甸时本是一个共产党员，1933年和郭光灿一起被驱逐回国的。我因当时交通未恢复，就答应他写稿，但不愿接受任何名义。

这样经一个多月，福州中统局忽然来了一道命令要逮捕我，命令是交当时中统金厦区主任施振华执行的。施因看到《星光日报》的关系，便把这个消息告诉胡资周，胡又转告，我便去问张圣才，乃由张写一封信去问赖文清，不久接复信。

据说，是由于一个新四军自新的卢姓的女士的告密。我才忆起了

1952 年郭荫堂一家(郭荫堂家人提供)

这位卢女士,她和她的丈夫本来是我介绍参加(共产党)的,抗战时,据我后来的调查,她丈夫还一度任职晋江中心县委,后因行动失败离开泉州,不久便跑到蒋经国那边去了。

我既知道这个确讯,便决意迅速离开福建。而张圣才则认为尚可稍待,因那时旧政协正在酝酿,故(他)又写了一封信给赖,大意说:“布谷”是我的朋友,也是你的朋友(在香港反陈仪运动中曾合作过)。这件事你应该慎重考虑,以全友情。再说政协已将召开,政治问题已快成为过去,从公的方面着想,也有慎重考虑的必要。最后,又把厦门的CC 分子黄谦若大骂一通,说他经常公报私仇,诬陷人家,这是因为张与黄本来有嫌的缘故。

张虽与赖系统不同,但两人私交颇厚。故不久,即接获赖的复信,大意叫张转告我安心工作,他将站在朋友的立场帮我解释。这一件事和这一封信,当同年七八月间我党派郑种植同志来找我时,我已有详细的报告并把信给他看了。

由于这件事的发生，我觉得我有必要把《星光日报》作为暂时掩蔽之所，所以当胡资周再次向我提出名义问题时，我便决然接受了。从这个时候——1946 年 2 月开始，我接受担任该报主笔，至去年（指 1949 年——泓莹注）4 月底才又接到泉州党的命令，离开厦门。在这段颇长的时间里，我的主要工作都是放在《星光日报》的社论上，三年余的《星光日报》社论，百分之八十都是我自己写的。关于组织方面，除曾经介绍少数同志（入党）之外，主要都是放在统战上，如中学教职员联谊会、记者联谊会都是。此外，调查、营救和征募，也做了一些。

（谢春池主编:《大同文集 · 母校校友卷》，中国文联出版社 2000 年版）

第十六章

/ 在厦门的政治活动 /

一、竞选议员

相关链接

张圣才先生从不争权夺利，比如十九路军“闽变”那会儿，若想当官，比起张文理、高诚学等“当大官”的可能性更大；若为名利，关于珍珠港事件的预测及之后关于日本在太平洋地区动态的情报预测，则大有文章可做；若想凭裙带关系谋利，则有李良荣兄弟般的深厚情谊可利用。但他一直坚持自己做人的原则，低调行事，从不邀功。

从重庆回到厦门之后，圣才先生却与姐夫许春草参选“劫收”之后第一届厦门临时参议会议员。这个议员在许春草的女婿潘澄馥看来，“毫无价值”，但张圣才、许春草冒着生命危险，寸土不让，为的就是在厦门建立国民党的“反对派”。军统少将张圣才，此时想的不是升官发财，而是国家的自由与民主。

这是他和许春草共同的政治理想。

对手虽然落选，却用了增加名额的手法“选上”并当了议长，这当然是对当时所谓“民主”的绝妙讽刺，不过有意思的是，当时作为“议员”的圣才先生，居然有权利质问市长残害进步人士或中共地下党的劣迹……后来圣才先生还发起“厦门各界人权保障会”，在中山路挂牌办公。

* * *

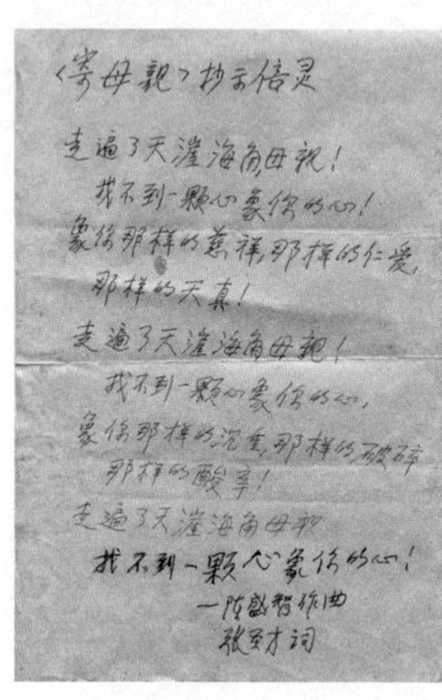

《寄母親》抄寄信灵

走遍了天涯海角母親！
找不到一顆心象你的心！
象你那样的慈祥，那样的仁爱，
那样的天真！
走遍了天涯海角母親！
我不到一顆心象你的心，
象你那样的沉重，那样的破碎
那样的酸辛！
走遍了天涯海角母親
找不到一顆心象你的心！
—陈盛智作曲
张圣才词

寄 母 亲

1=^{b}B 2/4

张圣才 词
陈盛智 曲

| 3 5 6 | 3 2 | 6 1 3 | 5 — | 1 2 3 | 6 5 3 | 6 5 3 | 5 — |
走遍了 天 涯 海角母 亲 找不到 一颗心 像你的 心
走遍了 天 涯 海角母 亲 找不到 一颗心 像你的 心

| 5 5 | 3 · 2 | 1 6 | 1 — | 6 5 5 | 3 5 | 3 2 2 6 | 1 — |
像你 那 样 的慈 祥 那样的 仁 爱 那样的天 真
像你 那 样 的沉 重 那样的 破 碎 那样的酸 辛

‖: 3 2 1 | 3 2 | 6 1 3 | 5 — | 1 2 1 | 3 — | 3 2 1 | 6 — |
走遍了 天 涯 海角母 亲 找不 到 一颗 心

| 3 2 · | 6 1 | 1 — :‖
像你 的心

2014年5月8日根据记忆整理

张圣才《寄母亲》手稿与简谱

1947年12月厦门市参议会开会，我以参议员资格参加会议，在会议前夕，我掌握到两起国民党特务的罪行证据。这两件罪行：第一是他们组织“秘密行动队”，第二是他们秘密杀害地下党同志吴学诚。

我有一天去市政府访问市长黄天爵，在他的写字台上，发现30多只证卡盖上黄天爵印在那里晾干。当时黄天爵在会客，我翻开一个证卡一看，原来是准备发给反共“秘密行动队”的证件，内中罗列着誓约4条，有一条是“对共产党格杀勿论”，我顺手偷了一个。

几乎与此同时，中共地下党员吴学诚的爱人胡冰向我控诉她丈夫被特务绑架失踪，可能已被杀害之事件。根据以上两条，我于开会时，质询市长黄天爵，以下是和他的对话（大意）：

问：黄市长，你对市民人身的安全，该不该负责任？

答：当然有责任。

问：最近市上有好多人被人绑架秘密杀害，你知道不知道？

答：我完全不知道。

问：有一个杀人的组织名称“反共秘密行动队”你可能也不知道吧？

答：是，不知道有这号组织——这个时候我展出一个经黄天爵盖印的，《秘密行动队》证卡向大会宣读其中的誓约。

问：这个证卡有你的印，你能说不知道么？

……

问：有一位中央日报记者吴学诚，前日被人绑架，连夜刑杀你知道不知道？

答：不知道。

（我宣读吴学诚被害经过）

问：“秘密行动队”是你组织的，他们杀人你不知道吗？

（这个时候我们的同志张廷标在思明南路截获一个行动队队员，缴下他的证卡和一支驳壳枪送到会上交我——这是我们事先布置）我把这两项罪证让大会传递检验。

问：黄市长，你在这些罪证面前，还有什么不好说？

答：我对大会保证，将该队解散。

以上是我在厦门市参议会揭发特务杀人事件，迫使市长保证解散“反动秘密行动队”的情况。我本来还想把证据带去香港招待记者，展开斗争，但因为在福建我还有很多事得做，把斗争扩大了，不能再回厦门，所以草草收场。

经过这次斗争，厦门反动派的特务气焰，大大收敛。在相当长的一个时间（三四个月），没听见他们秘密杀人的事件。

1947 年是厦门反动派特务最为横行无忌的时期。中统特务龚金水，组织反共秘密行动队，在市政府掩护下，绑架暗杀活埋革命人士之事，时有所闻。其杀害吴学诚烈士案，经我揭发之后凶焰稍敛，但所谓行动队仍然存在。

1948 年初，我为市民人身安全着想，以厦门建筑总工会、双十中学、英华中学和几十位知名人士名义，发起组织“厦门各界人权保障会”，得到各界进步人士之支持。我们由各界代表大会产生委员会，发表宣言，并在中山路挂牌办公，对反动派特务活动起了一定的抑制作用。

昔日厦门大中路（林鉁提供）

附录一

刘浑生回忆录节录：参议会的内讧

厦门劫收后的第一届临时参议会选举，这是厦门军统、中统两派都十分“关怀”的问题。在全市每一选区中都有这两派的候选人在竞选。为培养自己的势力，两派都控制一部分地方角落流氓。如在鼓浪屿笔山路这一个选区中，当时军统支持的候选人是许春草和张圣才，中统支持的候选人是陈烈甫和陈钦夫。那儿的居民都是许春草、张圣才的老邻居，绝大多数又都是基督教的会友，真正投起票来陈烈甫是

1946年许春草全家福
(许春草家人提供)

捞不到票的。可是陈烈甫是中统内定的“议长”，这个议长必须能够先获选，然后才能当上。

所以这个选区的竞选争夺战就具有特别的意义。

中统全力以赴，除责成区长庄肇昌和鼓区商会会长陈钦夫发动所有的鼓区能够抓到手的流氓（惠安人），替陈烈甫拉选票外，并有匿名信警告张圣才，要其自动放弃竞选，否则有生命危险。

硬的之外并用软的。黄天爵利用他的英文秘书潘澄馥（潘系许春草的女婿）来劝说张圣才，请他让与陈烈甫，张圣才不答应。潘澄馥还向张圣才的母亲威胁说：“细舅为什么一定要冒生命危险去和人家竞选一名毫无价值的参议员？”圣才的母亲怕起来，也要张圣才放弃与陈烈甫竞选。

张圣才索性公开宣布，他要在厦门建立国民党“反对派”，并以此为题写了一篇文章，在《江声报》发表出来。

中统特务们自然恨之入骨，日夜纠集流氓想方设法对付他。军统方面大力支持张圣才，也暗中纠集不少“打手”——主要是以张廷标为首的惠安人，准备与“CC”派厮杀。这种一触即发的“紧张局势”，到处危及地方安宁。徐步奇采取了检查路上行人的措施，预防双方便衣带枪纠众开打。

参议员选举之后，张圣才获选，陈烈甫落选。中统就用临时增加名额办法，把本来落选的陈烈甫也算选上，并当了议长。

第一届参议会上张圣才以参议员的资格质问黄天爵：为什么在光天化日之下新闻记者、教师、学生会失踪？为什么在大讲“民主”“法治”的同时，厦门司法、警察机关之外，还有许多单位像党部、总工会之类都有便衣队可以随便抓人、关人？他每提一件事都有具体的时间、地点、人名，要黄天爵作出答复。

黄天爵当场给他弄得十分尴尬，只好推说这是地方治安问题，要由警察局答复。徐步奇借病派我出席作证，我干脆承认厦门当时确实存在有非法秘密逮捕人连警察机关都不知道的事实；同时根据搜获便衣带枪的“证件”证明：各区区公所、市党部、总工会及某些情报单位，自己都设有“行动人员”便衣带枪。

最后我以警察局立场要求参议会作出“相应决议案”，严格贯彻“法治精神”，彻底取缔司法警察机关以外的公开或者秘密的武装和非法滥捕公民的行为。

（刘浑生：《抗战胜利后的厦门伪警察局》，《厦门文史资料》第二辑）

二、同潘汉年同志联系

相关链接

用黄猷先生的话说，圣才先生与潘汉年先生“很熟”，在“闽变”时就认识了。

十九路军“闽变”前夕，潘汉年作为中共代表全权与十九路军代表徐名鸿会谈，在福州绥靖公署住了很长时间。

圣才先生此时也在福州，在惊涛骇浪中静观其变。估计与潘汉年早年就有一定接触，但很奇怪的是在口述中只字未提。作为与“第三党”政治观点更接近的圣才先生，解放后之所以不愿意与潘汉年更接近，主要怕影响了潘汉年的政治前途，作为政治嗅觉颇为灵敏的圣才先生，已经明白自己的“军统”前科于人于己均很麻烦。

张天昊、张廷标等人的遭遇就是佐证。

潘汉年亦是文质彬彬的谍报奇才，中共第一高级情报人员。有资料说他亦曾经预测了珍珠港事件，而几本传记里关于潘汉年事件，都说因为他向陈毅陈述了自己抗战期间与“汪伪”76号头子李士群短暂来往并由李士群安排与汪精卫见过一面而遭殃。其实这只是一条导火线。

早期是共产党人的李士群曾经在前苏联特种员警学校受训，与圣才先生常谈到的蔡诚仁一样，实际上是多面间谍。施建伟先生在《揭秘：谍战失落的真相》一书中，用大量资料推断出来的结论竟认为李士群白皮红心，实质上是效忠苏谍情报机关"红色鼹鼠"！"苏联强大的国家机器，才是李士群奇迹的真正创造者"，施建传先生如是说。当然，这个说法值得商榷。

* * *

1948年，我由陈铭枢同志介绍参加"三民主义同志联合会"，在福建进行地下活动，工作上与陈铭枢同志直接联络。1948年5月间，因工作关系我改归中国国民党革命委员会福建省委员会主委刘通同志指挥。1948年10月间，原"闽变"中华共和国人民政府兴泉省省长陈公培从上海来，与厦大杨东莼教授洽商革命工作，在了解到我的工作情况之后，认为为提高工作效率起见，应介绍我和中共直接联系。杨东莼教授就于10月初旬往香港，把我介绍给潘汉年同志，潘同志便请杨东莼同志函请陈公培和我二人赴港会晤。

我和陈公培到香港后，就由杨东莼约定潘汉年同志于当日晚间在我的兄弟张国荣医务所（香港跑马地摩理臣山道32号）见面，我们一见如故，畅谈革命形势及以后如何配合工作，我们连续两个晚上商讨工作，每晚深夜始散。潘汉年对我在福建的活动很感兴趣，一一垂询具体情况，我择要汇报几点：

1.我自1946年就把福建和我关系较深的战友陆续介绍参加"民联"，以为发展工作的种子；

潘汉年

2.通过福建警官同学会刘浑生同志，争取数十名警官同学参加“民联”——这些警官都是当时福建各县中级干部，有的已任警察局长、副局长；

3.我协助张强同志（华东局特派员）到闽南腹地进行游击斗争；

4.我正在争取福建省主席李良荣起义；

5.已经通过刘浑生、林梦飞策动325师副师长陈言廉起义，又通过黄品枚争取龙岩专区专员李汉冲起义；

6.我争取福建水警总队长余钟民起义；

7.我还要做一些营救同志的工作。

我和潘汉年见面就坦白地问他:“我是个基督徒,又做过军统特务,这些关系杨东莼同志有没有交代清楚,我要不要详细交代?”潘汉年说:“都知道,都知道,就是都知道才会请你来,不必再谈这些了。”

当我一再坚持交代历史时,他说:“基督徒可以参加革命,例如吴耀宗、刘良模、江文汉,他们都是我们的人。军统特务也可以起义嘛!你尽管放心!”他用大部分时间为我分析形势,告诉我,革命大军不久就要渡江,用不着另起炉灶,建立什么政治组织,同意我用我在菲律宾组织的一个政治团体“中国现代化促进会”名义,作为工作掩护。

第二晚我们进一步研究福建工作。潘汉年最后指示如下:用更大的力量争取李良荣起义,缩小活动范围,避免与地下党直接往来。对已经决定起义的同志,叫他们在原岗位保存档案,提供情报,利用职便营救同志,我们约定由张天昊当联络员。

会见潘汉年之后,我便回福建,杨东莼、陈公培留香港。此后我同潘汉年通信,均由张天昊专程送至香港交民盟同志王雨亭转。到 1949 年 3 月间,潘汉年听信闲话,说张天昊在福建有血债,难以信任,要求改换联络员。我改派当时在《大公报》当记者的外甥许伍权(现省农林学院教授)。

上海解放后,潘汉年去上海工作,我们私人间便中止通信,情报材料仍由王雨亭转交华南局在香港的负责同志。1949 年 11 月厦门解放不久,潘汉年由上海给我写信,问我工作顺利与否,有无什么困难。当时我很想到上海找他,地方领导不予同意。到 1953 年彭冲同志路过上海,潘汉年告诉彭冲,要我恢复联系,我因当时形格势禁,怕妨碍他的前途,没有照办。

1955 年 5 月 28 日,我因与潘汉年关系,被省公安厅逮捕,审查拘留 3 年 3 个月,无罪释放,流放山区劳动,这中间有 20 余年不得自由,到 1975 年才落实政策,恢复自由。

附录一

林嘉禾口述

张天昊死的时候我在福州,其华先生让我去看他,去拿那些箱子和那些东西。人死了,躺在那里,拍了一张相。圣才先生赶快通知他惠安的女儿,那个女儿叫玉尘,还是共青团员,打开箱子,只有破衬衫、马列著作等。去北京找傅子礼,傅子礼不管。傅子礼生了两个儿子,双生。他有另外一个儿子,是玉尘的哥哥,也是惠安那个老婆生的,参过军,后来在洛阳做侨联工作。

当时的确是圣才先生叫他到香港找潘汉年的,但都说他有问题,潘汉年不信任他。

三、支持张强发展游击区

相关链接

张强算是早期参加临澧培训的"老军统",是抗战初期由张超和圣才先生保送到临澧培训的,希望将来能掺沙子的"革命青年",这是张超组织民军训练计划流产之后,不得不做的一个件事。有意思的是张强根本不听戴笠指挥,两次被戴笠关禁闭。张强申请脱离军统得不到审批,干脆就一走了之。

军统早期培训有许多这样的情况,爱国青年满腔热血进入这个"中央警官学校特种警察人员训练班",并不一定意识到自己加入军统,当他们一旦知道自己接受的是间谍训练,立刻呈现各种不同的反应。魏斐德在《间谍王》一书中写道:"当他们到了'分队训练',而且看到他们学的都是搜查和逮捕、绑架、暗杀等技术,许多人害怕后悔起来。"

依张强的个性，他倒不是“害怕”，而是不买戴笠的账。

张强很早就由梁华光介绍去苏北投梁灵光，由华东局派回福建来做地下工作，并指示不得搞武装。张强则偏偏要搞武装斗争，因为他认为他自己有这个能力，结果后来与城工部、闽中及闽西南等几个中共地下组织关系均处不好。张强当时掌握着闽南几个县的武装。组织关系却落实不了，一时又被诬告为特务，几经折腾，被“自己人”殴打致死。

用张强的战友郑坚的话说，张强是“在游击区被误审不幸身亡”。（郑坚：《为祖国的新生奉献青春》，海峡文艺出版社 1999 年版）

* * *

张强同志（烈士）是中共华东局特派员。1948 年和其爱人朱文鉴同志受派遣来福建活动，在永春、安溪交界地玉坑乡建立根据地，发展游击区。他们一到福建就得到我的支持。

张强同志，又名醒亚，福建惠安人。九一八事变发生，他便参加厦门抗日救国会和我共事。抗战开始，由我保送军统局临澧训练班受训。结业后，张强眼见军统的反革命罪行，深深不满，拒绝工作，两次坐牢。日本投降后，他到上海向戴笠申请脱离关系，自谋职业，不得批准，决计潜逃，投奔革命，由梁灵光的弟弟梁华光介绍去苏北投梁灵光，经梁保送建设大学，由谭震林同志批准入党，并经党介绍和党员朱文鉴结婚，派来福建工作。

张强在内地活动时，经常派人与我联络。我指定张廷标同志为他搞后勤。张强本人两次来厦门开会，都秘密找我商量情况。永春县长李逸云起义，是用我的名义去策动的。

张强同志用“福建人民自救同盟”的旗号在安溪、永春、德化、华安、南安等县发展游击区，解放了近百万的人口。1948 年 12 月因与叛徒陈华合作，于 1949 年 4 月被陈华及党羽诬为特务，加以杀害。

十兵团抵达泉州时，我向梁灵光报告，中共福建省委于 1950 年在福州甘蔗乡集中有关人犯，审查数月，最后由省委书记张鼎丞宣告陈华为叛徒，逮捕送交法院判刑，同时追认张强为烈士。

附录一

黄猷口述：关于张强

张强也很有来历，过去在泉州一带，抗战时就搞进步活动了。当时傅子礼是他的爱人，年轻的时候，张强是很活跃的。后来到闽北高诚学那里，又搞不成了，张超被杀，这些年轻人的愿望就落空了，他们当时都有组织游击队的意思，用军统忠义救国军的形式，其实军统在抗战时就有地下军了。

事情做不成了，就将张强他们送走了。

张强在军统是老资格，他是湖南临澧第 4 期的，军统最早的训练班。

这时，我说的是 1940 年前后，傅子礼在厦门毓德没毕业，听见张强去特务训练班，很紧张，要赶到泉州劝他，张强已经走了。当时《泉州日报》的王鲁实，也是熟人，王鲁实就劝傅子礼他们，说：“现在社会很黑暗，我们要反抗没有力量，只有爬上去，有一定地位你才能做事。”

这又是一种思潮，抗战中期，傅子礼就是这种思想。

江秀清本来是福州流氓头，有黑社会背景，后来做缉私处处长，名义上是做这个，实际上是军统，搞海岛伪军的。我见过他，但不熟。后来张圣才就把张强放在江秀清手下，在缉私处工作。张强将缉私处的一些钱拿来帮助穷学生念书。江秀清发现张强有问题要抓，张强就赶快跑到新四军去，当时叫梁灵光的弟弟梁华光写介绍信，那天我在场，信是在邵武写的。梁华光当时跑到邵武，住在李良荣家里。那时在场4个人，傅子礼、梁华光、我，还有一个女的叫曾碧辉。她是漳州育贤小学那个姓曾的女儿，4个人就在那里起草这封信。

大家讨论完了，就由梁华光在李良荣家里写信。我和李良荣并不熟，我们和他老婆李佩莲熟，她也是协和大学生物系的学生，当时已经毕业了，他们当时住在邵武。我是在邵武和李良荣认识的。

1946年我回到厦门，傅子礼说准备还派第二批，后来情况就变化了。

张强是从福州走的，张强早年与傅子礼好，后来到军统，与一个共产党的叛徒叫魏乃希的结婚，这个人很坏，私生活很乱，张强其实不欢喜她，不知怎么就搞到一起了，而家里其实还有老婆。

到新四军后，新四军派朱文鉴和他一起出来，他又和朱文鉴结婚了。这些事张圣才不知道，我是知道的。张强回到福建，就说华东那个线断了，他就通过关系，估计是通过郭则杰，后来张强有个女儿嫁给郭则杰的儿子，郭则杰原来是军统，搞电台工作的，交通大学毕业的，解放后我认识了他，很天真的一个人。

张强回来后，华东局给他一条禁令，不许搞武装。

估计他们是通过陈矩荪的关系，找到中共（福建）地下省委，要求省委支持他，但又不接受省委领导，直接受华东局、新四军领导。这个傻瓜，这样做就别扭了嘛，叫我支持你，又不接受我的领导，这样怎么干呢？

这个事就交到城工部李铁那里，李铁交代我去了解。

我说这事不需要了解，张强我还不知道吗。当时我就将来龙去脉介绍了一下，因为他去新四军之前我在场，但我说张强吹牛，张强也很狂，他说他有办法掌握并左右张圣才的一切（当时张圣才已经回来了），要省委支持他，条件之一是派干部，但他不接受省委领导，还是接受华东局的领导。

我说这个是吹的，不可能。张强绝对没有这个本事。省委就研究这个问题，我们当时是搞城市工作的，要我们这些人提意见，谈跟他如何合作的问题，我们思想也很矛盾，主要是大家怀疑张天昊，因为他在此之前，每年暑假在北站永泰找一些大学生办夏令营学马列主义，大家就很奇怪，心想张天昊你这个身份做这些事儿。

他那些人当然很杂，我们想张强回来，如果用这批人，那就非常杂了……

此外，他们有一批人拿钱，包括当时圣才让梁龙光带5000美元给张天昊，由张天昊拿去资助学生。就是"一个大学生就是一份力量"这个计划。这是一批人，但这批人有好有坏，张强和省委说他还有这批人。我就大致介绍了一下，所以后来省委就没和他接触。张强后来就从郭则杰那里跑到惠安老家，通过郭荫堂和闽中有了关系。

后来闽中又不要他，又跑到闽西南来，说他是闽中的关系。当时地下党也没办法查证，到了城工部问题发生，闽中出布告说城工部谁谁谁是特务，张强也是特务，闽西南就紧张起来。怎么闽中说你是特务，你又是闽中的关系，又碰到国民党永春县的警察局长叫李叶民，派一个小和尚要去和张强联系，结果就怀疑他是国民党特务，就抓起来了。

打张强是张连下的命令，执行的人是郑坚。朱文鉴后来不恨郑坚恨张连，因为郑坚一直说不能打，但后来他实在是死在郑坚手里：郑坚是好心办坏事。张强被打伤了，郑坚不懂，这学生哥儿啊，看着他虚弱，端了一碗冷牛奶给他喝，岂不知有内伤的人是不能喝冷东西的，结果张强喝了那碗冷牛奶，伤口发作就死了……事情的经过就是这样。

张强该死，到了惠安与原来的老婆住在一起，所以闽中很恼火，说他怎么这样？他们就怪郭荫堂。朱文鉴就跑到厦门来见郭荫堂，说她都原谅了张强，请闽中方面不要再追究这个事儿了，他们跑到香港去，他们去香港我是知道的。后来又回到闽西南这边。

张圣才实在不了解这些，底下怎么搞他怎么会知道？张强他们到了香港，当时找“民革”，“民革”要他们发动反“三征”，就是征兵征粮啊什么的，他们就到安溪来反“三征”。他们不是安溪人，安溪他们不熟啊，就靠几个内安溪的人，叫三阳那个地方，两个人，一个杨玉霜，一个杨燕子。杨玉霜本来是做茶生意的，做亏本了，跑到香港卖茶叶，也跟军统闽南站王兆畿他们有关系，所以张强他们就靠他们在内安溪来做工作。

杨玉霜后来与张连他们在一起，张连搞闽南纵队八支四团的时候，杨玉霜是参谋长啊。所以其实杨玉霜和杨燕子两个人，对我们（共产党）还是认真的，张克辉和陈君实他们在安溪，保二团要来偷袭，杨玉霜他们就赶快来通知。

张强的确死得很冤枉，中国历史是曲折的，冤枉当然很多，在那个环境下，的确很麻烦。所以我们说人命关天，任何时候都要慎重。

朱文鉴被扣了。部队进城的时候，她就说我是华东局过来的，交代给泉州公安处。她当时三十来岁，跟张强生了一对双胞胎。张强死了，朱文鉴怎么办？我和王中一去厦门回来经过泉州，泉州公安叫我们把她带到福州去。路上碰到张连，朱文鉴当然恨他，就告诉路上的警察说张连是特务，结果张连被扣起来，朱文鉴走过去甩了他几个耳光。

这事儿就闹到公安厅去了，公安厅说，王中一说张连随便杀人，让她甩几个耳光没什么了不起的。(笑)解放初,还没那么"左"吧。

傅子礼本来也是进步的,后来到了内地。张强有了新四军的老婆,傅子礼就嫁给张天昊。她当时在协大,毕业之后,和张天昊等一起在福州活动,就跟了张天昊,不知怎么就搭上了。张天昊当时公开身份是军统北站站长,我当时在协和医院住院,傅子礼带张天昊来看我,他们并不知道我和许春草张圣才这边的关系,她来找我,就是说她要离开协大了,关于一个大学生就是一份力量这事儿,协大这一摊要交给我——那时张天昊是总管这个计划的,暨大是梁华光,福建学院这边是曾育贤,和邱继善他们是对立的。

张圣才将这个摊子铺得很大啊,有心要做大的。那本《我的地下革命工作》主要是谈他和共产党的关系,其实他(同时)还做了许多其他事儿。

(2010 年 7—11 月,厦门市社科联)

附录二

张石生口述

解放前我知道陈锡襄,他(父亲)的老师,还有杨东莼、江公怀、高诚学,高诚学就是"诚学猪",我们都这么叫他,这些人我的确都见过,基本上有印象,但不知道他们内部的关系,他们做什么,真正身份如何,我都不知道。

张强长得很帅,人很狂。他当时在临澧培训班就说,读这些有啥用?读完要分配,他又说,我不要你分配,结果戴笠就将他捉去关了,他被戴笠关了两次。后来就跑了,他和我很熟,每次到我家,母亲就会对他说这个说那个。他总是说，别担心别担心，我会处理，他惠安腔很重，能力很强，什么事儿都做得很了得，当时好几个县的武装都在他手上呢。现在看起来，他应该属于黑白通吃的人，父亲周围这种人有两个，一是张强，二是张廷标。

张廷标厦大毕业，解放后在市公安局当过官，社会关系复杂，手下有几个角头流氓，五十年代病死了，大概是(因为被)抓抓放放，心情不好的缘故。至于张天昊，他是斗鸡，比较没脑。

(2010年11月，张石生家)

四、联系张弛同志

相关链接

“张弛同志以上革命活动，于张弛同志受审查时，一一得到落实。”

圣才先生写到这里，似乎有一种无奈在笔尖流淌。张弛的确是“老军统”，他曾经参加“闽变”，“闽变”失败，陈仪奉蒋介石之命任省政府主席的时候，张弛逃到鼓浪屿避风，可能就是这时认识了圣才先生。后来张弛当过省第八防区指挥官何显祖部的第六大队大队长，是能号召仙游部分民军的，应该说张弛当年在福建省内是相当有影响的人物。

张弛曾经写过一篇文章《张逸舟横行闽海始末》，详细叙述了他以军统身份去“策反”当时投靠汪精卫政府的海匪张逸舟“反正”。这个张逸舟就是当年与高诚学、林荫、陈常琳等劫持“鹭江轮”的张逸舟。

后来，称霸闽海的张逸舟被军统“收编”，张弛与戴笠的关系就密切起来。

张驰抗战胜利后自谋职业，1947年就加入“民联”替共产党做了不少事情。但后来在故乡遭遇管制，过得极其落魄。

* * *

我联系的张驰同志是军统“中美合作所”闽北站副站长，抗战期间，对伪军进行策反，著有成绩，胜利后脱离军统，自谋职业。1947年在上海由吴艺夫同志介绍参加民联，遣回福建和我配合活动，他在仙游地区，做了一些工作。

在加入“民联”以前，他就掩护营救几位中共地下党员。其中有解放军六军副军长蔡庸，解放后任省文化局干部张霞，解放后任仙游县主任秘书任天明、省委统战部长张兆汉，解放后任莆田县公安局涵江分局长林瑞卿。他们都受过张驰的照顾，安全脱险。

1948年，他有一次破开仙游县湖洋、钟山两个粮仓，支援中共游击队傅德标（现福州六中校长）、林椿华（宁德县师范学校校长）。1949年春，张驰又在仙游发动一次各中学游行示威。响应南京学生“反饥饿、反内战、反迫害”的斗争。他还策动仙游县自卫队一个连起义投诚。

1950年他受省公安厅派遣前往敌占岛，策动王调勋起义。虽然没有成功，他算为人民做了一件事。张驰以上革命活动，于张驰同志受审查时，一一得到落实。

附录一

林嘉禾口述：关于张弛

纠缠得最长的就是张驰的事了。不知是不是在莆田被管制，那时张弛很落魄，在仙游或莆田炸油条糊口。被圣才叔请到福州，天天请他吃饭，也不说有什么事儿，结果张驰受不了。

那时他一周或十天左右，晚上总到我丈人家（即黄其华先生——泓莹注）吃饭。

那天晚上，他就说："张先生，你请我到福州，待我这么好，究竟要叫我做什么？"当时张驰被管制可能是很苦，刚来福州的时候，那天晚上，圣才叔带他来吃饭，穿一件破西装，皮鞋啊什么的都很破烂，盖头盖脑的，他说，圣才叔对他真好。

圣才叔这才说要叫他去海岛，马祖。

那时海保（黄猷先生认为，此即海上保安纵队——泓莹注）有个海盗，叫什么来着，说与张驰是结拜兄弟，能策反最好，不能策反也叫他做点事情，也知道那边的消息。这天啊，大家就静静地坐着，好久啊。

后来圣才叔问他有什么困难。张驰说："我没什么顾虑，去了死了也无妨，不过，我还有个儿子，十七八岁在读书，我要是死了这孩子咱咋办？"圣才叔说："这好办，你若碰上事儿，这孩子就由我负责，将来要读书要工作都可以，高中大学都没有问题，这后顾之忧，我替你担了。"

张驰就去了，可能后来与圣才叔说好了的，以被管制得受不了为借口，坐船偷跑了，都是套好了的，小船就去了马祖。

结果呢，这孩子每个月来我岳父家取钱，我岳母哇哇叫，说："这是国家的事情，怎么倒变成我们负担呢？"圣才叔就写了个条子给其华先生，其华先生就叫我岳母付钱，这事儿纠缠了许久，那孩子也不好意思了，说："我不读书，去工作好了，结果就是工作了。"

最后张驰如何我就不知道了。

圣才叔说了，张驰虽然是老军统的人，但也做了许多好事。在莆田也开了国民党的粮仓救过人，这事在福州拖了许久……这是1952到1954年吧，圣才叔（对张弛）做了许多工作，因为叫人去海岛，这是很危险的事儿。

第十七章

/ 我和李良荣 /

一、我由厦门出走实况

相关链接

圣才先生说李良荣不是正经的基督徒，但按李良荣部下李以劻的回忆，李良荣和张圣才都是基督徒，在南京读步兵专校的时候，每到星期天他们都去金陵大学英语查经班去学英语和做礼拜。在李以劻先生的回忆中，李良荣是不想打内战的，但因为对蒋介石的忠诚而不得不奉命行事，“我一辈子跟他，他现在倒霉，我背叛他不义”。

黄维在回忆李良荣的文章中写道：“他为人简朴纯良，始终像一个学生，或者说像一个教员。孜孜好学，无当时旧军人习气。其私生活严肃，无烟酒之好，无嫖赌吃喝玩乐的腐败恶习。律己很严，寡交游，不愿意拉拉扯扯。当时蒋军中，尤其高级人员中，贪污腐化成风，贿赂公行，而李良荣却洁身自爱，清贫自守，毫不苟且，尤为难能可贵。李对部属平易近人，但纪律严明，要求严格，由于其能以身作则，基本上受部属的爱戴。至于他的属下，有人说他上知天文，下知地理，可惜中间不通人情。这对他是讽刺，也是对他不徇流俗的刻画。”(《福建文史资料》第五辑)

圣才先生与“二通将军”李良荣的感情显然是很深的，早年信奉无政府主义的李良荣与圣才先生不但青梅竹马有手足之亲密，很显然思想也是相通的，只是李良荣不愿“乘人之危”，背叛多年“栽培”他的蒋介石。在特定的历史时期，兄弟分道扬镳是迟早的事。

兄弟分手，兄弟打仗，这痛，是个人之痛，也是国家之痛、历史之痛。

李良荣

低调的李良荣不久便离开台湾到马来西亚经商，有资料说是陈嘉庚先生介绍的，但实质上这个水泥厂是国民党的资产。李良荣以军人的作风经营水泥厂近十年，他的诚信与敬业亦令人印象深刻，可惜后来因车祸骤然去世，否则南洋将多出一位出色的华人企业家。

* * *

1949年8月17日下午，我从李良荣办公室回鼓浪屿，刚进家门，电话铃就响了，李良荣喊话，他说："有紧急事情告诉你，汽车在码头等你，请马上来。"

我搭上派来接我的吉普车，疾驰抵达虎头山警备司令部时，李良荣停候于门外，手摇着一张纸，喊声："快来快来！"我下车和他走进办公室，沿路问他，究竟出了什么问题。他把手上那张纸叫我看看。

那张纸是俞济时发来的一份电报，电文为："……请张圣才来台一谈，俞济时。"

看完电报之后，我说："这是件好事，为什么这么紧张？"李良荣说："不，不，不，是坏事。"我问为什么，他说这是蒋介石对我们有疑心。他接着说："过去蒋介石曾两次问起你，第一次是他来厦门视察，在中德记宿舍问我，听说你身边有个张圣才？我说张圣才是我从小的好朋友，是个基督徒，又是戴笠所信任的人，绝对没有问题。蒋说：'你既然信得过他，那就好了。'第二次是我（良荣）去台湾见他时，他又提起这件事，我（良荣）照旧向他保证，他说要小心。有了这两次的问话，现在发来这个电报，显然又不放心我们，所以这是坏事，不是好事。"

当下我们研究去还是不去。开头，李良荣还说，去呢，不能说没有风险，不去呢，问题就更大。我说我给军统逮捕过三回，坐牢坐怕了，不想去。两人反复商谈，最后我观察李良荣的态度，有我非去不可的意向。到这个关头，我只好同意去台湾，事实上我准备出走——虽然瞒着他走，我心里很不好过。

我既然决定出走，必须先把厦门的工作及人事妥善交代一下，我要争取几天的时间和同志做好准备。我告诉李良荣，8 月 20 日星期六，我要举行基督教青年会员大会，改选董事，我是董事长，无故缺席会引起不良猜测，所以要去台湾，必须开会后再走。

李良荣同意我于 8 月 21 日（星期日）走。从 8 月 17 日到 8 月 20 日，我就很紧张地和厦门的同志分别见面，有的决定撤退，有的潜伏下来。

闽中同志林菊村来看我，知道我要出走，考虑到安全问题，他建议我不去香港，而去闽中游击区，我同意了，约好 8 月 21 日晨，搭安海轮去安海。

我正同林菊村谈话时，李良荣到互惠公司来看我，我请林菊村退

李良荣一家在马来西亚(林盛发提供)

入账房,延请李良荣上楼相见。李良荣说:“我给你送明天去台湾的飞机票,我给你买来回票,你一定可以平安回来。”我笑着说:“假使他们要抓我,还会怕牺牲一张飞机票么?我是去定了的,好歹都好。”

李良荣看我有点气,又重复前天的一句话:“你尽管去,他还有几万兵在我手中,他不敢对你怎样。我会打电报给台湾的朋友照顾你。”李良荣和我颇有依依不舍之意,闲谈一小时才走。

李良荣走后,我把林菊村从账房放出来,重新议定 8 月 21 日逃往安海转入游击区的路线。

当日晚间,我在厦门基督教青年会主持会员大会,改选董事会至深夜回互惠公司休息,坐待明天,搭“安海轮”去安海。清早五时,我叫店员蔡玉水同志去买船票,去后不久,蔡玉水气急回来报说,安海轮前晚被交通警察扣留运兵，没有回厦。

时间一分钟一分钟地过去，我紧急决定走集美，叫玉水同志去第一码头购买集美电船票，去后不久，玉水以空手跑来，说："今天部队要在高崎试炮，出告示，高集海面不得通航，集美电船不开。"但是我不能不赶在6点以前离开厦门，等天大亮，我就无法脱身。

最可担心的，是李良荣夜里记起什么话，天亮又来看我，我仓促决定，坐小船走嵩屿，先去海沧卢伯缓同志家里，然后研究如何走法。我叫蔡玉水同志陪我到码头雇小船，时间太早，岸边不见小船，正在迟疑，碰到一个熟人在鹭江道散步，这个人名叫陈仲宗，是个退休的军统闽南站副站长。他看见我，惊问"听说你要去台湾，为什么这么早在这里?"

我倚仗友谊，老实告诉他我不去台湾，得马上出走，他一听就理解了，看到当时无小船，便为我大声呼喊一个船人，放一只小船来渡我。

临行他问我，厦门临解放，他用不用逃台湾，我告诉他不必走，厦门解放，我会回来，那时来找我就可保平安。陈仲宗厦门解放后来找我，我为他联系市公安局，以自首形式向局报到，受到局长唐劲实的款宴。

我和蔡玉水乘坐陈仲宗为我雇到的小划船，从嵩屿码头登陆去海沧找卢伯缓，卢是厦门建筑总工会总干事，早已参加"民联"。我叫他找来另一位同志名吴勉，叫他回厦门为我请农工民主党厦门负责人郑静安(他是石码人，漳属一带很熟悉)来指点逃往闽西的途径。郑静安见信，知道我走投无路，即刻邀同一位中共地下党石码人林文吉和另一位浒茂人林怡禄来海沧见我。

郑静安、林文吉考虑到，此去闽西数百里，走这条路，非一朝一夕能到过，万一途中碰到相识特务就有危险，建议我先跟林怡禄同志去他家乡浒茂洲暂避几天。我就跟林怡禄去浒茂，让苏玉水回厦门报告丘廑兢同志，他是互惠公司经理，我留下他保持各线的联络。

我出走之后，林梦飞、刘浑生、黄介立、张天昊、洪字民也同时离开厦门，和我私人关系较深的朋友，如许祖义、杨其精也相继离开李良荣，有的潜伏，有的逃去泉州解放区。李良荣处境大为窘迫，蒋介石迅速摘去他22兵团司令及厦门警备司令兼职，以刘汝明、毛森分别代换。厦门开始抓人，"民联"同志林广义、吴月秋、丘廑兢、卢伯缓、陈良速、李乾元、蔡玉水和我的外甥媳妇陈彩云等十余人被捕，还以重金悬赏逮捕黄其华。

张廷标同志潜伏市内，保持联络十几天，也站不住脚，逃去浒茂5—6天，闽中同志林菊村由张廷标陪伴前来联络。林菊村同志知道我8月21日搭不到安海船没去安海，转身又来厦门和张廷标共同前来。我们决定取道同安，仍去闽中解放区。首先到我的家乡板桥，据报公路上有数处检查站，对着照片盘问路人，林菊村怕我通不过，同张廷标、刘浑生先去泉州。

我留下来，潜伏后安社。到9月21日解放军解放同安、集美，才由叶飞司令员派林菊村同志以吉普车来接我，叶飞同志说是华南局通知他来接的。我们（包括林梦飞、许祖义、刘浑生、黄介立）于10月3日，跟十兵团司令部到同安埔尾社准备厦门战役。10月17日我们随大军进入厦门。

附录一

张圣才《李良荣印象记》

李良荣的祖父和我父亲，都是同安县英埭头基督教堂的长执，我们算是世交。他是从杨姓买来接嗣的。在李家，没有父母，只有祖父关心他。祖父一逝，他在家里就得不到温暖。幼年常到我家，我母亲爱怜他，经常为他缝缝补补，所以他对我母亲很热情。

因为在家得不到温暖，他在十四五岁的时候就出门流浪，到 1924 年才由闽南"靖国军"负责人许卓然介绍进入黄埔军校。临行，到我家道辞，对我母亲说，此去"没有四座轿，决不回来"。

坐四座轿是"衣锦还乡"之意。

1930 年，我重见李良荣。那时他已经在国民革命军四十九师当营长。他代表四十九师师长张贞来和我的姐夫许春草以及王雨亭、吴文楚等商量，要发动厦门群众支持四十九师接管厦门。此事后来告吹了。他还跟我谈基督教问题，我为他解析了一些疑义，送他一本袖珍圣经。这本圣经，直到一九四八年他还保留着。他虽然不是一个正规的基督教徒，但对一些诚实的基督教徒却是很尊重的。

李良荣自幼失去父母的爱怜，长大又受社会的冷遇。内心是很悲抑的。他去黄埔从军，与其说是爱国，不如说是"衣锦还乡"的思想。在军校他看准了蒋介石将是能够使他"显祖耀宗"的靠山，就一心一意跟随着。九一八事件之后，他的民族观念有些觉醒，却依然盲从蒋介石，陷入反革命的泥沼，不能自拔。抗战结束后，为了巩固蒋家政权，他奋不顾身地卖命打内战。1947 年他在淮阴一带和共产党对峙中，还派人带着军服来厦门找我，封我为"少将"，要我去帮助他搞反共反人民的勾当。还叫张贞、秦望山、周骏烈等人劝说曾被他赏识的旧部许祖义再上战场。结果都落了空。后来李良荣还为此表示惋惜。

1948 年，他接受福建省主席的任命后，到上海时给我一个口信，要我劝说黄澄渊当厦门市长。我回个电报，要他改派黄澄渊当秘书长，这个电报惹恼了他。他回到福州时，头一句话就问我："为什么学着老官僚的样子给我保荐黄澄渊呢？"我说："那么你为何却先要我劝说黄澄渊当市长呢?”原来李良荣为人,他是要独行其是的,在用人方面他不愿别人推荐。

凡是知道李良荣的,都认为与他可以做个好朋友,但他却不是一个容易相处的上司。当他的下属,他就跟你不客气。所以我一开始就拒绝当他的官。但是为了要接触他,我却接受了“福建农村复兴委员会”秘书长的名义。该会所有委员,都是“社会人士”,是个群众团体。平日我以朋友和他相处,保持着无所不谈的关系。

要如何统治福建,他没有什么具体的设想。但在用人方面却表现了他的特殊作风。他一上任,就把原省政府的几个老委员,如陈培锟、张开庭、林学渊等都排除出去。这样一下子就得罪了许多方面的人。此外,他又排除了几个老厅长,换上了经自己挑选的人,这也引起了福州人士的反感。

有两件事,可以说明他不懂人情世故。有一个名叫王沣的,在刘建绪主闽时期,任过诏安县长。此人曾经当过孙中山先生的秘书,因而认识了孙科。他听说李良荣来当省主席,便托孙科写一封介绍信,请予照顾。李良荣看过信,即将信丢在桌子上,对王沣说了很不客气的话,把他轰走了。此情当然会被孙科知道。所以 1949 年初,蒋介石下野后,孙科接任行政院长,第一道命令就是撤了李良荣的职。

另有一次,李良荣路过上海,蒋经国请他吃饭,顺便介绍他的莫斯科的托派同学严灵峰当福建民政厅长。蒋经国还以为他一定会照办的,但是李良荣却当作是小蒋强加于他的。回到福建后,时过月余还没有动静。严灵峰要我去问李良荣一下。我问他时,他竟说:“严灵峰这个人要不得,他走蒋经国的门。”过后我只告诉严灵峰,李良荣不买账。

严灵峰就往上海投诉于蒋经国。蒋经国负气要求自任福建民政厅长。居然蒋介石来了电报,李良荣接电愣住了。我知道蒋经国的一个同学王新衡，和蒋的关系很好。赶忙写一封信给王，告诉他蒋经国这一花招，是为严灵峰出气。他若真的来当民政厅长，一来大材小用，二来暴露了自己的狭隘胸怀，三来和李良荣相处一定不能相投，万一李向他老子诉苦，小蒋还要碰钉子。王新衡听我的话，劝蒋经国不要来，才解除了一场纠纷。

李良荣平时常要我在他家吃午饭，同席的人通常只有万成渠一人。有一次吃饭时，他突然问我有没有汽车坐。我说无此必要。他就转头对万成渠说："万秘书长，把你的汽车让圣才兄用。"这件事当时叫我和万成渠都非常尴尬。类似这种不知人情世故的笨拙作风，不可胜举。

事后我也说了他一些，他总是没有表情。

李良荣对他的老婆也是很专制的。有一次他要我陪他去飞机场接客。他老婆站在汽车边，说："我跟你们去。"李良荣瞪着眼睛说："你去做什么？妇女坐什么汽车？"他说得那样严肃，使我也难为情，我也不跟他去了。

李良荣也并不是都不接受朋友的意见。他到任没几天，我就和他谈一个问题。我说："福建有才干的青年被陈仪、刘建绪糟蹋了不少，关的关，杀的杀，以致损伤了福建的元气，你到福建不能再这样干了，不要杀政治犯。"

他当时满口答应。但有一次，军统王调勋告我，在那天汇报秘书会上，赖文清（中统）说有个名叫林鸿图的，广西人，应予枪毙，呈上报告，李良荣竟然批准了。我问明情况，马上去找李良荣，指他为何推翻诺言。我说："那人被刘建绪扣押三四年，尚未加害，你一来倒先开了刀，这不是比刘建绪更凶么？"

我还说："赖文清通过你做到了刘建绪任内所做不到的事，好去向中统邀功呢。"我表示杀害政治犯是不对的，应该释放他。第二天，李良荣告诉我，他已经通知保安处把林鸿图放了。

不久有张开琏和我的同学张效良的两个孩子，也被当作共产党给抓去了。张效良来告诉我，我要求李良荣释放，他也释放了。

有一次，我与张贞、秦望山、林学渊、李黎洲在一起洗澡后一同去看李良荣。他们都是老前辈，李见到他们执礼甚恭，请大家在客厅谈。话间谈到福建青年过去被糟蹋的情况，大家希望李不再杀政治犯，为地方保存一点元气。张贞接着说："是啊，像陈尚友（即陈伯达）要不是我放走了他，他还有今天？"就这样李良荣在大家面前又做了一次允诺。

有一次，香港的庄希泉、王雨亭、张兆汉、庄成宗秘密给我一封信，说有三百多名菲律宾华侨被殖民地政府驱逐回国，其中有一些是同志，叫我设法通过市党部审查，争取释放还乡。我怕告诉李良荣，万一把事情弄僵不好。所以我假李良荣之意打电话给厦门市长陈荣芳，叫他于难侨到厦门时，派人迎接，安排旅社，尽速资遣回乡。陈荣芳当作是李良荣的命令执行了。我又怕以后给李知道怪我瞒他，所以事隔五六天后，我告诉李良荣："我前几天替你做了一件好事，现在告诉你。"我就把释放难侨不被市党部敲诈勒索等情述了一遍。他说："这样好，应该这么办。"

李良荣很关心国际上对中国形势的看法。我投其所好，精心选贴一些英美进步刊物的材料，充作《泰晤士报》《纽约时报》《基督教科学箴言报》的文章给他看。这些材料，都抨击蒋介石的无能与无道，使他有所感受。他对蒋政权的前途，寄希望于三件事。他说：一、蒋介石还有较多精良部队，不至于一下子崩溃；二、美国为了抑制苏联，一定会支持蒋介石；三、第三次世界大战只在三五年间。这些的确是李良荣这一流人的梦想。

我跟他谈厦门的前途。我问他："一旦解放军进攻厦门，你怎么办?”他说:“当然是兵来将挡,水来土掩嘛!”我说:“厦门是我们的家乡,海内外侨胞听说你来福建,无不感到高兴,认为唯有你可为桑梓谋幸福。假使你在厦门跟共产党打个烂战,把厦门搞成四平街,闽南人是会大失所望的。”我请他早作准备,为保全二十二兵团的实力,有计划地退守金门。他对我这个建议,不置可否,只是笑着说:“你倒是个不错的战略家。”

在厦门,李良荣几乎不过三天便要找我谈话。有一件事,说明他还是很够朋友的:1949 年 8 月 17 日下午,我在家里接到他的电话,叫我立即去他那里,有重要事情告诉我,他的吉普车在码头等我。我一到司令部,他站在门口等我,挥着手说:“快来! 快来!”

他拿一张用八行笺抄写的电报给我看,内容是:“奉总统面谕,请张圣才来台一谈。俞济时。”他说这是一桩坏事。“蒋总统有两次问过我,在你身边有个张圣才,据说跟中共有关系,要小心注意。”他回答张圣才是小时的同学,又是基督徒,又是戴雨农重用过的人,敢保不是中共的人。两次问起,都给挡过去了。这一次居然正式来了电报,恐怕真成问题了。

我们分析情况,研究去与不去。在反复思考之后,他表示非去不可。

我看他有点“弃卒保车”的意思。不敢坚持不去。只得骗他,我同意去。他安慰我:“不怕,台湾还有很多我的朋友,我会叫他们照顾你。”

我借题说厦门基督教青年会于 8 月 20 日晚举行会员大会,要改选董事,我是会长,这个会是我召开的,要等开会后再走。他说:“这个很好,我先电告总统,说你是青年会董事长,召开会员大会,要到 21 日才去台湾。这也使总统记得你是个基督徒。”

20 日中午,他自己送一张台湾来回飞机票给我,说:“我替你买了来回飞机票,保你平安回来。"还说了一些叫我安心的话。最后的一句话是:"他(指蒋)还有这么多兵在我手上,不敢对你怎么样。"

8月20日晚,我在开完基督教青年会的改选会之后,便躲了起来。21日早晨我逃出了厦门。李良荣到飞机场为我送行时,找不到我,折回到互惠公司,问我的表姐夫丘廑兢(他们也是老朋友),丘说:"很早就去了,我来办公时他已经走了。"

李良荣沉吟一下说:"没有去,没有去,没有去也好。"再没有说什么了。

李良荣常到我家,是知道我家底细的。我走后,他并没有惊动到我家庭。这时陈言廉在泉州率部起义的消息也到了。周围的一些朋友也都跑了。再过几天李良荣便被蒋介石免去二十二兵团司令和厦门警备司令的职务,让他带六千名的兵驻金门去了。

(《福建文史资料》第五辑,刘浑生整理)

附录二

林梦飞《回忆李良荣将军》节录

我们在1949年虽然没有把李良荣争取过来,完成党交给我们的任务,但总算从李良荣的内部结构中将其瓦解了,使蒋介石想利用李良荣编练闽南子弟兵死守金厦进行负隅顽抗的企图落空。

李良荣被调到金门后,胡琏从汕头也来到金门,蒋介石即命胡琏接管李良荣残部,良荣仅以只身来到台北。被审查一段时间之后,在"国防部"挂一中将部员空衔,派他到所谓"革命实践讲习班"去当副主任(是个国民党整风性质改造中心)。

良荣以败兵之将，对此不感兴趣，遂挈妇及其二子，以东南亚作五湖游了。当其欲往马来亚路过香港时，闽南旧友纷予接待。席间有人问及："闻李将军前守厦门信赖张圣才、林梦飞、陈言廉等，不意竟为所卖，若辈真不够朋友！"良荣慨然应道："人各有志嘛！那些朋友都不是存心卖友，只是他与我有不同看法罢了，我不能怪他。"足见良荣的"友谅"精神是值得他朋友怀念的。

在国民党阵营里的所有地位与李良荣相仿的将帅中，哪一个不是腰缠万贯、甲第连云，时局一坏便远走高飞，不是欧美，便是加拿大，去做百万寓公？哪一个像李良荣那样两袖清风，一肩行李，一妻二子，无计营生，终而必须屈就侨商之下，当一经理而死于车祸！噩耗传来，认识与不认识他的人都不能不为良荣一生耿介而震悼良深！

良荣一生刚正不阿，好学不倦，虽是武夫，却非常敬重知识分子。为学以追求真理为鹄的，治学态度非常认真。他是军人，对军事学术的造诣力求其深。1924 年毕业随营学校后便入黄埔军校。他嫌军校草创不久教程粗浅，1932 年又争取入步兵专校，1936 年又上陆大将校班，把自己拟身于将才高度而刻苦学习，必求其成。对社会科学也不马虎放过，他争取上劳动大学便是一例。他还以未上正规大学为憾事。1939 年当十三补训处处长时已三十多岁了，还争取到协和大学(设在邵武)听课专修英文。像李良荣这样好学的将军，在蒋介石手下真是独一无双！我也是军校出身的，不论文才或武才我都不敢望其项背。所以我在开头时说良荣是我的"良师益友"，这句话一点没有过分。

(《厦门文史资料》第九辑，刘浑生整理)

附录三

黄猷口述

蒋介石要张圣才去台湾，蒋介石要搞张圣才，并不是因为张圣才和共产党有什么关系，而是为了李良荣。

张圣才害了李良荣而自己不知道。他没有猜透老蒋的用意，老蒋一生最怕自己的部下直接和西方人见面，和外国发生关系。李良荣做福建省主席的时候，国民党的农复会（农复会，即"福建农村复兴委员会"——泓莹注）里有美国人，有英国人，福建的农复会李良荣叫张圣才去做，张圣才就替李良荣拉英国人美国人，圣诞节开舞会什么的，蒋介石就怕了。

把手下拉去与外国人见面，这是蒋介石最怕的。这点张圣才不理解李良荣，也不理解蒋介石。老蒋猜忌，是因为张圣才和李良荣与外国人来往的关系。

我们当时是理解的，我们知道坏了，张圣才和李良荣，李良荣待不长了。

李良荣也是傻瓜，他当时从台湾去拉人来组阁。拉袁伯清、陈东升来做工业厅长，拉汤文通来做农业处长……那时我在台湾啊。有一天我在汤文通家里，李良荣来了，汤文通已经告诉我，他要来的，我就坐在那边听。汤文通当时问李良荣："你准备在福建干多久？"李良荣说："委员长答应我干二十年。"

汤文通没有答应做他的农业处长，李良荣走后，汤看着我笑，我看着他笑。这个傻瓜！那时都 1948 年了。

李良荣是很忠于蒋介石的。当时在福州，李来荣，也就是李靖的外公，劝李良荣起义，留在大陆，李来荣说："我跟李良荣说，你这个人正派、廉洁，这个作风跟共产党合得来。"但李良荣说："我不能背叛他，我一辈子跟他，他现在倒霉，我背叛他不义。"

第十八章

/ 无怨但仍然不断忏悔的人生 /

张圣才 1986 年在长城留影(李尚大摄)

父亲是一个虔诚的基督徒,一生爱国爱教,矢志不渝。他秉性刚直,疾恶如仇,憧憬自由、民主、平等、博爱的大同世界。国难当头,他曾置老母妻子于不顾,只身赴汤蹈火;他一生七次身陷囹圄,却泰然处之,面对刑讯逼供,他从未泄漏国家机密,从未诬陷一个好人;出狱之后,其所居陋室历三迁而长年高朋满座,畅谈国家大事,被誉为"民主沙笼"。

——张圣才子女

一、在中共福建省委联络处的情报工作

相关链接

圣才先生在新中国成立后的自述，寥寥数言，是不堪回首，还是宅心仁厚，愿意宽恕那非常时期的非人待遇？坦率地说，与潘汉年所遭遇的一切相比，圣才先生的境遇似乎没有那么惨，不过，他实际上一开始就被冷藏了。

如果说，与林梦飞、刘浑生组织裕康船务行，申请办理船运手续，恢复厦门与香港的交通运输，组织外轮突破蒋军封锁线，解决厦门当时军用物资和生产资料无法进口的问题，这是他愿意做的，1950 年进入省联络处"从事对台工作"，就不那么情愿了。所谓"对台工作"实际上是利用自己的关系，让他们在台湾卧底，为迎接祖国统一做准备。

他报些"小喽啰"上来，就是不想做了，否则他在台湾还有刘启光等铁哥们，与他相交多年的刘启光 1945 年出任台湾行政长官公署参议，此时正红，远比王调勋之流有价值得多。但他的确不想做情报了，他做间谍其实是历史的误会，他更愿意做学术，或从事"和平时期的革命"，即教育工作。

事实上，即便他现在想做情报工作，也做不得了，早在他从香港回来之前，联络处背景复杂的人个个遭遇审查。更要命的是，帮助他做了许多策反工作的张天昊早在 1950 年年底就被捕致死。张天昊是相对憨直的人，从 30 年代被郭荫堂带回国，跟随圣才先生有些年头了，感情相当深厚，张天昊被捕，圣才先生四处奔走，替老朋友鸣冤叫屈。最奇怪的是得到这样的回复：现在虽然没有证据说张天昊有罪，但你也拿不出反证来证明他无罪啊。

不做情报，也教不了书，圣才先生的满腔热情被泼了阵阵冷水。

* * *

张圣才自述：

1949年10月厦门解放，海上被台湾封锁，厦门与香港交通断绝，我和林梦飞、刘浑生接受军管会任务，组织裕康船务行，冲封锁线，恢复厦门与香港交通。

1950年到1952年在中共（福建）省委联络处领导下，从事对台工作。

附录一

张石生口述

父亲早年手头的确有钱，都是那些朋友给的，他都花光了，都花在别人身上。父亲真正自己挣钱是共产党给的，当时，他的工资是一百多块，十三级干部。但他好提意见，得罪了叶飞。他一直认为叶飞是好人，如果能听得到一些建议事情就会做得更好，但事实上他提意见经常挨上面的批。

事实上他做什么我们做子女的不知道，没人有机会接触他。

1950年他的编制在福建省联络处，和一个后来做驻德国大使的人在一起。福建省联络处办事处在鼓浪屿汇丰银行，里头有三四个人，不知是属十兵团管还是潘汉年、杨帆他们管。反正他人在香港，我每个月要去替他领工资。他有时也回来，回来也不见人影，1950 年就去了香港，1953 年调回来了，回来的原因是发现情况不对，有人要暗杀他，就调回来了，到陈虹那里报道，陈虹是省文化局的。

附录二

黄猷口述

我解放后就很少与圣才先生碰面，虽然我们说起来是一个单位。比如第一次在厦门，圣才先生到联络处办事，我也是联络处的，常在那里，恰好那天碰上了，但我们是不能“碰线”的。解放初我也在香港活动，原来是要叫我去台湾的，所以我和他是不能见面的。圣才先生进来了，他们就叫我说：“你隐藏起来吧。”我就待在后面，结果圣才先生那天和他们说了好几个小时的话，我在后面。一泡尿憋得很难受——第一次给我印象很深，就在公安局里。

圣才先生很聪明啊，潘汉年希望他继续归自己领导，倒不是其他，更不是公安局不批，潘汉年那时还很凶（得势）呢，是圣才先生自己不愿意。

我有一个感觉，他在解放后不愿意再做情报工作了。

为什么呢，那时他在联络处，我也在联络处，有一次，我看到他开出的一个名单，说他在台湾还有这些人是可用的，我也在台湾做过，一些人也认识，组织上就拿给我看了，说：“这些人你认识否”？我看了，当时就感觉他无心做了，他开的名单第一个就是黄成，小毛毛，英华中学黄堪的哥哥，在台湾王成章手下管少数民族，小喽啰罢了。我心想他关系这么多，为什么开这个，所以我感觉他是不想做了。

这也是为什么潘汉年叫他，他不愿意去的原因之一吧。

按我的理解，他在解放后想做其他事业，不想再做间谍工作了，他本来做间谍也是历史的误会。他不是这种人，他是想搞政治，但不想做间谍工作，这个事，给我印象很深。

有一个事可能大家不知道。圣才先生在抗战胜利后回福建，从未叫年轻人(家族中的第二代)参加军统，许伍权参加军统，圣才先生就叫他退出来。

那是他在菲律宾的时候，伍权跑到福州，是张天昊还是谁，伍权和他在一起，那时就参加军统了。他们给他个中尉的职务。做些很没意思的事，在福州抓鸦片赚钱，后来圣才先生回来，就叫他出来，出钱让他去读书。这个我是清楚的，这些事可以看出他思想的一面，我不敢说很全面，但确实我有这个感觉。

二、在省博物馆工作

相关链接

虽然精神上并不愉快，不想再介入政治漩涡，但圣才先生仍然想意气风发投入新的工作，从他到部队看女儿的合影中，仍然可以读到他的熠熠风采。据许春草的外孙何其微回忆，圣才先生曾经劝许春草将国外的儿女叫回来参加国家建设，许春草淡淡回答“要放几尾鱼在外面游”。

此时，文化程度不高的许春草究竟想到什么我们不得而知，我们能知道的，是1955年许春草将1949前以前精心订好的三大本资料，包括婢女救拔团院生结婚证书留底、建筑工会记录、他亲手绘制的设计图纸、朋友信件……统统付之一炬。他说这些东西“不烧不行，再慢就来不及了”!（何其微:《许春草，他用他的膝盖

亲近主》)

可怕的预感,点点迹象表明,许春草比张圣才更老辣。

圣才先生到底书生意气,拳拳的爱国之心总是赤诚的,正如当年他见蒋介石之前,准备了一大套话要对蒋说一样,但此时他纵有千言万语,也只能私下里与黄其华这样的老朋友谈谈了。

圣才先生当时可能想参与筹建南洋研究所,南洋研究所成立于1956年,那时圣才先生已经在监狱里了,按陈中先生的说法,当时福建省省长张鼎丞的确有意介绍他到厦门大学当教师,但"某校长"不同意,说厦大容纳不了张圣才这样的人。

这位校长就是圣才先生救过的王亚南先生。王亚南先生当时的确"左"得可以,此时自然不会想到自己将在"文革"中被迫害致死。估计圣才先生这一伤非同小可,后来让他到省博物馆筹建处当副主任,他非常高兴。黄猷先生回忆,当时他认为圣才先生是见过大世面的,不知能不能习惯这个冷板凳?有一次见面,就冒昧问了几句,谁知圣才先生说:"非常好,没有比这个更好的工作了!"

这个时候,黄其华先生在福州办一个橡胶厂,圣才先生天天到老朋友这里来泡茶"话仙",就是这时候,圣才先生根据公安厅的指示请张弛到海岛上去和王调勋联系,这可能是他在这方面做的最后一次工作了。

* * *

张圣才自述:1953年至1955年任福建省博物馆筹务处副主任。

附录一

林嘉禾口述

圣才叔其实是想回厦门的，他希望到厦大教书。

圣才叔那时常对我说王亚南的事。他说他救过他们的，当时他们四个被扣在轮船上，是地下党来通知的。他赶去了，军统特务问："张先生你来做什么？"他说："我的好朋友王亚南等要出门，我来送他们。"那时已经控制了，已经要抓人了，圣才叔就和他们随便聊天，出来就对特务说："船要走了，我也要走了。"那些人就噤住了。

王亚南在香港住在张国荣家，也是圣才叔的关系。

我曾经问他："这张国荣怎么老寄钱给你花啊，为什么？他不过姓张而已，你们并无血缘关系。"王亚南在香港明明就是住在张国荣那里，这是我姐夫郭大力说的，他那时被莫名其妙关了十一月，只好去找王亚南，因为他们当时在一起。他来北京，叫王亚南出面证明他的清白，因为他们当时都住在张国荣那里，你们知道张国荣为什么被当作特务么？我后来在台办工作，才知道这些，我看到张国荣自己写的材料，张国荣是平和三青团的。

圣才叔后来与王亚南的过节是这样的：

当时香港特务要暗杀圣才叔，他就调回厦门了，省里暂时还没任命他做什么，他想，离家太久了，想留在厦门工作，照顾家，就去找了省里，要求到厦大南洋研究所工作，做所长，王亚南不同意。

王亚南当时说得很难听，说圣才叔来厦大工作会教坏孩子。圣才叔后来去博物馆就因为此路不通，没能到南洋所工作他耿耿于怀。

圣才叔在博物馆工作的时候，几乎每个晚上到我岳父黄其华家来吃饭，饭后其华先生总是很有礼貌地叫我送他回博物馆，那时也有车

到部队看二女儿张德芬。前排:左三张圣才,左四张德芬(张圣才家人提供)

可坐,回博物馆的时候一般是八点多,他总是说还早还早,我们就泡茶,说了许多早年的事儿,没有题目的吧。一般是说到十点多,我才回去,这样的时光大概过了三年多。

三、解放后第一次被捕

相关链接

1955 年圣才先生因潘汉年案入狱,一开始肯定莫名其妙。

潘汉年对自己将被捕是有预感的,圣才先生估计未能预测自己的厄运,其一他没想到老朋友、“老革命”潘汉年会是反革命分子,其二他认为自己早就脱离动荡不安的政界,正安分守己地工作。

一开始是骗的,究竟是石生先生说的要带他去看一个很重要的古墓群,还是陈中先生描绘的护送一批贵重物品到武夷山,不得而知,最离奇的是谈笑风生间老朋友都不见了,他突然被两个大汉挟走了,圣才先生还以为见鬼了。

不是鬼,是冷硬的现实。眼前的三张床只有一张是他睡的,两个大汉陪床,所问的问题都令他莫名其妙,他一句也答不上来,于是他们骂他装傻。

第二天，厦门市公安局局长来看他，他是专案组的，大概因为黄其华先生卖楼问题已查清，又是厦门的熟人，这位局长先向圣才先生报家人平安、母亲平安。然后说他们俩“没得说”的，因为“领导叫我处理这个问题，你是‘国特’，我是‘共特’”。

圣才先生马上说他现在也是‘共特’，他“吃不消”那两个粗野的人。

来人无奈，展示刊登潘汉年出问题的报纸，并说要“审查你，你要写材料”。

从此不见此人，圣才先生在福州衣锦坊看守所蹲了七个月，写了十二万字的材料，多次审讯，直至被宣布逮捕。在由林则徐故居改造的临时看守所又关了七八个月，最后转到小柳村新盖好的看守所。这是他第五次进监狱，总共关押三年两个月又十一天。

自己身陷囹圄，圣才先生仍然不忘为含冤死去的张天昊澄清案情：

“我所认识的张天昊，跟我一起做事，营救革命同志，帮助我做了很多很危险的革命工作，这样的人绝不会是反革命。现在他含冤死了，他已无法为自己申辩了。除非你拿出事实证据来说服我，否则我还称他为同志。”

圣才先生以他在监狱中找当事人调查的事实，说明张天昊无罪，并说：“哪怕你们能提出别的小小罪状我也服气！”陈中先生是这样写的：“此后这位很漂亮的女审问员，对张天昊的事始终没有再说一句话。”

这是一个开端，圣才先生在狱中居然为很多人洗清了不白之冤，此是后话。

* * *

张圣才自述：

1955 年 5 月 28 日因潘汉年案被捕，至 1958 年 8 月 8 日出狱。

附录一

张石生口述

从香港回来，在省博物馆工作，他很感兴趣，四处奔波寻找古墓，不过，没多久就抓进去了，1955 年吧。要抓他的理由——呵呵，是先说有个古墓真好，说要带他去看一个很重要的墓群，他兴致勃勃就这样去了，他做这些事总是很快乐，谁知车到半路就拐进公安局去了。

附录二

林嘉禾口述

潘汉年的事发生，厦门抓了很多人，我那时住在马侨儒先生家里，下午两点多，公安局来人了，拿着手条，要搜查，搜到半夜两三点，不能做饭，孩子们饿得哇哇叫，但都不能动。很奇怪，我住的地方竟然没有搜查。我有一个日记本，丢在桌上，公安一来就看，其中写到与赖赐强的关系，赖赐强是公安局的模范党员，他们一看，知道我与他们有关系，赶快说："我们今天可不是来搜查你啊……"

半夜，阿婆来找我说："你也对他们说一下啊，究竟是什么事儿，要这样，孩子没吃饭，饿得哇哇叫。"

我就去问，他们说："黄其华是有钱花的，为什么突然要卖那个房子？"

我说："这很简单啊，他去福州办橡胶厂，这楼没用，就卖呗。"他们说："我们怀疑这钱另有他用，（张石生插道：做特务经费）这钱是不是给了张圣才？"我说："你们怎么不早说啊，钱在我抽屉里。"他们说："你能不能拿出来借我们用用。"

我说："行啊，打收条来啊。"黄其华先生这个楼卖了一万多，我将存折给他们看，他们写了收条，大概一小时之后送回来，这倒也没什么，不过，抄家抄到这样真是少见，地上的红砖略有松动，走起来扑扑的，他们就挖啊挖啊，弄得到处乱七八糟……

事情过后，圣才先生的大女儿曼因来找我，问事情的前因后果，她拿了两个材料给我看，一张是铁柜里拿出来的，是张圣才先生去香港的时候，这边给他的电报，说国民党大批特务监视他，要暗杀他，要他马上回国。

圣才先生以前也含糊地告诉我，他从香港回来是因为国民党特务要暗杀他。而这，其实是有电报作证的。曼因拿来的第二份材料是他要走的时候写给家里的信，大意说公安厅的叶雄来找他，说要到武夷山疗养，叫他一起去，内衣裤拿一点就好——其实是抓了他，希望家里备一点内衣裤。信写得很简单。圣才叔有个习惯，要转移一个地方，肯定要写一个信，这就是了，很简单的信。从省博物馆旁边的邮筒寄出来，说是要去疗养……

后来，我问圣才叔，他说当时车载他到交际处去了。他说他当时还问道："不是叶雄要来吗？不是说叶雄要一起去吗？"结果叶雄没来，他就明白了。是软禁吧，还派了个干部陪他，生怕他自杀，也算监督吧。

四、流放十年

相关链接

1955年到1958年，近四年的囚禁，圣才先生认为问题真的“审查清楚”了，连声道谢，宣布“结果”的人叫他“吃了饭再走，这里的事不能透露出去”。老先生兴冲冲坐汽车回原单位省博物馆报到。谁知人家却告诉他不能在这里工作了，叫他到省人事处报到。

圣才先生颇为激愤地说，三年多的工资可以不补发，“我为革命用去的钱比你们给我的还多。我工作不是为了钱，也不是为了为官。事已如此，你们就让我回去做生意，回去做吕宋客吧！”

吕宋客却是当不得的，“这里的事”尚且“不能透露出去”，怎么可能让你出国做生意呢。“原职原薪”下放到山区去“锻炼”。这是唯一的选择，圣才先生认为自己年老体衰，不能去，打电话给叶飞，叶飞不在；到文化局找陈虹、蔡大燮等，陈虹告诉他，蔡大燮也差点“进去”了。当时的省委统战部副部长王汉杰告诉圣才先生，“你的命已经得救了，假使这几年你在外面，你肯定会被打成右派。你现在没当上右派，已经足够幸运了！”

于是“够幸运”的圣才先生到闽北将乐农场里接受“劳动改造”。圣才先生虽然不擅长劳动，却擅长劳心，据说他牛和火鸡都养得颇好，人缘也不错。但随着形势日紧，这位曾经的“军统特务”，被送到福建的边陲小县建宁软禁。如果连软禁也算的话，圣才先生此生的确七进监牢。

圣才先生此时的遭遇，点点滴滴都与潘汉年有关：

潘汉年一案，1957 年就审得差不多了，这也是圣才先生 1958 年能被“释放”的原因。潘汉年关押时间颇长，1955 年到 1963 年，从功德林到秦城，第一阶段的监狱生活竟达 8 年，但潘汉年此时属于被优待的“罪犯”，物质生活颇为优渥。1963 年 1 月 9 日潘汉年被判处有期徒刑 15 年并剥夺政治权利终身，1963 年 2 月 13 日正式出狱，从秦城转移到北京南郊团河国营农场，住在一个带院落的小楼里，每月有 200 元的生活费。

圣才先生则“原薪原职”，在建宁一住就是 6 年。

* * *

张圣才自述：流放山区（将乐、建宁）。

附录一

张圣才子孙等人口述

张倍灵：父亲 1955 年因潘汉年事件被捕，1958 年释放，被送去顺昌和将乐交界处的万安国营农场劳动。1962 年被软禁在建宁。

张石生：他在万安农场养牛养猪，到后来养火鸡，还养过金鱼。

张倍灵：有些事，都是后来才听父亲说的，一是在那里结识了一位老先生，姓梁，是国民党兵，不知是山东人还是河南人，老梁被解放军俘虏之后，一直不得志，一个人到处流浪，最后来到万安农场，被人当作另类。

1959年释放后全家短暂的团聚。前排左起:张倍灵、张晓歌,二排左起:张圣才、蔡玉英;三排左起:张德芬、张石生、巫日辰、张曼因、张丹伦(张圣才家人提供)

这老梁大概阅历丰富,在万安时间也长了,熟悉周围情况,所以父亲与他很相宜。他们岁数相仿,老梁可能比父亲稍小一点,他们很谈得来,非常要好。老梁时常将周边的事儿说给父亲听。两个人有一张合影,父亲在上头写着:老梁60我80!意思是自己虽然比老梁大一点点,但老梁看起来年轻得多,他自己看起来比较苍老。

困难时期,大家饿得慌,万安农场有个实验田。当时不知谁出的主意,说黄豆煮熟了,深埋作肥效果特别好。结果饥饿的农民天天去挖,当天施肥当天就挖,洗洗就吃了。后来农场领导想了个绝招,将黄豆和大粪搅在一起,还特地叫父亲和老梁这样可靠的、不会去偷挖的人去施肥。

后来老梁来与父亲说:作孽啊,农民们还是去挖了,洗洗,还是吃了。

父亲有哮喘，最怕感冒，所以他长期吃阿司匹林，一天6片，三餐吃，一餐2片。那时阿司匹林好买，也便宜。所以他身边总有一些药。农场的农工和家属一旦有个头疼脑热，就来找老张。他让人家吃这阿司匹林，一吃就好，灵得不得了，结果他竟成半仙了！他为自己取了个外号，叫“APC先生”。总之他和万安农场的人相处得不错，农场的领导、农工和家属都对他很好。走的时候，还特地拍了张集体照，人好多，恐怕有六七十人吧：将乐第一国营农场欢送张圣才同志合影。

张石生：人家还称他同志呢。

张晓歌：原来爷爷是我们这些医生（指第三代第四代）的祖先，哈哈。

张丹伦：那时农村人纯朴，没人将他当异类，还因为能看病，对他好极了。此外因为他身体伤痛多，对天气变化反应敏感，风风雨雨他都能预测，每每人家要出去，他就说：“天要下雨，您要带伞啊。”七讲八讲，没有一次不准的！结果那位姓刘的领导，是场长吧，说：“我在场部给你挂个小黑板，你就在这儿写天气预报吧，天天写吧！”于是父亲变成专业天气预报员了，他就和老梁去讨论，两个人都是有伤的，都对天气非常敏感。他们俩讨论完毕才写，居然很少报错。

张倍灵：苦中作乐吧。反正没事儿做。

张丹伦：他还说过困难时期的一些事，那时大家真是很饿，饿到什么地步呢？他举了个例子：农民最悲惨，没有吃的还要劳动，往往在田里，锄头挖着挖着，拄着休息，锄手柄撑着下巴，头一搭就死了……他亲眼见过一个，他说。说明那时大家饿，所以吃搅了屎的黄豆是很正常，不奇怪的。1960年厦门不算饿的，因为是前线，每人每月保证有二十三斤米……

张倍灵：我们是1962年才去山区的，那时父亲已经在建宁了。

1961 年全家合影。前排:张晓歌;二排左起:张丹伦、蔡玉英、张圣才、张倍灵;三排左起:张吟红、张曼因、张德芬;后排左起:张石生、巫日辰(张圣才家人提供)

张晓歌:我们仨,恰好是四岁四岁的差别。我们是一起长大的,所以我印象很深,他们去山区的时候,三部三轮车,大家在路上,表情都很严肃。大家都去送……

张丹伦:1962 年 9 月 29 日,我们从厦门坐火车,没说去哪里。由省公安厅姓廖的带一个人下来,带我们母子仨北上,听说票是买到邵武,母亲讲的,但票在他们手上,我们都不知道。结果车到半路就叫我们下车了。我们从南平下来是半夜,这时九月底了,天非常冷,母亲将所有的衣服给我们穿上。我们住在火车站边一个很小的旅舍,我们进去睡的时候,我看到有一些人来了,这位姓廖的先生就出去,和他们叽叽咕咕说话。说完话,姓廖的就进来和我们说,明天去建宁。

我们去建宁坐的是道奇车,那时还烧木炭,走得非常慢,还翻了车。

车开到离泰宁大概两三公里的地方,右边有条伐木工人在斜坡上开的板车道,这时一部满载圆木的板车正要下山,圆木切割成一段一段,每段四米长,捆着,看到我们的车,板车夫竟然撒了手,呆呆地看着他们掌控的板车冲下来,撞上我们的车,车翻了。

我们都在车上,我记得很清楚,母亲和弟弟在睡觉,那两个看守的人也在睡,我则是个无论坐车坐飞机都睡不着的人,非常清醒地坐在后面,眼睁睁看着我们的车翻了。司机倒挺厉害,他说:"大家不要动,我先开门,看门能不能开!"

好在门是在车头上,门开了,我坐在车头两排椅子中间,爬了起来,先走了出去。司机又喊道:"大家慢慢来,小心点儿。"我仔细看了看这车,左边前轮,一半已经悬空了,车肚子下面插着三支圆木,它们是直冲下来的,那板车已经撞得稀烂。管板车的伐木工,还在上面,傻傻地看着我们,好几个人呢。

我看傍边的山涧,至少十米深,我们下车的时候,车身一颤一颤地。

张倍灵:就像《真实的谎言》悬崖边上那个车,呵呵。

张丹伦:没那么严重,我们是一只轮子悬空。好在快到泰宁了,我们拦了一部载货的,装着竹篷的卡车,总算晃到了泰宁,好在离泰宁只有三四公里了。我们在泰宁住了一个晚上,第二天,又弄了个车到建宁,泰宁到建宁还有 49 公里。

张倍灵:我来补充一下,那时这两位同志到厦门来了两趟,住在鹭江宾馆。第一次来动员母亲,母亲不去。没几天,又转回来,可能是回

1964 年春节在流放地建宁。前排左起:蔡玉英、张圣才;后排左起:张德芬、张丹伦、张倍灵(张圣才家人提供)

去请示过又来的,极力劝说:"你的先生在建宁,你必须去照顾他,这两个孩子如此幼小,也得跟去啊……这样吧,你们的户粮关系可以暂时不迁,保留在厦门。"

他们就是这样把我们骗去山区的……后来,我才知道软禁父亲这个单位的全称:福建省公安厅南平专署公安处驻建宁工作组。这个全称,当时是写在我们电表上面的。是我后来偶然爬到上面看到的。

我们当时啥也不懂啊。

我们的户粮关系是这样周折的:每个月哥哥在鼓浪屿取出厦门粮票,换成福建省粮票,然后寄到南平专署,再由专署转到建宁公安局,然后由建宁公安局转给我们。这个周期大约是一个月或一个半月。

半年之后,粮票断了,不来了,我们当时去向公安局借粮票,借了一段时间。他们说:"你们这样长期下去也不是办法,还是将户粮关系迁来比较方便吧。"就这样，他们强迫将我们的户粮关系迁到建宁了。

我们住的地方是建宁县城关中山街下丁家，那是一个三进或四进的深邃老宅，估计是地主老财留下来的。那个屋是隔成两半，南边大，两个天井，是居民住的，我们住北边，北边的屋子比南边小，南北用防火墙隔起来，我们住后面，后面还有一个天井，有个前厅和后厅，再分成东西两厢，我们住东厢房，两位从南平专署派下来的看守，住在西厢房。

当时我很兴奋，向我的同学吹牛，说我父亲有两名警卫员，带驳壳枪的，那是真驳壳枪，不是开玩笑的！还有一天，我们小学校演节目，我竟然要向警卫借枪，我好吹牛啊。那时，看顾父亲的人几个月换一次吧。

张丹伦：第一轮的小张和老林待的时间长一些，大概有一年半。小张叫张禄林，老林叫林辉明，都是部队转业的，小张曾经是海军排长。老林的儿子是在建宁出生的，还请父亲替他取了名，叫建国。他们都对父亲很好。

父亲 1968 年被抓到福州关押，老林那时在闽清第四监狱当监狱长，特意带妻儿到狱中探望父亲，还交代他们的同事要善待父亲，因为那里有很多是他的老同事，他探监的时候又发现父亲的看守是他原来的部下，就特意交代了许多。说老张这个人是好人，要照顾他。父亲那时还抽烟，这位老林叔叔每年都要带许多烟给父亲，他说，这是犯人行贿的。

他们人很好，当时居然让我玩枪，教我拆卸枪支，然后一步一步教我装上，有一天，不知什么事，大概是我说某电影的情节，谈到自杀什么的，顺手就拿枪起来在脑袋上比划，他们赶快抢了过去，说，里面有子弹。

真正的荷枪实弹啊，这里又牵出一个信仰问题。他们当时对父亲说，这是为了保证你的安全。父亲说："你们无非是怕我自杀，放心好了，我是基督徒，是绝对不可能自杀的。"

张倍灵：当时看守的任务是一监督，二汇报，他们定期向省公安厅南平专署汇报，汇报什么那时没人知道。不过，最后有一个看守老何，来的时候是"文革"初年或将近"文革"吧，老何五十多岁，很会做饭烧菜，人很善良很有人情味，也可能是年龄相近的缘故，后来老何与父亲竟无话不谈。他陆陆续续告诉父亲，谁谁谁去公安处汇报你的问题。比如发表不满的言论、宠孩子等，什么人不坏，没说什么坏话，总之老何一五一十，全向父亲说了。

这些看守，有一些确实不坏，当然还有一些人，阴毒阴毒的。

现在我们回过头说我们住的老屋，屋子是空的，外头是土墙，里头是木墙。我们住东厢房，向公安局借了两张床，里头的房我和母亲住，外面父亲和丹伦住。没有家具，椅子就是条凳；说起来好笑，桌子是用木板随随便便钉的，只有两条腿，这两条腿是树枝做的，另一头直接嵌在墙上，反正都是木头的嘛。架子，放书或放什么的，用铁丝吊一只木板在墙上就是了，反正当时也没什么书，父亲随身带的就是《圣经》，在那里却是可以买一点的，我记得他买的第一本书是狄更斯的《老古玩店》，也不知是要给我们看还是他自己要看，反正我是看不懂啊，那年我才十岁。

泓莹：当时他倒是不缺钱的，工资还在。

张倍灵：138 元。

张丹伦：公安局长才 60 多元，县委书记也没超过 45 元。就是没有自由！他当年完全没有自由，出大门一步必然要有人跟，做什么还算都可以，比如看电影散步什么的。早年我们自己煮饭，小张小林也做饭，大家合在一起吃。后来因为柴火问题才散了，我和父亲曾经去砍过几次柴火，我们负责砍，由他们两个壮汉挑回来。当过海军排长的张禄林非常有劲，300 斤的柴火他都不在话下，眼都不眨打起来就走，我和父亲则空手走路。

我们大概一个月总得去砍一次柴，很麻烦。父亲曾建议去买，并由他来出钱，那时建宁柴火很便宜啊，但小张和老林工资低，他们说："不能让你老张来出这个钱嘛。"这两个真是好人。当时小张也结婚了还没孩子，老林原来有个孩子，后来在建宁又生一个，就是那个叫建国的。

这两个人对父亲非常好，你要做什么交代他们就是了，他们都高高兴兴，很认真去做，说到看电影最带劲儿，总是乐颠颠去买票，大家一起去看。

小张胃口奇大，他告诉父亲，他从未吃过一餐饱饭。当时每餐三两半的饭而已，当然不够了，他妻子常说她吃不下，省出一半来给他吃。起先大家合伙，和我们一起吃饭的时候，我们也尽量让他多吃。后来，我们觉得麻烦，就到公安局食堂蒸饭，自己炒些菜，再下去他们两家就去食堂吃了，我们买木炭来做饭，不过，父亲还是常常拿些粮票给他们。

张倍灵：那时是叫作无价证券，不过，给这个说得过去就是了。

张丹伦：给钱不好意思，拿些粮票让他们自己去买就是了。有一天，父亲说："小张，你这么能吃，整天饿，咱来吃一餐饱的。"这天大家去砍柴回来，回来就包水饺。父亲去买肉、买韭菜白菜什么的，来包水饺。那时肉一斤不过七毛钱，很便宜。大家动手，包完水饺，小张不声不响又去煮了一锅地瓜来，父亲说："这么多水饺，你还煮地瓜，吃得完么？"小张只说了一句："吃得完的。"

大家开吃，小张吃了 80 个，老林吃了 30 个。

张倍灵：结果是老林胀伤了，直揉肚子，整夜在厅里走路消食。

泓莹：他们比赛吃饺子么？

张丹伦：没有，父亲的目的主要是想让小张吃饱一次。结果小张吃了 80 个，就不敢再吃了，怕大家没东西吃，就将那锅地瓜，又吃下去。这时最艰难的日子已经过去了，不再是困难时期了，他还是这么能吃！他们原来在部队是放开肚皮吃的，到地方只有 30 斤粮，实在是不够。

张培灵：饿过的人，真是能吃，我下乡的时候，糯米蒸的饭，我吃过两斤。粳米吃一斤半。

张丹伦：饿啊，我们插队的时候养了一只狗，人家说，没东西吃，养狗吃肉嘛，我们果然养了一只，一只硕大的肉狗去头和内脏，净肉 17 斤，红烧，加上两斤七大两的干饭，我和倍灵，再加上一个青年农民，三个人吃得干干净净，连汤汁都不剩。

我再说一个当时在建宁的事，父亲对人很好，那些看他的，只要不过分，他都和人家非常好，那第四任看守，是姓廖吧，泰宁人。他起先对父亲不是很好，当然也谈不上过分，态度不冷不热就是了，说话比较生硬。有一年过年，他很烦躁，在客厅走来走去，走了一个早上。父亲见他如此不快乐，就问："你有什么事不能解决？有我可以帮忙的没有？我看你有事……"他起先不敢说，说没有没有！父亲又问了好几次，他才说，他们山里的风俗，是不能在家之外的地方过年的，过年一定要和家人在一起，不能在单位，也不能一个人过，而他回不了家，只能到公安局去过年，吃倒是有东西吃的，可是他们山里的风俗是不能在外面过年的。不知怎么办。

父亲说："来和我们一起过年嘛，我们这是一个家庭。"他一听，心情大好，就这样，老廖和我们一起过年了。从此之后，他对父亲好极了，几乎和第一任的小张老林一样。第二任那个叫张桂荣的，也不错。

张石生：你可真是，老狗记得久长屎，哈哈。

（2012 年 11 月 12 日，厦门鹭风酒家）

五、解放后第二次被捕

相关链接

圣才先生最后一次坐牢，时间从1968年4月15日至1975年12月30日，共7年8个月又15天。而他的上司潘汉年先生，1967年“收监复查”，1975年押送湖南劳改农场。历时8年，加判无期徒刑，1977年4月14日潘汉年先生含冤病故，他的墓碑写的是“肖淑安”之墓。1982年，潘汉年案方平反昭雪。沉冤27年，死后5年零4个月平反。

与潘汉年相比，圣才先生遭遇的主要是软钉子，橡皮图章，事实上1949年之后，他的确就谈不上有什么自由。在有生以来最长也是最后一次监牢生活中，除了被批斗，圣才先生主要时间都用于写材料。军管会组织了一批人来审讯他，让他从6岁至65岁所认识的人，一个一个交代，不准漏掉一个……几年下来，记忆力超常的圣才先生写了两百多万字的材料。

耐人寻味的是，这些材料竟然保护了一大批在非常时期说不清道不明的共产党人，一如在国民党白色恐怖中保护共产党人，张圣才先生以他的良知、诚实和异常清晰的思维能力让一大批共产党人洗清罪名，免遭进一步迫害。

* * *

张圣才自述：1968年4月，再度被捕，囚禁省看守所。

附录一

张圣才子孙等人口述

张倍灵:“文革”初期,看守撤了,要将父亲下放到街道去,公安局来的人口气也变了,以前客客气气叫老张,现在喊的都是张圣才什么的,我们很怕,下放到街道,不知要怎么办,街道那些“四类分子”,当时那可真是被斗得够呛,好在他们自己脱节了。

泓莹:是上面有交代么?

张倍灵:不是,上面之前倒是有交代的,什么内容呢,比如到学校交代,张丹伦不能当班干部,不能入团,不能当三好生;我则是不能当三好生,不能做班干部……

张丹伦:就是不宜培养。

张倍灵:但我们的学校倒也还好,或者说相当不坏。街道办的事情则完全是脱节,这边放弃,街道办也没来承接。我那时对破四旧还挺来劲,我回来和父母说要破四旧。我妈是怎么破的呢,她平价卖掉许多金器,比如金耳环、金耳挖、金牙齿等,一块钱九块钱卖给银行。不知道你们记不记得咱家有一套光绪的瓷碗,很漂亮。

张晓歌:唔,有龙的图案的那套。

张倍灵:这是我张倍灵亲自“当啷”摔破的,所有的书都扫荡了,一一撕去烧火。父亲在那里静静地看。说到那本《圣经》,还有个故事,这是一本《新约》羊皮本,烫金,可能是从海外带进来的。后来——就是“破四旧”的时候,有一天,我看到我们的门,那是木板的,用牛皮纸糊了起来,那天恰好我没事,看到牛皮纸似乎鼓出一块,一翻,一本《圣经》。那时,很奇怪,看了一下,又放进去了——原来是我们不在的时候,父亲悄悄拿出来读,这很奇妙,我竟然没有去撕它,我生性就爱撕东西,那时还挺激进的,我比张丹伦激进得多。

张丹伦：比较进步。

张倍灵：我是兄弟姐妹中，唯一的共产党员。

泓莹：其实他们挺怕张先生的，为了他，花了多少金钱和人力！

张倍灵：正是这样，非常害怕。话说回来，父亲希望我们信主，他就是说："你必须信！"那时我多么冲啊，和他辩论，特别是回到厦门之后，还在辩论，我说这宇宙无始无终，这是马克思主义唯物论。我父亲是这样说的："你怎么知道宇宙无始无终，任何一件事情，必然有始，必然有终。你想想，有多少事情，我们不知道！你怎么能随便就否定掉？……"

但他不急，他说："你慢慢体会吧。"现在慢慢果然有所悟有所启发。父亲的餐前祈祷也很有特点，有些人是絮絮叨叨，四五分钟还没完没了，肚子饿得要命，他还在念。父亲则很简洁，是固定的几个句子："主啊，请你赏赐我的全家大小出入平安，此时享受米粮，多谢您的恩典，祈祷靠主，心证所愿……"很简单，涵盖面却很广。

他与人说道理，当简则简，当繁则繁，他的确是非常虔诚的基督徒。

到后来，1967年吧，一月或二月，工资停了，父亲采取了几个方法：第一，叫厦门的儿女寄些钱来用；第二，申请写信到美国救助。他对他们说，我外甥在美国，你让我写信通知他们寄钱来，果然他们让他写信。写信要先交公安局，转公安处，审查完再寄，来信也一样。我们的表兄果然寄了钱来，寄他的工资额，半年还是一年吧，后来就恢复原状，由我哥哥姐姐寄钱接济度生活吧，大概有七八年没有工资。

附录二

邱继善口述

其实那时把他关在福州，是要叫他写许多人的材料，中共党内的许多人。

我"文革"时还见过他一次：郑从政，公安厅长，举着大伞，下面就是他们五个人，张圣才一个，陈矩荪一个，还有三个，忘了，只记得公安厅长的保护伞——（张石生补充：那时由郑从政领头，大家穿黑衣，赤脚……）

我吃阿司匹林，就是受圣才先生影响，他说当年很忙，天天感冒泻肚，听医生的话，就长期吃了，一直到老去，效果很好……他当博物馆长后，我就不太了解他的事了。一直到"文革"后，有一次在鼓浪屿碰面，他说："你在做什么啊？"我说："很简单，一直教书！"他说他也很简单，一直坐牢，就是到我们以前关共产党的地方"休养"，他就是这么说的。

附录三

张圣才子孙等人口述

黄猷：应该说圣才先生解放后这几次关押主要是软禁，待遇不算太坏。有一次在福州看守所，那是"文革"中吧，没有动他，住在看守所，吃一个月 15 元的伙食，每天还有一瓶牛奶，这点我倒是帮了一点忙的，那时我放出来了，正在散仙（闽南语，逍遥自在的意思——泓莹注）。

大家都知道他，解放初他也做了一些事，他当时在公安厅里的单位工作的时候，有个处长的警卫员丁伯昂认识他，后来丁伯昂做了所长，他跑来问我："这个张圣才就是那个人吗？"我说："是啊是啊！"他说："这个人要不要优待他？"我说："你有什么可优待的？"他说："我的权限是让他每个月吃 15 元的伙食，每天一瓶牛奶。"我说："应该给。"丁伯昂果然给圣才先生 15 元一个月的伙食，每天还有一瓶牛奶。

张倍灵：我父亲关在福州那几年，的确没有饿过，他在那里，一年要写将近一百万字的材料。他说这七八年写了七百多万字，没有重复，也没有差错。交代别人的事情。

张石生：当然也交代自己。

张晓歌：没有一句假话。即使不断重复也不会出错。

张倍灵：所以后来连贯很感激他，连贯后来是侨联副主席，华南局的，他说："张圣才那些交代材料，救了我一命，句句在点子上，前前后后与事实完全吻合。若有一点差错，我就永远讲不清了。"

张丹伦：说到他的记忆力，我想到有一年，省安全厅派一位姓宋的处长，还有一位科长，来找我父亲，他说，解放初省安全厅的一些档案遗失，一些历史东西模糊了，现在要补，他们负责采访记录，需要父亲帮忙，他们两个人已经访问了一百多人，写了很多材料。

张石生：姓宋的是副厅长。

张丹伦：是么，他告诉我是处长。

张石生：因为他们当时来找厦门安全局的林金栋，就是"4·20"被抓走的那个。当时林金栋来找我，林金栋这个人是典型的鲈鳗，他说要请我，我以为他要抓我。我说走吧，去哪里，他说去佳丽，我想去佳丽大概不是什么坏事儿，他说："有人要见你父亲，姓宋，是副厅长。"

我说："你们这么大的官，和我有什么关系。你们去就是，你们又不是不知道父亲家门牌号。"他们说："没有啦，他是长辈，我们总得问

张圣才先生晚年写作侧影(1993 年)

一声吧。"我说:"不要啦,我替他说了,你们去就是了。"他们说:"我们怕他烦。"我说:"烦什么?共产党一声令下就关了他十几年,关得还很过瘾,你们尽管去,说我同意啦。"

我说你不是市委秘书长么。他说:"呔,这是公开身份啦,我是安全局的。"他说:"你要有空,可以到我们那里看看。"我说:"不去,你们那儿,是熊是虎很难说。"

跟他们纠缠完,我就打电话给父亲,他说:"让他来吧,现在我们又不怕他抓。"

第二天我带到楼下,他们说:"不行啊,你要上来。"我只好上去后才说再见。

张丹伦:这可能是第二次,第一次我记得,他们是叫一个筼筜所的警察带来的,敲门,我去开门,看到警察在那里,很年轻的警察,我说:

“你找谁?”他恶狠狠地说:“要找张圣才!”我问:“你是哪里的?”他趾高气扬将胸牌弹了一下,很像陈佩斯的经典动作。我不知道他究竟要干什么,就开门让他进来,后面跟着两个人。他还是凶巴巴的,说:“张圣才在哪里?”我说在里面。

那两个人进来,张老长张老短,又是握手又是寒暄。他说他是省安全厅的处长。原来是九十一师的师政委。那个警察登时傻了,站在一边。宋处长说:“你可以出去了。”我将他带到厅里坐,他还是傻乎乎地看着我,我给他泡了一杯茶,也没多理他。

他们就开始和父亲回忆这些事儿,我一听就说:“你们说,我出去吧。”那个宋处长说:“没有关系,现在这些都是公开的,你就坐着听吧,听一听也没有坏处。”我就坐下听了。他们就开始问,录音,也记录,父亲说得很细,居然能说到哪一天怎么样,什么人做什么事,天气是阴天还是下雨,他都记得清清楚楚,非常详细。采访过后,宋处长要回去了,说:“张老,你的记忆力真是不寻常,这些事我们都采访过,记录过,只是到你这里来证实一下,没想到您连那天的天气都记得清清楚楚。”没有一个人能记得这些!父亲的记忆力实在好。

泓莹:这些材料如今在哪里啊?

张晓歌:省公安厅档案室。

六、平反

相关链接

圣才先生出狱已是古稀老人,1988 年由他的学生、著名华人企业家李尚大先生陪伴到北京游长城,已经 84 岁高龄的他,清瘦、精神。圣才先生惊涛骇浪的一生,是近现代中国百年来有良知有脊梁的思想者与爱国者的真实写照。

笔者见过许多过来人，要么精神萎靡，唯唯诺诺如套中人；要么牢骚满腹，怨天尤人……像圣才先生晚年仍如此睿智如此矍铄，而且仍然如此积极思考国家民族命运，力所能及投身于公益事业和教育事业的，实属不多见。

张家子女说，他们的父亲晚年做得最多的是宗教与教育事业。

百岁老人张圣才晚年是平静而幸福的，但他仍然“不甘寂寞”，动用自己来自四面八方的社会关系，为厦门的教育、医疗等公益事业奔忙，他是厦门市教育基金会顾问、厦门双十中学校董会董事长、厦门中山医院基金会首届理事会名誉董事长……

因为重新整理文稿，阅读他雪片儿似的手稿，我们可以看到，晚年的圣才先生仍然是那么冰雪聪明，仍然是那么幽默入骨，拳拳之心虔诚圣洁，没有什么杂质和私欲，仍然是心系苍生的大悲悯情怀。蹚过一百年的惊涛骇浪，他的思想依然结实而璀璨，他仍然在敏锐地感知社会，感知生活，坦率地阐述自己对普世价值和民主社会的理解。

对于自己的付出，他无怨无悔，但对1949年后，当年跟他起义人员全部落难，他始终寝食难安。他总觉得他对不起他们，2010年笔者采访圣才先生的长子张石生，他笑着说父亲平反，捧回来好多钱啊，没两年就一分不剩了。

都用在落难的人身上了，石生先生说，他总觉得他对不起他们。

* * *

张圣才自述：1975年12月30日，无罪释放，补还工资，恢复省政协委员（身份）。

附录一

张圣才子孙等人口述

张倍灵:父亲终于回厦门了,我们两个都还在乡下,前一年供销系统选调,丹伦把名额让给我。

张丹伦:也不能说让,当时我懂电工技术,在那里总还能度日,他什么技术也没有,民办教员而已。有几次机会招工,他只能去煤矿,有一次人已经去了,听到又是煤矿就跑回来,说不去了,我想他只能去煤矿,恰好那次是供销社选调人员,就让他先走。

张倍灵:我们兄弟姐妹 6 个,除我之外,真真实实都是读书的料,我不行,初中数学就一塌糊涂,作文得过 34 分,被老师当作"范文"读,

1979 年摄于家中。前排左起:蔡玉英、张圣才;二排左起:张芳萍、张曼因、苏淑仁、张如心、张晓歌、刘十红;后排左起:张丹伦、巫日辰、张石生(张圣才家人提供)

你想他们叫我写什么？旧社会，你父母受到哪些地主和资本家的压迫与剥削？你说我要写什么，这怎么写，我就写了100多字，34分。

我初中只读了一年。

张丹伦：我去“文工团”工作，主要是因为我那高中同学。他们当时以组织的名义，去省里外调，不知是什么单位，大概是关押父亲的单位吧。起先，接待的人态度很坏：“你们级别不够，没有权力来外调！”过两三天，又去，这次换了个人，态度好一点，说：“哦，张圣才，我们知道、我们知道，你们应该按照党的政策，看个人表现嘛，你们若认为他的儿子表现好，可以调，那就调嘛！”我们那个团长和指导员说：“口说无凭，请你们写个证明嘛。”他就写了：张圣才是特赦人员，儿子的选调问题重在表现……

指导员把纸条拿给我，我就直接将它寄给父亲，没想到父亲大为生气，说：“我怎么是特赦人员？”他就写信到省统战部去告，后来我们团长和指导员还被建宁县文化局长批评了一顿，那局长原来是公安局长，知道父亲的事儿。

张倍灵：父亲有两份结论，很耐人寻味。一是1975年回来的时候，结论是：为革命做过有益的工作，到此为止。这事过后，还下了另一个结论：算起义人员。这几天我一直在想啊，他们措词可真严密啊，这就涉及那时人的成分问题。当时我们整天追问父亲他的成分问题，他一会儿说是学生，他说我是大学生嘛；一会儿说是干部，他是真正的十三级干部啊，但最后，我们填的是工商业者，因为他曾组建互惠公司，这些都对嘛。

这些问题真的很纠结。

他实际1946年就脱离了军统，当时参加“民联”，没有参加共产党，他要起义到哪儿呢？他是自动脱离军统然后参加革命工作，怎么能叫起义人员呢？所以说“算起义人员”这样的结论，在政治上对家人

厦门双十中学校门口与蔡继焜(左)合影

和他自己的个人待遇的确差别很大，但不可否认，这样的措词很严密，父亲不存在起义问题啊。没法归类啊，因为他从 1946 年就为共产党做地下工作了，说起来是共产党的地下工作者。

那时我还没有入党，不知是“民革”还是“工商联”的朋友，对父亲说：“要不你儿子过来，参加我们的工作吧?”父亲斩钉截铁地说：“对不起，不行!”他是绝对不会让我去的。他认为我当时正做生意，这是正途，到那些地方去就是搞政治了，他从来不喜欢我们搞政治，他一是反对我们介入政治，二是反对我们出国。

张晓歌：我们所有的人都留在国内。没有一个出去的，他非常不喜欢我们出国……

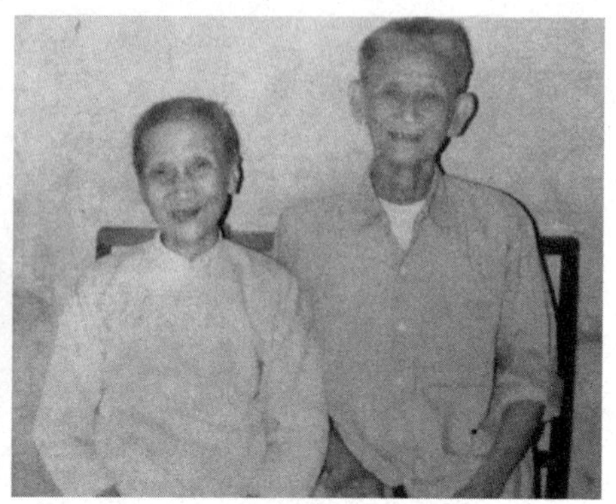

1977 年(左)、1980 年张圣才与老伴的合影

林嘉禾:那时圣才叔回来住在中华路,他睡在一个角落里,没房(张石生:他住在过道里)。有一天,我坐在那里和他说话,他说:"你想想看,我当时在军统的时候,要贪多少钱就有多少钱,但我们是为了抗日,一心为抗日,做这个工作命不知何时就没了,咱就没想过那些,现在连个房都没有,你来了我们只好坐在这里说话,要不当时要买房还不容易吗?"

圣才叔的人品真是可取,那可是大家都在贪污的时候。

黄猷先生说关于张圣才的事要放那个时代来读这个人的人品是对的,不要说那么大粒(地位那么高),一些小喽啰都贪了许多,他居然一个钱也没有。圣才叔实在是没有什么党派观念,也没有什么私心的人,只要对国家人民有利他就做。

圣才叔这辈子觉得最内疚的,就是双游的事,对我说了几十次,他说双游当时就是一个孩子,为了抗日来做事,后来被迫害致死,我替她心疼啊。有一次他甚至对我说:"呔,我要在鼓浪屿一走(那时他住在中华路),会觉得有许多鬼来找我讨命啊!"(笑)我问他哪个鬼啊,他说，双游啊。

张倍灵：父亲最痛苦的事莫过于对不起别人的事了。当时，解放战争时期，他去策反，那么多的人，后来全部落难，这个事儿他始终非常纠结，痛心疾首。所以，无论是哪里来的，只要有人来，只要和他原来有点关系，他第一是请吃饭，第二是写材料证明，第三如果有可能还接济一点……只要他能做到，他都帮忙，他说，他这辈子就这个坎过不去。其他都没问题。

张石生：他总觉得自己一辈子都在害人……

张倍灵：我那儿有两三个版本的潘汉年传记，里面就有写到张圣才的事，其中有一版，说对张圣才这个人，一是背景非常复杂，二是江湖气很重，只可利用……有的版本不这样写，但的确有一个版本是这样写的。

张晓歌：小人之心，他们总是认为人一定有什么目的，有所求才会疏财毁誉帮人做事！

张倍灵：以己度人啊。

2010 年初稿

2012 年 11 月 17 日全文草毕

2014 年 7 月注释完毕

2014 年 8 月修订

2014 年 10 月再次修订

~~剧终幕落~~

《虽然人生的台幕下沉》

我们都有一个不可避免的时辰，
在那时辰我们不能不说"再见"，
但是我们的信、望、爱与倚靠，
永远、永远不会改变！

虽然人生的台幕最后下沉了，
不应成为忧伤的原因，
前头的景色远比现在更光明，
一只要我们相信，
相信天父永无止息的关心。

所以当我们的天父呼召的时候，
让我们倾耳以听，
因为前头的生活比现在更美好，
虽然今生的台幕下沉。

张圣才先生手迹(一):《虽然人生的台(一作"大")幕下沉》

翁佛涵和东山县地下同志与我的关系

翁佛涵烈士1932年7－8月间在上海由彭湃烈士的战友丘岛人同志与上海大厦大学教授江问渔介绍和我认识。佛涵也是彭湃烈士的战友，海陆丰土改失败后逃到新加坡从事工人运动，被殖民地政府驱逐出境，回福建运用人事关系，取得厦门海员工会东山支部的掩护，继续做工人运动。我们在上海认识后，引为抗日反帝同志。回福建后，他仍去东山县活动。有一次，佛涵带东山地下同志叶占梅、胡明通、林实、沈朝宗等同志[illegible]来鼓浪屿开秘密会议，让我和他们相识，要求我向他们讲话。我的住处成为佛涵的联络站，东山同志胡明通、诸安同志李宗云（现在厦大辞典组工作）经常来和我联系。1934年11月我因参加中共群众组织中华民族武装自卫会，任闽南分会主席被国民党逮捕，我同翁佛涵失掉联络，东山战友也停止来往。据我所知，翁佛涵同志和东山战友停止联系之后，叶占梅、沈朝宗、林实、胡明通诸同志仍坚持在东山的革命工作。

翁佛涵烈士是中共优秀党员。东山县地下同志叶占梅、胡明通诸同志在他领导下进行革命工作，当然也是革命同志。解放后这些人没有得到党的照顾，受了委屈，实堪同情。希望给他们落实，恢复名誉。

张圣才

1987,4,12

张圣才先生手迹(二)：1987年应翁佛涵之子翁济仲要求写的《关于翁佛涵历史的证明》手稿

张倍灵回忆父亲·流放建宁的日子

有些日子了，50年前跟随父亲母亲一起流放建宁时的生活在脑海中一直挥之不去。流年似水，逝者如斯乎！那情景曾经十分清晰地历历再现，似乎触手可及；又变得一切都十分虚幻，抓不住，摸不着，绞尽脑汁殚精竭虑也难有头绪，只余下些支离破碎的凌乱记忆。

一、从笔架山到下丁家

建宁是个山清水秀的小县，清澈的濉溪蜿蜒流向东南，环绕着半个县城。向莆铁路开通后，建宁便以拥有号称“闽江源”的濉溪、金饶山、“接天莲叶无穷碧，映日荷花别样红”的万亩荷塘等景观，与以大金湖和寨下大峡谷闻名于世的泰宁相比肩，吸引着高速公路和动车所带来源源不断的游客，一步步地向着“夏秋季节旅游胜地”迈进，今后每逢大小长假，“people mountain people sea”(人山人海)的盛况可期。

然而在50年前，建宁还只不过是一个不到10万人口，因地处福建西北而号称为“福建西伯利亚”的荒凉偏僻地儿，即所谓“小小建宁县，三间豆腐店；衙门打板子，全城都听见”。直到2000年前后，县级年财政收入还不足1个亿(照此推算，地区生产总值也就在3亿—4亿元之间)，尚忝列福建省的“扶贫对象”。

1958年8月父亲因受潘汉年案牵连被捕关押3年后无罪释放。当时曾兼任福建省博物馆馆长的省文化局长陈虹代表组织告诉父亲：“按照中央政策，干部必须下放基层接受锻炼，因此安排你到将乐县的万安农场参加劳动。”父亲二话没说，卷起铺盖走人，到万安农场种菜、喂猪去了。

两年后父亲被转移到将乐国营农场，继续喂猪生涯。大约是组织上觉得父亲在将乐劳动接得上地气，如鱼得水，与老梁（山东人，原国民党兵，被俘后成为解放军战士，复员被安置为农场职工）们相处融洽，这样一来与“上边”预先设想要父亲与社会相对隔离的初衷不符，将产生不可预见的不良影响和风险，便含含糊糊地以“保护”名义将父亲转移监护起来。

当年如果要在福建省找一个相对与人世隔绝的地儿，只要是个人，用膝盖都可以想到，非偏远的建宁莫属。因此，1962 年在将乐县两个农场“干部下放”了 4 年的父亲，终究被剥夺与农场的农民职工“三共同”资格，以更为严格的隔离手段被发落到建宁便是顺理成章的事儿了。

1955 年父亲因潘汉年案受牵连被捕时，我 3 岁。此前父亲一直在外工作，极少回家，因此我对这个基本未曾谋面的爸爸没有什么印象。直到 1959 年父亲从将乐农场获准回厦门探亲，才将印象中的那个“爸爸”和正式境况中的这个“爸爸”联系并且重叠起来。

那是个阴云密布的冬日凌晨，鼓浪屿笔架山刮着凛冽的西北风，忽地敲门声响，大姐应门。我随着妈妈一道出来，昏暗中只见门前站立一个黑乎乎的人——满脸皱纹的黑脸庞，花白的头发随意向后拢着，似乎罩着一层薄薄的粉尘（刚下火车），着一袭半旧黑长呢大衣，挎一个黄色的大帆布包，身边放着一个大麻袋——后来知道里面装满从农场带来的芋头，在那年头，这可是好东西。

见面时我的表现如何已然完全忘却，只记得既没有像电影镜头经常出现那样撕心裂肺地大叫一声，随即扑上前去，涕泪俱下，也不是怯生生地低声叫一句“爸爸”；只从心底满满地洋溢着一种油然而生的喜悦——爸爸回家了！

与父亲被捕时抄家的漠然不同（其时我还是个不懂事的 3 岁幼

儿),父亲回家后时隔两年半,两个自称是南平市公安处的陌生人,其中一个姓廖,一如现今抗战神剧中的上海极司菲尔路76号特工做派,三番五次神秘地到家里与母亲和哥姐们商洽举家迁往南平与父亲“团聚”的事。每次两人离开后,母亲和哥姐们总要在家里紧张地“复盘”,商量该当如何应对。

我受到那紧张气氛的感染,总觉着有什么不祥的事情即将发生。

果不其然,经过两人反复以三寸不烂之舌晓之以情(与丈夫、父亲相别太久,能够有机会团聚,充分体现党和政府的温暖和组织的照顾),晓之以理(丈夫、父亲常年在外,理当前往照顾),胁之以威(“好好地与你们商量是给足了面子,不要不知好歹。”还跑到大姐的工作单位厦门大学去游说,没曾想却吃了闭门羹),最终以母亲的答复作为两个说客向上级请示并获恩准的结果是:哥姐们都有工作,不宜内迁,由母亲带两个小儿子先去南平看看,户粮关系保留在厦门不转。

达成妥协时的目的地为南平。听说要去找爸爸,我和二哥丹伦十分雀跃,全然忘却了举家商量时的压抑沉重氛围,欣然跟随母亲和那位廖姓说客登上前往南平的火车。谁曾想车到南平,却立即被告知父亲已经去了一个叫作建宁的地方,需要再从南平坐火车到邵武后转乘汽车才能到那儿。人生地不熟,无助且无奈之余,母亲只好黯然带领我们跟随那位“廖叔叔”继续登上旅程。

那时长途汽车大都是遗留下来的美国道奇(还有一些苏联嘎斯,大约是抗美援朝时期的产品,比较新),在油品奇缺年代改装成为烧木炭的蒸汽车。当我们乘坐烧木炭的美国道奇吭哧吭哧从邵武爬行到建宁时,已是傍晚时分,全程留下的记忆只剩下一块路牌“邵武—建宁110公里”。出站后,“廖叔叔”轻车熟路地(去厦门前已经踩好点了?)带领我们走到父亲的居住地——下丁家。

那是一栋旧时有钱人家前后三进、东西两外侧带风火墙的徽式老宅子，大约土改后被政府没收，成为直管公房。朝南的前两进与朝北的后进由一堵新砌的砖墙隔开，前边两进朝南房住着“七十二家房客”，后来我一个叫张火龙的同学就住在那儿，我也曾到过他家玩。朝北的后进就成了父亲流放建宁的居所。

这儿分为东西两厢，各有三间房，中间是大宅子的后厅，厅南有一个天井，天井前新砌的隔墙与天井间有条宽约1.5米的过道。按照安排，我们一家住东厢总计约12平方米的两个有着木板墙，木地板的房间；两个看守分别住同样格局的西厢两间房；天井旁还有两个更小的厢房，泥地，各安着一个灶台和一根硕大无比、通向屋顶的烟囱，原为大宅子的厨房；后来西边那间成了西厢看守们的杂物间，东边那间就成为我家的厕所，所谓“厕所”就是里面放置一个木制马桶，每用上三五天之后由公安局指定住在附近的一位名叫“江西”、根正苗红的三代贫农前来倒走浇菜。厅和过道均为青砖地面，与大门之间还有高约3米的木屏障相隔，木屏障的边柱与东西厢房的板墙之间分别留有约80厘米宽的过道；大门是老宅子朝北的原后门，由两寸厚的木板制成，漆黑，虽然历经沧桑，黑漆剥落，却仍然透露出当年大宅主人的威严。宅子未隔开前，北面的后进就比较阴，被那新砌的隔墙一堵，通风和日照都大受影响，显得更阴森了。

大门外是一条东西走向的鹅卵石路，两侧高高的青灰砖墙更凸显出小巷的狭窄。往西约100米转上两个弯，下坡便到了后来我就学的建宁县实验小学；往东100米是街口。

奇怪的是200多米长的青灰砖墙除我家的黑漆大门和东西厢朝北那间房各有一个60厘米×80厘米大小的木窗外，没有其他门窗。小巷的北面同样是一所大宅子，改成猪仔行。在约克夏、丹麦长白等洋猪成为农民喂养的主打对象之前，以建宁为中心，毗邻的江西南丰、广昌、黎川和本省泰宁、建宁、宁化的农民习惯购买建宁客坊公社出产的猪仔。那时客坊农民几乎家家户户都养着一条专为产崽的母猪。每逢圩前一日，他们从 50 公里外挑着胖墩墩的小猪络绎不绝地来到县城猪行，于是立马人声鼎沸，猪仔尖叫，凄厉的嘈杂声要持续整整一夜，直到第二天猪仔被挑往圩场卖了，猪行工作人员清扫场地完毕方才消停。

再没有比下丁家老屋这种“近街僻巷”宅子更适合管制父亲的居所了。多年之后，一次查电表，我才看到上面贴着一张纸条，上书这栋房子的官方正式称谓：福建省公安厅南平专署公安处驻建宁工作组。

大约父亲也是才到这儿没几天，一切尚属草草，房里仅有两张从公安局借来的单人木板床，厅里放着一张八仙桌和四张条凳。隔天，看守张禄林和林辉明不知从哪儿找来几块木板和数根拳头粗细、剥去树皮的小树干，在我们房里乒乒乓乓忙乎了一整天。父亲则充当了策划兼临时工的角色，提出需要在何处做些什么，然后就是传递工具和铁丝、钉子等物件。先是在西周木板墙和天花板上，包括后房的西、南两扇房门，糊满“大跃进”时期的《福建日报》，尔后以木板为面，树干为脚，分别在两个房间靠墙搭起两张小方桌，又在后房的靠床一面墙上用木板搭了三层置物架，于是尘埃落定，大功告成！这森林狩猎小屋水准的精装修格局一直保留到我们离开。时为 1962 年 9 月底，我十周岁。

1962 年底，在福安气象台工作的三姐吟红和三姐夫曾定结婚登记后，打算回到父亲母亲身边举行婚礼，他们天真地认为“上边”说父亲母亲在南平，父亲母亲就一定是在南平。于是按照通信联络地址（当时亲人与父亲通信必须经过南平公安处一位叫徐柔之的联系人转交）到了南平专署公安处，找到了那儿的干部徐柔之。

告知来意后，二人要求与父亲母亲见面。徐柔之冷漠而坚决地表示：“你父亲现在很好，就在南平，但不能与你们见面。你们带来的东西可以留下，由我负责转交。”

反复请求未果后，三姐和姐夫感到十分奇怪。他们花了好几天时间找遍南平市区的中小学，希望能找到就读的二哥丹伦或我，从而探知父亲母亲的现状，遗憾的是始终不见我哥俩的踪迹。

寻找过程中，他们遇到时任福建林学院（校址在南平）教授的五表兄许伍权。伍权兄告诉他们，听说父亲已经被重新任用了，情况很好，让他们放心。听了这个消息二人不仅没有“放心”，反倒倍感疑惑：女儿要举办婚礼都不能够见父亲母亲一面，而且在南平市区几乎所有学校里都找不到就读的我们哥俩，公安干部徐柔之的“很好”说和伍权兄的“传闻启用”说应如何解读？

残酷的现实迫使一贯成为“上边”驯服工具的三姐第一次作出与“上边”所说情况不同的判断：父亲母亲肯定不在南平！但是到了哪里，却无从得知。二人只好从南平回到厦门，把这个情况告诉厦门的哥姐们。后来，经过哥姐们的不断写信向父亲追问，“上边”才破例开恩让他们知道父亲母亲和我们哥俩从1962年秋季就到了建宁，根本就未曾在南平住过。

二、道高一尺——户粮关系的泥沼

时任的建宁县公安局长叫孙兴旺，山西人，个头约1.8米，50岁左右，微微有些秃顶，为人十分豪爽。孙局长在建宁可以算是个传奇人物，据说他曾单枪匹马上山打死一只白额吊睛大虎，于是在老百姓眼中便有些像隋朝麻叔谋将军，自带一种无形的威严。他曾关照手下为我们一家生活提供方便。

由于当初与来人讲定户粮关系不随迁，每月由厦门家中将母亲和我们哥俩的口粮兑换成福建省粮票通过南平专署公安处徐柔之辗转送到县公安局再转交我家。这个过程需要近20天，有时还要长些，于是就到公安局食堂买饭菜，有时粮票到得迟了可以就近向公安局食堂预借饭票。用水则需要我和丹伦到距下丁家约400米的县公安局去取。

有了孙局长的关照，刚开始与局里的干部倒也相安无事，到后来就逐渐有些不对劲，常常遭到白眼。特别是一个鹰钩鼻、颧骨突出的林姓干部，就好似我们这些另类与他前世有仇，打饭时老爱冷冷地盯着我和二哥，也不说话，就那么一直盯着，然后走开，一如看着前来吃白食的小叫花子。接着是每次去取水都要明知故问："你是哪儿的？谁让你来的？"

再后来，就直接不让到公安局取水：局大门外就有公共自来水，到那儿接水去！那时建宁县自来水公司的供水系统是用毛竹打通内节后做成水管铺设的，只在几个居民民聚集区设置公共水头，居民排队轮候取水。建宁县城冬夏温差大约有40度。冬天最冷为室外零下6度；夏天最热为30多度。尽管竹水管每隔约50厘米就用一道铁丝作箍，还是时常爆裂，于是冬日里便时常可以看见全身披挂的自来水工人觑准竹管破裂之处，用棕片将其裹上，然后用铁丝缠绕，拧紧。

这样的街景已然成为历史——立此存照。

厦门寄出的粮票到得愈发慢了，一个月，一个半月，两个月，甚至三个月。到局里借饭票也变得更加困难，不是找不到人，就是恰巧手头没有可供预借的富余。就这样又过了几个月，局里终于受命派人向父亲摊牌：每月从厦门兑换粮票寄来很不方便，而且没有油——当时的福建粮票不像全国粮票是附带供油的，我们长期在公安局食堂打饭有揩油之嫌，长此以往不是个办法，还是将母子三人的户粮关系转到建宁来吧。

理由充足而且坚硬得无懈可击，父亲母亲如何能够拒绝！就这样我们很快由厦门市居民变成了建宁县居民，落户在县公安局的集体户口里。户粮迁移证从厦门寄出到我们手里不足半个月。

三、县官们：搓麻、"抓鱼的"

父亲还保留着行政十三级的干部待遇。当年在建宁的大小官员只有组织部长刘四货同为这个级别，其他包括程县长在内都等而下之。县官们大都嗜好麻将且嗅觉灵敏，知道下丁家来了个受到严密管制的流放者，又有这么一个僻静的地方，纷纷麇集前来搓麻。一开始碍于礼数，父亲往往忝陪末座，谁知这帮老兄往往到了半夜还摩拳擦掌，玩兴正酣。于是每到十点左右，父亲便礼貌地告退，留下县官们继续鏖战。久而久之，大约知道主人"我醉欲眠君且去"之意，便渐渐地不再来了。

麻将桌上，县官们都自觉地遵守"莫谈国事"的潜规则。自然，除今天天气哈哈哈之外，也还会讲些笑话：

某官员从政之前曾在药店供职。遇人相互介绍时自谦为"抓鱼的"，对方往往不得要领，再三详询后才明白所谓"抓鱼的"是山西口音，原意为"抓药的"。

山西习俗，新婚夜，媳妇应当端水给公婆和丈夫洗脸。因山西缺水，一盆水往往数人同用。媳妇端着装水的铜脸盆，低眉敛眼，柔声说道：请公公先死，公公死了婆婆死，婆婆死了夫君死，夫君死后奴家再死。盖山西口音，"洗"念为"死"。

四、看守们：从"老张"到"张圣才"

到建宁不几天，适逢电影《山间铃响马帮来》上映，首任看守张禄林和林辉明兴致勃勃地买了票，带着我们全家到电影院，我注意到二人腰间微微凸起，原来带着枪！原来父亲还带着两个持枪的警卫！如此豪华阵容实在令我心花怒放，连电影演些什么都不知道，只记得一句台词：穿着皮鞋“咯噔咯噔”响。

父亲并不说破张、林二人的身份，只让我们尊称他们为张叔叔、林叔叔。张叔叔山西人氏，从海军排长任上转业，林叔叔是福清人，从陆军连长任上转业，估计二人都不隶属县公安局而直接受命于南平专署公安处。

张叔叔是非常朴实开朗的一位年轻干部；林叔叔比较老成，十分和蔼。初到建宁时我们全家和二人一道在厅里吃饭，气氛融洽。偶尔张林二人也带父亲到县城西面的山上砍柴。回来时只见张林二人分别挑着 2 米高、53 加仑铁桶粗细的两捆柴火，肩上搭着一条白毛巾，柴刀和手枪随意地斜插在柴捆上；父亲则挑着同样形状却小一号的柴担子走在二人中间，满头大汗。

回家后，张叔叔总要拿出山上采来当地人叫“密西”的野果递给我和二哥。那是一种深紫色、胡椒粒大小、一串一串的东西，圩场上也有的卖，五分钱一茶杯，酸甜适口，吃后满嘴变得红紫，连牙齿都变了颜色。张叔叔是山西人，逢周日总要到厨房（就是西厢天井旁那间）擀面条、捏饺子、包包子、烙烙饼来打牙祭。张叔叔夸口在部队曾一口气吃过 80 余个饺子，林叔叔不信。有次父亲做东并兼裁判实战了一回，小张不仅吃下 80 个饺子，还外带好几个蒸地瓜。

1962 年的建宁还带着饥荒年代的余韵，街头多有卖议价食物的。记得猪肉是 6 元一斤，相当于一瓶茅台酒的价格，面饼是 1 元一个，平价物资供应还少得可怜。那时父亲的工资为张林二人合计两倍有余，还有特供证，可以买些市面罕见的食品。而张林二人为一般干部，没有特供证，且二人食量远超我们全家四口。时间一长他们觉得继续合伙吃饭终究不是长久之计，就以家眷要来为由提出分灶吃饭。父亲恳切挽留未果，只好接受了二人的意见，便在天井南边大宅隔墙下过道放了两块条石，买来两个江西南丰出产的烧炭红泥火炉，再置办些锅碗瓢盆，作为我们一家四口的厨房。

林叔叔的妻子到建宁时已带着身孕，不久产下麟子，两口子请父亲给儿子取名。因为适逢国庆节，父亲为他取名“建国”。林叔叔两口子十分高兴，再三表示感谢。十余年后，父亲被关押在福州期间，已经升任闽清某监狱长的林叔叔两口子还专门带着建国到福州省公安厅看守所探望，带去许多日用品和香烟。临别时，林叔叔吩咐当地相熟的看守对“老张”尽可能地给予关照，此是后话。

张林二人与我们共处时间最长，一年半后陆续轮换，大多时候看守为两人，偶尔可能是人手调配不过来，也有只剩一人的。截至 1968 年 4 月父亲被带往福州关押，前前后后的看守除张、林外，计有张（另一人）、李、林、章、毛、廖、路、何、肖等，其中廖姓看守来了两轮。

廖姓看守是个吹毛求疵的人，性子火暴。一来就觉得什么都看不惯，这也不对，那也不行，大小事儿都要挑毛病，包括我们小孩吃零食（纵容）甚至母亲买菜（奢侈），动辄得咎。对廖的横挑鼻子竖挑眼，母亲不像对张林二人般亲切地叫“小张”“老林”，而是在背地里轻蔑地叫他“廖的”。父亲则尽可能委曲求全地“吞忍”，不予计较；时间一长，就难以忍受。

一次廖遗失了一颗象棋子，认为是被我偷了，反复诘问，穷追不舍。父亲见我被逼得快哭了，忍无可忍，厉声斥责廖不该如此粗暴地对待一个小孩。廖恼羞成怒，涨红了脸，嚷嚷了半天，见无人睬他，才悻悻然作罢。后来知道他利用看守们须定时回南平公安处述职的机会，狠狠地告了父亲一状。不久“廖叔叔”就悄无声息地消失了。

廖看守的第二回轮值，适逢腊月。

临近除夕，每见“廖叔叔”无来由地在厅里来回踱方步，一副心神不宁的样子。他告诉父亲，在他们家乡（江西某地）除夕在家围炉是一条铁律，连在单位聚餐都不算，因为这会被人看成是无家可归的孤魂野鬼。看他这样子，父亲不顾母亲的反对，邀请他除夕与我们一道围炉。廖喜出望外，整个除夕夜谈笑风生，一副怡然自得的样子。此后，“廖叔叔”就像换了个人，云霁风清，再没有了原来那副嘴脸。

“文革”前夕，看守只有何姓老者一人，约摸50多岁。老何自称厨师出身，刀工不错，会做菜——“左手按住要切的菜，第二指节突出，顶住右手的刀面；右手持刀，刀口偏向外面，这样切菜既快又不会切到手”。在他身上还保留着一些老百姓的习惯，言谈举止都不像其他几位（张、林除外）看守咄咄逼人。用母亲的话就是“没有公安面”。

老何与父亲经常长时间闲聊，从切菜的刀工到烹饪，从各地乡俗到时事，无所不谈。据他临离别时说，前几任看守在例行的述职中，大都没好话，父亲母亲读《圣经》，吟《圣诗》，二哥丹伦学习乐器，我爱吃零食，不听大人招呼，凡此种种都会成为他们的告状内容。

看守们对父亲的称谓是“老张”，这样的称呼一直延续到“文革”破“四旧”时。当时那位看守小肖（县公安局里一个长得非常可爱的年轻通讯员）大约觉得叫“老张”太客气，这个称谓应随“四旧”一起破掉，遂改口用十分威严的口气厉声叫“张圣才！”，以示阶级阵线分明。

五、“四至”——从学校到邻居

“四至”，是房地产契约上必用的一句专业术语，以此框定物业四周的边界。当年周文王姬昌发明了画地为牢，大约可以算是“四至”的滥觞。我们就在下丁家的青砖高墙内享受着“四至”范围内的自由。

据当时在实验小学任教员、后来成了二哥丹伦妻舅的芳霞老师说，带我到建宁实验小学就读的那位公安人员代表组织向校长交代：鉴于特殊的家庭状况，这孩子可以读书，但不可以当班干部，不可以评"三好生"。带着二哥丹伦到建宁一中的那位则要求：这个学生不可以入团，不可以当班干部。学校的反应当然只有"唯唯"。

差堪告慰的是，无论在小学或中学，我们哥俩都没有受到太多的歧视——"文革"未发动前，我们哥俩一直"三好生"照评，班干部照当，学习成绩稳定，一路顺风顺水。至于"组织上"是否还有经常派人到我们就读的学校过问或进行干预，学校领导和我们的老师们有没有因此承受什么其他压力，就不得而知了。

1963年，建宁城关大火，从县政府前的大街往北一直烧到下丁家。眼见着火势逼近，浓烟滚滚，火头的哔剥声清晰可闻，我在课堂上吵吵着要回家。班主任苏廷富似乎忘了我身背特殊符号，也不顾及可能会受到什么牵连，带着我走进家门。其时看守们正忙着整理自己要搬走的物品，父亲母亲也在屋里忙乱，正愁着东西无法搬走。苏老师二话没说，抄起两个箱笼冒着逼近的火头和浓烟就往外走，来回跑了好几趟，并且一直陪着我们。直到中午时分，消防队炸了火头前的两栋房屋，火势渐渐消弭，苏老师方才礼貌地与父亲握手告别后离开。这场大火成就了建宁县第一次较大规模的旧城改造，邮电局、物资局、手工业联社等二三层砖砌楼房陆续在火灾后的废墟上拔地而起。

那时学校似乎不太开家长会，因此父亲母亲不必为可否获准参会而纠结。倒是班级经常让同学组成学习小组，轮流到各家晚自习、做功课。同学们到家后，父亲总要亲切地与他们打招呼，并且拿出自制的糕点请他们品尝。同学们对这种陌生的礼节感到既新奇又不适应，常常在学校里模仿着：孩子们好！孩子们再见！后来的几任看守连我们小孩这样的交际都不容，几次三番告诫父亲不可以纵容小孩带同学到家里。

从此家中再没有了同学们的喧闹声，寂静多了。

套用时下“三门式”（即家门、校门、单位门）干部的说法，母亲在建宁可以称为“两门式”主妇。她基本上都待在家里，只每天清晨出门到菜市场买菜。所谓菜市场，其实就是离家300米开外的东门楼前大街两侧，后来才沿河搭建了一排棚屋——只是没有门。因此严格说来，母亲在建宁每天不足一小时的社会生活充其量就只在长约300米的那条“线”上。

时间久了，买菜沿途也会遇上几个熟面孔，但由于某种看不见、摸不着怪怪的神秘氛围始终笼罩在我们一家头上，且语言不通，母亲只能说不多几句普通话，见了面母亲会含笑点头，一般不太搭话——也无话可说。空闲的时候母亲会拿着一本《闽南圣诗》轻声吟唱，由于担心看守们听到横加干预，那声音低得似有似无，宛如一条丝线，轻轻地在厢房的空气中飘浮。

严格地说，父亲是不许外出的。前述出去打柴只能算是张林二人的法外施恩，类似于放风。现在回想起来，偶尔经申请获准走出下丁家老屋的地方只有医院、理发店、牙医诊所、新华书店、文化馆（图书馆）、电影院。每次外出，看守们都要随扈。记得一次我随父亲去看牙医，那医生是福州人，得知父亲曾“到过”福州，大有他乡遇故知之感，十分兴奋，喋喋不休地谈起他在福州时的生活情况，两个看守一副如临大敌的紧张样子，仿佛天就要塌下来，身板僵硬，笔直地杵在诊椅旁，直到治疗结束。不知回来后父亲是否受到什么告诫，反正从此不再看牙医了。到其他地方的情况大致如此：到地儿后，便直奔主题，或买书，或借书，或理发，或看电影，一切均与旁人没有任何交集，哪怕是打个招呼。

1968年4月，父亲被带到福州关押，看守们撤走，西厢的两个房间就空了下来。不知怎地，突然住进小猫、小狗和他们患有间歇性精神病的母亲，成了我家在建宁唯一也是名副其实的邻居。小猫、小狗的父亲是县委组织部刘四货部长；他们的母亲自然是部长太太。小猫和小狗还有两个哥哥，小哥哥叫小刘，大哥哥同父异母，就是大刘了。小猫、小狗和小刘与我年龄差不多。而大刘已经从县中队转业，在县公安局任职了。小哥仨的母亲精神病发病前也是县公安局的干部。

刚刚搬到丁家老屋时，刘太太大部分时间都是清醒的，待人彬彬有礼，还能做饭给小猫、小狗们吃。只是偶尔在夜间低吟浅唱，或与人(幻想中)窃窃私语，并不对我家构成影响。隔不久，情况就严重了。

先是由低吟浅唱和窃窃私语变成与人对骂，由一般的拌嘴进而歇斯底里叫嚷；继而从房间里蹦出大厅，手舞足蹈，前后游走，追着人骂，作势要打。假如小猫、小狗们在家，尚可将她拉进屋，锁上门；倘若不在家，就只能任由她铁青着脸满屋子“跳大神”。这样的疯狂发作，有时可以持续三天。

体弱多病的母亲，除了躲在房间里伴随着那歇斯底里的嚷叫声度日，就只能是挨到刘太太在厅堂叫嚷完，折进房间的表演的空当，才能够拖着瘦小羸弱的身子，犯险走出房门，到厅里煮饭烧菜。那种“与狼共舞”的日子，真不是简单的“度日如年”可以形容的。

再后来，刘太太进而采取了封锁战略，甫出房门，就直奔我们居住的东厢，站在门口，指天戳地，谩骂不止，有时还将那薄薄的木板房门擂得呼呼乱响。直到有一次，实在是忍无可忍了，我手持一根擀面杖，作出一副比她还疯狂的姿势，舞将出门，边嚷着自己也听不懂的什么声音，才将她逼开。过后，我方才体会到何为“置之死地而后生”。

这样的拉锯战持续了将近三个月，直到夏天，二姐德芬来建宁以为母亲治病为名将我们暂时接回厦门。

六、母亲：从家庭稳定到流离失所

“不因隐豹南山雾，那得骊龙颔下珠”，这是罗丹先生1976年赠给父亲诗中的一句，说的是父亲当年潜伏上海和菲律宾马尼拉，与当地的日军畑俊六（时任驻沪日军司令）、本间雅晴、山下奉文（先后任驻菲日军司令）之辈及其属下多方周旋，获取不少具有很高价值的日军战略情报那段历史。21世纪初，有关部门曾经郑重地给当年抗战的老人颁发纪念章，并且特别申明不以党派畛域有所偏颇。不过，曾为抗战对日情报工作作出卓越贡献、受到盟军司令麦克阿瑟推许并获国民政府颁发胜利勋章、晋升为少将军衔的父亲，竟然与此无缘，或许其时他那张长卧不起的病榻竟成了被遗忘的角落？

就在父亲以记者身份在马尼拉有意散布日军可能发动太平洋战争、突袭珍珠港，以期引起美国人同仇敌忾之时，母亲带着祖母、姑姑和一家老小离开鼓浪屿，流落到内地，艰难度日。

解放前夕，父亲在南方局潘汉年、方方、连贯等人的领导下，正紧锣密鼓地营救被捕的地下党人和民主人士，策划国民党军政人员起义反正。后因被“老蒋”嗅出味道，指使毛森等四处搜捕。为躲避国民党特务的魔爪，母亲又带着祖母和哥哥姐姐们逃往香港，寄居在张国荣叔叔家中。

与30年代父亲第二次被国民党军统特务以抗日罪逮捕羁押时一样，从1955年父亲被误捕直到1962年秋，母亲独自在家抚养我们兄弟姐妹，操持着全家的衣食住行（祖母已于1953年逝世），后来还遵照父亲的吩咐帮助五表嫂照料生活不能自理的年迈姑丈、姑姑。那时我年纪尚小，母亲如何辛劳，她自己从来不说，只从哥姐们口中略知一二。

母亲名蔡玉瑛，祖籍福建南安，娘家是个大家族，大约在民国初举家迁来厦门。母亲小时曾就读于女子小学，学习文化和女红，初小文化程度。按照制式履历表的正式说法，无业，是个专职家庭主妇。

到建宁后，由于生活环境非常压抑，且水土不服，还要操持一家四口的日常生活，母亲经常生病。

先是由于寒冬腊月在零下6度时都要为全家浆洗缝补，类风湿反复发作，手指关节长年通红肿胀鼓胀，全身酸痛；继而就常常发冷发热，经过治疗退烧后不多时就要复发。开始医生以为是患了疟疾，一直使用奎宁类药物治疗。可是这种情况周而复始，一两个月就要一个轮回。要放在现如今，血液检查十分普遍，通过血象可以得知是究竟是免疫力缺乏、细菌性或是病毒性感染，又或者是其他什么方面的毛病。可当时县医院似乎也没有让做血液检查什么的。

于是病急乱投医，采纳一位当地老中医的处方：甲鱼炖汤。好在当时物价便宜，一斤甲鱼不过五六毛钱，就三不三时地买来炖汤喝，却不见好。后来，一位医生告诉父亲，这种情况可能是因体质羸弱、免疫力低下所引起的，因此变更医疗方案，每逢高烧，便以一种叫作磷酸氯喹片的药物治疗，果然效果不错。此后就一直用这种药物对付。

1967年中到1968年初，建宁县造反派武斗方兴未艾，医院停诊，药店关门，父亲长期服用的APC和母亲的磷酸氯喹片顿时没了着落。百般无奈之下，我觑准其中一派武装占据药店的机会，闯进去买了一大瓶APC（1000片）和一小瓶磷酸氯喹片（100片）才解决问题。当时父亲如释重负的喜悦，如今尚历历在目。

“文革”初“破四旧”。那时县公安局将我们一家的户口从寄寓公安局集体户迁到街道，明令必须接受居委会的管制。我们一家顿时陷入另一种莫名的恐惧中，提心吊胆地不知什么时候会落入戴高帽、涂黑手、吊打、游街、挂牌批斗、清厕所、扫大街的行列。待得接到看守小肖责令我家要自己“破四旧”(当时公安局和居委会似乎没有衔接好，有时两头都要管)，并提出详细要求后，我奋勇当先，将家中除《毛选》《雷锋日记》外的一应书籍，以及从厦门家中带来的一套光绪年间的景德镇瓷餐具全部烧毁、砸碎。母亲则按照肖姓看守的旨意到牙医诊所取下两颗金牙齿，连同一副金耳环和金耳挖一并让他带到银行以一钱9元的国家牌价交售。不久，我偶尔在糊房门的纸缝中发现一本《新约圣经》，才知道父亲早就料到我这个自命的“革命小将”早晚会在自个家里采取革命行动，未雨绸缪，事先已将《新约》坚壁清野了。

那时我心里“咯噔”一下，旋即若无其事地走开了。

1968年夏，二姐到建宁将我和母亲带回厦门，仍和大姐一家住在笔山路17号。11月的一个夜晚，听得敲门声，居民小组长“凤阿”尖声叫着：开门，查户口。大姐出来开门，只见门外站着两个全副武装的军人，他们身上挂着手枪和匕首，“凤阿”缩在一边。户口簿拿来一看——母亲和我两个“无三证”，“带走！”大姐解释说：“母亲是回厦门治病的，身体不好。要不我随你们走好了。”“不行！”随即将母亲和我拉出门外反手推上门，口袋里掏出一条细绳，将我两手扭到背后，两个大拇指并拢，捆扎起来，“走！”将我们带到一个不知什么地方分别关起来。

那一夜母亲什么遭遇我不知道，后来她也没说。我则被叫去受审：姓名、年龄、从哪来、到哪去、干什么的。随后仍然押回关起来。第二天一早，大哥将我领回去，母亲则仍然被关押不放。

三四个月后，我已经和二哥到建宁县客坊公社湾坊大队第二生产队插队几个月了。这时，与盗窃打架、杀人等刑事犯共关一牢房几个月，十指指甲长达几厘米，瘦得不成人形的母亲才被释放。条件是每个月必须从建宁寄来县、街道、居委会三级政府同意母亲在厦门治病的“三级证明”。

从此我和二哥每个月都要请假从湾坊走 20 里山路到客坊，再搭乘班车到百里外的县城去办“三级证明”。

到了 1970 年夏季，厦门已无母亲的立锥之地，唯一的办法就是我们哥俩将她带到插队的湾坊。从厦门到湾坊需要足足三天。最后一程是从客坊公社所在地步行 20 里崎岖的山间小路到湾坊。县城来的班车早晨 10 点左右停靠客坊，我们准备了一副担架，将母亲从客坊抬了约 2 里，母亲就再也不愿意待在担架上，执意自己走。于是走走停停，傍晚时分总算挨到了湾坊我们所住的那个荒凉的徐姓祖屋的一间偏房。

记得母亲在土灶上用农民煮猪食的大锅为我们做的第一餐是一道蘸了葱头油的煮南瓜，那久违的浓浓家乡风味一下勾起我哥俩的馋虫，从此告别清水煮菜的常态，一步迈进了小康。母亲是个闲不住的人，每当我哥俩出工，她便在家捡起父亲旧时的衣服，改制成适合当时穿着的款式——将西装的衬里一一拆除，翻领改成竖领，成为介于中山装与青年装之间的一种新奇款式；将因年代久远虫子所蛀的洞眼织补得平整熨帖。在这方面，现如今一些希望修旧如旧、却因眼高手低而只能修旧如新的文物专家，恐怕也得自愧不如。

这样的好日子却不长久。冬季一到，母亲无法抵御零下八度的严寒（由于海拔高，湾坊气温比县城要低两度），棉衣棉裤、羊毛衣羊毛裤统统套上，火笼、火盆齐上阵也无济于事，很快老毛病复发，反复高烧，磷酸氯喹片似乎也失去效用，赤脚医生更无济于事。只好紧急与厦门家中联系，商议解决办法。最后确定到南靖县奎洋乡找正被下放在那儿的大姐曼因。

第二年秋天，丹伦带着母亲返回厦门，旋即由大姐接到奎洋。据大姐说，当时在几位相熟的下放干部帮助下，背一阵搀一阵用了两天的时间，年近七十且又病弱的母亲才跌跌撞撞绕过一道道漫长而又泥泞的窄窄盘山小路抵达淳朴的奎洋乡下，终于过上一小段不再被天天威胁胆战心惊的日子。1972 年，大姐被调回厦大，母亲也只能跟随回厦了，而可怕的户口问题则又卷土重来，母亲重新陷入绝境。后来，远在福州的父亲再三向领导恳求，方才获准将母亲户口由建宁迁回厦门，时为 1973 年。

几十年来，虽然母亲从不抱怨生活，但我一直没能想明白，在那安徽、河南乞丐可以四处要饭，广东、江西拳师可以走江湖卖膏药的年代，一个年届七十，身高不足 1.55 米，体重未达 40 公斤，识字不超过 500 个，只懂得浆洗缝补、烧饭做菜，从不知政治为何物并且体弱多病的家庭妇女，怎么连个安居治病的立锥之地都被剥夺，致使她终日生活在恐惧中长达五年之久！

1980 年，生活开始走上正轨，这年年底母亲去世。父亲在给我和二哥的信中写道："我就像一个打了败仗的司令官，向你们报告……"锥心刺骨的痛切之情，溢于言表。

七、报纸、收音机及其他

20 世纪 80 年代，从福建省安全厅调任厦门市副市长的邢国华找到父亲："我的档案室装着满当当的信息（情报）资料，手下却不知道如何派上用场，希望老前辈能够提供帮助。"父亲回答："信息（情报）工作最重要的一点是时效性，那满屋的资料想必都是积年的老货，能够利用的东西应该十分有限，不看也罢。"

在建宁的日子里，父亲尽可能地在获准范围内订阅发行的报刊，记得当时家中分别订有《参考消息》（一年多后不准订阅）、《人民日报》、《人民日报 · 海外版（英文）》、《福建日报》，并且为我和二哥订阅《大众电影》《少年文艺》《儿童画报》以及不记得名称的一份科普月刊

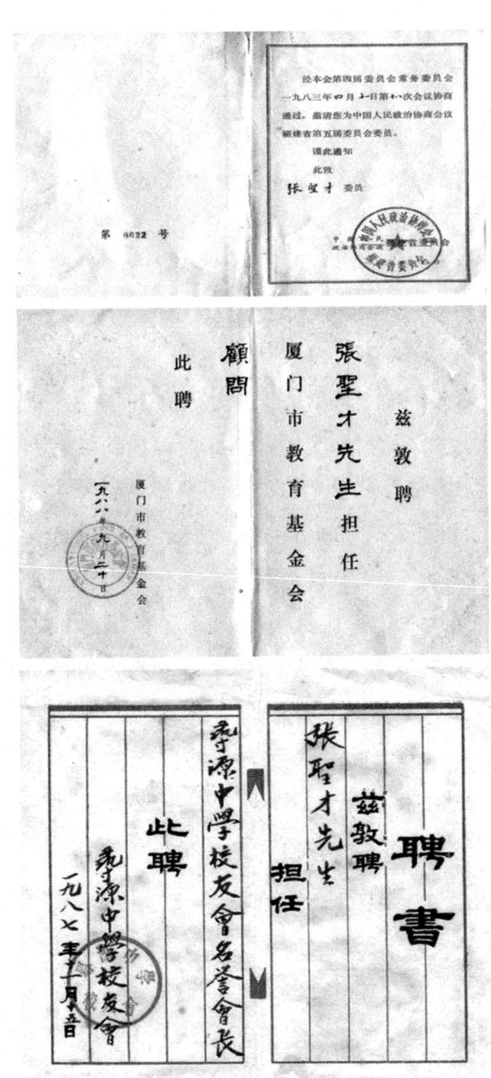

第 0022 号

经本会第四届委员会常务委员会一九八三年四月十日第十六次会议协商通过，邀请您为中国人民政治协商会议福建省第五届委员会委员。

谨此通知

此致

张聖才 委员

中国人民政治协商会议福建省委员会

兹敦聘

張聖才先生担任

厦门市教育基金会

顧問

此聘

厦门市教育基金会

一九八八年九月二十日

聘書

兹敦聘

張聖才先生

担任

尋源中學校友會名譽會長

此聘

尋源中學校友會

一九八七年十一月十五日

张圣才先生晚年依然热心各项事业

(关于集装箱的知识曾在那份刊物中刊发)。

20世纪60年代发生了许多重大国际事件,加勒比海、大西洋和太平洋的"蝴蝶们"不断扇动翅膀,在全球引发了猛烈的飓风:1962年古巴导弹事件;1963年马丁·路德·金发表《我有一个梦想》;1963年11月肯尼迪被刺;此后约翰逊在越南增兵;1964年王唯真等中国记者在巴西被美国中央情报局无理羁押事件;1963—1964年间中苏论战;《九评》发表等。

在国内,以《评新编历史剧〈海瑞罢官〉》发轫,人类历史上空前绝后的"无产阶级文化大革命"爆发。而这一切的蝴蝶效应到了下丁家高墙内,强烈飓风统统在瞬间消弭成为报纸上一排排无声的铅字。父亲就在这静寂中神驰于各种风暴中心。

那些时候,父亲为我和二哥做了许多文件夹,用报纸层层糊起来晒干成为厚纸板,然后在外面蒙上一层牛皮纸,里面糊上可以插书或作业的纸袋。父亲总在外封皮上贴一些从报纸上剪下来的照片或文字作为装饰,记得其中有个夹子上贴了一张大约二寸见方的古巴民族英雄、诗人何塞·马蒂的黑白头像。当时我总不理解为何放着那么多漂亮的彩色图片不贴,却要让一个卷发、带八字胡的外国老头占据那么个重要位置,让我们天天与他对视。现在想来,父亲别无他途,也只能够以这种方式寄托着对国际形势的关心和对人文精神的憧憬了。

记得父亲唯一的时评是当我买到一套《纪念抗战胜利二十周年》纪念邮票时,父亲说:"中国人的爱国主义和民族精神是任何力量都不可战胜的。对日本而言,中国就像一个大泥潭,一旦陷入里头,不论多久终究要沉没。假如太平洋战争后,日本逐步从中国抽身,转而进攻澳洲,那儿地广人稀,资源丰富,而且本来就是一个殖民地,前景如何,就未可逆料了。"

父亲曾获准在看守陪同下到新华书店,他买的第一本书是狄更斯的《老古玩店》。此后为方便起见，就直接让我们去，大都购买《中华活页文选》，记得还曾买了一本新华社记者写的关于王唯真等人在巴西被美国中情局关押，与对方抗争的报告文学单行本。90年代初，王唯真到厦门养病，住在湖滨南路新华社记者站，距父亲住的湖滨一里很近。因王对厦门新城区不熟，找不到我家，父亲就带我去看他。两人见面后，抚今追昔，无限唏嘘。其时王唯真已罹患胃癌，据他说正在自学中医调理，效果还挺不错云云。

60年代的建宁，报纸从出版到我们手里一般都要经过4—5天。父亲向"上边"申请购买一个收音机，理由是"可以随时收听毛主席党中央的最新声音"。这样的申请几次都犹如石沉大海：既不说同意，也不说不同意；一直到了1965年底方才批准，同时附带条件不能买四灯以上，只能够有中波频道。只是到了那时，收音机能收到的新闻就十分有限了，除了中国乒乓球队赛事的实况转播，就只有陈伯达在天安门城楼上主持毛泽东接见红卫兵大会时声嘶力竭带着浓厚惠安腔的普通话："显载，待会开西（现在大会开始）！"。

八、"家塾"

县公安局孙兴旺局长知道父亲懂英语，前来商量，想让他女儿跟父亲学习。父亲推辞说："我的英语只是些日常会话，并不标准，而且手头没有教材，恐怕不方便，会误人子弟。"孙局长大手一挥："没关系，只要教会26个字母，让她懂几个单词就可以了！"于是隔三差五孙局长的女儿便到家里跟父亲学英语。刚开始还有些新鲜感，到后来就渐渐地感到有些吃力，不到一年（她上了中学）就不再来了。

我的五年级语文教材有一篇引自《水浒》的古诗："赤日炎炎似火烧，野田禾苗半枯焦，农夫心内如汤煮，公子王孙把扇摇。"父亲见我经常念念有词，特地将毛边纸裁成32开大小，再将同样的纸捻成细绳做书钉，装订成小册子，凭着记忆用毛笔工楷写下数十首唐诗，如白居易的"绿蚁新醅酒，红泥小火炉"、王维的"红豆生南国，春来发几枝"、王之涣的"白日依山尽，黄河入海流"、李商隐的"君问归期未有期，巴山夜雨涨秋池"和杜甫的《秋兴八首》《茅屋为秋风所破歌》，等等。每当我作业做完，就一一详加讲解。

父亲鼓励我和二哥多看课外书籍。那时办了个县文化馆的借书证，当时所借的第一本书是《亚瑟王之死》，内容已经完全忘却，只记得书中形容两军对阵只有不断重复的乏味一句："猛地一击，人仰马翻"。这成了我和二哥常常用来互相调侃的笑料。中国古代四大名著和《星星之火可以燎原》《红旗飘飘》《李自成》等当年的热门都成了我们主打的课外书籍。

二哥丹伦班上组织了个乐器小组，他自己用废罐头盒做了个二胡。父亲见二哥"管仔弦"拉得似模似样，的确有些音乐天分的样子，就为二哥买了个二胡。后来二哥改吹笛子，父亲又辗转托远在上海的三表兄（许扬三）买来一套苏州乐器厂产的竹笛让他使用。70年代后期父亲回厦门后，曾写信告诉我："因为我的历史问题，你们哥几个都没能接受正规的教育，只要你们愿意学，需要什么书我都可以为你们提供，国内买不到，我从国外给你们买！"至今我还保留着父亲为我从火甲先生手中借来的《文心雕龙》、祖义兄那儿借来的范文澜《中国通史》、国荣叔从香港寄来的《古文观止》《唐诗三百首》等图书。

九、从"文革"到押送福州

罗斯福在1941年致美国国会的咨文中提到人人都应该享有四大自由，即：在全世界任何地方发表言论和表达意见的自由；在全世界任何地方，以自己的方式来崇拜上帝的自由；不虞匮乏的自由和免除恐惧的自由。在“文革”期间，下丁家高墙内我们一家的这些“自由”则由渐次减少直到彻彻底底地被剥夺殆尽。

父亲的工资每月138元（“138”这个数字仿佛特别与父亲有缘。在建宁时的工资是138元；关押在福州市通信地址是：福州市138号信箱；回厦门8年后搬到湖滨1里38号居住），都须由南平市专署公安处徐柔之通过邮局转寄而来。1967年一月起工资停发，事先并无任何征兆。父亲多次去信查询，才蒙看守答复：“从现在开始工资停发。”全家一下陷入困顿之中。

正如张奋生先生所说，父亲一生视钱财为身外之物，虽然经手的钱财不计其数，却都是这手来，那手去，随到随空，不知积蓄为何事。母亲虽然长期操持家务，却也不懂理财，家中从无任何储备。在建宁时父亲工资对于一个四口之家算是很高了，只是当时一切均需自理，包括看病，都没有所谓“报销医药费”一说。宽裕之余，却也没有积蓄，一旦工资停发，即刻就有断顿之虞。当此叫天天不应、叫地地不灵之际，父亲先打电报让厦门和福安的姐姐寄钱，然后提出要远在美国的大表兄许牧世（摩西）和香港的张国荣叔叔寄生活费，经过好几个月的层层请示，才获批准。从此父亲不再买整包的卷烟，改抽论斤卖的手卷土烟丝；家中的饭菜也变得清淡寡素了。

1966年初，我在建宁一中读初一。老师布置一篇命题作文，要求同学们必须写出解放前家里如何受到地主资本家剥削压迫。回到家里，我问父亲：“咱家解放前是如何受到地主资本家压迫的？”父亲沉吟许久，才淡淡地说：“咱家解放前并没有受到地主和资本家的剥削压迫。”不知其他“黑五类家庭”的同学是如何交账的，反正我干巴巴地写了些“不忘阶级苦，牢记血泪仇”等口号，全文不到200个字，就交了上去。这篇作文得到了破天荒的34分，而且那位将白居易《荔枝图序》

中“核如枇杷”演示在黑板上居然画了四个核的语文老师竟然将我的大作作为范文在全班宣读，引发哄堂大笑。

不知怎地，那时就要求每个初中学生填写个人简历表，其中就有“家庭成分”栏目。我又一次带着问题求教于父亲。父亲回答：“我干了一辈子革命，你就填‘革命干部’吧。”偏偏遇上我非常认真：“老师说没有这个成分。”父亲无奈之余只好说：“解放前夕我曾经过商（大约指曾与人合作开办‘裕康行’），不然就填‘工商业者’好了。”其实，当时还有一个选项，就是直接填写“未评”，因为事实上从未有人给父亲评定过“成分”。可当时的“未评”成分就意味着要成为比“黑五类”还要令人恐怖的另类。利弊权衡之下，我还是选择了多少沾得上边的“工商业者”。为此父亲曾自嘲地说：“有谁见过如此一穷二白的工商业者！”

1975年省公安厅给出的“算起义人员”平反结论总算为父亲的“成分”评定工作画上了句号。我常常想：父亲从青年时代起就参加“中华革命党”，投身反军阀和抗日救亡活动，当时是站在国家民族的立场起国民政府不抵抗政策的“义”；抗战期间从事敌后情报工作，是站在国家民族立场起日本鬼子侵略中国的“义”；解放战争期间作为“民革”成员，从事对国民党军政人员的策反和营救被捕共产党人、民主人士工作，是站在人民的立场起国民党政权腐败的“义”。虽然省公安厅的那一个“算”字隐含着浓厚的“不尽然”涵义，成为平反工作的一个尾巴，然而正是这个不尽然的“算”字，如果不从官方特定的格式语境看，却恰恰可以曲尽其妙地精当表达出父亲终其一生所秉持的民族、民主、自由、平等和博爱的大义。

随着“文革”之风越刮越烈，蜗居在高墙内的我们一家户口已经迁到街道，并且勒令我们必须接受居委会的管制。突然陷入一个陌生的环境，要应对四周全然陌生的“革命群众”，一家四口在“人民战争的汪洋大海”中载沉载浮，生活在莫名的恐惧之中茫茫然不知何处是岸。

好在那时的革命群众正忙于批斗各级“走资派”，对父亲这个陌生的“死老虎”无暇顾及，除了母亲和我们出门就要遭受一些邻居充满刻骨阶级仇恨的白眼，倒也没有遭受批斗游街殴打等各种凌辱。街上的游行口号愈发地响亮了。每当口号声穿过窄窄的巷子传入高墙内，我总要在心里盘算：下一个是不是就该轮到父亲了？不定什么时候小肖们就会站在门口大声喝令：“张圣才！马上到居委会接受批斗！”

1968 年 4 月的一天，小肖到门口喝令：“张圣才！马上到公安局去！”

父亲不虞有他，没有做任何准备就随小肖去了。过了几个小时，时任公安局军管会负责人的县武装部李姓副部长派人通知二哥丹伦到公安局，告诉他：“张圣才已被送到福州保护起来。你回家把他的行李收拾好送来，我们会转交给他。”回家后，母亲听说父亲已离开建宁去福州，一句话都没说，动手收拾完行李，泪眼婆娑地目送着我们哥俩将行李带出门。

有同学偷偷告诉我，那天早晨看见一辆军用吉普车（那时吉普车还是稀罕物）驶过建宁大桥，朝着出城的河东方向开走了。

写于 2014 年 8 月 28 日

相关链接参考书目 //

1.[美]哈雷特·阿班:《民国采访战:〈纽约时报〉驻华首席记者阿班回忆录》,桂林:广西师范大学出版社,2008 年。

2.马振犊:《国民党特务活动档案大解密(上辑)》,台北:灵活文化事业有限公司,2010 年。

3.广东革命历史博物馆编:《黄埔军校史料(1924—1927)》,广州:广东人民出版社 1982 年。

4.司马啸青:《台湾五大家族》,台北:玉山社出版事业股份有限公司,2000 年。

5.李福井:《1949:古宁头战纪》,台北:稻田出版有限公司,1999 年。

6.中国第二历史档案馆编:《台湾光复纪实》,南京:江苏人民出版社,2005 年。

7.福建省档案馆编:《福建省档案馆馆藏珍品集粹》,福州:海峡摄影艺术出版社,2008 年。

8.政协厦门思明区委员会编:《岁月屐痕》,福州:福建美术出版社,2003 年。

9.洪卜仁主编:《厦门旧影》,北京:人民美术出版社 1999 年。

10.韩真:《民国福建军事史》,北京:中国言实出版社,2000 年。

11.[美]魏斐德:《间谍王:戴笠与中国特工》,南京:江苏人民出版社,2007 年。

12.[美]魏斐德:《上海警察(1927—1937)》,北京:人民出版社,2011 年。

13.[美]魏斐德:《上海歹土:战时恐怖活动与城市犯罪(1937—1941)》,北京:人民出版社,2011 年。

14.张军:《民国那些大师》,武汉:湖北人民出版社,2008年。

15.曾景忠编注:《蒋介石家书:日记文墨选录》,北京:团结出版社,2010年。

16.林语堂:《感悟人生》,西安:陕西师范大学出版社,2004年。

17.陈存仁:《银元时代的生活史》,上海人民出版社,2000年。

18.陈存仁:《阅世品人录:章太炎家书及其他》,桂林:广西师范大学出版社,2008年。

19.谢春池主编:《大同文集·母校校友卷》,北京:中国文联出版社,2000年。

20.杨天石:《抗战与战后中国》,北京:中国人民大学出版社,2007年。

21.佚名编,施华谨译:《塑造菲律宾的一百项事件》,马尼拉:菲律宾华裔青年联合会,2001年。

22.卞凤奎:《日据时期台湾籍民在大陆及东南亚活动之研究(1895-1945)》,合肥:黄山书社,2006年。

23.[美]约翰·杜威:《民主主义与教育》,北京:人民教育出版社,2001年。

24.吴明刚:《1933:福建事变始末》,武汉:湖北人民出版社,2006年。

25.秦风编著:《岁月台湾(1900—2000)》,桂林:广西师范大学出版社,2005年。

26.高迅莹编:《永远的纪念——高云览和〈小城春秋〉纪念集》,厦门:鹭江出版社,1996年。

27.许四复:《水韵长歌》,美国Tremont Press,2012年。

28.许文辛:《心血留痕:许文辛艺文选》(上、下),香港:通行出版有限公司,2008年。

29.戚嘉林:《台湾史》,海口:海南出版社,2011 年。

30.尹骐:《潘汉年传》,北京:中国人民公安大学出版社,1996 年。

31.谭元亨:《潘汉年》,兰州:甘肃人民出版社,1996 年。

32.舒婷:《真水无香》,北京:作家出版社,2007 年。

33.陈中:《百年守望——爱国奇人张圣才》,香港文学报社出版公司 2002 年。

34.蔡燕生:《爱国奇人张圣才》,北京:当代中国出版社,2003 年。

35.[美]杰拉德·F·德庸:《美国归正教在厦门(1842—1951)》,龙腾文化有限公司,2013 年。

36.苏智良,陈丽菲:《近代上海黑社会》,北京:商务印书馆,2004 年。

37.张明金编著:《民国时期战争大参考(1900—1930)》,北京:京华出版社,2006 年。

38.施建伟:《揭秘:谍战失落的真相》,香港:夏菲尔出版有限公司,2013 年。

39.全国政协文史和学习委员会编:《文史资料选辑》,北京:中国文史出版社,2011 年。

40.福建省政协文史资料委员会编:《文史资料选编·第四卷·政治军事编》(第一册),福州:福建人民出版社,2002 年。

41.福建省政协文史资料委员会编:《福建民军史料选编·闽南民军》,福州:福建人民出版社,2001 年。

42.福建省政协文史资料委员会编:《福建文史资料》(内刊)。

43.厦门市政协文史资料委员会编:《厦门文史资料》(内刊)。

44.厦门市《政法志》编委员会编:《厦门政法史实(晚清民国部分)》,厦门:鹭江出版社,1989 年。

45.福州市政协文史资料委员会编:《福州文史集粹》(上下),福州：海潮摄影艺术出版社，2006 年。

46.厦门市政协文史和学习宣传委员会编：《鹭江春秋——厦门文史资料选萃》，北京：中央文献出版社，2003。

47.厦门市档案局（馆）编：《近代厦门社会掠影》，厦门大学出版社，2000 年。

48.方有义，彭一万主编：《闽南文化研究论丛》，北京：文化教育出版社，2006 年。

49.鼓浪屿政协编：《鼓浪屿文史资料》（内刊）。

50.茅家琦，徐梁伯，马振犊等：《百年沧桑：中国国民党史》（上下），厦门：鹭江出版社，2005 年。

51.王豪杰主编：《南强记忆——老厦大的故事》，厦门大学出版社，2009 年。

52.中共厦门市委党史研究室，厦门市档案局（馆）编：《抗日战争时期厦门人口伤亡和财产损失调查》，北京：中共党史出版社，2009 年。

53.中共厦门市委党史研究室，集美校友总会，集美学校委员会编：《集美学校校友名人录》，北京：中央文献出版社，2000 年。

54.《东南早报》编著：《发现厦门湾》，北京：新华出版社，2006 年。

55.何炳仲编译：《近代西人眼中的鼓浪屿》，厦门大学出版社，2010 年。

56.黄福华：《聚财难，散财更难》（新加坡资料）。

57.赵振祥，蒋细定，候培水等：《菲律宾华文报史稿》，北京：世界知识出版社，2006 年。

58.蔡德金：《朝秦暮楚的周佛海》，郑州：河南人民出版社，1992 年。

59.王维礼主编：《蒋介石的文臣武将》，郑州：河南人民出版社，1989 年。

60.中共厦门市委宣传部，厦门市社会科学界联合会编：《口述历史：亲历厦门解放》，厦门大学出版社，2009 年。

61.中共厦门市委宣传部，厦门市社会科学界联合会编：《口述历史：我的鼓浪屿往事之一》，厦门音像出版有限公司，2011 年。

62.中共厦门市委宣传部，厦门市社会科学界联合会编：《口述历史，我的鼓浪屿往事之二》，厦门音像出版有限公司，2013 年。

后　记

最早知道张圣才先生的分量，是当年到省政协查阅史料。

福建省政协文史资料委员会办公室主任的郑成钟先生，举着陈中先生的《百年守望》，神色凝重地说："你们厦门有一个人，最值得一写——张圣才！"他当时就大略谈了张先生以军统身份潜伏在菲律宾，相当准确地预测了珍珠港事件一事。当时听过就算了，因为做的是小说，这个长篇小说的背景只到 1937 年，就没再追问下去。舒婷《真水无香》出来的时候，南燕兄问我要不要听圣才先生的录音，是他家人提供的，我心里一颤，但仍然不敢轻举妄动，只是将舒婷相关文字读了又读。

母亲常提张圣才，与许春草赶鬼的事儿糅在一块儿。

那时影影绰绰感觉张圣才是圣人，后来参与《口述历史：我的鼓浪屿往事》采访编写工作，再次触摸到这些材料。当时，厦门社科联安排我做黄猷先生的口述实录，黄老却不愿意宣传他个人，他说："我们都不是历史的主角。"黄猷先生说鼓浪屿值得一写的事儿是很多的，他要给我很动人的东西。当黄猷先生一而再再而三提到张圣才和许春草，我就觉得这个录音不能不听了。

于是，由南燕策划，承蒙圣才先生三个儿子的信任，我开始听录音。

听到第三辑，我就决定做录音整理，任何人的文字，都比不上圣才先生自身款款的讲述，当然，这个长达十几个小时的录音回避了一些事儿，而且时间截止于 1945 年——但仍然让我的血液微微沸腾，深入地想到许多问题。

我的同事谢春池说张圣才先生是厦门第一真人。

圣才先生的确是真人，不是我曾经印象过的圣人。圣才先生出生于基督教家庭，是那时被乡下人所不齿的“吃番仔教”的，同时因为是弱房屡遭强房欺负，举家移居厦门，因为姐夫许春草和哥哥张学习的缘故，张圣才14岁就是中华革命党的交通员，很早就开始介入地方政治。但最让我印象深刻的是他自述的一件小事：6岁的时候，因为撒了一个小小的谎，惹出大祸，从此他养成一生不随便说假话的习惯，任何时候，都要想想自己的言行是否对他人造成伤害。

儿时犯的小小过错，居然对自身人格产生如此重大的影响，这是需要慧根的，圣才先生是真正的基督徒——舒婷说，宗教信仰是他的胎教。的确，因各种原因入教的人很多，社会上真正的基督徒却不能算太多，因为，如果没有对自身灵魂的深度忏悔，就不能算虔诚的基督徒。

真正的基督徒张圣才和社会活动家张圣才漫长的一生，在“爱与暴力革命中徘徊”。他尊重生命，一心一意要建设一个富强文明的国家，他的“革命是非常时期的教育，教育是正常时期的革命”一说，令我沉思良久，事实上圣才先生倾向于非暴力的、渐近性社会良性变革，所以他一生倾心于教育工作。

圣才先生大学毕业就办学办报、参加了“闽变”，凡对国家对社会对人有利的事儿他都愿意做。三次被军统逮捕，七七事变后出狱，戴笠亲自出面请他参加抗日谍报工作，在上海、香港、菲律宾，张圣才冒着生命危险与日本人斡旋，做了大量情报工作，说他伟大，是不为过的。但他一生低调，这是凭人品和才干在社会立足的人！不知为什么，我再次想到“君子不党”这个古董观念。圣才先生坐过国民党的监狱，也曾被上海租界巡捕逮捕。而此后，这位在建国前立了大功的民主人士却遭到百般猜忌、关押、流放……

圣才先生后来不无幽默地说：“当时，蒋介石以为我是共产党，抓我三次，每次都要置我于死地。解放后，毛泽东硬说我是国民党，又把我抓两次，坐牢11年，流放10年，没有人为我说一句公道话。其实蒋介石错了，毛泽东也错，我都不是……”这就是所谓有独立人格的知识分子！这就是民族的脊梁。这样的脊梁多了，而且都能站着说话，不必去坐牢，这个国家就有希望强大，我常常这么想。

仅仅整理圣才先生留下的录音，不足一个月；在厦门社科联的鼎力支持下，利用业余时间，陆陆续续消化材料并采访相关人士，至今已经四五年了。我的职业是编辑，深知这不是讨巧的但肯定是有价值的题材，几年前，我将大致做齐整的稿子挂在网上，一是觉得自己总算做了一点公益事业，征求张家兄弟的意见后准备“书出不出暂且不论，有人读就好”；二是希望喜欢并了解历史的朋友能帮我补充一点资料，果然，在网上得到张圣才先生大学朋友黄嘉惠亲属茫眼先生的一些考据材料，张圣才外孙女张晓歌的留言，高诚学的战友陈常琳的侄儿、旅居加拿大的陈茂邦先生搜集的有关“鹭江轮”事件的报刊资料，还有许多现在一时想不起来的，各方面的探讨意见，在此先向他们表示感谢！三是公开寻找出版社，但我对这本书在国内出版原本不抱太大希望，一度想慢慢做成熟了，拉点赞助来印成内部资料，对张家后人、对社会有个交代就好。

2004年4月，突然在博客里收到纸条，居然广西师范大学出版社编辑看上这个题材了。编辑先生说他读完我博客上的文章后才敢与我联系，他有一句话令我印象深刻：我边读边担心主人公出现怨恨情绪，读到最后方松了一口气并初步认定这本书的价值(大意)。

编辑先生相信这本书会有读者，肯定会有人对圣才先生的传奇人生及爱国爱乡爱人的大悲悯情怀感兴趣，他特地从桂林飞到厦门，拜访黄猷先生和张家后人，大家商榷多日，最终决定由我尽可能补缀录音及圣才先生遗稿的残缺部分，做一个与时代背景有关的链接。

这于我是艰巨任务，硬着头皮写完这些文字，等于将中国近百年历史脉络啃过一遍，因为我之所学不是历史，这就格外吃力，单单家里这些史料就远远超过一百本——幸好从80年代就开始收集地方文史资料，否则真要跑断腿！

历史远比我们想象的复杂多了，用非此即彼的线性思维来解读历史人物是行不通的，重读史料的过程中，我逐一辨析并校正了原稿中弄错了的人名，这些人大都是现代史上的风云人物，是我以前熟悉或不熟悉的。

穿梭在以圣才先生为轴心的民国人物之间，一些早就读过的旧资料似乎焕发出新的活力和色彩来，辛亥革命、北洋军阀、国共两党纠葛乃至第三党，形形色色的人物跳出来在我的脑海里纠缠不已，渐渐汇成纵横交错甚至是波澜壮阔的百年画卷，延展开去，就是无数惊心动魄的故事！

可惜我笔力有限，也因为某种原因，只能点到为止。

这本书不是小说也不算传记，是相对原生态的口述实录，圣才先生的每一段口述后面，只能辅以同样原生态的同代人或亲属口述或早已成文的回忆录节选。为了尽量保持原汁原味，除了明显的文法错误或别字，不作任何改动，只做一点注释，个别文字有所重复，不同人物回忆亦有些出入，原话原文如此，就保持原样吧。

初稿整理完毕，阅读倍灵先生整理得清清楚楚的“圣才手稿”和圣才先生的图片，百感交集，时而感到深邃的悲凉，时而击掌大笑，就这有限的手稿中，我读到圣才先生一如既往、到晚年近似炉火纯青的政治理念和政治敏感；读到他历经沧桑苦难依然柔软温热的赤子之心，还似乎依稀听到昔日“张天师”幽默的笑声，感受到他宽广仁慈的胸怀！

我很遗憾没能在当年或更早一些接触张圣才先生，因此失去相当多的鲜活感性的细节，我也希望时光能带来更多的宽容，让我更痛快也更透彻更全面地展示圣才先生的睿智深邃及高贵的人格魅力，但我站在历史的十字路口，暂时能做到的，只有这些了。

在此真诚感谢厦门社科联及厦门社科院院长王琰先生一如既往的支持，感谢德高望重的黄猷、邱继善、王明爱、林嘉禾等老先生，感谢圣才先生的子孙张石生、张丹伦 、张倍灵、张晓歌，感谢省政协郑成钟及省档案馆陈永民二位先生，没有他们无私的付出和一遍一遍审读，这本书永远无法成形，即便成形也可能错漏百出。

本书图片主要由福建省档案馆，张圣才、许春草家人，朋友林耷、林盛发等提供。此外，要特别提到叶克豪先生及厦门大学历史系美籍博士白克瑞先生。叶克豪和白克瑞先生提供了张圣才先生母校寻源中学和其他有关的档案图片，热心的白克瑞先生为此特别征求了美国归正教会档案馆的意见。

最后，特别感谢广西师范大学出版社传记文学编辑室编辑团队，他们嗅觉灵敏、目光深邃，诚恳、专业，效率一流，做完这本书，作为同行，我从他们身上学到许多东西。

2010 年 8 月 2 日初稿

2014 年 8 月 29 日二稿

2014 年 10 月 9 日三稿

2014 年 12 月 9 日四稿

2015 年 8 月终稿